普通高等教育"十二五"规划教材

食品营销学

吴　澎　张仁堂　刘华戎　主　编

张　淼　罗松明　庞　杰　胡尔查　副主编

化学工业出版社

·北京·

全书以现代市场营销学和食品质量管理学的原理为基础，阐述了食品营销学的发展历史、研究对象、研究内容、研究方法及发展趋势，介绍了食品的市场与营销环境、食品营销的产品策略、价格策略、渠道策略和促销策略，加工、运输、储藏等营销环节中的主要营销职能。紧密结合食品行业、企业、产品的特点，重点研究食品行业营销活动的行为规律，分析营销工作中的内在因素。结合国内外大量经典案例有针对性地分析讨论了具体农产品的营销方法和技巧，并介绍了当今食品科技日新月异形势下国际营销的主要规则及营销策略。

图书在版编目（CIP）数据

食品营销学/吴澎，张仁堂，刘华戎主编．—北京：化学
工业出版社，2012.8（2022.1重印）
普通高等教育"十二五"规划教材
ISBN 978-7-122-14796-7

Ⅰ．①食…　Ⅱ．①吴…②张…③刘…　Ⅲ．①食品-市场
营销学-高等学校-教材　Ⅳ．①F768.2

中国版本图书馆 CIP 数据核字（2012）第 152456 号

责任编辑：赵玉清	文字编辑：周　倜
责任校对：徐贞珍	装帧设计：尹琳琳

出版发行：化学工业出版社（北京市东城区青年湖南街 13 号　邮政编码 100011）
印　　装：北京七彩京通数码快印有限公司
787mm×1092mm　1/16　印张 15　字数 388 千字　　2022 年 1 月北京第 1 版第 9 次印刷

购书咨询：010-64518888　　　　　售后服务：010-64518899
网　　址：http://www.cip.com.cn
凡购买本书，如有缺损质量问题，本社销售中心负责调换。

《食品营销学》编写人员

主　编　吴　澎　张仁堂　刘华戎

副主编　张　淼　罗松明　庞　杰　胡尔查

参　编　（按汉语拼音排序）

陈继承　陈建省　谷端银　贾凤菊　姜小苓

李　莉　凌　云　齐　丽　王明林　王瑞梅

赵　艺　张　丽　朱英莲

前　言

　　食品工业的发展日新月异，与此对应的食品营销学逐渐引起人们重视，在发达国家的食品专业中这是很重要的一门专业课，从 20 世纪 80 年代起就成为业内关注的热门学科。我国在政府、企业和消费者日益关注食品问题的背景下，各高校食品及相关专业开始陆续开设此课程。为适应社会需要，并针对着重培养学生学以致用的目的，我们组织编写了本教材。

　　本书由山东农业大学（第一、二章，张仁堂、王明林、吴澎、陈建省）联合云南农业大学（第三、四章，刘华戎；第十三章，张淼）、四川农业大学（第五章，罗松明）、内蒙古农业大学（第六章，李莉；第八章，胡尔查；第十、十四章，贾凤菊）、山东泰山医学院（第七章，赵艺）、甘肃农业大学（第九章，张丽）、福建农林大学（第十一、十六章，庞杰、陈继承）、青岛农业大学（第十二章，朱英莲）、中国农业大学（第十五章，王瑞梅）、山东泰安市委党校（第十二章，齐丽）、山东农大肥业科技有限公司（第一章，谷端银）、山东质量认证中心（第一章，凌云）及河南科技学院（第十三章，姜小苓）十三所高等院校及科研单位从事食品营销课程教学与研究的专家与老师在多年授课经验的基础上编写而成。由吴澎、张仁堂和刘华戎任主编，张淼、罗松明、庞杰和胡尔查任副主编。全书在认真总结本课程教学实践的基础上，充分吸收了本学科理论研究和营销实践的新成果、新经验和新材料，以现代食品市场营销学和食品质量管理学的原理为基础，讲述了食品营销的基本内涵、性质、特点和功能；阐述了食品营销学的发展现状、研究对象、研究内容、研究方法及发展趋势；分析了食品营销环境、消费者购买行为、食品市场调查与需求预测；介绍了食品营销的产品策略、价格策略、渠道策略、传播与促销策略、食品营销的管理、食品营销风险管理及国际市场食品营销。紧密结合食品行业、企业、产品的特点，重点研究食品行业营销活动的行为规律，分析营销工作中的内在因素。以拓展阅读的形式有针对性地讨论了食品的营销方法和技巧，并介绍了当今食品科技日新月异形势下国际营销的主要规则及营销策略。

　　全书内容丰富，资料翔实，理论与实践结合紧密，实用性强，针对食品专业或相关学科本科生以及食品生产、经营企业及其相关行业的营销人员编写，可作为食品专业或相关学科的市场营销课程教材，还可作为成人教育、在职人员培训使用的参考书。

　　编书过程中，十三所院校、单位的老师同心协力，参阅了大量国内外相关资料，认真细致地完成了编写工作。但囿于内容体系庞大，编者水平有限，书中难免有不足或疏漏之处，殷切期待教材使用者和读者的批评指正，以便进一步修改、补充和完善。

吴　澎

2012 年 3 月于山东农业大学

目 录

第一章 食品营销学概论

第一节 食品营销的基本内涵

一、市场和市场营销

1. 什么是市场

市场（market）是属于商品经济的范畴，是商品经济的产物。市场是连接生产和消费的桥梁和纽带，哪里有商品生产和商品交换，哪里就有市场。市场营销学意义上的市场是经济学意义市场的一部分，是某种商品或服务的微观市场，是企业最为关心的市场。但是，不等于说经济学意义的宏观市场对企业无关，宏观市场的变化都会通过微观市场影响企业的营销活动。

市场营销学意义的市场可以从企业面临的两个市场来考虑：一是面对生产要素市场（factor market），在这个市场上，企业作为买方，是需求者。在现代经济社会，生产要素市场的供求关系也已经表现为买方市场，企业不担心购买不到生产要素。因此，在通常情况下，企业并不把生产要素的供应当作一个市场，而仅作为一种影响企业生产与营销的资源条件来看待。二是面对产品市场（product market），在这个市场上，企业出售自己的产品，是供应者。如果消费者购买的数量越大，企业的产品销售市场也就越大。在市场经济条件下，企业十分重视产品市场，如果一个企业不能把自己生产的产品销售出去，就无法回收投资和获取利润，就会影响企业本身的正常经营，可以说，产品市场对企业的生存和发展是至关重要的，是市场营销学研究的主要内容。

关于市场的定义有多种表述，主要有以下几种。

① 市场是进行商品交易的场所。在这里一般是特指地点、场地设施和交易方式。按市场所处的地理区域可以分为：产地市场、消费地市场、国内市场、国际市场等。按主要交易商品的种类可以分为：蔬菜市场、粮食市场、水产品市场等。按买卖交易方式可以分为：批发市场、零售市场、百货商场、超市、购物中心等。

② 市场是商品交换关系的总和。主要指商品在流通领域中买卖双方、卖方之间、买方之间、买卖双方各自与中间商、中间商与中间商之间进行交换时发生的关系。在现代社会中，市场已经超出了有空间和时间限制的商品交易场所，当产品还在生产过程中时，已经开始寻找买者，商品的交易活动在产品生产过程中就开始了，交易场所仅成为市场的一个环节。可以说，现代经济社会中，市场已经演化为由货币和价格作为媒介物而联系在一起的商品供求关系，是一个整体市场，可以用一个简洁的模型图将这种供求关系示意出来。在图1-1中，右边为社会公众，左边为生产企业，上方为产品市场，下方为生产要素市场。在产品市场上，社会公众代表消费者，他们用自己的货币收入向生产企业购买各种消费品以满足自己的需求，生产企业则向消费者出售产品以回收投资，取得利润。这样，在产品市场就形成了以货币为媒介的消费品供求关系。同样，在生产要素市场上，企业以货币向社会公众购买生产要素以进行产品的生产，而社会公众通过向企业提供劳动、资本等各类生产要素获得货币收入。图1-1模型的下方的供求联系导致了模型上方的供求联系，所以该模型反映了所有供求关系，描述了一个整体市场，是宏观的经济学意义上的市场概念。

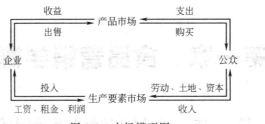

图 1-1　市场模型图

③ 市场是某种商品或劳务所有现实购买者和潜在购买者的总和。这是市场营销学意义上的市场概念。市场营销学主要研究企业的活动，必须从企业的角度去观察市场和解释市场。从市场营销学的观点看，企业是卖主，消费者是买主，买主形成市场。一个有现实需求的有效市场应具备人口、购买力和购买欲望三个要素。市场的定义用简单的公式可以概括为：

$$市场＝人口＋购买力＋购买欲望$$

人口是构成市场的基本要素，人口的多少决定了市场的大小。购买力是指人们对购买商品或劳务的货币支付能力，由购买者的收入多少决定，收入高，购买力也高，市场也就大。购买欲望是指人们购买商品的动机、愿望和要求。

只有人口和购买力，而无购买欲望，或只有人口和购买欲望，而无购买力，都不能形成现实有效的市场，只能说是有潜在的市场，这一部分人称为潜在购买者。对潜在的购买者来说，一旦条件发生变化，或许是受广告的影响，由无购买欲望转变为有购买欲望，或许是由于收入的提高有购买力了，其潜在市场和市场营销需求就可以转化为现实需求。潜在购买者构成了卖主的潜在市场。对于企业来说不但要了解现实市场，还要研究潜在市场，才能制订出正确的生产计划和营销策略。

2. 市场营销

营销学译自英文"marketing"，其原意是指市场上的买卖活动。现代市场营销的思想起始于 20 世纪初的美国，20 世纪 70 年代末传入我国，作为一门学科名称，曾被翻译为"市场学"、"行销学"、"销售学"、"市场经营学"、"市场营销学（营销学）"等多种译名，后经国内学者反复研讨，认为"marketing"是动名词，译名应反映其动态的意义，还是译成"市场营销学"或简称"营销学"比较贴切，现在我国学术界多采用这个译名。

20 世纪初，"市场营销"第一次出现在美国大学的课程上，后来几所大学相继开始讲授市场营销方面的课程。例如，1904 年克鲁希在宾夕法尼亚大学开了一门名为"产品市场营销"的课程；1910 年巴特勒在威斯康星大学讲授了一门名为"市场营销方法"的课程。不过，当时还只是市场营销学的萌芽阶段，其研究内容主要是分销、广告、商业网点设置和推销方法等，尚未形成完整的体系，而且对市场营销的研究活动基本局限于高等院校的理论探讨中，很少与企业的实际活动发生联系，因此未能引起社会的广泛重视。1923 年美国人A.C.尼尔森开始创建专业的市场调查公司，研究食品店和杂货店的货架，以计算货物的流动情况，以此来估计整个市场的销售规模和各个品牌或公司的市场占有率，成为市场研究的先行者。

20 世纪 20 年代后期，资本主义国家爆发经济危机，生产严重过剩，商品卖不出去，企业大量倒闭，市场萧条，企业面临如何才能把商品销售出去的问题。市场营销学开始被广泛应用，一些市场营销学者开始着手研究市场调查、预测、消费需求分析等，市场营销理论也逐渐受到了社会和企业界的重视。随着对市场营销功能研究的逐步深入，各种流派的不同观点和研究方法相继出现，各种版本的教科书陆续问世，初步形成了市场营销学的理论体系。例如，1932 年克拉克和韦尔达出版了《美国农产品营销》一书，书中提出了市场营销是"使产品从种植者那里顺利转移到使用者手中，这一过程包括三个重要而相互关联的内容：集中（购买剩余农产品）、平衡（调节供求）、分散（把农产品化整为零）"。这时，市场营销理论的研究组织相继成立。1937 年，美国成立了市场营销协会（American Marketing Association，AMA）。研究组织的建立，促进了市场营销理论走向社会，推动了市场营销学的应用和发展。但是，总的来看，这个时期市场营销学的研究重点主要集中在产品的推销术和广告术，以及怎样建立推销产品的组织机构、职能和策略等方面，研究仍然还是局限在流通领域，没有超出商品流通的范围。这一时期被称为市场营销学的发展阶段。

从二战结束到 20 世纪 50 年代，是市场营销学的完善阶段。二战结束后，美国军事工业转向民用工业，使民用工业的生产能力大大提高，加上这一时期科学技术的飞速发展，使各企业的劳动生产率大幅度提高，社会产品大量增加，市场上商品供过于求，市场竞争更加激烈。与此同时，代表了资本家利益的各资本主义国家政府，汲取了 20 世纪 30 年代经济大危机的教训，推行了高工资、高福利、高消费的"三高"社会经济政策，用以提高人们的购买力。消费者对于商品的购买选择性越来越强，消费需求日益多样化。新的形势提出了新的课题，推动着市场营销学研究不断向前发展，市场营销中消费者的需求成为企业关注的焦点。在新的形势下，企业必须学会分析和判断消费者的需求，并根据这种判断来为消费者提供合适的产品和劳务，这样才能保证企业在使消费者得到满足的基础上，企业自身也取得经济效益。至此，企业与消费者的关系发生了转变，由过去的以企业为中心转变为以消费者为中心，市场营销学理论也实现了新的突破。其特点是：研究对象从流通领域扩展到整个营销过程；营销观念从推销观念转变为市场营销观念；营销重点从产品变为消费者的需要；营销手段从推销变成整体营销。这标志着现代市场营销学的概念和理论逐步走向成熟。

20 世纪 60 年代以后，随着资本主义商品经济和社会生产力的不断发展，企业的外部环境不断变化，市场竞争日益加剧，市场营销理论也不断丰富和充实。市场营销理论与实践相结合，被广泛应用于企业经营决策中，成为现代企业经营管理决策的重要组成部分。

1960 年美国密西根大学教授杰罗姆·麦卡锡（Jerome McCarthy）提出了 4P 理论（营销组合理论），受到了企业和社会的广泛认同，在营销历史上影响巨大。1967 年美国市场营销学家菲利浦·科特勒（Philip Kotler）出版了《营销管理·分析·计划与控制》一书，该书被认为代表了市场营销学发展的最高水平，标志着市场营销学进入了成熟阶段。菲利浦·科特勒认为营销管理的实质就是需求管理，市场营销不仅适用于营利组织，也适用于非营利组织。这些新的观点进一步扩大了市场营销学的研究内容和应用范围。随着市场营销环境的变化，进入 20 世纪 70 年代有人提出了社会营销观念，强调兼顾企业、消费者和社会三者利益的协调与统一。

市场营销学理论从它的产生到发展，过程中不断吸收其他学科的精华，与心理学、经济学、组织行为学、社会学、数学等密切结合，发展成为一门多学科交叉、应用性较强、综合性的管理学科，并且被世界各国普遍接受。市场营销学是市场经济的产物，是一门关于如何满足顾客需要、引导消费和繁荣市场的经济管理学科。美国营销协会 1960 年对市场营销所下的定义是："市场营销是引导商品和服务从生产者流向消费者或用户所进行的一切企业活动。"该定义是基于对市场营销的传统认识，把市场作为企业生产和销售的终点，把市场营销看成是销售、推销或销售促进。随着市场营销实践的发展，理论研究也不断完善。1985年，美国营销协会对早期的定义进行了修订，认为："市场营销是关于构思、商品和服务的设计、定价、促销和分销的规划与实施过程，目的是创造能实现符合个人和组织目标的交换。"该定义指出市场营销是一种管理过程，其目的是创造交换，即实现个人和组织目标的交换。2004年，该协会定义营销是一项有组织的活动，它包括创造"价值"，将"价值"沟通输送给顾客，以及维系管理公司与顾客间关系，从而使得公司及其相关者受益的一系列过程。

人们常常把市场营销与某种可见的活动等同起来。较早的认识是把营销等同于做广告和卖东西，也有人认为营销就是设法把企业生产的产品推销给消费者。这都是一些狭义的理解和认识。因为企业如果不能生产出适销对路的产品，无论怎样推销都不会取得令人满意的效果。经济学家认为，消费者之所以购买商品，是因为这些商品能够给他们提供"满意"或"效用"。效用有4种形式：当生产者制造、种植或收获产品时，就产生了"形态效用"；消费者不用去生产者那里，是在当地就近的商店里购买商品，这就是享受"地点效用"；当消费者在愿意购买的时候就能够买得到，这就是"时间效用"；购买的商品又带来了"占有权效用"。从消费者利益的角度讲，市场营销是为消费者创造效用，使消费者得到最大满足的活动。

现代市场营销学认为：为了满足顾客需求，企业必须在生产前就进行产前活动，调查市场需求，对顾客经济上和心理上的需要进行分析研究，根据市场需求，结合企业的优势和实际情况，确定产品方向和企业经营对象，以此组织产品开发、研制、设计并生产出产品。在产品产出的前后，则要确定产品的商标、品牌、包装，组织试销，制定价格，研究通过什么渠道和通过什么促销方式，把产品或劳务销售到顾客手中。产品销售出去以后，企业要开展售后服务，满足顾客的需求，帮助他们从产品中获得最大的效用。

营销者必须努力理解目标市场的需要、欲望和需求。需要（needs）描述了基本的人类要求。人们需要食品、空气、水、衣服和住所以生存，此外还强烈需要娱乐、教育和文化生活。当人们趋向某些特定的目标以获得满足时，需要变成了欲望（wants）。

需求（demands）是指对有能力购买的某个具体产品的欲望。许多人都想要一辆梅塞德斯（Mercedes）汽车，但只有极少数人能够并愿意买一辆。公司不仅要估量有多少人想要本公司的产品，更重要的是，应该了解有多少人真正愿意并且有能力购买。

上述区别澄清了对市场营销有非议的人所经常提出的责难，如"营销者创造需要"或"营销者试图使人们购买不需要的东西"。营销者，连同社会上的其他因素，只是影响了人们的欲望。营销者可能向消费者建议，一辆梅塞德斯汽车可以满足人们对社会地位的追求。然而，营销者并不创造人们对社会地位的需要。

企业是经济社会中的一种独立的经济实体，它用一定量的经济投入换取一定量的经济报酬。在市场经济中，企业的报酬来自商品或服务的销售收入，销售收入的多少取决于企业的产品是否为市场所需要，每种产品能否卖出好的价钱，企业的经济报酬取决于市场。实践证明，市场经济是推动人类社会发展和经济繁荣的成功手段，企业开展市场营销是市场经济发展的必然产物。

在此，可以将市场营销理解为：市场营销是从市场需求出发，运用各种科学的营销手段，通过交易程序，提供和引导商品和劳务到达消费者手中，既满足了消费者的需求，企业又获得利益，实现双方互利的一种企业经营活动。

企业的市场营销活动应当包括整个企业的全部业务活动，即从市场和消费者研究开始，到选择目标市场、产品的开发、设计、定价、分销、促销及售后服务等的全部内容，见图1-2。

二、食品营销的基本内涵

从街边小摊打出的"无碱无矾油条"、"中秋月饼，现烤现卖"等条幅，到电视广告招标

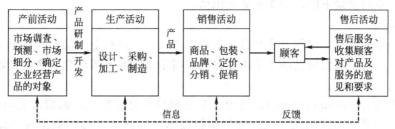

图 1-2　市场营销活动示意图

预售食品企业拔得头筹，便可清晰地看到，食品营销的影响力有多广。如在 2011 年的中央电视台招标中，亮点频频，食品企业拔得头筹，像"雨润"、"中粮"、"蒙牛"、"伊利"等品牌大放异彩；其次，酒类成为一支新力军，"茅台"、"燕京"、"青岛"、"泸州老窖"等酒类品牌纷纷登陆中央电视台。无论是街边的广告，还是电视各大食品企业的广告，都可以看出食品营销其实就在我们身边。

食品营销学，是市场营销学的一个分支，是市场营销理论在食品行业中的具体应用研究。食品是提供人类生命活动所需能量的生活必需品，是人类赖以生存的一种特殊的产品。因此，将食品企业同其他企业加以区别，单独对食品企业的营销进行深入的研究和探讨，具有重要的现实意义。食品营销是以市场营销学理论做指导，对食品企业进行经营策划和实施营销管理的过程，在这个过程中市场营销理论贯穿始终。市场营销学有自己独特的研究对象和内容体系，其理论和方法已经得到广泛的应用和推广。

学习食品营销学首先要了解市场营销学的产生与发展过程，把握市场营销学的性质、对象、方法和内容。

营销观念是企业在组织和谋划企业的营销活动时所依据的指导思想和行为准则，是企业对市场的根本态度和看法，其核心问题是以什么为中心来开展企业的生产经营活动。

市场营销指导思想是随着生产力的不断发展，市场供求变化，市场竞争的激烈展开和营销管理由低级向高级发展的需要而不断发展和更新。至今为止，市场营销观念的演变大致经历了五个发展阶段。

1. 生产观念

生产观念（produce concept）是在生产力和科学技术比较落后、产品供不应求、卖方市场的背景下产生的。西方资本主义国家在工业化初期，由于物资短缺，需求旺盛，产品供不应求，市场需求基本上是被动的，消费者由于产品销路不成问题，销售工作当然不受重视。因此，企业的主要任务是努力提高效率、扩大生产、降低成本。企业的一切生产经营活动以生产为中心，围绕生产来安排一切业务。生产观念可以概括为："我们会做什么，就生产什么"。在这种观念指导下，生产和销售的关系必然是："以产定销"。这种观念又被人们称作生产导向观念，我国在计划经济时期企业主要是生产导向，经济体制改革后的很长一段时间内，不少行业仍然处于卖方市场，还是遵循以生产为导向的经营观念。

2. 产品观念

产品观念（product concept）认为消费者喜欢那些质量高、性能好、价格合理并有特色的产品。因此，企业的主要任务就是提高产品质量，只要产品好，不怕卖不掉；只要产品有特色，自然会顾客盈门。"酒好不怕巷子深"、"一招鲜，吃遍天"等都是产品观念的生动写照。这种观念可以概括为："我们会做什么，就努力做好什么"。

产品观念容易使企业患"营销近视症"，它过于重视产品本身而忽略了市场的需要，特别是当企业发明一项新产品时，企业会沾沾自喜，不去把握市场需求的动态，以至于市场需求变化导致产品的销量下降，使企业陷入困境。

3. 推销观念

随着生产力的发展，市场上商品供应量不断增加，一些行业产品出现供大于求，企业间的竞争加剧。同时，人们的生活水平不断提高，需求增加并呈多样化。企业开始意识到产品销售的重要性。

推销观念（promotion concept）认为：企业如果不努力推销，消费者就不会大量购买。因此，企业必须建立专门机构，大力施展推销技术。这种观念可以概括为"我们能生产什么，就努力去推销什么"。推销观念的产生，说明销售工作在企业营销管理工作中的地位大大提高了一步。但是，从生产和市场的根本关系来看，仍然没有跳出"以生产为中心"的圈子。所不同的是，推销观念强调消费者一般不会根据自己的需要和意愿主动选择和购买商品，只能通过推销产生的刺激，诱导消费者产生购买行为。这样，推销部门的任务就是采用各种可能的手段和方法，去说服和诱导消费者购买商品。至于商品是否符合顾客的需要，是否能让顾客满意等问题，都是次要的。

4. 市场营销观念

市场营销观念（marketing concept）又称市场导向（market orientation），出现于20世纪50年代中期，是以顾客为中心，采取整体营销活动，在满足顾客利益的基础上，获取企业利润。市场营销观念产生的原因，一是由于二战后生产力的迅速发展，许多产品供大于求；二是西方资本主义国家普遍实行高工资、高福利、高消费的所谓"三高"政策，使消费者的购买力增加，消费需求不断发生变化，对商品的购买选择性大大增强。原来的卖方市场迅速转变为买方市场。许多企业都认识到：在进行生产之前，必须首先分析和研究消费者的需要，在满足消费者需要的基础上，企业才能生存和发展。市场营销观念的原则是："顾客需要什么，就生产和销售什么"，或者"能销售什么，就生产什么"。因而提出了"哪里有消费者的需要，哪里就有我们的机会"和"一切为了顾客的需要"等口号。

市场营销观念的理论基础是"消费者主权论"（consumer sovereignty），即决定生产何种产品的主权不在于生产者，也不在于政府，而在于消费者。在生产者和消费者二者之间，消费者是起支配作用的。生产者根据消费者的意愿和偏好来进行生产，不仅可以增加消费者的福利，而且可使自己获得利润，否则他们的产品就会卖不出去。

5. 社会营销观念

20世纪70年代以来，市场营销环境发生了许多新的变化，如能源短缺、环境污染、通货膨胀、人口激增、失业增加、消费者保护运动盛行等。在这种情况下，人们开始对单纯的市场营销观念提出了指责，认为某些企业在实行市场营销时，忽视了满足消费者个人需要同社会长远利益之间的关系，从而造成了资源浪费和环境污染等社会弊端的产生。企业过多地强调满足消费者的欲望，导致产品被过早淘汰，环境污染与破坏更加严重。例如，餐饮行业为满足消费者图方便、讲卫生的需要，大量使用一次性饭盒和一次性筷子，这些一次性餐具的使用意味着巨大的资源浪费，而且，一次性塑料饭盒不易分解，污染和破坏了生态环境。另外，一些不法分子为了牟取暴利，用虚假广告或假冒伪劣商品欺骗消费者等，这对社会的长远发展是不利的。针对这种情况，出现了"社会营销观念"的提法，现在这一提法已经为多数人所接受。

社会营销观念（social marketing concept）是对市场营销观念的补充与完善。社会营销观念认为，企业不仅要满足消费者的需要和欲望并由此获得企业利润，而且要符合消费者自身和整个社会的长远利益，要正确处理消费者欲望、企业利润和社会整体利益之间的矛盾，统筹兼顾，求得三者之间的平衡与协调。社会营销观念要求企业的营销活动要充分地利用资源，在满足消费者需求、取得合理利润的同时，也要保护环境，减少污染，维持一个良好的社会环境和生态环境，不断提高人们的生活质量，实现社会的可持续发展。

通过对以上市场营销观念演化过程的分析可以看出，前三种观念都是以产品为中心，企业首先考虑的是产品，不是消费者，通过推销的手段来销售已经生产出来的产品，把市场作为生产和销售过程的终点。后两种观点是以消费者为中心，企业首先考虑的是消费者的需求，而不是产品。企业根据消费者的需求来设计和生产产品，合理搭配和使用营销因素组合，制定出既满足市场需求，又利于企业长期发展的营销策略。

第二节　食品营销的性质、特点与功能

一、食品营销的性质

从产品的角度来说，食品市场营销是指从初级生产者到最终消费者的转移过程中，与投入品和消费品有关的所有交换和服务活动，强调营销的核心是交换。

从企业的角度看，食品市场营销是所有出售企业产品的必要活动。例如，一个面粉企业的产品市场营销工作就需要处理产品设计、包装、品牌的选择、销售，以及制定促销策略、定价策略和选样分销渠道等许多问题。实际上，企业通过销售产品的同时，也在销售企业自己。

近几年，环境污染的加剧、有限自然资源的过度消费等问题日益引起社会公众的关心，市场营销也开始重视社会的可持续发展。从社会的角度讲，食品市场营销是确认消费者和社会的需要，并使其得到满足的一种社会经济活动过程。

二、食品营销的特点

食品营销在市场营销学的基础上发展而来，也具有了市场营销学的显著特点，主要体现在如下几点。

1. 强烈的实践性

食品营销学是食品企业经营活动成功经验的总结，其理论、原则、方法和策略都是在实践中产生的，并在实践活动中不断得到修正、完善和发展。

2. 高度的综合性

食品营销学是一门以市场营销学为基础，与其他学科紧密关联的综合性的边缘学科，比如，经济学为其提供了最基本的概念和原理，行为科学为其确立了营销原则，数学、计算机学、哲学等为其提供了分析计算工具和思维方法等。

3. 丰富的应用性

食品营销学不是纯理论性研究，而是一门应用性、可操作性很强的学科。市场营销学的理论、原则和方法比较简单，容易掌握，可以很快地应用于食品企业经营管理活动之中，为企业制订营销计划和决策服务。

三、食品营销的功能

食品市场营销的功能是指食品企业为缩短生产和消费之间的距离，消除市场障碍，提供给消费者所期待的产品效用的基本流通过程和服务。由于在生产和消费之间，存在着信息的、空间的、时间的、所有权的不一致性，市场营销能够帮助企业克服和消除这些不一致性，实现生产和消费的相互协调，达到增加产品的效用、最大限度地满足消费者需求的目的。产品的效用包括形式效用、时间效用、地点效用和占有效用，是指产品能够满足消费者需要的能力，产品对消费者来说是否有用，就决定于该产品在多大程度上满足了消费者的要求，是消费者对产品的一种感觉和评价。

食品的形式效用：是指产品必须具备一定的形式才能方便消费者食用。如冰淇淋是人们夏季喜爱的甜食品，但一旦融化了就不能作为冰淇淋来食用，失去了形式效用。

食品的时间效用：是指产品是否能在消费者最需要的时间内及时提供。中秋节前后月饼的消费需求最大；冷饮类食品在炎热的夏天消费旺盛、效用高，而严冬季节冷饮的效用就很低。

食品的地点效用：消费场所和生产场所不是同一个地点，往往相隔一定距离。如果产品有地点效用，则这种产品必须在需要的时候即刻就能够买到，及时可以食用。所谓"远水不解近渴"，指的就是产品没有地点效用。

食品的占有效用：在买卖交易之前，产品的所有权未转移，产品不归消费者所有，对消费者来说也是没有效用的。

食品企业开展市场营销活动就是为了使产品具有以上 4 种效用，更好地满足消费者的需求。食品营销的基本流通功能和服务功能存在于整个营销活动之中。

1. 食品营销的流通功能

（1）原料收集　用于食品加工的原料农产品广泛分散于远离加工厂的各个地理区域，将其运往加工地点集中起来，是实现地点效用的营销活动。例如，速冻蔬菜加工厂要从周围的农村产地收购新鲜蔬菜；乳品厂要到各地的奶牛养殖场收集牛奶。根据规模经济原理，大工厂生产比小工厂生产单位产品成本低，因此，将原料运给大加工厂集中生产效率更高。

（2）原料分级　农产品收集起来以后，要进行分级，原料等级的价格受最终产品价格的影响。由于每年气候条件不同，不同地区作物生长环境条件也不同，原料品质质量的差异都会影响工厂产品的质量。例如，果品和蔬菜要经过大小分级，保证产品一致，达到制造商或消费者市场的要求。这种分级就是使产品具有形式效用。美国不同等级的水果最终用途不同：特级品送往礼品市场；一级品进入高收入者的食品商场；二级品供应中低收入者，如袋装果品销售市场；三级品专供生产罐头或果汁的加工厂。

（3）原材料储藏　由于大多数农产品生长期为一年，农产品加工企业生产有季节性，原料和配料也是季节性使用，原料必须放到仓储设施中储藏到需要使用的季节。不同的产品使用不同的储藏设施，谷物需要用传送带提升后置入高大的圆筒式粮仓中；果品之类易腐烂的产品，需要低温冷藏库储存。还有一些产品如蛋黄用于食品加工时，需要冷冻储存。储存可以增加产品的时间效用，还有助于提高地点效用。

（4）食品加工　活体家畜经屠宰厂加工变成白条肉，白条肉又经过肢解加工变成在食品商店里直接销售的各种形式的加工肉。果品和蔬菜也要经过果汁厂、罐头厂或速冻加工进行加工；谷物类则经过磨碎并加入其他配料而制成各种配方食品。对于食品来说，多级加工变得越来越普遍。如原料先加工成配料，再送往工厂制成糕点、速溶食品和方便食品等。加工赋予产品以形式效用。

（5）产品包装　食品的形态多种多样，有块状、粒状、粉状、浆状、液状等，均需进行包装。食品包装的目的在于：①保持食品的卫生；②便于储运、销售，避免损坏；③防止吸湿、氧化和腐败，延长保存期；④定量化，便于销售；⑤增加美观，提高价值；⑥吸引消费者注目，用标签说明产品、介绍品牌。近年来，由于包装材料和包装技术的发展使食品提高了品质，减少了损失，并且改善了外观，提高了品位和档次。包装提供产品的形式效用。

（6）产品库存　食品在分销渠道中必须保持足够的储量，以便及时补充零售货架上的空缺。企业的产品仓库、批发商的商品储备库、零售商的库房、专门为需要者出租的仓储设施等，都是产品储存场所。库存为产品提供时间效用。

（7）产品分销　是食品企业将产品分销给批发商、零售商和消费者的过程。企业可以自己建立独自的分销网络，还可以利用中间商渠道，将集中在加工厂仓库中的产品分配到各零售点去。分销赋予产品以地点效用。

（8）产品运输 从原料集中到最终产品的分配，运输几乎联结市场营销活动的所有阶段。加工企业要从远离工厂的地方取得原料资源，或者把产品销往其他地区，运输是一个关键的环节。运输增加产品的地点效用。

2. 食品营销的服务功能

（1）市场分析 市场分析是通过了解和分析市场的供求特点和环境条件，设法把消费者的现实或潜在需求同企业联系起来，把握市场需求特点的过程。消费者对食品的现实需求表现为购买维持最低生活需要的基本食品，而潜在需求是当收入进一步增长或饮食嗜好变化后要购买的食品的欲望。企业在研制和开发产品时，首先要进行市场分析，否则生产的产品和市场需求不对路，就会导致销售不出去，造成巨大损失。

（2）产品开发 产品开发包括新产品的开发和现有产品的改进。市场营销要求企业要不断推出新的产品，并进行严格的市场试销，以便寻找新的或更好的产品，适应消费者的物质和心理需要，从而提高产品的效用。食品的形状、包装、品牌的改进也属于在原有产品基础上的产品开发。

（3）需求开发 企业的规模化生产虽然可以以较低的成本大量提供产品，但是，如果需求不增加或增加缓慢，市场营销的各个环节也不可能正常运转。所以，市场营销要刺激需求、创造需求，提高需求的水平，这项工作主要是由食品加工企业来承担的。介绍新产品的广告投入大，市场开拓花费时间，一个新的产品在几周内就可以生产出来，但要被人们充分认识也许要花很长的时间。中间商在为企业介绍新产品或新品牌中也会起到重要作用，通过批发商、零售商的介绍，顾客会逐步形成对这种产品的需要。大型食品超级市场的增多，对开发食品的需求将会起到重要作用。

（4）交换服务 交换发生在食品市场营销的各个不同层次，如有加工厂和农户之间的原料买卖，还有中间商和加工厂之间、中间商和消费者之间的产品买卖等。买卖双方一经达成协议，交换就可能发生。交换形成价格，价格反映了供求关系，这在农产品市场交易、拍卖中最为明显。交换服务功能还包括货币的支付、银行结算及交货等手续。

（5）市场信息 市场信息是减少市场风险的灵丹妙药。市场信息为参与市场交换的所有人的理智性行为提供依据，使消费者选择那些最能满足他们需要的产品和服务，也使食品企业能够做出合理的决策来满足消费者的需要。国外一些大企业或公共部门建立有市场营销信息系统，收集、分析、预测和传递产品的将来的销售趋势，为企业和社会公众提供完善的市场信息服务。

第三节 食品营销学研究的对象与内容

一、食品营销学的研究对象

市场营销学是专门研究市场营销活动及其发展变化规律的学科。它是市场营销实践的科学总结和概括，是有关市场营销活动的指导思想、基本理论、策略、方法技巧等有机结合而成的科学体系。

从市场营销学产生和发展过程中可以知道，市场营销学是市场经济高度发展的产物，是买方市场全面形成和卖方市场激烈竞争的产物，是适应这种客观经济需要而产生的、具有综合性和边缘性特点的一门应用科学。市场营销观念的演进，既是资本主义经济发展、供求格局变化的产物，也是企业经营管理经验不断总结和积累的结果。在某种意义上，营销学不仅是一门科学，而且是一种指导商战的艺术。20 世纪 50 年代以来，在经济发达国家和地区，市场营销在企业的经营中发挥着越来越明显的重要作用，麦当劳、肯德基、可口可乐等世界著名大企业都是由于运用营销学的原理和方法，才取得今日这样巨大成就的。

食品营销学的研究对象是食品企业在市场上的营销活动及其规律性。食品营销（food marketing），可以认为是食品企业如何开拓市场、如何策划经营战略的一项活动。企业是从事营销活动的主体，在此，首先对营销主体的范围作一界定。

营销从食品的定义看，食品生产者包括食品工业企业和农业企业，他们都从事食品的生产。食品工业企业在经营方式上属于工商企业，而农业企业的概念却比较模糊，尤其是在像我国这样以小农户经营为主的国家，农业企业的界定是比较困难的。但是，既然市场营销是一种企业行为，就有必要根据研究的需要对农业企业的概念进行界定。在研究市场营销时，规定农业企业不但包括所有从事食品生产、加工、流通的企业，还包括农场、农业生产大户、生产者组织和产地政府，他们都是农产品和食品市场营销的主体。与农业企业相比较，食品工业企业更加规范化，具有典型的企业特征。

二、食品营销学的研究内容

市场营销要素是企业开展市场营销的手段，多种多样的营销要素在促进销售、满足消费者需求的过程中发挥着不同的作用。自从美国营销学家杰罗姆·麦卡锡（Jerome McCarthy）将市场营销要素归纳为产品（product）、价格（price）、渠道（place）、促销（promotion）四大因素（4P）之后，形成了市场营销学研究的核心理论。由于 4P 是企业自己可以控制的因素，企业通过灵活运用、协调使用营销因素，发挥整体组合的最佳效果，就能够取得成功，因此，产品、价格、渠道、促销被称为市场营销组合（4P）。人们围绕 4P，开展营销理论和实践的研究，推动了市场营销学的发展。随着世界经济格局的变化，1984 年，菲利浦·科特勒（Philip Kotler）在 4P 的基础上又加上了政治力量（political power）和公共关系（public relations）两个 P，成为 6P。政治力量是指企业应该依靠国内政府的力量开展营销活动，便于进入国外或地区的市场。公共关系是指企业通过外部公关活动，在公众心目中树立良好的形象，从而改善市场环境，使企业能够比较顺利地开展国际市场营销活动。

以上 6Ps 营销组合是"大市场营销"的概念，是对现代市场营销核心理论的新发展。

罗伯特·劳特伯恩（Rebort Lauterborn）于 1990 年提出了与 4P 相对应的顾客 4C，即顾客解决方案（customer solution）、顾客成本（customer cost）、便利（convenience）、沟通（communication）。

食品营销学的研究内容十分广泛，已经超出了食品流通的范围，与企业的整个经营活动密切相关，基本上可以概括为以下几部分。

（1）食品和食品工业的市场营销观念　食品企业如何树立以满足消费者需求为中心的营销观念，是食品营销学学科体制展开的主线，贯穿于食品营销学各部分内容的始终。

（2）食品营销环境分析　分析企业市场营销的宏观环境和微观环境及其变化特点，确认市场机会和威胁，便于企业根据市场环境的变化来协调内部资源，制定出相应的营销策略，达到企业经营目标，并通过案例分析来进一步阐释食品企业的营销环境。

（3）消费者购买行为分析　主要研究食品消费市场及购买行为模式、影响消费者购买行为的主要因素和消费者购买的决策过程及行为分析。

（4）食品市场调查与需求预测　是食品企业确定经营目标、制订生产计划和营销策略之前认识和了解市场的重要手段。它包括市场调查和预测两方面的内容、步骤和方法等。市场调查与预测包括其意义、内容、步骤与方法，是认识市场和了解市场发展趋势的重要手段。企业开展市场调查，并对未来市场需求的变化进行预测，为制订经营计划、确定经营目标和制定营销策略提供可靠依据。

（5）食品营销战略　它涉及食品企业的经营方向，关系到企业的如何生存和发展，主要包括制订营销战略的意义、原则、方法及过程。企业市场营销战略的制定，包括战略计划的编制，市场竞争战略和市场发展战略的制定，以及营销的组织与控制等。

（6）食品市场细分与目标市场战略　包括市场细分的意义、细分依据，在市场细分的基础上，制定选择目标市场和市场定位的方法和策略。

（7）食品市场营销组合策略　市场营销组合策略（4P），主要包括产品策略、价格策略、渠道策略、传播与促销策略，以及将四种营销手段组合起来综合运用，实现市场营销组合的最佳配置，以实现企业营销目标。

（8）食品市场营销管理　包括食品市场营销的计划、组织、实施和控制。

（9）国际市场食品营销　国际市场营销的特点，国际市场环境对企业营销的影响，国际市场的进入方式及营销组合策略等。

（10）食品营销模式创新　主要介绍网络营销、文化营销及期货营销模式的创新。

第四节　研究食品营销学的意义与方法

一、研究食品营销学的意义

学习食品营销学的重要意义可以概括为以下几点。

① 学好食品营销学，有利于食品企业经营者做出正确的决策。在复杂多变的市场环境中企业能否立于不败之地，企业领导者的决策是至关重要的。正确决策的前提是决策者能够全面掌握市场信息，并能够对市场的需求进行透彻的分析。要做到这一点除了实践经验，还必须要有营销学理论的指导。

② 学好食品营销学，有利于食品企业制订和调整企业的经营计划。企业只有在把握市场需求的数量、结构、水平等的基础上，才能制订出切实可行的生产和营销计划。并且，企业还要随着市场需求的变化不断对计划进行修正和调整。食品营销学的中心任务就是通过对生产营销活动规律的研究，指导企业分析和寻找满足市场需求的最佳方式和途径。

③ 学好食品营销学，有利于食品企业提高经营管理水平，增强企业竞争能力。学习和掌握市场营销的各种策略和方法，应用于企业经营的实际，通过加强企业的营销管理促进企业经营管理水平的提高。还可以根据市场需求变化特点不断开发新产品，及时抢占市场并扩大市场份额，增强企业的竞争能力，从而获得良好的经济效益。

④ 学好食品营销学，有利于食品企业走向国际市场。我国食品企业要走向国际市场，首先要了解国际市场环境，熟悉世界贸易组织（WTO）规则和国际惯例。一些发达国家对食品进口设置了严格的卫生检验标准和质量认证制度，形成"绿色壁垒"。目前，我国食品质量标准还很不完善，没有和国际接轨，食品出口受到很大的限制，只能出口一些原料和粗加工产品，出口效益不高。研究国际市场，根据国际市场的需求和质量标准生产产品，我国食品企业才能走向国际市场。

二、研究食品营销学的方法

随着我国市场经济的不断发展，食品供应短缺问题已经得到解决，人们生活水平日益提高，基本解决了温饱问题，正在走向小康和富裕的时代。人们消费水平的提高，对食品产业的发展提出了更高的要求。当前，食品企业面对众多的竞争对手和越来越挑剔的顾客，如何开拓市场，提供满足消费者需求的产品，成为企业生存和发展的关键。

学习食品营销学，培养高素质的食品营销专业人才，对于迅速提高食品企业的营销水平、增强市场竞争力具有十分重要的意义。我国食品产业面临着机遇和挑战，面对激烈的国际市场竞争，无论是我国的产品走向国外市场，还是在国内市场与外来产品竞争，企业都必须依靠营销理论制定经营战略，在竞争中克敌制胜，求得发展和壮大，以提高我国食品产业的整体水平。

在市场经济条件下，食品企业是一个具有营利性的、独立的经济实体，追求利润最大化是企业的经营目标。企业的盈利来自于它为社会提供的产品或服务的销售收入，如果企业的产品或服务不符合消费者的需求，销售不出去，企业就会陷入困境，长期下去，企业就会破产；如果企业的产品受欢迎，能够在市场上畅销，企业就能够获得利润。但是，市场上，一种产品或服务不可能仅仅由一家企业来提供，绝大多数情况下，是销售同类产品的多家企业在市场上相互竞争。在竞争条件下，企业的产品或服务以什么样的价格销售、销售多少，要由市场来决定。商品价值的实现，会受到市场上各种环境因素的影响，如政治经济、社会文化、供求关系、竞争者的状况等。食品营销学要求食品企业要分析市场环境，研究需求变化，提供的产品要满足消费者的要求和欲望。同时，要求企业在生产经营中，关注社会、环境和可持续发展，树立良好的企业形象，用营销理念规范市场行为，形成良好的市场竞争氛围。

1. 以消费者的需求和心理为策划的起点并贯穿始终

现代营销的基本点在于以消费者的需求为中心，一切的营销活动都应该围绕着消费者的需求来进行，关注消费者需求，就是关注市场。消费者需求把握得准确与否，决定着营销策划的成败。因此，在任何一次的营销策划开展之前，都应该深入市场，了解消费者的真实感受，这样才能使营销真正策划到位，也才能取得应有的市场效果。消费者的食品消费心理是微妙的，也许消费者表现出来的并不是消费者真正的内心感受，策划若不能准确地把握消费者心理，也就有可能"差之毫厘，谬以千里"。速溶咖啡产生于美国20世纪初期，在上市之初，速溶咖啡制造商麦斯威尔（Maxwell House）咖啡决策层认为，速溶咖啡相比传统的手磨咖啡，能让美国的家庭主妇们从繁琐的咖啡制作中解脱出来，省时省力，因此，他们决定向美国家庭主妇展开宣传攻势，大力宣扬速溶咖啡省时省力的基本特点。在策划推出后，市场反应平平，没有达到推广速溶咖啡的效果，可以说，当初的策划是失败的。麦斯威尔的营销人员百思不得其解，只好求助于心理学家。通过心理学家广泛而深入的分析，找到了问题的症结，原来在20世纪初期，美国家庭主妇的观念里，制作咖啡的繁琐过程被视为勤劳的表现，是一个勤快的家庭主妇的标志，而购买速溶咖啡则有悖于这一观念，购买速溶咖啡图省时省力则是懒惰的家庭主妇表现，难怪速溶咖啡不能被家庭主妇们接受。了解到这一微妙的消费心理之后，麦斯威尔咖啡重新调整了策划方案，转而诉求速溶咖啡的醇香美味，并邀请当时的总统罗斯福为之做广告，在罗斯福总统的那句"滴滴香浓，意犹未尽"感召下，美国的家庭主妇争相品尝速溶咖啡的醇香美味，从此速溶咖啡进入美国的千家万户，麦斯威尔也成为美国最具竞争力的咖啡品牌。

美国加利福尼亚的爱西美食品公司被人们称为"今明后公司"，该公司为迎合消费心理，雇佣了42位食品设计师兼配方师，每周总要设计出10多种新食品，但对这10多种新食品，公司并不盲目推出，而是试探出顾客的反应后再推出。其做法是，在公司的门市部专门设有一个所谓"今明后"柜台。每天在这个柜台，总有几种新设计出来的食品样品陈列，免费供顾客品尝；公司还制定了一条规矩，在"今明后"柜台陈列的新食品，今天出样陈列供人品尝，明天接受订购，后天公开出售。公司从顾客品尝的多少中预测市场需求量，并制订上市计划。此举大大吸引了消费者，使"今明后"公司独占同行鳌头。

速溶咖啡策划的成败，是对消费者心理把握得准确与否决定的，而爱西美食品公司则是根据消费者的需求来决定自己的产品，从而赢得消费者的青睐。毫无疑问，消费者的需求决定了策划的方向，决定了策划的内容。食品消费者的需求丰富多样，千变万化，在整个策划中，必须随时把握消费者的需求和心理，如此才有可能取得良好的市场业绩。

2. 界定明确的目标市场，要吸收目标市场的基本特性作为策划元素

食品的品种多种多样，而食品消费也是千差万别，不同种类的消费群体的消费习惯也不一样，任何一个食品品牌都不能满足所有的消费者，某一类食品或某一个食品品牌，要想让所有的消费者都接受是不可能的。在产品同质化非常严重的今天，每个食品品牌都必须明确界定自己的目标消费者，根据特定消费者的特性来开展营销活动。针对不同的消费人群，营销策划的方向则不同，比如针对老年人的保健食品，通过社区开展老年人喜闻乐见的形式来进行推广，比较容易被接受，而新奇特的营销策划手段在老年人这里可能适得其反。因此，在策划中，每一个食品品牌都应该锁定自己的消费群，界定自己的目标市场，做好消费者定位，然后根据目标市场的特点来进行策划。

3. 策划以产品品质为基础，深挖产品本身特点，突出产品的创新点

享誉世界的营销策划大师大卫·奥格威（David Ogilvy）曾经说过，好的产品是营销推广的基础，而坏的产品推广越好则产品死得越快。这说明，任何营销策划，都必须以好产品为前提。要保证食品营销策划的成功，食品本身一定要过硬。而很多时候，食品产品本身就蕴藏着营销策划的创意点。因此，食品营销策划人员一定要充分把握食品本身的特性，看似平常的表面挖掘出独特的东西来，这样食品营销策划才能从众多的品牌中脱颖而出，在市场中占据一席之地。策划大师李奥·贝纳（Leo Burnett）在为"绿巨人"灌装豌豆策划时，从菜农抢收豌豆的生产过程中获得灵感，策划了"月光下的收割"营销创意，清晰而准确地传达了"绿巨人"罐装豌豆的新鲜品质，得到了消费者高度认同，造就了"绿巨人"罐装豌豆这一知名品牌。而农夫山泉从普通得不能再普通的瓶装饮用水中，挖掘出"农夫山泉有点甜"的独特卖点，更能说明食品产品本身就具有天生的策划创意，策划创意的关键在于发现。食品的品种数不胜数，其中的差异更是丰富多彩，从丰富多彩的产品差异中，寻找若干独特的方面进行策划，是食品营销策划简易可行的思路。通过产品本身差异点的寻找或创造，避开与竞争对手的直接竞争，是策划成功的保证。

同样是养生堂的另一品牌——农夫果园，运用产品本身的差异化后发制人，是策划的又一经典。选择混合果汁作为突破点，是农夫果园营销的重要策划。市场上 PET 包装的果汁饮料口味繁多，主要有橙汁、西柚汁、苹果汁、蓝莓、相思果、柠檬汁、葡萄汁、梨汁、芒果汁、桃汁、杏汁、猕猴桃汁、草莓汁、山楂汁、菠萝汁、西番莲汁、番茄汁等，一般以橙汁、苹果汁、桃汁、葡萄汁四种最为常见。但这些产品一般都是单一口味，例如统一的"鲜橙多"、汇源的"真鲜橙"等，而且目前市场的主要竞争停留在单一的橙汁口味。农夫果园作为一个后进的品牌，在产品设计上没有像一般的厂家那样依照现有的口味跟进，而是独辟蹊径选择了"混合口味"作为突破口，凭此屹立于强手如林的果汁市场。深挖食品本身的特性，采用独具创意的表达方法，是食品营销策划又一重要法则。

第五节 我国食品市场的发展趋势

一、我国食品市场的发展现状

我国的食品企业在竞争中经受了锻炼，不断发展和走向强大，涌现出了一批规模大、效益高的食品大型工业企业集团，成为各自行业中的排头兵，同时也在带动农业产业化发展中发挥了龙头作用。他们都是依靠开展市场营销取得成功的典型例子。食品企业在开展营销、

实施名牌战略中，创出了一批信誉好的知名品牌。市场营销日益成为食品企业参与市场竞争的有力武器。

近几年，国外大型食品跨国公司开始进入我国，给我国的食品企业带来了严峻的挑战和学习发展的机遇，更加剧了国内食品市场的竞争。与国外企业比较，我国食品企业的市场营销还很落后，存在不少问题。尤其是在国际大跨国食品公司凭借其雄厚的资本和先进的技术、世界著名的品牌和强大的市场开拓能力，大规模进军中国市场的形势下，我国食品企业由于营销观念的滞后和营销能力的欠缺，在竞争中已经明显地处于劣势，在传统的企业制度下，市场研发、生产、销售三个环节在经营活动中所占的份额是两头小、中间大，有人形象地称其为橄榄式的，只注重生产。而市场经济条件下的现代企业经营理念应是哑铃式的，生产应服从于市场研发和营销。

企业营销观念落后主要表现在以下几个方面。

1. 大部分食品企业还处在推销观念阶段

企业仍然是以生产产品为中心，把生产看成"一线"，销售作为"二线"。不是从消费者和市场的实际需要出发，而是希望通过加强推销活动在大量销售中获得利润，致使产品货不对路，有的企业即使产品销不动，也在边积压边生产，包袱越背越重。

2. 营销道德水准偏低

有些企业为了片面追求利润最大化，置消费者利益与社会公德于不顾，甚至违法经营。如在市场上生产和销售假冒伪劣产品，采取掠夺性价格、欺诈性价格、垄断价格等不正当的价格手段牟取暴利，制作及播放虚假广告来诱惑甚至强迫消费者购买，食品掺假危害消费者健康等。目前违背营销道德的企业大部分都是食品、饮料等与消费者生活息息相关的行业，在消费者中和社会上造成恶劣的影响。

3. 企业对整体产品概念理解模糊

目前，我国食品企业普遍比较重视实质产品，忽视形式产品和延伸产品带给消费者的利益。一是企业产品雷同化，缺乏创新意识。在新产品的决策和生产中，应变能力差、创新能力低，促使产品结构单一。二是产品的质量不过关，销售服务不完善。质量是一个企业生产经营的核心，销售服务则是质量的承诺和保障，但国内的许多食品企业并没有意识到这一点。有许多的食品企业尚未进行 ISO 9000 的质量管理体系认证、ISO 22000 食品安全管理体系（HACCP）认证。三是食品企业的产品存在着外观包装粗糙、颜色单调、毫无时代气息等问题，致使产品无特色、不引人注目，影响了产品的价格和竞争力。

4. 企业品牌意识淡薄

一些食品企业在营销中只注重短期的销售量，不注重品牌和公司形象的宣传工作。主要表现为没有品牌意识，没有把创立名牌作为企业发展的主体行为，没有把品牌作为一种重要的无形资产加以珍惜和爱护。

现代市场营销中特别强调品牌的作用，这是因为：①品牌能给企业带来财富，是企业最珍贵的无形资产；②名牌意味着市场和效益，谁拥有名牌，谁就拥有了市场、效益和竞争力。

5. 企业患有"市场营销近视症"

有些企业患有"市场营销近视症"，片面地认为"酒好不怕巷子深"。认为把有限的资金投到生产、技改上是正道，广告宣传投入是花"冤枉钱"。"酒好不怕巷子深"是一种以产品为中心的营销观念，这种观念在商品经济不很发达、市场竞争弱、产品销售范围不大的情形下有一定的道理，但在现代市场经济高度发展的条件下已经不适用了。

6. 促销手段比较单一和落后

与国外同类食品比较，企业的促销手段单一落后，突出表现为广告和价格手段的频繁使用，忽视其他促销方法。广告的制作水平低下，甚至虚假，表达效果令人难以接受；价格战导致企业自相残杀，不仅损害自身利益，还危及整个行业的发展，因为薄利不一定导致多销，低价容易走入质次价低的怪圈，导致商品的信誉下降，诱发消费者的信任危机。

不断追逐新客户，忽视与顾客建立长期稳定的关系。企业的促销往往侧重于如何最大限度地招揽新顾客，不断扩大产品销售区域和市场份额。这种促销策略导致促销成本居高不下，而促销效率也难以提高。

7. 销售渠道的网络不健全、不通畅、运行效率低下

分销网络是食品企业最宝贵的营销资源，它的建立需要一定的时间，一旦建立就不像广告、产品、公共关系、促销等方式容易被人模仿，且能给企业带来源源不断的市场信息和动力。因此，其成为企业生命活力的基本标志。但目前国内的食品企业却很难找出几个有特色的运行良好的营销网络。原因是：①企业在分销网络的设计上，仍然体现出以生产为中心的理念，没有意识到分销网络并不应附属于产品的推销，而应是企业经营的龙头，应以市场为中心，并随着市场的变化引导生产并随之调整；②在网络的设计和建设中，企业过于考虑自身利益，以自我为中心，市场意识淡薄，服务意识缺乏，导致分销商忠诚度低，利益的分配失衡和网络运行的大量耗损，导致网络的稳定性减弱；③企业在销售渠道的长短和宽窄搭配上决策失误。一是销售渠道太长，从厂家到消费者的环节过多，增加企业成本和消费者的负担；或是太短，销售渠道的延伸不够，导致销售渠道的中下段往往掌握在一些"大户"手中，生产企业的市场调控能力弱，假冒商品大肆横行。二是销售渠道宽度上的选择出现冲突，本来适合密集营销方式的食品，却搞成专卖店形式，导致大量假冒产品在市场上横行。

8. 不注重市场细分和目标市场营销意识淡薄

现代食品企业面对着复杂多变的庞大市场，顾客人数众多，需求多样，企业只有通过市场细分才能明确自己的目标顾客和竞争对手，才能有效地进行市场调查和预测。我国食品企业的许多管理者不知道自己产品的目标市场在哪里？目标客户是谁？于是出现两种情况：一是对顾客来说，不是我想买什么你就有什么，而只能是你有什么我买什么，顾客的需求得不到很好的满足；二是同一行业内的众多企业的产品雷同化、趋同化，并去抢占同一市场而形成恶性竞争。

二、我国食品市场的发展趋势

随着社会的不断发展，经济水平的不断提升，我国食品市场正朝着产品多元化、正规化、品牌化、国际化等趋势发展，主要发展趋势如下。

（1）我国食品市场产品多元化发展趋势 随着生活水平的不断提高，消费者对食品的种类、品种、风味、口感、色泽、形态等都提出了更多需求。因此，食品市场为适应消费人群的多样化需求，食品市场中食品的多样化也日益凸显。

（2）食品市场中保健功能营养食品日趋增多 消费者越来越关注食品的营养保健功能，因此，市场上关于抗衰老、抗氧化等营养保健食品也越来越多。

（3）我国食品市场的正规化、合法化发展趋势 近年来，我国食品市场上出现了一系列安全事件，如"三聚氰胺"事件、"色素毒馒头"事件、"地沟油"事件等。这些食品安全事件导致了消费者对食品的信任危机，因此，我国食品市场针对上述情况，积极采取措施，包括积极推进《食品安全法》、生产许可证、流通领域管理办法等，力争使食品市场朝着正规化、合法化的趋势发展。

（4）我国食品市场的品牌化发展趋势 随着我国食品企业的规模化发展，越来越多的食品行业品牌诞生。如"娃哈哈"、"汇源"、"乐百氏"、"统一"、"双汇"、"金锣"、"雨润"等

大品牌。所以，我国食品市场中各食品行业的品牌化发展成为一个重要趋势。

（5）我国食品市场中特色农产品日益增多的发展趋势　目前，我国越来越重视农业合作社的发展，而农业合作社一般以农产品的初级分级包装为主，因此，食品市场上各地区域性的特色农产品增多，形成了一支不可忽略的主力军。

［拓展阅读］

海底捞：捞金如土的秘诀

每个成功企业的背后都有自己独到的秘诀，这些秘诀都是别人学不来和无法复制的，这就是企业的制胜法器和核心竞争力。海底捞捞金如土的秘诀就是在人性的基础上对服务的创新。

标准化对连锁餐饮业来说必不可少，没有它，员工就不知道自己的岗位职责和衡量标准，容易使员工无所适从、不知所措，但能够高度标准化的企业通常在服务和运营方面少有创造力，而在运营上具备创新能力的企业，通常又很难标准化，因为创新通常有很大的灵活度和操作空间。但这个看似鱼与熊掌不可兼得的问题，却在海底捞得到完美的解决。那么海底捞是如何解决标准化和创造力之间的问题的？海底捞又是如何克敌制胜，在强手如林的餐饮业安营扎寨、攻城略地的？它的过人之处究竟在哪里？

服务创新：没有最好，只有最合适

在中国豪强林立的餐饮业，不但有麦当劳、肯德基等外资品牌，还有小肥羊、真功夫等这些足以对抗外资品牌的国内企业。这些餐饮业通过标准化的模式实现了企业的快速扩张，但伴随标准化而来的一些问题令这些餐饮巨头头痛不已，比如翻台率很低、菜品创新乏力、顾客服务不到位等，这些问题不但会影响企业的单店运营效率，还会使企业的核心竞争力降低，从而导致企业停滞不前甚至被后来者赶超。

所以，当标准化不再是企业的核心竞争力，当产品、环境、价格、促销变得越来越同质化的时候，"服务"的重要性慢慢凸显出来，对服务的创新成为企业关注的焦点。但是哪些服务项目可以创新、怎么创新、创新到什么程度则是一个非常有技巧的话题，这和消费者行为模式和消费心理学有着密切的联系。

一般餐饮店的服务往往体现在顾客就餐时候的"及时换盘子、用夹子递热毛巾、主动斟茶"等形式，而海底捞的服务不但脱离了这种低层次的范畴，而且更具有前瞻性和后顾性。这种在感情基础上的服务延伸，更加注重顾客情感上的满足和用餐体验上的愉悦，完全体现了海底捞全程营销的服务理念。

实际上，海底捞的服务在顾客抬脚踏进店里的那一刻就展开了。由于生意十分红火，海底捞会为等候的顾客提供免费小吃、饮料、棋牌甚至是上网、擦鞋、修甲等服务，这种貌似"变态"的服务就是海底捞服务哲学的雏形，而这又与以"变态"而闻名的日式或者韩式服务有所不同。实际上日式、韩式的服务并没有得到中国人的认同，原因是它的"过度热情"不但让服务者感到耻辱，还会让接受服务者觉得别扭。海底捞这种服务创新是标准化管理所无法涉及的，标准化的服务最多能让客人挑不出毛病，但却不可能超出顾客的期望。

相比较其他餐饮店，海底捞在顾客就餐时的服务更细心、更贴心。比如在其他餐饮店吃饭的时候，你觉得服务员的帽子很漂亮、汤勺也很实用，想拿走。可想而知，这些要求几乎是不可能被满足的，但是这在海底捞却很容易实现，服务员会帮你跑出去买店里没有的产品，也会通过"小恩小惠"来使顾客感动。

然而，全程营销的服务理念没有使海底捞的服务在顾客走出店门的那一刻而中断，它通过为顾客登门送上好吃的辣酱，会告诉顾客可口小菜的做法等后续服务来巩固顾客对海底捞的忠诚度。

细心的服务给海底捞带来了丰厚的回报。海底捞每天晚上能够做到3～5桌的翻台率创造了业界的奇迹，不但能解决顾客的生理需求（站着腿酸），而且还获得了美誉度和顾客正面的口碑。

海底捞员工的灵活应变和对服务的理解，都不是员工行为规范或工厂流程可以写出来的，但海底捞的运营有标准，服务上的创新也有标准，其标准就是最大限度上满足顾客需求，通过观察和沟通，在细微之处出其不意，以此打动顾客。而这一切，很大一部分是靠员工的自主思考来达成的。

员工管理：充分授权，引发主动思考

既然服务创新需要员工的主动思考和灵活应变，那么企业内部肯定要有一套成熟的教育方式和授权机制，才能培养出一个个的人脑，而不是只会干活的人手。

对基层员工的充分授权，其实是一种极大的信任成本，而信任得当可以对员工有很大的激励作用。在海底捞，创始人张勇签字范围是 100 万以上的审批，100 万以下是由副总、财务总监和大区经理负责，大宗采购部长、工程部长和小区经理有 30 万元的签字权，就连店长都有 3 万元的签字权，这种在财务上的大胆授权在中国民营企业中实属少见。海底捞对一线员工的信任也让同行觉得匪夷所思，不论什么原因，只要员工认为有必要，都可以给顾客免一个菜或加一个菜，甚至完全免单，而这种权力在其他餐馆几乎都是门店经理才有的。对员工的高度信任和高于同行的薪酬，使得海底捞的员工都有很强的归属感和主人翁意识，都能站在公司的角度积极有效地处理客户关系。

曾有专家学者认为海底捞的经营模式是学不来的、无法复制的，事实上在服务创新和员工管理方面，餐饮企业更应该打造适合自己的核心竞争力，而不是简单地模仿。但有两个关键点非常重要：一是用创新的服务来抢占顾客心智资源，制造口碑；二是通过人性化的组织管理模式，提高员工的归属感和主动思考能力。能够真正做到这些的餐饮企业一定是潜力无限，大有"钱"途。

摘自：《销售与市场　评论版》2011 年第 8 期

第二章 食品与食品工业

第一节 食品的分类及特点

一、食品的种类

食品是指各种供人们食用或饮用的产品和原料以及按照传统既是食品又是药品的物品，但不包括以治疗为目的的物品。所有食品原料主要来自于农业、畜牧业和水产业的有机动植物体，其中除少数如水果和部分蔬菜等可供直接食用外，绝大多数均需在食用前进行种种处理，这种处理过程称为食品制造或食品加工。食品原料经过物理或化学等方法的加工，使之便于食用，同时具有美味可口、营养、卫生以及保持到食用时不变质等效果。因此，食品的种类繁多，不仅包括粮食等主食，也包括鱼贝类和山菜类"天然物品"、人们栽培和养殖的"农产品"，还包括用这些原料加工、制作的物品。如此可见，食品是一个涵盖面广、定义不十分明确的概念，人们常常根据不同的场合和目的，依照不同的标准对食品加以分类、区别。

1. 统计上的食品分类

国家统计局在公布统计数据时，根据《全国工农业产品（商品、物资）分类与代码》标准，将食品分为原料食品和加工食品两大类，前者由农林牧渔业提供，后者由食品工业提供。食品工业又分为食品加工业、食品制造业、饮料制造业和烟草加工业。

该分类主要是根据产品的基本属性进行分类的，主要用于国民经济核算制度和各类管理信息系统，是各地区和各部门在计划、统计、会计等各类业务工作中必须使用的一项基础标准，是全国各经济信息系统进行信息交换的共同语言。

2. 零售业（超市等）对食品种类的区分

超市、连锁店等零售业直接面对消费者，根据消费者的需求进货和销售食品，在对食品分类时重点考虑了消费领域的特点。日本综合超市大体将食品分为生鲜食品、加工食品、日配食品、熟食类和烟酒其他等五类。

生鲜食品：水产品、畜产品、果蔬类农产品。

加工食品：食品厂生产的糖果、饼干、罐头、饮料类食品。

日配食品：豆腐、乳品、面包等。

熟食类：盒饭、各种熟食、果蔬色拉。

烟酒其他：烟、酒、米、干货、调味品等。

3. 物流上对食品的分类

"温度带流通"是日本食品营销专家梅泽昌太郎提出的一个新概念。他主张按照食品的物流特性进行分类，按照不同食品最适宜储存的温度条件划分为以下4类。

常温流通食品：自然条件下流通，不需进行温度管理。如蔬菜、面包、糖果、饼干、调味品、酱渍菜、干货类。

恒温流通食品：需要按照某一恒温进行温度管理。如预冷蔬菜、沙拉酱、部分净菜。

冷藏流通食品：需要将温度保持在0℃左右。如鲜鱼、鲜肉、火腿、牛奶、酸奶、黄油、奶酪、多数熟食类等。

冷冻流通食品：需要将温度控制在－18℃以下。如冷冻水产品、冷冻肉类、速冻蔬菜、速冻饺子、冰淇淋等。

4. 食品分类的其他方法

① 传统上，根据食品在膳食中所占的比重分类。如主食、副食。

② 根据食物的来源分类。如植物性食品、动物性食品、矿物性食品。

③ 根据食品是否经过加工分类。如农产食品（有时称为原料农产品）和加工食品。农产食品又可以分为生鲜食品和粮食类食品。加工食品主要是以农产食品为原料，工业化生产的食品，其种类和品种繁多。

④ 根据食品的营养价值分类。如谷类食品、动物性食品、豆类食品、果蔬类食品等。随着人们生活水平的不断提高和食品工业的发展，食品的市场需求呈现多样化，各种新型食品不断出现，食品的名称也越来越多。如以市场上不同消费人群为对象的食品有：儿童食品、老年食品、运动员食品、军用食品等。以食品的功能、疗效进行分类的食品有：减肥食品、美容食品、糖尿病人食品等。近年来，保健食品、无公害食品、绿色食品、有机食品等五花八门的食品概念层出不穷，体现了人们对饮食生活的追求和食品产业的发展趋势。

二、食品的特点

1. 商品特性

① 不耐储藏，易腐烂、变质。食品，特别是鲜活、生鲜食品的保质期都比较短，在运输和销售时应特别注意。对此，在流通上要求时间要短、快速，要采用低温冷藏技术和具备相应的运输、储藏设施和特殊的陈列、销售柜台。

② 农产食品个体差异大，规格标准难以制定。即使同样的作物品种，由于栽培条件的不同，也会在品质等方面出现一些差异，采收时间的长短也影响产品的商品价值，不像工业产品那样容易进行规格标准化生产管理。

③ 味道、营养等品质指标从感官上不好判断，产品差异化营销比较困难。

2. 供给特性

农产食品生产受自然条件影响大，有明显的季节性和丰歉年之分。丰年农产品增产，但是供给量多会导致市场价格下降；灾害、歉收年会出现供给量不足，引起市场价格上升。而且因为生产周期长，不能随时根据需求的变化来调整供给量，事后调整更容易导致激烈的价格波动。其次，原料农产品的生产主体是农户，具有规模小、经营零散、组织化程度差的特点，市场交涉能力弱，各个农户对市场价格的形成无影响力。

3. 消费特性食品

消费受天气的影响比较明显。在炎热的夏季，啤酒、冷饮销量大；阴雨天商店顾客少，生鲜食品会降价出售；在节假日，人们对食品的需求增加。"五一"、国庆节、春节等节日是食品销售的旺季，大型活动（如中小学的运动会等）日也是食品销售的好时机。对生鲜食品来说，新鲜度是消费者最关注的质量标准之一。从消费者的购买行为看，食品属于典型的便利品，居民习惯于就近购买，一次购买量少、品种多，购买频率高。而且，食品的消费主要是以家庭为单位，是一种多数、分散型的消费结构。另外，因为食品是生活必需品，需求价格弹性低，所以食品价格的高低以及是否稳定往往是一个很敏感的社会问题。

4. 其他特性

① 联络感情的载体。在人与人之间的感情交流中，食品是最常见的一种交流载体。亲友间无论是共进晚餐还是馈赠对方喜爱的食品，都可以增进彼此间的一份亲情和友情；在社交各领域中，食品对于联络感情、增进友谊、扩展联系和协调人际关系等都发挥着重要的作用。

② 强调卫生、安全性。俗话说："病从口入"，饮食为人们每日所不可缺少的。因此，食品从生产到消费的各个环节中，对卫生的要求极为严格。饮食中的不卫生因素，可分为三种，一为有害病菌，二为有毒成分，三为有害异物。有害病菌和异物往往是由食品原料或在加工过程中带入，有毒成分往往是属于食品原料中的天然毒素，如河豚毒素。另外还有食品中的添加剂（如过量使用的色素、香精、香料、防腐剂、抗氧化剂）以及残留农药和有毒金属等。许多国家都颁布了食品卫生法，以限制食品中的有害病菌和有害物质，防止被污染，而且由有关部门严加执行，以确保消费者的身体健康。

三、食品流通渠道类型

除了少数由政府加以流通管制的产品（如部分粮、油、棉、烟草）外，食品的流通体系呈现多元化格局，其中农产食品的主渠道为批发市场流通。在此，对生鲜食品和加工食品的流通渠道做一比较，如图 2-1 所示。

图 2-1　生鲜食品和加工食品的流通渠道

注：F 表示农牧渔业生产者，M 表示食品生产厂家，R 表示零售商，W 表示批发商，Ac 表示集货商，C 表示消费者。

生鲜食品的流通渠道主要有：①生产者自产自销；②生产者与零售商建立直销渠道；③生产者直接销售产品给批发商，零售商从批发商处进货；④生产者自己或通过集货人将产品销给产地市场的集货批发商，再被运往销地市场批发给零售商。

加工食品的流通渠道主要有：①厂家直销；②厂家通过零售商销售；③厂家通过批发商、零售商销售；④厂家通过多级批发环节销售产品。

第二节　食品工业

一、食品工业的类别

我国的饮食文化发达，食品种类繁多，至今对食品企业尚无统一的、规范的分类方法。通常，对于生产经营农产食品的企业，如果树农场、养鸡场、农产品运销公司等不作为食品企业看待，食品企业主要是指从事食品加工、制造的工业企业，食品工业是由这些企业构成的。在食品工业上，根据生产原料和产品对食品工业企业进行分类，大体上可分为以下几大类：农产品加工企业，包括粮油、制糖及其他深加工；园艺产品加工企业，包括饮料及果蔬的加工；畜产品加工企业，包括乳、肉、蛋的加工企业；水产品加工企业，主要为鱼类制品的加工企业；膨化和焙烤食品的加工企业；酒类、糖果、烟草和罐头的加工企业。

二、食品工业的特点

1. 原料与成品特殊

食品加工的原料基本上都是生物体，主要依赖于农畜产品，而其生产成品属人类食物组成。因此，在组织食品生产时，就必须考虑到原料来源和消费者的直接需要。这是政策性很强的工作。

一般的工业生产中要降低成本和提高劳动生产率，往往以大规模生产为宜，但在食品工业则不尽然。有些原料不易保存和不便于运输，则宜于在原料产地组织适当分散的就地加工；有些成品容易变质，不便搬运和保管，则不需要到消费集中处组织加工，有时需要在原料产地将原料进行初步加工，然后再将中间产品送往消费地再加工成直接消费品。设厂的地点和规模无法规范，必须根据具体条件进行分析处理。

2. 生产有季节性

食品工业的原料供应往往受季节的约束，由此带来生产上的季节性。例如含水分较多的水果、蔬菜不耐久储，在原料旺季，量多、质优而价廉，此时必然形成加工旺季；季节一过则原料匮乏，即使能少量提供，也是质次价高。又如禽蛋、水产、乳品类原料的供应等也都有旺季、淡季之分。

原料品质的高低与采收时间关系密切，例如制糖所用的甘蔗和甜菜，在其生长期中适时收获加工，则出糖率最高，过早过晚收获皆不适宜，且收获后又要尽快加工处理，否则蔗糖转化而降低出糖率。

因为食品的消费也有季节性，不同的季节人们对食品有不同的要求，也是组织食品生产时必须考虑的因素。

3. 评价的标准复杂

在许多工业部门，原料、中间产品或成品的质量，都可以根据客观的指标，用科学仪器来进行检测，例如机器零件的形状尺寸、化学产品的成分分析等，都是可以进行比较的。对于食品的原料和产品的品质标准就要复杂得多，除了部分可比的指标，如形状尺寸、化学成分、微生物指标等外，还有许多项目很难使用仪器加以检测，要凭视觉、嗅觉、味觉、触觉、听觉等感官指标加以测定。如触觉之软、硬、脆、松、酥、稠、黏、弹性以及咀嚼感等各种性状，除少数有物理测定方法外，大多数仍以品尝判定。这实际上也反映了人们生活需要的多样性。因此，食品加工过程的控制，在相当程度上还是由熟练的经验所决定，不过，随着科学技术的发展，检验手段的提高，可量化指标的比例将越来越高，尤其是在大生产中，没有可量化指标来对生产过程进行控制，就不能保证产品的质量稳定，也不能保证生产的经济效果。

4. 物料对环境条件的敏感

自从人类熟食以来，对食物的加工处理主要是依靠加热。加热处理可以达到如下目的：①杀灭微生物，防止病害及食物变质；②破坏食物原料中的各种酶，避免食物变质；③改变食物的成分结构，使之容易消化；④改善食物的色、香、味。

一般的食品物料，除少数无机盐外，随着温度的升高其性质会发生变化。在通常情况下，淀粉在50℃左右开始糊化；蛋白质在45℃开始变性；75～100℃之间，各种酶受到破坏，蛋白质完成变性，微生物被杀死；在油炸食品时，热油温度高达150～160℃；烤面包炉温200～250℃，致使面包外皮成棕色，而其内部则达不到如此高温。过高的温度会引起食物的分解、氧化、变质，甚至燃烧，失去食用价值。如油炸温度过高，脂肪要发生高温聚合，产生变性。维生素等成分对热更为敏感，会因加热而有所损失。温度对食物的影响与加热时间有关。长时间不太高的温度有时比瞬间高温对食物品质的影响更大，故目前牛奶、果汁等杀菌多采用高温瞬间杀菌法。

食物在低温时一般处于较稳定的状态，但有些果蔬类可被冻伤。在高水分物料中，低温使水分形成冰晶，以致破坏细胞组织结构。含有蛋白质、糖类和脂质等营养的食品也是微生物生长的培养基，因此食品很容易因微生物的作用而腐败变质。当然，微生物在食品中的生长发育也与环境条件有关，如食品的水分或空气湿度。空气湿度大则利于微生物的生长而易导致食品变质。另外，光的照射、氧气的接触也会使食品变质。

三、我国食品工业的现状

食品工业与人民生活密切相关，是国民经济的一个重要组成部分。改革开放以来，我国的食品工业有了很大的发展，主要产品产量大幅增长，质量提高，品种多样，丰富了我国食品市场，满足了人们生活水平不断提高的需求。食品工业的发展主要表现为以下几点。

1. 中国食品工业持续快速健康发展，经济效益稳步提高

按照食品的原料和加工工艺不同，食品分为：粮食加工品，食用油、油脂及制品，调味品，肉制品，乳制品，饮料，方便食品，饼干，罐头，冷冻饮品，速冻食品，薯类和膨化食品，糖果制品（含巧克力及制品），茶叶，酒类，蔬菜制品，水果制品，炒货食品及坚果制品，蛋制品，可可及焙烤咖啡产品，食糖，水产制品，淀粉及淀粉制品，糕点，豆制品，蜂产品，特殊膳食食品及其他食品共 28 大类 525 种。

据统计，全国共有食品生产加工企业 44.8 万家。其中规模以上企业 2.6 万家，产品市场占有率为 72%，产量和销售收入占主导地位；规模以下、10 人以上企业 6.9 万家，产品市场占有率为 18.7%；10 人以下小企业小作坊 35.3 万家，产品市场占有率为 9.3%。

据统计，2006 年全国规模以上食品工业企业实现总产值 21586.95 亿元人民币（不含烟草），占全国工业总产值的 6.8%，同比增长 23.5%。其中，粮油加工、肉类加工、乳制品加工等行业的工业增加值和利润增长率均超过 20%。2006 年，中国食品工业主要产品的产量分别达到：小麦粉 5193 万吨、食用植物油 1985.5 万吨、鲜冷藏冻肉 1112.5 万吨、乳制品 1459.6 万吨、啤酒 3515.2×10^4 千升、软饮料 4219.8 万吨，同比分别增长 28.2%、17.5%、24.0%、23.5%、14.7% 和 21.5%。2007 年 1 月至 6 月，食品工业总产值累计 12816.2 亿元人民币，同比增长 29.9%。啤酒、食用油、饮料、味精等食品的总产量位居世界前列。

当前，中国食品工业的发展呈现出以下特点。一是部分食品企业加工技术和装备接近或达到国际领先水平。肉制品、乳制品、饮料、啤酒等行业的大型企业普遍拥有世界一流水平的生产设备和检验设备，产品质量得到了保证。膜分离、物性修饰、无菌冷灌装、浓缩、冷加工等加工关键技术的开发和应用，缩短了中国食品加工技术和装备与国际先进水平的差距。二是企业质量管理更加科学规范。共有 10.7 万家食品生产企业获得质量安全市场准入资格，2675 家食品生产企业获得了危害分析与关键控制点（HACCP）认证。三是产品结构趋于优化，有效满足了消费者日益增长的多层次需求。精深加工食品的比重均有不同程度的上升，如液体乳产量占到乳制品总量的 85% 以上；软饮料制造业打破过去一直以碳酸饮料为主的局面，形成了包装饮用水、碳酸饮料、果蔬饮料、茶饮料等多元化发展的态势；粮油行业中，特制二等以上的精制小麦粉占小麦粉总产量的 65%；标准一等米以上的精米占大米总产量的 88%，特等大米在大米中所占比重达到 33.9%；一级油、二级油（分别相当于原国家标准中的色拉油和高级烹调油）在食用植物油中所占比重合计达到 58.5%。

2. 产品结构多样化

随着经济发展和人们生活水平的提高，食品工业在满足城乡居民基本生活需求的基础上，面向市场需求，为消费者提供了大量的、品种丰富的食品。各类食品在质量、品种、档次、功能以及包装等方面已基本满足不同消费群体的需求。速冻食品、快餐食品、净菜、各种保鲜包装配制食品等，已经进入居民的一日三餐。商店里保健食品、营养强化食品种类繁多，琳琅满目。

3. 企业向大型化、集团化发展

21 世纪以来，食品工业的产业结构发生了深刻的变化，出现了一批跨地区、跨部门、跨所有制的大型企业集团。这些企业集团的共同特点是起点高、发展快、规模经济效益明显。

4. 产品质量提高，知名品牌增多

改革开放后，大力引进国外先进技术、工艺和设备，对加快我国食品工业的发展起到了积极的推动作用。技术装备的引进与国产化相结合，促进了食品工业企业的生产能力和产品质量的提高。通过实施名牌战略，开展创名牌活动，食品工业已经涌现出了一大批产品质量稳定、信誉好、知名度高的注册商标，其中一部分已被认定为中国驰名商标，形成了国产知名品牌。

虽然我国食品工业取得了令人瞩目的发展，但是与国外发达国家相比，尚有较大的差距。当前，食品工业存在的主要问题表现在以下几个方面。

（1）农产品加工利用程度低　发达国家食品工业产值与农业产值的比值在（1.5～2）：1，而我国的这个比值在（0.5～0.6）：1。我国粮食、油料、肉类、水果等总产量均列世界前茅，但加工程度很低。如美国柑橘的加工比例达80％，而我国只有5％左右用于加工。

（2）产品结构不合理　食物资源粗加工多，深加工和精加工产品少，附加价值低。国外农产品加工后可增值3～4倍，我国目前还不到1倍。

（3）中小企业多，经济效益低，难以发挥农业产业化"龙头"企业的作用　中小企业技术装备相对落后，物耗、能耗偏高，产品缺乏市场竞争力，经济效益差。企业本身不强，产品销售不畅，就不能带动农户发展，起不到农业产业化"龙头"的作用。另外，由于农业与食品加工联结不紧密，作为食品原料的农产品在品种、品质、规格等方面不能适应食品工业的要求。如目前我国啤酒用原料大麦的60％以上需要从国外进口。

四、我国食品工业的发展方向

随着我国改革开放和社会主义经济建设进入新的发展时期，人民生活将全面步入小康水平并向更加宽裕的生活过渡。

我国农业的持续稳定发展，粮食和其他主要农产品由长期供不应求转变为阶段性的供大于求，农民正在按市场需求生产优质产品，根据食品工业需要来调整原料产品的生产结构。未来的农产品、畜牧产品和水产品品种更加丰富，品质更为优良，数量更为充足。丰富、质优的农产品资源，为加快食品工业发展提供了可靠的原料保证。

现代高新技术飞速发展的新形势，对食品工业的发展将起到极大的推动作用。建立在高新技术基础上的食品工业，将不断创新及加大综合利用广度和深度，节约资源，节约能源，增加经济效益和保护生态环境。

在新的形势下，我国食品工业发展的指导思想是：以发展为主题、市场为导向、效益为中心、农业为基础，深化国有企业改革，努力发展企业大集团；依靠科技进步，促进结构优化和升级，搞好食物资源的合理开发和综合利用；改善居民膳食结构，提高人民的营养水平，满足人们生活对食品消费的需求；建立现代食品工业生产和市场体系，保持我国食品工业持续、快速、健康的发展。

1. 发展食品深加工，促进农业的发展，形成与农业相衔接的食物产业体系

我国食品工业产值只相当于农业产值的40％左右，而发达国家一般则高于农业产值的1～2倍；我国工业食品的消费仅占食品消费总量的30％左右，而发达国家约达80％。农业与食品工业有着有机的联系，在今后几年，农产品深加工和精加工的食品产品将会有较大的发展。

2. 广泛应用高新技术，食品工业中的科技含量不断提高

国外发达国家已经通过应用食品高新技术不断开发出新型食品。尤其是基因工程、细胞工程、酶工程和发酵工程等现代生物技术应用于食品工业，逐渐形成了食品生物技术这一独立的分支学科。高新技术的应用对于提高食品质量、提高效率和效益、促进食品全行业的升级，必将起到关键的、极其重要的推动作用。

3. 实行集约化生产和现代企业化经营

必须建立和组建大型强有力的企业化集团，实行现代企业经营方式，通过专业化、规模化经营，开展树品牌等市场营销活动，在竞争中不断发展，提高市场竞争力。

4. 大力发展方便食品和功能食品

随着人们现代生活节奏的加快，方便食品市场前景广阔，我国的方便食品今后将进入大发展时期。人们的餐桌上会出现丰富多彩的食用方便、营养可口的方便食品。具有特殊功能因子的营养功能食品，可以满足特种人群和特殊环境下人群的需求，在今后也会有较大幅度的增长。

5. 建立与完善食品质量安全管理和保障体系

通过完善立法、法规和条例的实施，采用经济手段以及必要的行政手段，强化对食品生产和市场的监督，确保食品质量。要保障食品工业的健康发展，必须建立完善有效的食品质量管理和保障体系。产品要进入国际市场，就要实行与国际接轨的标准化体系和全程质量控制体系，大力发展无公害、无污染的绿色食品、有机食品，跟上世界食品消费发展的新潮流。

第三节　食品市场管理

现代企业的市场营销是一项系统工程，包含一整套策划、组织、实施与控制的过程。企业为了达到满足消费者需求的目的，需要了解市场，一般企业都设置了营销部门，投入大量的人力和物力用在市场调研上，以便及时了解和掌握消费者需求特点和需求变化的动向。企业的各种营销策略，如产品设计、价格制定、广告宣传等都必须站在消费者的立场，强调消费者的需求。

由于企业的生产活动同消费者需求的发生在时间上、空间上、形式上、数量上存在着一定的差距，过去曾有过的需求现在可能会消失，这里有需求而那里却不一定有。企业通过营销管理的手段，可以把表面上看似没有的需求从潜在状态中挖掘出来，在满足现有需求的同时，不断引导和创造需求，同时还应当根据需求的具体情况来调整、缩减和抵制需求，以使供求之间相互协调，以实现互利的交换，达到管理的目标。

国外市场营销学家将消费者的需求分为 8 种状态（见表 2-1）。对不同的需求形态，企业采取的营销管理方式不同，营销管理的任务也不同。

表 2-1　营销管理的方式和任务

需求状态	营销管理方式	营销任务
负需求	扭转性营销	扭转需求
无需求	刺激性营销	激发需求
潜在需求	开发性营销	实现需求
衰退需求	恢复性营销	恢复需求
不规则需求	同步性营销	调节需求
饱和需求	维持性营销	保持需求
过度需求	限制性营销	减少需求
有害需求	抵制性营销	消除需求

1. 对负需求的扭转

负需求是指潜在购买者对企业的某种产品或服务具有抵触情绪，不但没有需求，而且还讨厌这种商品。例如，大多数人认为夏天不宜进补，或者认为青年人不宜进补，这样在夏季或青年人群体中，对一些滋补营养品就会产生负需求；素食主义者对肉类有负需求。消费者之所以有负需求，大多是因为他们对商品和服务缺乏了解，具有某种成见。也有个别消费者因为对虚假广告的反感而出现负需求的情况。因此，营销管理的任务就是了解这种负需求产生的原因，然后对症下药，采取适当措施，转变消费者的抵触情绪，使负需求转变为正需求。

2．对无需求的刺激

无需求是指潜在的消费者对企业的某种产品或服务，既无负需求又无正需求，只是漠不关心、不感兴趣。无需求通常是由于消费者对新产品或新的服务项目不了解，或者市场缺少使用这种商品的特定环境。比如，一些老年人把零食点心类看成是儿童的专用食品，很少消费；再比如，在冬季人们很少吃冰淇淋。对待无需求，营销管理的任务是刺激需求，使原来无需求的消费者产生需求；对于缺少消费环境的市场，可以通过营造小环境来刺激需求；如果商品和服务的形式不适合当地的特定环境，应加以必要的改进，使之适合当地的消费习惯。

3．对潜在需求的挖掘

潜在需求是指消费者对现实市场上还不存在的某种产品或服务的需求。如注重健康的消费者渴望得到一种不含酒精，但味道与啤酒相似的饮料。潜在需求存在于一切消费领域，没有止境，企业可以挖掘不止。对于潜在需求，营销管理的任务是努力开发新产品，不断发掘老产品的功效，设法提供能够满足潜在需求的产品或服务。

4．对衰退需求的阻止

人们对一切产品和服务的需求都有衰退的时候。衰退需求是指市场对某种产品或服务的需求低于正常水平，逐步趋于衰退的情况。很多产品的衰退是由于时尚的变化，新产品的替代而发生的。比如，包装食品的出现使人们减少了对散装食品的需求；细粮的增加使人们对粗粮的消费需求减少，但这些老产品的功能却依然无法被新产品完全替代。在这种情况下，营销管理的任务是进行再营销，设法使已衰退的需求重新兴起，使消费者冷淡下去的兴趣得以恢复。

5．不规则需求的调整

一些产品和服务的需求是不规则的，在不同的时间、季节需求量不同，形成供求之间在时间或空间上脱节。比如，零售业和饮食服务业在节假日和周末比平时要火热得多。对于不规则的需求，营销管理的任务是设法调节供求矛盾，使二者达到同步、相互协调，从而充分利用资源，达到提高生产效率，降低运营成本。一般可通过灵活定价的方法，对需求量的波动进行控制。

6．对饱和需求的控制

对某种产品或服务来讲，饱和需求是指当前的需求水平和时间已经达到了企业期望的目标，这是企业最理想的一种状态。但是，由于市场环境是不断变化的，一种状态不可能长久下去。企业面对饱和需求不能过于乐观，必须根据市场出现的情况随时调整营销策略，进行维持性营销以保持需求的理想状态。

7．对过度需求的限制

过度需求是指市场需求量超过了企业所能够提供的或所愿意提供的水平。过度需求从表面上看表现为市场供应不足，但是实际上并不完全如此。有时人们为了达到某种目的（如减少资源浪费、保护环境等），主张可持续性消费，对过度需求进行限制。限制性营销就是限制市场对某种产品或服务的需求，通常采用的方法是提高价格、减少服务或在销售上增加限制等，以减少需求。

[拓展阅读] 食品安全与食品营销

中国食品企业尚未在营销战略层面对食品安全给予重视。

食品安全在企业战略营销中的运用主要在公司战略、营销战略与营销策略等三个层面，具体运用时主要是借鉴国际食品安全管理体系中企业理应完成的工作。中国有责任心与有实力的食品企业应率先开始实施，引领食品行业的安全标准，进而获得消费者的认可，提升企业的品牌价值与市场份额。

第一，打造安全产业链。

在三聚氰胺事件后，以中粮为首的企业在公司战略层面提出了"产业链，好产品"的口号，后续很多食品企业也跟进做全产业链的概念。其实中粮提出产业链这个口号，目的是支持其由粮油贸易企业转为粮油实业企业，并打造食品企业的全产业链竞争壁垒，区隔自身与中小企业的竞争定位。

中国食品企业如果在各行业中率先提出增值产业链与安全产业链的概念，将在企业战略层面极大地提升企业形象与品牌价值。

第二，食品安全定位。

食品企业参与市场竞争的过程中有很多定位选项，如质量、口味、价格、包装、品牌、产地等，尚未见企业将食品安全作为首选定位。而日本的食品企业将"食品安全是企业生存之本"作为企业宗旨，可见日本企业对食品安全的重视，这也源于日本政府的严格监管。近几年中国政府在逐步加大食品安全监管，在食品行业发展变化的大趋势中，食品安全已经成为消费者重点关注的选项，而现在中国食品企业尚未在营销战略层面对食品安全给予重视。

中国企业可以建立食品安全的竞争定位，围绕以预防为主体的企业食品安全管理体系，突出企业HACCP（危害分析与关键控制点，是国际上共同认可和接受的食品安全保证体系）建设，将各个关键环节公开在公众监督之下，打造业内最放心的食品安全定位。

谁抢先提出食品安全的定位，配以合理的组织保障体系与宣传策略，势必将在消费者心智中占据先发优势地位，提升企业市场份额。

第三，食品安全的营销策略。

企业也可以加强关键安全环节的建设，为企业安全定位宣传提供关键支持因素。

一是农间地头的宣传策略，企业通过控制农户、收购、战略联盟等方式，使农间地头的食品安全处于可控状态。在日本，米面、果蔬、肉制品和乳制品等农产品的生产者、农田所在地、使用的农药和肥料、使用次数、收获和出售日期等信息都要记录在案，农协收集这些信息，为每种农产品分配一个"身份证"号码，供消费者查询，而中国企业则可以将这个标准直接记录下来，依托本企业内部的信息查询系统，使消费者能够及时查询，这可以是很多中国绿色产品可以借鉴的安全健康策略。

二是产品信息的宣传策略，为消费者提供准确的产品真实信息。如果希望提升本产品的价值信息，企业完全可以公开本企业的产品信息，比如准确标识产品的各种成分及含量与价值，并通过照片、查询、检查报告等方式，接受公众与媒体的随时监督，这是大部分企业可以运用的策略，尤其是有实力的商家应该公开所有有价值的信息，杜绝产品安全信息模糊化。

三是产品制造的宣传策略，公开产品生产全过程，介绍产品生产环节的硬件设备与软件管理的优点，通过预防与管理强化生产制造的各个风险点，明确生产各个环节的具体负责人员，制定相应的奖惩机制，一旦发现食品安全问题，可直接追究相关人员的责任。同步引进民意监督人员，授权其监督检查生产各个环节，并委托质量监督机构对产品随时进行监督，使公众对企业生产制造环节放心，大多数企业可以在企业硬实力宣传时将食品安全有机融入，体现本环节的特点与差异化。

四是销售流通的宣传策略，通过食品安全管理提升现场销售力。在德国，为了表示不同鸡蛋的价值信息，每一枚鸡蛋上都有一行红色的数字，用来表示产蛋母鸡的饲养方式（放养、圈养和笼养等）、产蛋母鸡所在的养鸡场、鸡笼的编号。中国鸡蛋品牌，就可以效仿德国的管理方式制定本企业产品信息标识，使消费者不但便于认知，还可以通过电脑或者手机查到它们的身世、饲养方式、地点、照片等更多信息，提升天然产品的高附加值的消费体验，也使消费者更为放心。

摘自：《销售与市场 评论版》2011年第8期

第三章　食品营销环境分析

第一节　营销环境概述

任何一个企业的营销活动都是在一定的环境下运行的，要受到各种环境的影响。环境是指与某一特定作用体之间存在关系的所有外在因素及实体的总和。随着市场经济的不断发展和改革开放的不断深入，企业的环境条件也在不断地变化，这种变化一方面给企业带来了新的市场机会，另一方面又给企业带来了不同的威胁。因此，企业必须重视对营销环境的分析与研究，经常监视和预测营销环境的变化趋势，探寻有利的市场机会，规避有害的市场威胁，及时调整营销策略，使其经营管理迅速适应营销环境的发展变化。

一、营销环境的含义

营销环境与营销一样，是一个不断完善和发展的概念。美国著名营销专家菲利普·科特勒（Philip Kotler）对营销环境的解释是"企业的营销环境是由企业营销管理职能外部的因素和力量组成的，这些因素和力量影响管理者成功地保持和发展同其目标市场顾客交换的能力。"简而言之就是影响企业的市场和营销活动的不可控的参与者和影响力。因此，营销环境是指与企业营销活动有关的外部因素的集合，是企业营销活动的基础与条件。这些外部因素影响营销管理者成功地保持和发展同其目标市场顾客交换的能力。

企业市场营销环境的内容广泛而复杂，根据营销环境和企业营销活动的密切程度，菲利普·科特勒又把营销环境划分为微观营销环境和宏观营销环境。

微观营销环境也可称为直接营销环境、特定环境或工作环境，指与企业紧密相连，直接影响和制约企业营销活动的环境因素，这些因素企业很难予以变动和调整。主要包括企业、供应商、营销中介、顾客、竞争者以及社会公众及影响营销管理决策的企业内部各个部门。宏观营销环境也可称为间接营销环境或一般环境，是指随着时间的推移，能够间接地影响与制约企业营销活动的环境因素，其不可控程度较低于微观营销环境。主要包括人口、自然、经济、政治、法律、技术和文化等。由于间接营销环境要受制于直接营销环境，宏观环境主要以微观环境为媒介间接影响和制约企业的营销活动，因此宏观营销环境和微观营销环境之间是主从关系，而不是并列关系。

二、营销环境的特征

营销环境是一个多层次、多因素且不断变化的综合体。营销环境的特征主要包括以下四个方面。

1. 客观性

客观性是指营销环境的存在不以营销者的意志为转移，对企业营销活动来讲，营销环境对其的影响具有强制性和不可控性。企业只能去认识、适应、利用营销环境，而无法摆脱和控制营销环境。但企业可以主动适应环境的变化和发展，通过调整营销策略和进行科学预测等自身能动性的发挥，改变环境因素，改善环境制约，最终取得成功。比如，企业不可能控制国家宏观政策的制定，改变人口规模和结构的变化，也不能控制竞争者的营销活动，但企业可以通过各种方式来影响政府制定宏观政策，朝着有利于企业营销活动方向变化，也可以通过自己企业营销策略的制定和实施来影响竞争者的营销目标和策略。简而言之，就是企业要主动并善于利用一切可以控制的手段来影响自身的营销环境中不可控制的客观因素。

2. 多变性

随着社会经济和科学技术的发展，营销环境始终处在一个不断变化的过程中，它是一个动态的大系统，其中任何一种因素都在不断地变化着，并相互影响着。环境的多变性主要包括两方面：一方面是不同环境因素间的相关性影响，即一种环境因素变化会导致另外一种环境因素随之变化；另一方面是同一种环境因素内部间的影响，即每一个环境内部的子因素变化会导致环境因素的变化。尽管各种环境因素都处于不断地变化中，但变化的节奏却并非一致。例如，科技和经济环境因素变化相对较快较强，因而对企业营销活动的影响相对短且跳跃性大；人口、自然、社会和文化因素等变化相对较慢较弱，因而对企业营销活动的影响相对长且稳定。

3. 多样性

营销环境的构成要素多，涉及多方面、多层次因素，各种环境要素之间相互影响、相互制约、相互依存、相互作用，并且存在着矛盾关系，因而十分复杂。一个企业的营销活动不仅受单一环境因素的影响，而是要受到多种环境因素的共同作用。即使同一环境因素对不同企业的影响也不尽相同，而对同一企业在不同的发展阶段，作用也可能不同。

4. 差异性

不同企业在不同国家和地区受不同营销环境的影响，同样，在同一国家或地区的同一种环境变化对不同企业的影响也不尽相同。同时，企业的营销活动不仅仅受其中某一种环境因素的影响，而是多种环境共同制约，所处的营销环境是各种因素相互作用的结果。因此，企业为适应环境的差异性，必须制定各有特点和针对性的营销策略。

三、分析营销环境的意义

现代营销学认为，企业营销活动成败的关键，在于企业能否适应不断变化的营销环境。"适者生存"，企业的营销活动必须适应环境的变化，同时不断地修正和调整自己的营销策略，如果企业不能很好地适应外界环境的变化，则会在竞争中失败，被市场所淘汰。当然，在强调企业对所处环境的反应和适应的同时，并不意味着企业对环境仅仅是无能为力的，只能消极被动地改变自己以适应环境，而是应变被动为主动，充分发挥企业能动性，从积极的角度出发去适应环境的发展需求。也就是说，企业既可以以各种不同的方式增强适应环境的能力来规避环境带来的威胁，也可以在环境的变化中寻求新的发展机会，为企业创造一个更有利的活动空间。在菲力普·科特勒提出的"大市场营销"理论中指出，企业可以运用能控制的方式或手段，影响造成营销障碍的人和组织，争取有关方面的支持，使之改变做法，从而改变营销环境。这种能动的思想不仅对开展国际市场营销活动有着重要指导作用，且对国内跨地区的市场营销活动也有着重要意义。

总之，企业只有加强营销环境的分析与研究，对营销环境做出客观的判断，对其自身条件进行正确地分析，明确自身的优势和弱点，才能使企业制订正确的营销计划和营销策略；才能使企业生产适销对路的商品、满足消费、引导消费；才能使企业增强活力，在竞争中处于有利地位，不断提高经济效益。

第二节 微观营销环境分析

微观营销环境是指与企业紧密相连，直接影响和制约企业营销活动的环境因素，这些因素主要包括企业内部、供应商、营销中介、顾客、竞争者以及社会公众六个方面。

一、企业内部

企业是组织生产和经营的经济单位，是一个复杂的整体，内部由各职能机构组成，包括：企业高层管理者、财务部门、研究与开发部门、人力资源部门、原材料供应部门、生产部门、销售部门、质检部门、后勤部门等。

首先，企业高层管理者作为企业的领导核心，负责企业的任务、目标、发展战略及其重大决策的制定，而这些都直接影响到企业的市场营销活动。市场营销部门必须在企业发展战略的指导下制订、实施市场营销策略和营销计划。

其次，各部门必须在分工合理的基础上，密切配合、共同承担，才能实现营销战略的构想和营销计划的实施。美国管理学家彼得·杜拉克（Peter F. Drucker）说："市场营销是企业的基础，不能把它看做是单独的职能，从营销的最终成果亦即顾客的观点来看，市场营销就是整个企业。"按照市场营销的观念，企业各部门都必须通过自己的努力来满足消费者的需求。市场营销部门作为一个重要的职能部门起到提供信息、营销策划、咨询服务、综合协调的作用。市场营销部门在制定营销决策时，不仅要考虑到企业外部的宏观环境力量，还要考虑到其他各部门的具体情况，要与各部门密切合作，共同研究制订长期和短期计划。以新产品开发为例，市场营销部门提出开发新产品的计划后，需要得到各部门的支持和配合。研究开发部门负责新产品的设计和工艺，采购部门负责原材料供应，生产部门负责试制，财务部门负责核算成本等。所以开发计划能否实现，不仅取决于新产品的本身是否有市场，而且还取决于各部门的协作是否和谐。

再次，企业在营销中为了实现营销目标，还必须协调和处理好企业内部各部门之间的各种关系和矛盾。根据国内外经验，处理好企业内部的各种关系和矛盾可通过两条途径实现：一是企业委派具有强烈市场信息观念和竞争意识的高级管理人员，全权负责处理和协调企业内部销售与其他部门之间的关系；二是通过建立独立的现代销售公司，全面负责协调企业营销中出现的一切矛盾。

二、供应商

供应商是向企业及其竞争对手供应生产特定的产品和劳务所需的各种资源的企业和个人，包括提供原材料、零配件、设备、能源、劳务和资金等。在现代市场经济条件下，任何企业的生产经营活动都离不开一定的生产资料的供应作保障，这就形成了社会生产活动中企业与供应商之间的密切联系，这种联系使得企业的所有供货单位直接影响和制约了企业的营销活动，这种影响主要体现在以下几个方面。

1. 供货的稳定性与及时性

原材料、零部件、能源及机器设备等的货源保证是企业营销活动顺利进行的前提。现代市场经济中，市场需求千变万化且变化迅速，企业必须针对瞬息万变的市场及时调整计划，而这一调整又需要及时地提供相应的生产资料，因此，企业必须和供应商保持密切联系，及时了解掌握供货人的变化与动态，使货源的供应在时间上和连续性上能得到切实的保证。

2. 供货的质量水平

任何企业生产的产品质量，除了严格的管理以外，与供应商供应的生产资料本身的质量好坏有密切的联系。供货的质量除了产品本身的内在质量外，还包括各种售前、售中和售后的服务水平。食品企业的原材料主要为农产品，保证作为原材料的农产品的质量稳定对维持企业的生产和销售十分重要。

3. 供货的价格变动

供货的价格直接影响到产品的成本，最终会影响到产品在市场的竞争能力。食品企业在营销中应注意农产品价格变动的周期性，特别要对构成产品重要组成部分的农产品的价格现状和走势做到心中有数，这样才能使企业应变自如，不致措手不及。

　　根据供应商对企业营销活动产生的上述三方面的影响，企业在选择供应商时应遵循如下四个原则。一是对供应商进行等级分类。企业对供应商要加强调查研究，充分考虑供应商的资信状况等因素，按重要程度进行等级划分，选择那些能够提供品质优良、价格合理的资源，交货及时，有良好信用，在质量和效率方面都信得过的供应商，并且主要与这些供应商建立长期稳定的合作关系，以保证企业生产资源供应的稳定性。二是树立"双赢"观念。在选择优秀的供应商建立长期的、稳定的伙伴关系的同时，要说服供应商积极接近顾客，使其更有效地为企业服务，在必要时主动分担供应商在诸如改进生产方法和质量方面的风险。三是使供应商多样化。在现代市场经济条件下，企业必须注意市场风险。企业越依赖于一家或少数几家供应商，受到供应变化的影响与打击就越大。为了减少对企业的影响与制约，企业就要尽可能多地联系供应商，使供货来源多样化，还能促使供应商进行竞争，使企业处于有利位置，从而使供货物品的质量得到提高，供货价值得到稳定。四是加强双向信息沟通。要及时掌握供应商供应的变化趋势，将企业自身的经营状况、产品调整情况、企业对供应货物的要求告诉供应商，以便协调双方立场。

　　食品加工企业原材料主要为农产品，保证原材料供应的稳定对维持企业的正常生产和销售非常重要。生产原料的来源主要有三个途径：一是企业建立自己的原料生产基地，自己生产自己加工，即实现后向一体化；二是通过与生产者签订契约合同的形式，使生产者成为企业的专属供应商，这种形式在农村被称为"农业产业化经营"；三是企业直接从市场上购买原材料，通过什么方式，主要取决于哪种方式交易成本最低、企业获利最大。

三、营销中介

　　营销中介是指企业将产品卖到最终顾客手中这一过程中，承担对营销商的产品或服务的营销传播、分销和销售职能的各类组织。按承担的工作划分，包括中间商（代理商和经销商）、实体分配公司（仓库公司、运输公司）、营销服务机构（广告公司、财务公司、营销咨询公司、市场调研公司等）、金融中介机构（银行、信贷机构、保险公司、证券公司等）。这些机构都是市场营销不可缺少的环节，对企业营销活动产生直接影响，大多数企业的营销活动，都必须通过它们的协助才能顺利进行。

　　1. 中间商

　　中间商是协助企业寻找顾客或直接与顾客磋商交易合同的商业企业。中间商可分为代理中间商和经销中间商两大类。代理中间商不拥有商品所有权，而是向委托方收取佣金，协助买卖成交，主要有代理商、经纪人和生产商代表。经销中间商拥有商品所有权，购买商品并再次出售，以赚取利润为目的，主要有批发商和零售商。中间商的主要任务是帮助企业寻找顾客，为企业的产品打开销路。由于中间商是直接与顾客进行交易，解决了生产集中和消费分散的矛盾，把产品从生产者转移到消费者手中，因而它的销售效率、服务质量都直接影响到企业的产品销售。但事实上中间商的情况不同，能力各异，在选择中间商伙伴时一般应考虑顾客特性、产品特性、竞争特性、环境特性等因素，综合比较后选择出最理想的中间商，并尽量同影响力大、实力强的中间商建立良好战略合作伙伴关系，对市场开拓、扩大销售、提升市场占有率、增强竞争力都有十分重要的意义。同时，还要加强与中间商的协调，包括对中间商的激励、监督、调整、评价等。

　　2. 实体分配公司

　　实体分配公司是协助生产企业储存产品并将产品从原产地运往销售目的地的专业企业，主要包括经营仓储和运输业务的物流公司。仓储公司是指在货物运往下一个目的地前专门储存和保管产品的机构；运输公司是指从事铁路、公路、航空、轮船等各种运输的公司。企业是否选择这些公司，主要应综合考虑储存成本、运送速度、运输费用、安全性和交货方便性等因素，力求达到成本低而效益高。

3. 营销服务机构

营销服务机构是指那些为企业选择恰当的市场，并帮助企业向选定的市场推销产品的广告公司、财务公司、营销咨询公司、市场调研公司等。营销商与营销服务机构之间，通过委托的方式建立业务关系，这些机构提供的专业服务将对企业营销活动产生直接的影响，如广告公司为企业产品推向市场进行包装和宣传，市场调研公司为企业经营决策提供参考依据。

4. 金融中介机构

金融中介机构是指对货物购销提供融资或保险的各种金融机构，包括银行、信贷机构、保险公司、证券公司等。金融中介机构的主要功能是为企业营销活动提供融资及风险保险服务。在现代经济社会中，任何企业与金融中介机构都会发生联系，开展一定的业务往来。例如，企业的财务往来要通过银行账户进行结算，企业财产和货物要通过保险公司进行保险等。同时，金融中介机构业务活动的变化也会影响企业营销活动。例如，银行贷款利率上调会使企业成本提高，保险公司的保险额上升会使企业效益降低等。因此，企业必须与金融中介机构建立密切的联系，及时观察和研究金融中介机构及其业务动态，以保证企业资金渠道畅通。

四、顾客

顾客就是市场，是企业进行营销活动的出发点和归宿。顾客是企业产品的购买者，也是企业服务的对象。营销学通常按购买者（顾客）及其购买动机和类别的不同，将顾客市场划分为五类：①消费者市场，是指为了满足个人或家庭消费需求而购买商品或服务的市场；②生产者市场，只为了赚取利润或达到其他目的而购买商品和服务来生产其他产品和服务的市场；③中间商市场，是指为利润而购买商品或服务以转售的市场；④政府市场，是指为提供公共服务或将商品和服务转给需要的人而购买商品和服务的政府和非营利机构；⑤国际市场，是指国外买主，包括国外的消费者、生产者、中间商和政府等。

以上每种顾客市场都有其独特的顾客，不同的顾客其需求特点、购买动机也不同，造成了具体的市场需求规模、市场占有率、发展速度也有所不同。因此，关于不同顾客的营销策略要有其差异性和针对性，才能符合顾客的愿望。

对于一个企业而言，顾客是企业的目标市场，更是企业的衣食父母。企业拥有顾客，就赢得了市场；反之，则失去市场。所以，企业要处理好顾客的关系，同时要做好以下几点。

① 提供优质的产品和服务。只有保证产品和服务的质量，满足顾客的某种需要，顾客才会愿意花钱来购买。

② 主动听取和收集顾客意见。"顾客是上帝"，这句话典型地概括了企业和顾客的关系。主动听取和收集顾客意见，这是企业发挥能动性，主动采取有效措施，了解顾客的需要和期待，为进一步改进工作打下基础。

③ 培养消费者的消费意识。企业可以通过印发指导性手册、举办操作表演会、实物展览会、举办培训班、开设陈列室、成立企业消费者俱乐部等方式，培养消费者现代消费意识，为现代企业营造一个健康、良好、稳定的消费者环境。

④ 维护顾客的自身权益。对于顾客来说，希望企业能尊重和维护自身的权益。美国总统肯尼迪曾经提出了4项消费者权利，即索赔权、知晓权、陈述权、选择权。若公司能站在顾客的立场上，想顾客之想，急顾客之急，尊重顾客的权益，一定会受到顾客的信任与青睐。

五、竞争者

竞争是商品经济的必然现象。竞争者是指与企业存在利益争夺关系的其他经济主体。一个企业一旦选择和确定了目标市场，就会处于某种竞争环境之中，企业的营销活动就会受到竞争者的包围和制约。企业面对不同的竞争环境、不同的竞争力、不同的竞争类型，必须采取不同的竞争策略。

竞争环境一般分为四种，即完全竞争、寡头垄断、垄断竞争和完全垄断。不同的竞争环境，企业的自由度不同，特别是对价格的影响和控制上，差距很大。

企业面临的竞争力量主要来自于五个方面，即现有的竞争对手、新竞争者的威胁、替代产品的威胁、供应商的议价力和购买者的议价力。同时，竞争能力还体现在生产产品的数量上，如竞争对手的规模、资金、技术水平等；体现在质量上，如产品质量、品种、式样、成本、包装、品牌、服务等；体现在企业的市场地位上，如市场占有率等。通过对竞争对手的研究，确定对本企业经营造成威胁的竞争对手究竟有哪些，其竞争策略是什么，以便及时了解市场竞争态势的变化，制定并调整自身的营销策略。

从消费需求的角度来划分，企业竞争者的类型有五种，即愿望竞争者，属类竞争者，本质竞争者，产品形式竞争者和品牌竞争者。

1. 愿望竞争者

愿望竞争者是指提供不同产品以满足不同需求的竞争者。例如，消费者同时对面包机和果汁机产生购买欲望，但购买力有限，只能选择其一。这时面包机厂家和果汁机厂家就如何促使消费者首选本企业产品，而形成了愿望竞争关系。

2. 属类竞争者

属类竞争者是指在决定需要的类型之后出现的次一级竞争。例如，"需要"是网上购物，但在网上到底购买何种物品，是食品、化妆品、衣物、玩具，还是其他，这些便形成了属类竞争的关系。

3. 本质竞争者

本质竞争者也叫平行竞争者，是指提供能够满足同一种需求的各种产品的竞争者。例如，奶粉、鲜奶、酸奶都能满足消费者对奶制品的需求，这三种产品的生产者之间就形成了本质竞争关系。

4. 产品形式竞争者

产品形式竞争者是指生产同种产品但提供不同规格、型号、款式满足相同需求的竞争者。例如，饮料有碳酸饮料、果蔬汁、乳饮料、茶饮料等，茶饮料又有红茶、绿茶、普洱茶等，红茶饮料又有600毫升和2000毫升的包装。

5. 品牌竞争者

品牌竞争者是指满足消费者某种愿望同类商品、同种规格、型号相同，但品牌不同的竞争者。例如，奶粉有惠氏奶粉、多美滋奶粉、雀巢奶粉等品牌。

在上述的五种类型中，后两种属于同行业的竞争者，也是最主要的竞争对手。

六、社会公众

现代企业是一个开放的系统，在其经营活动过程中不仅要考虑到竞争对手与之争夺的目标市场，还要考虑到如何处理好与各方面公众的关系。所谓公众，是指对企业实现其市场营销目标构成实际或潜在利害关系和影响的任何团体和个人。公众可能有助于增强一个企业实现自己目标的能力，也可能妨碍这种能力。如何处理与公众的关系，已成为一门科学和艺术。企业必须采取主动积极的态度与公众沟通，了解公众，理解公众，为企业在公众中树立良好的形象，促进企业又好又快发展打下基础。企业所面临的公众主要包括政府公众、金融公众、媒介公众、社团公众、社区公众、内部公众和一般公众七类。

1. 政府公众

政府公众是指企业在营销活动中相关的不同地域和不同层次的政府机构或部门，如工商行政管理局、税务局、物价局等。企业在开展营销活动时要特别重视对有关政府政策的关注，如产品广告、安全卫生等方面的政策。

2. 金融公众

金融公众是指关心并影响企业融资能力的金融机构，如银行、投资公司、证券公司、证券交易所、保险公司等。"资金是企业的血液"，金融对企业的作用尤为重要。

3. 媒介公众

媒介公众是指传统大众媒体及新兴媒介组织，如报社、杂志社、广播电台、电视台、IT网、手机通信等。这些都是"无形的推销员"，在某些情况下，传播媒介的舆论宣传比企业自己做广告的效果更明显，对企业的形象及声誉的建立起到极其重要的作用。

4. 社团公众

社团公众是指社会中的各种非盈利组织，如消费者协会、环境保护组织、行业协会等。目前，社团的数量在不断增加，社团成员数目也不断递增，在社会上发挥着越来越重要的作用，他们都在直接或间接地影响着企业营销活动的开展。

5. 社区公众

社区公众是指企业所在地临近的社区居民和社区组织。任何一个企业都要在一定范围内的地区开展生产和营销活动，企业在营销活动中要避免与周围公众利益发生冲突，同时还应注意对公益事业做出贡献。

6. 内部公众

内部公众是指企业内部的组织和个人，如企业的股东、董事会的董事、管理人员、技术人员和普通工人等。在当今社会，企业越来越意识到"一切竞争归根到底就是人的竞争"，内部公众对企业的态度会影响到企业之外的公众对企业的看法，因此，如何调动职工的积极性、创新性，为职工创造良好的生产生活环境，为职工营造安全感和归属感等，都是企业领导应该重视的一大问题。

7. 一般公众

一般公众是指上述各类公众以外的普通消费者。这类消费者不一定选择自己企业的产品，但如企业能在他们心中树立良好形象，消费者也会改变对企业的看法，从而吸引更多的消费群。

第三节　宏观营销环境分析

宏观营销环境是指随着时间的推移，能够间接地影响与制约企业营销活动的环境因素。这些因素主要包括人口环境、经济环境、科技环境、政治和法律环境、自然环境以及社会文化环境六个方面。

一、人口环境

人口是最基本的消费者，构成了市场营销的基本要素，人口越多，市场规模越大。因为任何企业都不可能面向所有的人，所以在分析人口总量的基础上，还要研究人口的增长速度、地理分布、年龄结构、性别结构、家庭结构、社会结构、民族构成和受教育程度等特性，它们将直接影响企业的经营管理。同时，不同的人口环境对食物的需求和对农业的发展会产生不同的影响，食品企业必须重视对人口环境的研究，密切注意人口特性及其发展动向，不失时机抓住市场机会，提高食品生产和供应的质量，以适应人口环境的变化，满足消费者的需求，为企业拓宽发展空间。

1. 人口数量与增长速度

目前，我国人口已超过 13 亿，是世界人口最多的国家，加之是发展中国家，且人口增长速度快，无疑拥有巨大的市场，这既给企业带来了市场机会，同时也带来了威胁和考验。一方面，人口数量是决定市场规模和潜力的第一要素，人口越多，人口不断增长，如果收入水平和购买力不变，或者都在增加，则对食物的需要量也越大，市场也就越大。但是，另一方面，人口的迅速增长可能导致人均收入下降，购买力下降，从而使市场吸引力降低。同时，人口多、增长快，必然导致对人类生存基本条件需求的迅速增长，对食物的需求量也会不断增加，这对农业发展和食品的生产及供给提出了更高的要求，食品加工企业将面临新的考验。

2. 人口的地理分布

地理分布指人口在不同地区的密集程度。由于自然地理环境和经济发展程度等多方面因素的影响，人口的密集程度和人口的流量都存在明显的差异。人口的地理分布表现在市场上，就是人口集中程度的不同和人口流量的多少，会导致市场大小的不同，同时，不同地区居民的消费习惯和购买行为不同，则市场需求特性也存有差异。从我国看，人口主要集中在东部地区，而西北地区人口较少，人口密度逐渐由东南向西北递减，此外，城市人口较乡镇人口集中，尤其是大城市的人口密度更大，不同的地理分布带来了不同的需求。在饮食消费上，南方人以大米为主食，北方人以面粉为主食，也导致了南北消费的较大差异。

改革开放以来，随着经济的发展，我国人口的区域流动性逐渐增大，主要表现在农村人口向城市或工矿地区流动，内地人口向沿海经济开发地区流动，不发达地区向相对发达地区流动。2012 年 2 月 9 日，社科文献出版社与上海社会科学院城市与区域研究中心联合发布的《国际城市发展报告》中指出："2010 年中国城市化率为 47%，预计到 2020 年将达到 55%，期间，1.5 亿农民将从农民变为市民。"这些将使得消费结构发生变化，也将给当地食品加工企业带来较多的市场份额和营销机会。

3. 人口的年龄结构

人口的年龄一般可分为六个阶段，即学龄前儿童、学龄儿童、青少年、25～40 岁的青年人、40～60 岁的中年人及 60 岁以上的老年人。不同年龄消费者的兴趣、欲望和爱好各不相同的，对食品的需求也不一样。随着经济社会的发展，人口平均寿命的延长，死亡率和出生率的不断下降，人口老龄化越发明显，我国人口老龄化速度也大大高于西方发达国家。这种趋势反映到市场上，将使老年人的需求呈现高峰。现阶段我国人口年龄结构的显著特点是青少年约占总人口的一半，而且现在的孩子都是集家长的宠爱于一身，这对营销来说，最大的人口年龄组成了营销环境，反映到市场上，在今后 20 年内，婴幼儿和少年儿童食品的需求将明显增长。

4. 人口的性别结构

人口的性别不同，其表现在市场需求上也有明显的差异，而且购买习惯和购买行为也有所不同。在 2010 年的人口数据调查中，我国 0～19 岁的男性比女性多 7000 万人以上，反映到市场上就会出现 0～19 岁的男性用品市场大于女性用品市场。随着社会的进步和经济的发展，我国妇女就业人数在增加，家庭收入也在增加，这为市场提供了新的容量，但女性消费者通常喜欢购买家庭日用品、小孩用品和自己的日用品、化妆品等，男性消费者则更喜欢购买家庭的大件物品等。

5. 人口的家庭结构

　　家庭是社会的细胞，是购买和消费的基本单位。家庭单位的数量直接影响到某些商品的数量。目前，世界上普遍呈现家庭规模缩小的趋势，越是经济发达地区，家庭规模就越小。在我国，随着经济的发展和家庭概念的更新，"四代同堂"现象已不多见，"三位一体"的小家庭则更普遍，即家庭数量增加，家庭人员减少。在家庭结构小型化的同时，家庭的特征也有一些变化，即单亲家庭、单身家庭及丁克家庭也在增加。家庭数量的剧增必然会引起对家庭住宅、家具、家电等的需求增加。

　　6. 人口的社会结构

　　我国农村人口约占总人口的 80%，是个广阔的市场，有着巨大的潜力。目前，城市市场竞争激励，而农村市场相对薄弱，这一社会结构的客观因素决定了企业在国内市场中，应当以农民为主要营销对象，将市场开拓的重点放在农村，尤其是一些食品加工企业，更应注意开发一些质优、物美、价廉的食品满足农民的需要。

　　7. 人口的民族结构

　　我国是个拥有 56 个民族的多民族国家，不同的民族，具有不同的生活习俗和文化传统，使得各民族的消费行为和消费方式也存在很大的差异。除我国以外，如美国、澳大利亚等许多国家都是多民族国家，在这些国家进行营销活动时，也必须注意民族多样性对营销策略的影响。

　　8. 人口的受教育程度

　　社会人口受教育的程度一般分为五类：文盲、高中以下、高中、大学、大学以上。经济越发达的地方，人们受教育的机会越多，文化程度也越高。随着国家对教育的重视和投入的增加，受教育的人越来越多，受教育的程度也越来越高。这些变化反应在市场上，人们对精神文化方面的需求将越来越多。

　　二、经济环境

　　经济环境是指企业营销活动所面临的外部经济条件，其运行状况及发展的趋势会直接或间接地对企业营销活动产生影响。宏观经济环境包括经济体制、经济发展阶段、经济周期与经济增长以及经济政策体系等大的方面，具体的也包括居民收入水平、收支比例、消费者储蓄、信贷情况、市场价格水平、利率、汇率、税收等经济参数及政府的调解取向。

　　1. 经济体制

　　经济体制是一定经济制度的具体实现形式及其运行方式和经济管理制度，它规定人们在经济制度基础上应怎样从事经济活动和在怎样的相互关系下从事经济活动。经济体制主要涉及政府管理经济的方式。不同的经济体制，如计划经济体制、市场经济体制、计划-市场经济体制、市场-计划经济体制等，它们会对所有制结构的格局、资源配置方式、收入分配制度、社会保障制度、企业的营销活动等产生重要的影响。我国正经历着从计划经济管理方式向市场经济管理方式的过渡时期，随着我国加入 WTO 时间的延长，将会加快我国改革发展的步伐。

　　2. 经济发展阶段

　　美国学者罗斯顿提出的"经济成长阶段理论"将世界各国的经济发展归纳为五种类型：传统经济社会、经济起飞前的准备阶段、经济起飞阶段、迈向经济成熟阶段、大量消费阶段。其中最主要的是经济起飞阶段，经济起飞的条件有三个，即投资率或资本形成率应超过10% 以上；某些工业部门有快速发展；必须有良好的政治社会结构配合经济发展，使经济起飞顺利进行。发展中国家处于经济发展的前三个阶段，发达国家处于经济发展的后两个阶段。不同发展阶段国家的市场营销策略各不相同。

　　3. 经济发展水平

企业的市场营销活动通常要受到所在国家或地区的整个经济发展水平的制约。经济发展阶段不同，居民的收入不同，消费需求和消费结构也不一样，从而会在一定程度上影响企业的营销活动。

4. 经济周期

经济周期是指经济活动水准从繁荣到萧条到复苏的变动形态。工业化国家的经济周期相互之间基本是类似的，而发展中国家的经济和经济周期由于受到政治的影响可能不明显。在繁荣阶段，生产和就业水准都高，消费者对产品或服务有较多的需求，可以随意购买自己想要的物品，包括基本生活用品和奢侈品等，同时也情愿付钱去购买。在萧条阶段，生产减少，失业增加，消费者对产品和服务的需求减少，购买力下降，只购买价廉物美的生活必需品。在复苏阶段，经济从萧条走向繁荣，生产水准提高，就业增加，失业减少，消费者购买欲望和购买力有所增强，但购买商品时仍很谨慎。

5. 消费者收入水平

消费者的收入水平及收入变化，直接影响购买欲望和购买能力的大小及变化，从而改变着市场容量和消费者的消费模式。企业在分析消费者收入时，必须区分"货币收入"和"实际收入"，这两种收入不完全一致，由于通货膨胀、失业、税收等因素的影响，有时货币收入虽然增加了，但实际收入却可能在下降。实际收入即扣除物价变动后的收入，直接影响着实际购买力。消费者个人收入，是指消费者个人从各种来源中所得的全部收入，包括消费者个人的工资、退休金、红利、租金、赠与等收入，主要是指消费者的实际收入。个人收入中扣除税款和非税性负担所剩下的余额，即个人能够用于消费或者储蓄的部分，称为个人可支配收入，构成了消费者的实际购买力。若从个人可支配收入中减去用于维持个人和家庭生存不可或缺的费用（衣、食、住、行等开支），其余额即为个人可随意支配收入。个人可支配收入和个人可随意支配收入对消费的影响最大，也是企业营销活动研究的重点。

2012 年 2 月 8 日，国家发布的《促进就业规划（2011—2015 年）》中指出："十二五"期间，我国将形成正常的工资增长机制，最低工资标准年均增长 13％以上，绝大多数地区最低工资标准达到当地城镇从业人员平均工资的 40％以上。2012 年 2 月 9 日，社科文献出版社与上海社会科学院城市与区域研究中心联合发布的《国际城市发展报告》中预计："2020 年，中国的中产阶级将占人口的 40％，是 21 世纪初的两倍。中产阶级，即收入较高，工作、事业相对稳定，具有较强的消费能力的阶层。"消费者的工资在不断增加，收入水平也在不断提高，这将为企业拓宽市场创造良好机会。

6. 消费者支出状况

消费者支出主要是指消费者的支出模式和消费结构，即消费者各种消费支出的比例关系。19 世纪德国统计学家恩斯特·恩格尔根据统计数据对消费结构的变化得出了"恩格尔定律"，即在一定的条件下，家庭收入减少，收入中用于食物的开支部分所占比例较大，但随着家庭收入增加时，收入中用于食物开支部分所占比例则会下降。一个国家越穷，国民收入中用于购买食物的支出比例就会越大，国家越富裕，这个比例就会越小。根据恩格尔定律得出了"恩格尔系数"，该系数是衡量一个国家、地区、城市、家庭生活水平高低的一项重要指标，体现了家庭收入变化与各方面之间的比例关系。恩格尔系数表明，一个家庭食物开支占总消费量的比重越大，恩格尔系数就越高，那么该家庭的生活水平就越低；反之，比重越小，系数越低，那么生活水平就越高。根据联合国粮农组织提出的标准，恩格尔系数高于 59％以上为贫困，50％～59％为温饱，40％～50％为小康，30％～40％为富裕，低于 30％为最富裕。

近年来，随着我国社会主义市场经济的发展，国家在住房（安居保障房、廉租房等）、医疗（医疗保险等）和养老（养老金、养老保险）等制度方面改革的深入及取得的初步成效，人们的消费模式和消费结构都在发生明显的变化。食品企业应该重视这些变化，尤其应掌握拟进入的目标市场中支出模式和消费结构的情况，以满足消费者不断变化的需求。

7. 消费者储蓄和信贷水平

消费者的购买力除受个人收入的影响外，还受个人储蓄和信贷的直接影响。个人储蓄的形式包括银行存款、债券、股票和手持现金等，这些都可以根据消费者的需求随时转化为现实购买力，因此，储蓄也是一种推迟了的潜在购买力。在个人收入一定的情况下，储蓄增加，现实购买力和消费支出便减少，潜在消费量增加；反之，储蓄减少，现实购买力和消费支出便会增加，潜在消费量减少。但消费者储蓄的目的不同，也会影响到潜在的需求量、消费模式、消费内容、消费发展及方向的不同。一般来说，影响消费者储蓄的因素主要有：收入的高低、储蓄利率、对市场物价的预期和消费者心理或倾向的变化等。与储蓄相反，消费信贷是一种预支的消费能力，就是消费者凭信用取得商品使用权在先，然后按期归还贷款以购买商品。消费信贷在推动整个经济发展的过程中起到了积极的作用：一是刺激消费，扩大内需，拉动经济增长；二是有利于银行分散和降低风险；三是可以为一些消费者解燃眉之急，实现当前的消费。消费信贷有短期赊销、分期付款和信用卡信贷等多种形式。影响信贷的因素主要有：借款利率、对收入预期、借贷的方便性等。

三、科技环境

科学是人类认识自然的知识体系，是潜在生产力；技术是生产过程中的劳动手段、操作方法、工艺方法，是现实生产力。科学技术是第一生产力，是社会生产力新的和最活跃的因素，也被一些专家称为是"创造性的毁灭力量"。科学技术环境是指影响新技术、新产品和营销机会的力量，如国家的科学技术水平和技术政策，部门间、地区间技术结构的变化和资源综合利用的技术水平等。科学技术环境作为营销环境的一部分，不仅直接影响企业内部的生产和经营，而且与其他环境因素相互依存、相互作用，直接影响经济和社会环境。

科学技术的进步和发展，必将给社会、经济、政治、军事及社会生活等方面带来影响，这些影响也必将给企业的营销活动带来巨大的变化，主要体现在以下几个方面。

① 科学技术的发展促使企业不断开发新产品，适应市场消费的需求。由于科学技术的进步，生产率水平不断提高，高科技含量的产品发展迅速，大部分产品的生命周期明显缩短，产品更新换代加快，企业必须加快新产品的开发步伐，开发新市场，替代旧市场。

② 科学技术的发展为企业的促销提供了有利条件。产品仅仅有良好的品质和适中的价格，并不能保证能吸引消费者，占有目标市场，若要实现营销目标，产品还必须有完美的包装、高科技的储藏条件及顺畅的流通渠道等。首先，新的包装材料及技术的发明，或旧的包装材料及技术的改进，都能使产品的包装越来越完美，越来越吸引消费者的眼球，从而有利于产品的促销。其次，高科技的储藏条件，特别是对于食品来讲，可以延长食品的保质期，保证食品营养成分的不流失，为食品的反季节高价销售提供了条件。再次，新的交通运输工具的发明和旧的运输工具的技术改进，使运输效率大大提高；信息、通信设备的改善，广播、电视、网络、电话等现代传媒的发展，扩宽了销售的渠道和方式，可促进消费者对产品的了解和认可，从而刺激消费、促进销售。

③ 科学技术的发展催化了许多新兴部门的诞生。新科技的发明和应用，形成了科学-技术-生产体系，产生了以新科技为核心的新行业、新市场，同时对某些行业的企业又构成了威胁，使一些旧的行业与市场走向衰落，甚至被淘汰。

④ 科学技术的发展使人们的生活方式、消费模式和消费需求结构发生了变化。新科技的应用，新产品的开发，产品品种的增加，销售渠道的更新，改变了消费者的购买行为。消

费者的需求向高档次、多样化的方向变化，消费者消费的内容更加纷繁复杂。同时消费者也为产品的品质、价格、功能等方面提出了更高的要求。

四、政治和法律环境

政治与法律是影响企业营销活动的重要的宏观环境因素。政治和法律环境是指一个国家从本国的社会制度出发，为发展本国经济而制定的一系列经济政策及立法，它构成企业在国内市场上从事营销活动的基本行为准则。政治和法律相互联系，在任何社会制度下，企业的营销活动都必定要受到政治和法律环境的规范和约束。

1. 政治环境

政治环境是指企业市场营销活动的外部政治形势状况给市场营销活动带来的或可能带来的影响。一般分为国内政治环境和国际政治环境。

国内政治形势，主要是指党和国家的方针、政策及其调整变化对企业营销活动的影响。国家在不同的时期，根据不同的需要制定经济发展方针，颁布经济发展政策，这些方针政策的变化将会直接影响社会购买力及其投资方向。如能源政策、产业政策、物价政策、财政、金融与货币政策等。

国际政治形势主要对企业的国际贸易以及企业的国际市场营销活动产生深刻的影响。国际间的经济合作关系主要有两个方面：企业所在国与营销对象国之间的关系；国际企业的营销对象国与其他国家之间的关系。目前，国际上各国政府采取的对企业营销活动有重要影响的政策和干预措施有：进口限制、税收政策、价格管制、外汇管制、国有化政策等。

2. 法律环境

法律是体现统治阶级意志、由国家制定或认可、并以国家强制力保证实施的行为规范的总和。国家颁布的法律法规是政府管理经济和维持公平交易秩序的重要方法之一，对规范和制约企业营销行为具有权威性、强制性。同时，国家制定与企业活动相关的法律法规主要有三个目的：一是维护市场公平竞争；二是保护消费者利益和社会利益不受侵害；三是保护企业自身的正当权益。近年来，国家为了健全法制、加强法制，更快更好地适应经济体制改革和对外开放的需要，陆续制定和颁布了一些经济法律和法规，例如《反不正当竞争法》、《产品质量法》、《消费者权益保护法》、《专利法》、《中外合资经营企业法》、《食品卫生法》、《环境保护法》等。

五、自然环境

自然环境是指影响企业生产和经营的物质因素，包括地理、自然条件、能源供应、交通设施、交通状况、公共设施等方面。自然环境会对产品策略、分销渠道策略、物流策略的形成产生重要影响，因此，也会给企业造成一些"环境威胁"和"市场营销机会"。目前，自然环境面临危机，主要表现在以下三个方面。

1. 自然资源日趋短缺

传统上，将地球上的自然资源分为三类：一是无限的资源，如空气、水分、阳光等，取之不尽、用之不竭；二是有限但可再生的资源，如森林、粮食等；三是有限却不可再生的资源，如石油、天然气、煤等矿物。如今，无限的空气受到了污染，全球出现温室效应和反常的极寒天气；随着工业和城市的发展，水资源受到严重污染，再加之天气的干旱，缺水问题日益严重；森林遭到乱砍滥伐，没有计划性地进行栽种，造成木材资源的紧张；由于城市化的迅速发展，工业用房和生活住房的加速增长，造成农田减少，从而严重影响到粮食安全问题；石油价格一直受着经济、政治和储量的影响，对世界经济增长构成威胁。随着经济的迅猛发展，中国的原油供需缺口越来越大，并已成为世界原油进口大国之一。经济发展对进口原油的高度依存，已成为影响中国经济安全的一大隐患。

2. 自然环境污染日趋严重

过去,世界经济是物质经济,是肆意挥霍原料、资源、能源,特别是矿物燃料作为发展动力的经济,这种粗放型的经济增长方式使人类付出了惨重的代价,极大地消耗着地球资源。随着世界各国工业化的发展,占世界人口 15％的工业发达国家,其工业废物的排放量占世界废物排放总量的 70％。可见,工业越发达的国家,其工业废物的排放量越大。我国属于发展中国家,但工业废气、废水、废渣的排放量也在迅速增长,环境受到严重污染。

3. 政府对自然资源的管理和干预日益加强

随着经济发展和科学进步,自然环境变化及人们环境观的改变,许多国家的政府对自然资源管理加强了干预。但是,政府为了社会利益和长远利益而对自然资源加强干预,往往与企业的经营战略和经济效益相矛盾。目前,我国为了控制环境的污染,按照法律和规定的污染标准,严格对一些不合格的企业实行关、停、并、转,从短时期来看,这样就可能影响当地工业化的进程和经济的发展。因此,企业必须统筹兼顾地解决这种矛盾,力争做到既能减少环境污染,又能保证企业经济增长,以达到经济可持续发展的目的。

六、社会文化环境

社会文化是指一个国家、地区或民族的传统文化,以及其价值观念、生活方式、风俗习惯、伦理道德、教育水平、语言文字、社会结构和开放带来的国际化现代文化等的总和。在不同国家、不同地区和不同民族的人们,不同的社会和文化,代表着不同的生活模式的消费习惯,对同一产品可能持有不同的态度,直接或间接地影响产品的设计、包装、信息传递方法、被接受程度、分销和推广措施等。社会文化因素通过影响消费者的思想和行为来影响企业的市场营销活动。因此,企业在从事市场营销活动中,必须认真分析社会文化环境,准确把握消费者需求、欲望及购买行为,正确决策营销目标,制定适宜的营销决策。

1. 教育状况

教育是通过正规及非正规的训练对受教育者施加影响的一种活动。一个国家或地区受教育程度的不同,他们的文化素质、消费结构、消费偏好和审美观存在很大差异,对商品的需求也不同,因此,企业在选择目标市场和支持哪个促销方式等方面要有针对性。

2. 宗教信仰

宗教作为历史的产物,直接影响和支配着人们的生活态度、价值观念、风俗习惯和消费行为。不同的宗教信仰有不同的文化倾向和戒律,企业必须充分了解不同地区、不同民族、不同消费者的宗教信仰和禁忌,同时,宗教组织和宗教派别的政治影响以及宗教习惯与宗教节日对需求会存在季节上的波动,企业在制定适合其特点的营销策略时,要提倡适合其要求的产品,避免触犯宗教禁忌。

3. 风俗习惯

风俗习惯是人们在长期的生活中形成的习惯性的行为模式和行为规范,是人们世代沿袭下来的社会文化的一部分。风俗习惯涉及社会生活的多个方面,如饮食、服饰、居住、婚丧、节庆、信仰、道德伦理、心理、行为、人际关系等。不同的国家、不同的民族风俗习惯各不相同,这些风俗习惯决定和影响着消费者对产品的种类、样式、色彩、图案的需求和交易方式。企业在营销过程中必须尊重各国的风俗习惯,以便更好地适应千变万化的市场。

4. 价值观念

价值观念是人们对社会中各种事物的评判标准。消费者所处的社会地位及心理状态、时间观念、对生活的态度的不同,价值观念的差异很大,而消费者对商品的需求和购买行为深受其价值观念的影响,因此,营销管理者应该研究并采取不同的营销策略。如日本的文化是把和谐放在首位,所以日本企业的广告宣传往往突出人们对产品的共性,而常常忽视个性;

相反，西方人喜欢看到的恰恰是个性特点。亚洲国家的商品包装往往是只标明商品的名称、价格；美国企业的做法却不一样，食品制造商往往利用包装使其产品在超级市场拥挤的货架上显得很突出。

[拓展阅读]　　"两人餐厅"的故事

　　一个叫山田树人的人，在日本大阪一条著名的小吃街租下了一间不足 80 平方米的小饭店，由于竞争激烈，两个月还不到，饭店就到了捉襟见肘的地步。生意怎么才能起死回生呢？他经过深入思考，想出一个办法：自己那么小的店面，固然不能和周边的大酒楼相抗衡，但何不因地制宜，做成精品呢？于是，他首先找到熟人在银行贷了一笔款，接着用这笔资金把店面重新设计装修。通过考察，他发现来这里用餐的多是世界各地的情侣。于是，他在设计上采用了一种极其温馨的风格，在大厅内栽种玫瑰、百合等鲜花，室内弥漫着鲜花的香气，更平添了几分浪漫。

　　可让人难以理解的是，他在经营上严格控制顾客数量，整个大厅只设一张桌子，每次只接待两个客人。但是，这张桌子却是用上等檀木精雕细刻而成，所有的餐具都极其考究，不仅如此，饭店还提供代购机票、免费购物等一系列免费服务。"您只需坐在这里，所有的事情都交给我们代劳。"餐厅后墙的标语，逐渐成了该店一块响亮的招牌。由于用餐环境的优雅、菜肴风格口味的精益求精及其所提供的人性化服务，渐渐地，"二人餐厅"在当地有了名气，很多人慕名而来。再后来，到这里用餐很多都需要提前预订。

摘自：中国质量新闻网

第四章　消费者购买行为分析

第一节　消费需求及购买动机

人类的一切活动，包括购买行为都是为了满足自身的某些需要。换言之，当消费者一旦产生需求欲望，便会产生实现需求愿望的动机。因此，消费需求和购买动机与购买行为间存在着直接而紧密的关系。

一、消费需求分析

需求，是指人感觉到缺少什么从而想获得它的一种心理状态。消费需求，是指人们对生产质量和生活资料的需求欲望。作为需求，应同时具备两个条件：一是要有购买欲望，既想要购买和情愿购买；二是要有购买能力，即有实现购买欲望的货币支付能力。消费需求是购买欲望和购买能力的统一体，密不可分。

研究和发现消费需求、满足消费者的需求对有效开展营销活动具有十分重要的意义，也将贯穿于营销的整个过程。消费者的需求是多种多样的，并不是所有的需求都能得到满足，因此，必须将需求进行分类，企业才能有针对性地满足目标市场的需求。美国心理学家马斯洛于1943年创立了"需求层次论"，其理论要点是：每个人同时都有许多需求；这些需求的重要性不同，可按阶梯排列；人总是先满足最重要的需求；人的需求从低级到高级具有不同的层次，只有低一级的需求得到基本满足时，才会产生高一级的需求。马斯洛根据需求强度的次序，将人类的需求分成五个层次：生理需求、安全需求、社会需求、自尊需求和自我实现需求。

1. 生理需求

生理需求指与个人生存直接相联系的需求，即人类为了生存、维持生命而产生的最低限度的基本生活资料，如衣、食、住、行等方面的基本需求。马斯洛认为，当人类生理方面的需求没有得到满足时，生理需求是驱使人类进行各种行为的强大动力，当人们的生理需求得到了一定程度的满足时，人们才会产生更高一层次的需求。

2. 安全需求

安全需求是指人类为了保障身体、健康及财产等周边安全不受危险和威胁而产生的需求。人们对自己生活的社会环境期待是需要有一定的安全感，社会保持一定的稳定性，即没有灾难、没有疾病、没有危险、没有混乱等。

3. 社会需求

社会需求是指人们在社会生活中，期望能得到社会群体或个人的承认和认同，使自己在精神上有所归属，如爱情、友谊、鲜花、礼品等。这种需求如得不到满足，人们将会强烈地感到孤独，感到被社会所抛弃，精神将变得萎靡。在这种需求的驱使下，人们会非常重视人与人之间的交往，进行感情联络和社会关系的建立。

4. 自尊需求

自尊需求是指人们对名誉、地位的欲望及个人能力、才华和成就能得以展示，并能获得人们尊重和社会认可的需求。如受人尊重、威望、成就、赞赏、身份显示等。

5. 自我实现需求

　　自我实现需求是人类的高级需求，是指人们充分发挥个人能力，实现理想抱负，取得成就等的需求。如获得成就的欲望、个人自主权的行使等。这种需求是在其他需求得到满足的基础上才有可能出现的，人们都希望能以不同的方式来显示自己的成就。

　　人们各层次的需求并不能在同一时间都能得到满足，只有当低一层次的需求得到一定程度的满足时，才能出现高一层次的需求。马斯洛对需求被满足的程度进行分析得出：人们只要在生理需求方面获得80%的需求，便能感到满足，依次递减，在安全需求方面获得70%，社会需求方面获得50%，自尊需求方面获得40%，自我实现需求方面获得30%，并能感到满足。人们的需求未得到满足前，这一层次的需求便推动消费者构成了购买行为，也便成为企业的目标市场。

二、购买动机分析

　　动机，是一种推动和维护人们为达到特定的目的而采取行动的直接原因，也是推动人们进行各种活动的愿望和理想。消费者一旦产生需求欲望，就会产生实现需求愿望的动机。消费者的购买动机是指消费者为了满足某种需求，产生的对某种商品的购买欲望和意向，是使消费者做出购买商品决策的内在驱动力，是引起购买行为的前提。

　　引起消费者购买动机的原因主要来自两个方面：一方面是消费者的需求，另一方面是外界影响对消费者的刺激。不同的购买动机，构成了消费者不同的购买行为。这里将消费者的购买动机分为生理性动机、心理性动机和社会性动机三大类。

　　1. 生理性动机

　　生理性动机是由生理需求引起的，即是购买其维持生命生理需要的基本生活资料的动机，是人类最基本的购买动机。如对粮食、副食品、服装等的购买动机。

　　2. 心理性动机

　　心理性动机主要是由消费者的认知、情感、意志等心理过程引起的购买动机，即满足其精神需求的动机。主要分为感情动机、理智动机和惠顾动机三类。

　　① 感情动机是指由消费者的感情需要而引发的购买行为。具体可分为情绪动机和情感动机。情绪动机是指由消费者的喜、怒、哀、乐等情绪所引起的购买动机。根据情绪的特点，这类动机具有冲动性和不稳定性。情感动机是指由消费者的道德感、集体感、友谊感及美感等情感所引起的购买动机。这类购买具有加大的稳定性，往往可以从购买中反映出消费者的精神面貌。

　　② 理智动机是建立在消费者对商品的外形、性能、质量等特征，经过思维分析后产生的购买动机。拥有理智动机的往往是那些具有丰富的生活阅历和比较成熟的中年人，他们对商品的购买比较看重的是商品的物美价廉及商品的实用性和必要性。

　　③ 惠顾动机是消费者基于感情和理智的判断，对某商品、品牌、企业、商店等产生特殊的信任和偏好，驱使其重复地、习惯性地购买的一种行为动机。构成惠顾动机的因素有：产品质量要可靠，产品品种要齐全，服务要细致周到，物品要物美价廉，提供的时间和地点要有高度的便利性。

　　3. 社会性动机

　　社会性动机是指消费者主要受社会因素的影响，购买某些商品来满足社会性需求的购买动机。如购买食品、衣物、药品等捐赠给地震灾区或洪涝灾区，购买文具、书籍等捐赠给希望学校或贫困学生等的购买动机。

三、消费需求、购买动机与企业营销的关系

　　消费需求、购买动机和营销活动是一个较为复杂的问题，三者之间的关系主要表现为如下几点。

① 消费者的购买动机是由需求引起的，但在一定时期内，不同层次的需求不能同时得到满足，因此其购买动机的强烈程度便不同。在众多需求和动机中，只有最迫切得到满足的需求和最强烈的购买动机才最容易构成购买行为，因此，营销人员必须及时了解掌握消费者最迫切的消费需求和最强烈的购买动机，才能有针对性地开展营销活动，加速促成消费者的购买行为。

② 消费者的消费需求和购买动机往往是通过不同的商品来满足的，这些商品之间具有相互替代性，因此，企业一定要通过提高品质、加强包装等方式提升自己的产品在相同产品和相关产品间的竞争力。

③ 消费者的消费需求和购买动机的产生都具有一定的背景性。企业在了解和掌握消费者需求和动机的同时，要深层次地分析其产生的背景和原因，可以为企业开拓消费者潜在和未来的消费市场做准备。

④ 消费者在同一时期可能具备同一层次的多种消费需求和购买动机，在不能同时被满足时，企业可以运用多种有效的促销方式来争取顾客，让自己的商品成为满足消费者同一层次需求和动机的首选，从而赢取市场份额。

第二节 消费者购买行为

消费者购买行为是指消费者为满足自己生活的需求，在一定的购买动机驱使下，所进行的购买商品的活动过程。消费者购买行为是人类社会普遍存在的一种行为方式，任何人都要通过购买的行为获取各种生活必需品和服务来满足自身的生存、发展和享受。

一、消费者购买行为模式

1. 黑箱模式

黑箱模式也被称为刺激-反应购买模式，是消费者行为理论中最基本的模式。消费者的行为是在其动机的支配下发生的，动机的形成是消费者一系列复杂心理过程的结果。消费者这一系列的心理过程及其购买决策过程是看不见的，心理学家通常将其称为"黑箱"。如表4-1 所示。

表 4-1 消费者购买行为"黑箱"模式

购买者外部刺激		购买者黑箱		购买者反应
营销刺激(4P)	环境刺激	购买者特征	决策过程	产品选择
产品 价格 分销 促销	文化 经济 技术 政治	文化 社会 个人 心理	确认需要 信息收集 方案评估 购买决定 购后行为	品牌选择 经销商选择 购买地点选择 购买时机选择 购买数量选择

表4-1 说明，消费者购买行为的发生首先发端于外部的刺激，这种刺激包括两种类型：一类是企业所能控制的各种因素，即营销刺激"4P"（产品、价格、分销、促销）；另一类是企业不能控制的各种宏观环境因素，如文化、经济、技术、政治等对消费者的刺激。这些不同类型的刺激进入消费者的意识后，基于不同购买者的不同个人特征，在思想意识领域进行了受这些个人特征影响的复杂的决策过程，最终形成不同的购买反应。购买者的外部刺激和购买者的反应都是可见的，但购买者如何根据外部刺激进行分析、判断和决策的过程却是不可见的"黑箱"内容。企业的营销任务就是要了解"黑箱"中所发生的内容，以便采取更

有针对性和实效性的营销刺激。

　　2. 霍华德-谢思模式

　　霍华德-谢思模式是利用4种变量来描述购物行为：第一是输入变量，即销售控制的因素（价格、质量、可供性等）和社会因素（相关群体、家庭等）；第二是外生变量，即购买决策过程中的外部因素（个性、文化、财力状况等）；第三是内生变量，即表现购买状态和过程的因素（收集信息、购买动机、产品决策等）；第四是结果变量，即购买决策过程所导致的顾客行为。以上4种变量相互作用，最终形成购买行为，其具体表现为：输入变量和外生变量构成购买行为的刺激物，通过唤起和形成动机，提供关于各种选择方案的信息等影响购买者的心理状态。购买者受到刺激物和以前购买经验的影响，开始接受信息，产生自己的一系列动机，做出对可选择产品的一系列反应，构成一系列购买行为决策的中介因素，或者制定出一系列使其动机能与满足动机的备选方案相配合的规则。这些动机、选择方案和中介因素的相互作用，便产生了某种倾向或态度。这种倾向与其他变量结合后，便产生了购买结果、购买意向和实际购买行为。

　　3. 恩格尔-科拉特-布莱克威尔模式

　　恩格尔-科拉特-布莱克威尔模式强调了消费者购买决策的过程。这一过程始于问题的确定，终于问题的解决。在这个模式中，受许多因素影响的消费者心理成了"中央控制器"，其输入内容——包括产品的物理特性和诸如社会压力等无形因素——输进"中央控制器"。在那里，这些内容在"插入变量"——态度、经验和个性的作用下，便得出了"中央控制器"的输出结果：购买决定。当然，如果输入内容不与"插入变量"相结合，就不会得出输出结果。

　　二、消费者购买行为类型

　　消费者的购买行为在内在、外部等多种因素的影响下，表现的形式也多种多样。将购买者行为按不同的方法进行分类，得出的类型也不同。

　　1. 按照消费者不同的个性特征进行分类，可分为六种类型

　　（1）习惯型购买行为　是指消费者根据自己对商品的信任和喜好，忠于某一种或某几种品牌，购买时出于对商品的固定消费习惯和偏好，因此目标明确，并常常出现重复购买的行为。这种类型的购买行为在日常生活必需品中比较多见，企业应尽可能地争取更多的习惯性顾客。

　　（2）理智型购买行为　是指消费者在购买活动中以理智为主，对商品的效用、特性、价格、式样等经过仔细比较和考虑后再做出购买决策的购买行为。这种类型的购买者对市场信息比较了解，并具有丰富的购买经验，不会轻率做出决定，一旦决定后也不易被改变。企业对这类消费者应真诚地提供更多的可靠信息，才能更加坚定他们对商品的选择。

　　（3）冲动型购买行为　是指消费者在购买活动中易受外界因素的影响，而冲动地做出购买决策的购买行为。这种类型的购买者对市场信息缺乏了解，不具备丰富的购买经验，只是受情绪的影响便轻率地做出决定，但决定后也容易受情绪影响而发生改变。企业对这类消费者应尽量通过促销手段来感染消费者，调动消费者情绪，从而争取消费者的购买行为。

　　（4）经济型购买行为　是指消费者主要从经济的角度出发，以经济实惠、物美价廉为中心来做出购买决策的购买行为。这种类型的购买者主要考虑的是价格因素，因此对商品的价格变化也非常敏感。企业对这类消费者可以采用商品降价、商品优惠等促销方式吸引他们。

　　（5）情感型购买行为　是指消费者往往受到感情的支配来做出购买决策的购买行为。这种类型的购买者一般都具有一定的艺术细胞，善于联想，审美情趣高，在商品购买过程中容易受商品的品牌、知名度及象征意义等的影响。企业对这类消费者可以采用丰富商品的寓

意、加强商品的现代包装等方式来打动他们。

（6）随意型购买行为　是指消费者在一些商品的购买上没有固定的要求，而是抱着试试的态度来选购的一种购买行为。这种类型的消费者对商品缺乏购买经验，没有固定的偏好。企业对这类消费者可以采用加强广告宣传的方式来刺激消费者，引起消费者的购买欲望和购买动机，最终实现购买行为。

2. **按照消费者购买介入程度和品牌差异程度进行分类，可以分为四种类型（表4-2）**

表 4-2　购买行为的四种类型

品牌差异 ＼ 介入程度	高介入度	低介入度
品牌差异大	复杂性购买行为	多样性购买行为
品牌差异小	协调性购买行为	习惯性购买行为

（1）复杂性购买行为　是指消费者对价格昂贵、品牌差异大、功能复杂、不常买的商品，由于缺乏必要的产品知识，在进行商品选购前要进行信息收集，仔细对比等高度介入，以求降低风险的购买行为。针对这种复杂的购买行为，企业应采取积极的态度，主动提供专业化的服务，帮助消费者了解并掌握商品信息、功能、优势等相关知识，从而影响消费者的购买决策。企业具体的营销策略有：制作详细的产品说明书；实行灵活的定价；通过广告宣传树立品牌；加强对营销员专业知识的培训；实行售后跟踪。

（2）协调性购买行为　是指消费者对价格高、品牌差异小、不经常购买、购买时具有一定风险的商品，购买介入度高，购买时需要花大量的时间和精力去货比三家，最终做出决定，但购后又容易出现不满意等失衡心理，需要企业及时化解的购买行为。针对这种购买行为，企业应运用价格策略和促销策略，促使消费者做出购买决策。具体的营销策略有：定价合理，真诚服务，树立企业良好形象；选择与同类商品在同一地点和时间进行销售，以便消费者进行对比；培养专业化服务好的销售人员，能及时为消费者进行产品推销，消除消费者心中疑虑。

（3）多样性购买行为　是指消费者对品牌差异大的商品，不愿花时间和精力去评价和选择，而是为了寻求多样化，不断变换所购品牌的购买行为。针对这种购买行为，企业可采取的策略有：品牌多样化，并突出不同品牌的特性和优势；不同的品牌确立不同的价格定位；加大广告宣传，树立品牌形象。

（4）习惯性购买行为　是指消费者对于价格低廉、品牌差异小、经常购买的商品，花最少的时间，随时就近购买的一种最简单的购买行为。针对这种购买行为，企业可采取的策略有：在消费者方便的地区设置销售网点，为消费者随时购买提供条件；采取价格优惠政策；进行产品改良，加强品牌效应；加大促销力度，留住老顾客，发展新顾客。

三、影响消费者购买行为的因素

消费者购买行为是指消费者为满足自己的生活需求，通过寻找、购买、使用、评估和处理等方式进行商品或服务购买的活动过程。消费者购买行为取决于他们的需求和动机，从而形成消费习惯和行为，但这不仅仅是个人行为，而是在许多因素的影响下形成的。这些因素主要有个人因素、心理因素、社会因素、文化因素四个方面。这四个方面因素属于不同的层次，对消费者行为的影响程度是不同的。影响最深远的是一个民族的传统文化，它影响到社会的各个阶层和家庭，进而影响到每个人的心理和行为。影响消费者行为最直接的、决定性的因素，是个人及其心理特征。

1. 个人因素

影响消费者购买行为的个人因素包括：个性特征、生活方式、经济状况、职业和消费者年龄及家庭生命周期的阶段等。

（1）个性特征 个性也称人格，是个体在多种情境下表现出来的具有一致性和稳定性的心理品质，包括人格倾向性和人格心理特征。人格倾向性包括人的需要、动机、兴趣和信念等，决定人对现实生活的态度、趋向和选择。人格心理特征包括人的能力、气质和性格，决定人的行为方式上的个人特性。个性对于消费者是否更容易受他人的影响，是否更倾向于采用创新性产品，是否对某些类型的信息更具有感受性等均有一定的预示作用。同时，在购买商品时，消费者往往以自我形象作为消费的标准，购买与自己性格和形象相符的品牌。因此，企业营销应使产品形象与目标消费者的自我形象达到一致，从而促使他们购买。

（2）生活方式 生活方式是在一定社会制度下，社会群体及个人在物质和文化生活中，各种活动形式和行为特征的总和。一个人的生活方式主要由自己的价值观来决定，具体表现在兴趣、活动和思想观念等方面。生活方式不同，消费的重点和偏好也有所区别。企业可以根据消费者的价值观、目标、兴趣、观念、活动来开展广告宣传、品牌设计、产品改良等营销活动。

（3）经济状况 个人经济状况包括个人可支配的收入、存款与资产、借债能力以及对储蓄和花钱的态度等。一个人的经济状况直接决定了购买能力的大小和消费水平的高低，从而直接影响了消费者对商品购买质量与数量的需求。消费者一般在可支配收入的范围内考虑更合理的购买行为，以便更有效地满足自己的需要。收入高的比收入低的消费者更容易做出购买决定，也有较大机会对生活必需品之外的其他商品（如奢侈品）进行购买。因此，经济状况对个人消费具有较大的影响，企业应经常注意消费者个人收入、储蓄和存款利率等的变化，合理制定价格策略。

（4）职业 不同职业的消费者受教育程度、工作环境、工作性质、工作观念上和收入等方面都有所不同，因此，在消费需求的内容、对同类商品的兴趣度和偏好上都有所差异。企业应在了解不同职业消费者的兴趣和爱好的基础上，明确目标市场，从而制定相应的营销策略。

（5）消费者年龄及家庭生命周期的阶段 不同年龄的消费者由于价值观、思维方式、兴趣和爱好不同，因此对商品的需求也存在较大差别，特别是在购买商品的种类、式样、风格和购买方式上都各有特点。同时，家庭生命周期阶段的不同，也会影响消费者的需要和爱好。具体表现在七个阶段：第一，单身阶段，支出主要围绕对时髦产品和大品牌商品的追求及社会娱乐消费进行；第二，新婚阶段，支出主要用于满足对住房和对家电等耐用品的需求；第三，满巢阶段一，年轻夫妻并拥有不满6周岁子女，家庭支出主要围绕婴幼儿的哺乳进行；第四，满巢阶段二，年轻夫妻并拥有6周岁及以上的子女，消费支出主要围绕小孩的教育、培训和娱乐进行；第五，满巢阶段三，年龄较大夫妻并拥有尚未独立的子女，支出主要围绕子女的教育和日常消费及家庭消费品的更新进行，同时也注重储蓄；第六，空巢阶段，年龄较大的夫妻，子女不在身边，支出主要用于非生活必需品和保健品及服务性消费；第七，孤独阶段，单身老人或独居，支出主要用于医疗保健方面。企业要了解不同阶段的家庭具有的不同购买特征，才能根据目标市场的需求生产适销产品，制定营销策略。

2. 心理因素

影响消费者购买行为的心理因素主要包括动机、知觉、学习、信念与态度。

（1）动机 人类一切活动都是为了满足自身的需要，而在众多的需要中，只有一些比较迫切的需要才能发展成为动机。动机主要解决人们为什么要购买某产品的问题，是消费者产生购买行为的主要推动力。

（2）知觉　知觉是人们对感觉到的事物的整体反映，包括感觉、记忆、判断和思考。不同的消费者对商品和服务的认知不一样，就会做出不同的选择，导致不同的购买行为。企业应了解消费者知觉的四个特征，即知觉的选择性、知觉的组织性、知觉受外部刺激性和知觉的主观意识性。

（3）学习　学习是指由于后天经验引起的个人知识、结构和行为的改变过程。人类的学习过程是包括趋势力、刺激物、提示物、反应、强化诸因素相互影响和相互作用的过程。消费者学习的类型主要有四种：一是行为学习，包括在生活、工作、学习、与人交往等方面的行为；二是符号学习，包括语言、文字、造型、色彩、音乐等方面的含义；三是情感学习，包括消费者自身的实践体验和外界鼓励、支持、劝阻、制裁等因素；四是解决问题的学习，包括消费者对不同事物和问题的思考和见解。

（4）信念与态度　信念和态度，是指人们对某一事物的看法，它体现着一个人对某一事物所持的见解和倾向，是通过行动和后天经验树立起来的。有些信念建立在知识的基础上，有些信念建立在成见上，这种对事物所持的描述性的想法将会影响消费者的购买选择。消费者态度能使他们对相似的事物产生相当一致的行为，是思考和判断的结果。信念和态度的形成是一个逐步的过程，一旦形成，就会呈现出稳定的模式直接影响人们的消费行为。企业要改变消费者的信念和态度就必须在营销策略方面作重大的调整。

3. 社会因素

影响消费者购买行为的社会因素主要包括社会阶层、相关群体、家庭、社会角色和地位。

（1）社会阶层　社会阶层是指将全体社会成员按照收入、教育、职业、权力、声望等标准划分为彼此地位相互区别的社会群体。同一社会阶层的消费者有着相似的价值观、信念和态度、生活方式、思维方式和行为模式，不同社会阶段的消费者在购买行为和购买模式上存在着较大的差异。

（2）相关群体　相关群体是指能直接或间接影响消费者态度、行为和价值观的群体。产生直接影响的相关群体又称为成员群体，即消费者从属于或与其有直接关系的群体，包括主要群体和次要群体两类。主要群体是与某人联系密切，直接发生影响的群体，如家庭成员、亲朋好友和同窗同事等，他们对消费者的购买行为发生直接和主要的影响；次要群体是对人们相互影响较小的群体，如消费者所参加的工会、职业协会、宗教组织等，他们对消费者的影响要小于主要群体。产生间接影响的相关群体是指消费者不属于或与其不直接发生影响的群体，包括崇拜群体和厌恶群体两类。崇拜群体是指个人崇拜的一些人或向往加入的群体，如歌星、影星、球星等，他们对消费者在穿着打扮、行为举止上都有很大的影响；厌恶群体是指个人讨厌或反对的群体，都会与他们保持距离，不愿意与他们发生任何关系，如声名狼藉的人或团体。企业要利用相关群体对消费者施加影响，从而扩大销售。

（3）家庭　家庭是由婚姻、血缘或收养而产生的亲属间的共同生活组织，是社会基本的消费单位。家庭作为最主要的相关群体，家庭成员对消费者的购买行为起着直接和潜意识的影响。消费者购买行为受着不同家庭阶段和不同家庭类型的影响。家庭阶段在此主要分为与父母一起生活阶段的家庭和自己成家后组建的家庭。家庭类型主要有独裁型、协商型、民主集中型和各自做主型。

（4）社会角色和地位　社会角色是人与社会地位相联系的并按规范执行的行为模式。地位是人们在各种社会关系网中所处的地位。每个人在社会各群体中的位置可用社会角色和地位来确定，在不同场合扮演不同的角色，同时也享有不同的社会地位。人们在购买商品时往往会根据自己在社会中所处的角色和地位来定位，选择符合自己身份和地位的商品作为标志。因此，企业提高品牌的知名度和标志性，从而使自己的产品符合消费者的需求。

4. 文化因素

影响消费者购买行为的社会因素主要包括文化和亚文化。

（1）文化　美国学者爱德华·贺耳对文化的定义："文化是社会的方式，是人类继承的行为模式、态度和实物的总和。"由于不同社会或国家的文化往往围绕不同的因素或在不同的物质基础上建立起来，具有互感性、继承性、阶段性、民族性、学习性、地区性和多样性等特征，因此，处于不同文化环境的人们在价值观、信仰、态度、道德和习俗方面常常有较大的差异，导致人们的需求不同，从而购买行为也不同。企业要尊重当地及消费者的文化，且不能与之相违背。

（2）亚文化　亚文化也称为副文化、小群体文化，是指与主文化相对应的那些非主流的、局部的文化现象。一种亚文化不仅包含着与主文化相同的价值和观念，也有属于自己的独特的价值与观念。社会越复杂，亚文化越多，亚文化群体发展越快，影响也越来越大。如语言亚文化、民族亚文化、宗教亚文化、种族亚文化、地理亚文化等。

第三节　消费者购买决策过程分析

消费者购买决策过程是指消费者决策购买或拒绝购买某种产品或服务的选择过程，也叫问题解决过程。对于企业来讲，仅仅了解影响消费者行为的主要因素是不够的，还要了解消费者购买行为的参与者、购买决策的内容和购买决策的过程。

一、购买行为的参与者

商品购买决策的主体是个人和家庭。对购买什么、怎样购买、何时何地购买等问题，究竟谁是决策者，要依据不同的商品而定。按消费者在购买决策过程所发挥的作用，也就是说扮演的角色，可将消费者分为如下五类。

① 发起者，即最初提出购买某种产品或劳务的人。

② 影响者，即其看法或建议对最终决策具有直接或间接影响的人。

③ 决策者，即最后做出购买决策的人，他（她）在家庭中享有较高的威信，有权做出最后决定。

④ 购买者，即实际执行购买决策的人。

⑤ 使用者，即实际消费或使用产品或服务的人。

企业必须识别以上这些角色，针对不同的角色，采取不同措施，分别去调动和影响他们对产品购买的积极性。

二、购买决策的内容

消费者购买决策的内容主要包括六个方面，即购买者（occupants）、购买对象（object）、购买目的（objectives）、购买方式（operations）、购买时间（occasions）、购买地点（outles），简称6O内容。

1. 购买者

购买者是谁，这是对购买主体的分析，即企业的目标顾客是谁。企业要分清不同的购买角色，才能明确自己的目标市场，制定适宜有效的营销策略。

2. 购买对象

购买的对象是什么，这是对购买客体的分析，即消费者需要买什么东西。不同消费者对不同商品的购买欲望和购买动机是不一样的，因此导致了实际的购买行为也各异。企业要抓住消费者的购买心理，才能抓住市场。

3. 购买目的

购买的目的是什么，这是对购买原因的分析，即消费者是出于什么样的动机来购买商品。由于购买需求引发购买动机，多样的购买需求将决定购买动机的复杂性。企业要准确把握好购买需求和购买动机，就必须做好市场调查和预测。

4. 购买方式

购买的方式是什么，怎么买，即消费者采取什么方式或手段购买商品。针对不同价位、不同功能、不同大小的商品，消费者在选择购买方式上是不同的。因此，企业要采取多种灵活的销售方式，不断提高服务水平来满足消费者的需求。

5. 购买时间

购买的时间是什么时候，何时买，即消费者在什么时候购买商品。一般来讲，消费者对商品的购买具有一定的时间规律，如季节性、节日期间等。企业要掌握好消费者的购买时间，可以灵活地调整商品的生产和销售，以便及时供应市场，满足消费者的需求。

6. 购买地点

购买的地点在哪里，何地买，即消费者在什么地点、什么商店购买商品。不同的消费者，对不同商品选择的消费地点是不一样的。根据消费者购买地点的差异性，企业应合理地设置销售网点，尽力提供方便。

三、购买决策的过程

每一个消费者在购买某一商品时，都会有一个决策过程，这是一个复杂的过程，整个过程主要分为五个阶段，即确认需求、信息收集、方案评估、购买决定、购后行为。

1. 确认需求

消费者购买是为了满足自身的某个方面的需求，正确识别和确认自身的需求是购买决策的开始。消费者的需求一般由内部刺激和外部刺激所引起。内部刺激是人的本能需求，外部刺激是人体对外部客观存在的触发及其需求，可以激活内部的需求。企业应抓住需求的时机，引起需求的诱因，促使消费者增强刺激，唤起和强化消费者的需求，引发消费者实现购买行动。

2. 信息收集

消费者需求被激发而明确了相关的购买目标后，就会对目标产品进行信息收集，为决策方案做准备。信息的来源主要有以下四个方面。

① 个人来源，如家庭、朋友、邻居或同事等。

② 商业来源，如广告宣传、推销员、经销商、商品说明书、包装和展销会等。

③ 公共来源，如报纸、广播、电视、网络、消费者协会等组织。

④ 经验来源，如亲自去商店或柜台进行考察和体验，或从已有产品的使用中得到的经验。

个人来源和经验来源对消费者购买行为影响最直接，商业来源和公共来源对消费者的行为影响比较间接，但诱导性强。企业要了解不同信息对消费者购买行为影响的程度，注意不同文化背景收集信息的差异性，有针对性地设计恰当的信息传播策略。

3. 方案评估

消费者通过收集与自己需求相关的各种资料之后，便会将这些资料进行分析整理，从资料中得到自己所需产品的相关信息，构成购买决策的选择范围和初步方案，然后对各种方案进行分析评估，为购买决策提供参考。对产品评估时要注意产品的属性和权重、品牌信念和效用要求。不同的消费者选择的侧重点不一样，得到的结果差异很大。企业应尽量多地了解消费者心目中理想产品的属性，根据掌握的情况，增加产品功能，改变消费者对产品属性的认识，使消费者重新对产品进行定位，树立品牌在消费者心目中的良好形象。

4. 购买决定

通过对方案的评估，消费者对心目中的理想产品形成一种购买倾向，并最终形成实际购买行为。消费者的购买决策还受购买品种、购买数量、购买方式、购买时间、购买地点以及他人态度（如家庭成员）和外部环境因素（如收入、利率）的影响。因此，企业在消费者购买决策阶段应该向消费者提供更多的专业的产品信息，增强消费者购买产品的信心，同时还应通过各种优质的服务，加深消费者对企业的良好印象，以便消除和减少消费者对产品引起的可察觉风险。

5. 购后行为

消费者购买商品后，会通过使用和家庭成员及亲友的评价，对自己的产品产生某种程度上的满意或不满意的评比。消费者对产品的预期性越高，实际使用同预期的差距越大，不满意程度将会越大。购后满意情况是对企业的一种重要反馈，必将影响购买者对商品的态度及其以后的购买行为；对周边人的购买行为也会产生影响。企业应注重消费者购后行为的信息收集、整理和分析，广泛收集意见，建立回访制度，及时处理顾客投诉，提供全面的售后服务，增强消费者购后的满意度。企业还应实事求是地宣传和介绍自己的产品，并注意符合产品的实际性能，以便使购买者感到满意或增加满意感。

[拓展阅读]　细分群体——功课妈妈的购买行为分析

　　婴幼儿奶粉市场具有自身的特点。在当前社会，初为人母的妈妈大多具有共同的愿望，即为自己的宝宝提供安全健康成长环境。0～3岁婴幼儿语言表达能力弱，缺乏自我保护能力，身体又在快速成长的关键阶段。因此在妈妈选购婴幼儿奶粉过程中，该类商品已经上升为一种质量容忍度很低的商品。即购买者更加追求质量的无瑕疵，而对价格的敏感度相对较低。当一个商品出现质量问题时，主流消费群体很难会继续购买。

　　以下将通过一个功课妈妈研究案例来分析婴幼儿奶粉产品的质量低容忍度的购买行为和心理活动情况。功课妈妈指的是一群有独立判断能力、有较高学历水平、通过自主搜索信息、综合各方面的知识来判断产品价值优劣并进行最终选购的妈妈群体。如果将中国婴幼儿奶粉市场按照城市级别和家庭收入群体来进行细分区隔的话，认为可以被区隔为下述多个不同层次类型的细分市场。

	发达城市	二线城市	三线城市
高收入群体（家庭月收入＞5万）			
中高收入群体（家庭月收入＞3万）	A		
中等收入群体（家庭月收入＞1万）	A	A	
中低收入群体（家庭月收入＞3千）		B	B

研究发现：发达城市中等以上收入群体家庭购买力强，他们最为吻合婴幼儿奶粉消费的质量容忍度低的观点。一些中高收入群体家庭在选择奶粉品牌时，甚至直接以价格来判断产品品质的高低，认为价格最贵的品牌品质最好。而二三线城市中低收入群体则会受经济条件限制，放宽质量容忍度的心理阈值，而在预算之内（价格底线之上）的品牌中选择所认为的质量更为可靠商品。

　　功课妈妈大多属于发达城市中等收入及中高收入群体。她们了解产品的信息途径为论坛、相同背景群体的使用评价以及目标产品的详细介绍。相比较而言，该类群体有较为完整的独立质量评判标准体系，而不是根据品牌的广告宣传，并能根据自身所构架的评判体系来客观判断各个品牌的优劣，在细分市场区隔中多属于A类市场。

　　一、功课妈妈的营销价值是消费意见领袖

　　正因为功课妈妈群体的独立第三方的质量评判标准体系，使得该类群体虽然总体规模不大，却有很强的导向性和一定的信息权威，能成为新进入群体的意见领袖。她们具有比较完整且有效的评判体系、掌握较为全面的最新商品资讯以及持续不断的客观消费体验反馈，即客观性和准确性。

二、功课妈妈的品牌选择流程

本研究案例中，功课妈妈的品牌认知途径：在妇幼婴医院的体检处、孕妇课堂、专业网络论坛和日常的电视广告等。从直观上看，该功课妈妈信赖日本和澳大利亚的知名品牌，其次是欧美知名品牌，对本土品牌评价最低。从市场角度来分析，不能简单地归纳为崇洋媚外，其背后的评判标准如下。

① 发达国家奶粉品牌有更高的信誉度和质量标准，这些品牌经历过更为严格的市场环境的检验。

② 更适合宝宝饮用的产品。在该功课妈妈认知中，更接近母乳的奶粉是最好的，其次更适合亚洲人体质的产品是上等的。退而求其次才是质量合格的产品。

③ 质量合格的要素有：该功课妈妈认为，质量合格要求奶源产地无事故；添加的营养成分及配方更贴近婴儿成长；奶粉的颗粒色泽和味道外观无瑕疵。价格要素在功课妈妈这里并不是最主要的，它仅仅是在几个筛选后的目标品牌中确定最终选择的排序要素。

三、奶粉品牌转换过程

品牌转换是指日常饮用的主要品牌转换。而不是临时性品牌。因为在宝宝确定主要奶粉品牌之后，并不意味着在这期间就不选择其他的奶粉品牌。客观上原有品牌可能由于断货，亲戚朋友赠送的其他品牌，厂家的试用装和促销装都会让宝宝饮用其他品牌。在试用其他品牌的奶粉时，妈妈们会特别关注宝宝对新品牌的接受情况。如果接受度好，会作为备选品牌，若与原奶粉品牌冲突出现上火便秘的情况，则基本上会被淘汰。当出现断货时，功课妈妈更愿意在大卖场渠道购买销售量最好的品牌产品。

从功课妈妈的案例看到，妈妈对主要奶粉品牌选择之后具有较高的忠诚度。转换的原因更多是出在质量要素上，而不是价格因素。

四、新的品牌选择流程

新的品牌选择其实是第二品牌选择，其选择度更难。日本品牌由于口蹄疫事件影响，需要时间来消化，再被该消费者重新购买的可能性已经不大（婴幼儿奶粉消费的时效性约 3 年）。

在第二次品牌选择的过程中，首先能看到该功课妈妈对奶源产地特别关注。如美素品牌的荷兰产地和德国产地在其质量判断体系中上升为一个较为重要的要素。其次是品牌不同版本的营养成分差异让功课妈妈对该品牌的品质与诚信产生了一定程度的怀疑，这种怀疑不是针对美素品牌，而是对其中间代理环节。因为同段奶粉有奶源产地和营养配方的差异，则必然会产生质量优劣的判断，即使消费者自身也无法知晓这种差异存在哪些方面的优劣，但这对美素品牌而言，是需要弥补的事宜。第三，在营养配方的添加上，能符合传统认知的添加物更能获得消费者的认同。DNA/DHA 被各品牌教育多年，消费者才有一些概念。但添加羊奶，不含蔗糖的概念则能够让消费者在较短的时间获得认同。第四，消费者对奶粉的营养成分好坏与多少无法判断，但却能直接观察产品的色泽、颗粒、香味、水溶解情况以及宝宝喝后的身体反应。这些外在的物理指标和婴儿生理指标是维持妈妈持续购买的重要判断标准。第五，价格也是消费者所关心的要素。但其前提是该类产品具有良好的品质。对功课妈妈而言其背后的理念应该是用同样的钱买最好最适合宝宝的奶粉。

摘自：上海嘉肯市场咨询有限公司　高级研究经理刘志洪撰写

第五章 食品市场调查与需求预测

企业的生存与发展离不开市场。企业开发市场，满足市场的前提条件是充分"透视"市场。企业营销成功的关键是要对市场进行科学有效的市场调查与预测。

市场调查是对市场的调查研究，有的称为市场营销调研。由于对市场的理解的不同，市场调查有广义和狭义之分。狭义的市场调查是把市场理解为顾客的集合，认为市场调查就是研究顾客的各种需求，是以科学的方法和手段收集消费者对产品购买及其使用的有关数据、意见、要求、购买的行为和动机等，这相当于对消费者及其行为进行研究。广义的市场调查是从整个市场的角度出发，运用科学的方法和手段收集产品从生产者转移到消费者的一切与市场活动有关的数据和信息并进行研究的过程，包含了从认识市场到制定营销决策的一切有关市场营销活动的分析和研究。广义的市场调查不仅包括消费者调查，还包括市场分析、销售分析、广告研究、营销环境研究等。市场调查的目的在于认识和把握市场发展变化的规律，研究和预测人类的行为，准确、及时、全面、系统地收集各种市场信息，充实和完善企业营销信息系统，为经营管理决策提供依据。

市场预测是在市场调查的基础上，运用科学的方法对市场需求和企业需求以及影响市场需求变化的诸因素进行分析研究，对未来的发展趋势做出判断和推测，为企业制定正确的市场营销决策提供依据。

市场调查是预测的基础和前提，而预测和决策是检验市场调查是否有效的重要标准。市场调查与预测是以市场信息为研究对象，是以市场学、经济学、管理学为理论基础，是以统计学为方法论基础，是一门实践性、综合性很强的学科。

第一节 食品市场信息及营销信息管理系统

一、信息和食品市场信息

信息是以物质介质为载体，传递和反映各种客观事物存在方式和运动状态的表征，是一个由信息源、信息内容、信息载体、信息传输、信息接收者等要素组成的统一整体。

食品市场信息是反映市场上与食品和食物相关的各种经济关系和各种经济活动现状、经济活动的变化情况的表征，是食品营销过程中人与人之间传递的一种信息，常常以文字、数据、图表、符号、色彩、声波等为载体，以各种消息、情报、数据、知识、报告、报表、规章制度、指令等形式表现出来。在食品市场的国际化和竞争激烈化的今天，无数的市场营销活动参与者以买方或卖方的身份交替地出现，他们既是信息的发布者，也是信息的接受者。

食品市场信息对消费者个人、社会和食品生产企业都有重要的作用。随着人们食品安全意识的增强，越来越多的消费者会结合自己所知晓的食品安全相关信息去采购食品。国家为了能为消费者提供一个安全、放心的食品消费环境，近年来也采取了多种途径收集食品市场信息，并适时发布了相关食品安全警示信息，使消费者消费食品的信任指数大幅提高。食品生产企业为了寻求市场机会和避开市场风险，就必须经常收集全面、可靠的食品市场信息，对收集到的市场信息进行分析和研究，以了解食品市场、了解企业的客户、掌握食品市场供求发展趋势，以有效地监督、适时地调控企业的营销活动，提高企业营销决策的能力，使自己的内部条件适应不断变化的外部环境。

二、营销信息管理系统

（一）建立营销信息管理系统的意义

决策是企业经营管理的重要职能，决策的正确与否，直接关系到企业的生死存亡。充分、准确、及时的食品信息资料是食品企业营销决策的重要依据。随着信息时代的发展，食品市场信息量激增，企业对市场信息的识别、收集、加工和应用的要求日益提高。在这种情况下仍依据传统的、由各个部门各自为政的、以手工为主的对市场信息进行收集、加工处理和使用的做法已经远远不能适应企业的需要。同时，数量较多的信息接受者和使用者，分别从数量更多的市场信息源中去收集各种市场信息，造成社会劳动的极大浪费。由于各个市场信息接受者和使用者的业务能力、认识水平、加工方法、目标要求不一样，必然造成重复、脱节，甚至不统一等问题，这与现代市场营销管理所要求的高效、快速、统一、协调等原则很难符合。所以食品营销者有必要建立一个规范、系统、完善和现代化的食品市场营销信息管理系统，以方便其获取食品市场营销信息和确保其营销工作的科学性和有效性。

（二）营销信息管理系统的构成

营销信息管理系统是一个由人、机器和程序等要素联结而成、各要素之间相互作用的整体。营销信息管理系统对适当的、及时的和准确的信息进行收集、挑选、分析、评估和分配，以利于营销决策者对其营销计划进行改进、执行和控制。营销信息管理系统由内部报告子系统、营销情报子系统、营销调研子系统、信息分析子系统四个部分组成。

1. 内部报告子系统

内部报告子系统，以企业内部会计系统为主、辅之以销售信息系统组成，是营销信息系统中最基本的子系统。内部报告系统是营销管理中使用最多、最基本的信息收集处理系统，其作用在于报告订单、库存水平、销售额、应收账款、应付款等方面的数据资料，提供的是营销活动发生以后的结果数据。通过分析内部报告系统所提供的信息，能发现重要的市场机会和潜在的问题。

内部报告子系统的核心是"订单—发货—账单"的循环。食品市场营销信息在该系统中的传递过程为：销售人员把订单送至企业，企业审核其信用数据，并检查公司可以供应的存货；将有关订单的信息送至企业内的有关部门；仓储部门组织发货，企业把账单和货物送至购买者的手中；财务部门进行结算，得到付款通知后做出收款账务，然后定期向主管部门递交报告。这是一般营销企业的常规操作程序，然而是否具有有效措施以保证这一循环中的各个步骤快速而准确地完成，则明显地反映着企业营销能力和营销效率的高低。

为了能够有效地运行此系统，企业除了要规范运作外，还要注重报告信息提供的及时性。首先，规范化运作是企业内部报告系统数据稳定性的基础，如果不能保证系统信息数据的准确性，就无法保证分析结果的安全性，因此而做出的市场战略和策略也不会具有针对性。其次，内部信息收集整理的时效性也至关重要。市场如战场，尤其在目前的市场环境下，市场机会和市场高峰期瞬息万变，在激烈的市场竞争中，竞争者及时有效的营销战略和策略的运用，往往可能导致本企业市场机会的丧失和市场份额的下降；同样，由于及时信息的提供和战备策略的运用，极有可能获得较为可观的市场收益。

2. 营销情报子系统

营销情报子系统是指营销管理人员用以了解有关市场营销环境发展趋势的各种信息来源与程序。该系统被认为是市场营销信息管理系统中主要的信息源子系统。与内部报告子系统提供事后的数据所不同的是，营销情报子系统主要是利用各种方法收集、侦察及提供整个营销环境中正在发生的信息。

营销情报子系统的建立是以广泛的情报源为基础的。营销管理人员可以自行收集情报，但具有一定的偶然性。另外，还可以采取各种有效的措施提高营销情报的数量和质量，常用的方法有：训练和鼓励销售人员去发现并报告营销环境中新发展的情况；鼓励分销商、零售商和其他中间商及时报告重要情报；充分利用外界的情报供应商；建立内部营销情报中心以收集和传送营销情报等。在搜集竞争对手的情报时，可以通过购买竞争者的产品以了解竞争者；参加公开的商场和贸易展销会；阅读竞争者的出版物和出席股东会议；和竞争对手的前雇员、目前雇员、经销商、分销商、供应商、运输代理商交谈；收集竞争者的广告；阅读相关报道等，以尽可能多地收集营销情报。

　　3. 营销调研子系统

　　内部报告子系统和营销情报子系统的主要功能在于收集、传递和报告日常性或经常性的情报信息。但是，有时对营销活动中出现的某些特定问题或机会，营销决策者需要进行深入研究，必须有针对性地开展市场营销调研活动，如一个产品的偏好试验，一个地区的销售预测或一个广告效益研究。大型企业根据自己的调研技术和资源可以自设营销调研部门，一般由营销副总裁领导，由统计、行为科学等方面的专门人才组成；中小规模的公司则可委托专门的咨询公司或市场调研公司进行营销调研。在选择市场调查公司时，应重点考察其信誉、业务能力、调查经验、资源配置和经费报价等。

　　营销调研子系统是设计、收集、分析和提供与特定的营销问题相关数据资料的信息系统。它的主要任务是收集、评估、加工、传递信息，供管理人员制定决策时使用。营销调研子系统是营销信息系统的有机组成部分。

　　4. 信息分析子系统

　　信息分析子系统以统计技术和数学模型为手段，对复杂的营销信息进行分析，以帮助决策者更好地进行营销决策。

　　信息分析子系统主要由统计库和模型库两个部分组成。统计库的功能是采用回归分析、相关分析、因素分析、聚类分析等各种统计分析技术，从所收集的各种数据资料中抽取有意义的信息，以供营销决策的需要。模型库中包含有能帮助营销人员制定更好的营销决策的各种模型，如最佳产品特征模型、价格模型、销售区域优化模型、广告媒体组合模型、营销组合预算模型等。模型的设计是用来表达某些系统或过程的一组变量及它们之间的相互关系，帮助回答"假设某条件下，可能有哪些情况？什么是最佳情况？"等问题。

第二节　食品市场调查的步骤与方法

一、食品市场调查的步骤

　　市场调查是一项十分复杂的工作，要顺利地完成调研任务，必须有计划、有组织、有步骤地进行。但是，因时间、地点、费用、设备等条件的差异，市场调查并没有一个固定的程序或标准。一般而言，根据调研活动中各项工作的自然顺序和逻辑关系，市场调查包括以下五个步骤。

　　1. 确定市场调查的问题

　　市场调查的主要目的是收集与分析资料以帮助企业减少决策的失误，因此调查的第一步就要求决策人员和调查人员认真地界定所要调研的问题，选择调研工作所要达到的目标，也就是确定市场调查的目的、范围和要求。在任何一个问题上都存在着许许多多可以调查的事情，如果对该问题不做出清晰的定义，那收集信息的成本可能会超过调查所提出结果的价值。例如，某公司发现其销售量已连续下降达 6 个月之久，管理者想知道真正原因究竟是什么？是经济衰退？广告支出减少？消费者偏爱转变？还是代理商推销不力？市场调查者应先分析有关资料，然后找出研究问题并进一步做出假设、提出研究目标。假如调查人员认为上述问题是消费者偏爱转变的话，再进一步分析、提出若干假设。如：①消费者认为该公司产品设计落伍；②竞争产品品牌的广告设计较佳。

选题是否恰当和正确直接影响到一项调查研究的价值和成效。选题决定调查的方向，体现调查水平，制约调查过程的难度和成功与否，影响调查质量。必须把握住问题的范围，如果没有限定范围，可能会得到许多没有价值的信息；如果问题范围太小，又会丧失调查的意义，并且会造成资源的浪费。选题时，可以从现实生活、个人经历或现有文献中去寻找思路。为获得正确而恰当的选题，可先征询有关专家学者和领导干部的意见，或到调查地点进行初步考察，或与基层有关人员座谈以明确调研课题，然后对调查对象的特征以及有关现象之间的相互关系做出推测性判断或设想，从而为制订调查计划奠定基础。

2. 制订调查计划

在明确了调研课题和研究设想后，市场调查前必须由专业人员设计和制订一个具体的、明确的、有效的调查计划。市场调查计划的内容应包括：组织本次市场调查的目的和意义，说明调查范围和方法、时间和地点、调查对象，确定调查人员组成，明确调查步骤与工作内容，拟定调查提纲，审核本次调查的必要性，提出市场调查过程中可能遇到的问题及解决办法，调查资料的处理及分析方法，调查经费预算等。调查计划是调查目的和任务的具体化。进行研究设计时，研究者首先应当明确调查对象和调查内容。调查对象既包括个人、群体、组织、社区，还包括各种类型的社会活动、社会关系、社会制度和社会产品。一项研究课题可以采用多种调查对象，在研究中如果以某调查对象进行调查所收集的资料不能圆满地解答研究课题的话，就应该增加或改变调查对象。调查内容是调查研究所要了解的调查项目和调查指标，涉及各种调查对象的属性和特征。

3. 收集信息

根据企业需要调查的问题和需求，必须寻找到科学准确的调研资料。这是一个花费最高也最容易出错的阶段。调查过程中既要通过企业内部相关部门、政府机构、出版物、行业团体、专业调查机构、电子网络等途径收集第二手资料，也要通过企业内部、消费者、各类中间商及市场经营组织、各类企业以及其他途径收集第一手资料。

数据收集必须通过调查员来完成，调查员的素质会影响到调查结果的准确性。选择市场调查人员时，应要求其具有较高的职业道德修养，掌握多学科的知识，具有调查资料收集的能力，具有敏锐的观察、分析和解决问题的能力，具有良好的身体素质和心理素质。调查员以大学的市场学、心理学或社会学专业的学生最为理想，因为他们已受过调查理论与技术的专业训练，可降低调查误差。目前我国的食品企业大都没有专门的市场调查机构，为了提高市场调查的准确性和可信性，一般都需要委托专业的市场调查公司进行调研。

4. 信息的整理和分析

对所收集的各种信息进行分析之前，应对实地调查获得的资料进行检查误差，发现记录不完整和数据前后矛盾的地方，应审核情报资料的根据是否充分、推理是否严谨、阐述是否全面、结论是否正确。为便于资料的统计、分析、查找和归档，必须将已经编辑整理过的资料进行分类编号。在统计分析过程中，研究人员可以把相关数据信息列成各种计算表、统计表、统计图以便利用和分析；同时制定一维和二维的频率分布，对主要变量计算其平均数并衡量离中趋势；结合调查资料采用先进的统计技术和决策模型，以得出更多的调查结果，为营销决策提供更有效的依据。

5. 提出调查结论

将经过处理和分析后的市场信息资料做出准确的解释和结论，是市场调查的最后一个步骤。市场调查的结果和结论直接关系到营销决策，所以在将其提交给营销管理部门之前，市场调查人员应按照格式要求编写成简洁易懂的调查研究报告，突出调查的问题，客观、简明、扼要、重点突出地说明与论证，而非一系列高深的统计数据模型。市场调查报告中一般包括调查的目的和范围、调查所采用的方法、调查的结果、提出的建议及必要的附件。

二、食品市场调查的方法

资料收集是市场调查与预测过程中的基本步骤之一，其直接影响着市场调查活动的优劣或成败。资料收集的方法，也就是市场调查方法，通常在设计市场调查计划时根据调查的目的和内容来进行确定。市场调查按信息数据的来源可以分为文案调查和实地市场调查两大类。

（一）文案调查

文案调查法，又称案头调查或二手资料分析，是市场研究人员对现成的资料、报告、文章等信息数据进行收集、分析、研究和利用的一种市场调查方法。文案调查法包括文献资料筛选法、报刊剪辑分析法、计算机网络检索法、情报联络网法等方法。文案调查的资料，既包括企业内部的业务资料、统计资料、财务资料和其他资料，也包括来自政府部门、统计部门、行业协会、研究机构、信息中心或咨询公司、出版物、电视或广播、博览会或展销会、国际市场、电子网络、在线数据库等渠道的外部资料。

文案调查法通常用于探索性的研究阶段，文案调查过程中收集的资料要广泛、全面，要有价值、针对性、时间性、系统性和准确性。如果案头调查所收集的二手数据不能为决策提供足够的信息，那就需要进行实地市场调查以收集原始资料。

（二）实地市场调查

实地市场调查也叫一手资料收集，是指为了特定的目的，在周详严密的架构之下，由调查人员直接向被访问者搜集第一手资料的相互来往过程。第一手资料又称为初级资料，即首次搜集到的资料。实地市场调查的常用方法有观察调查法、实验调查法和访问调查法三种。

1. 观察调查法

观察调查法，简称观察法，是指调查人员有计划、有目的地运用自己的感官（如视觉、听觉、嗅觉、味觉、触觉）或一定的科学观察工具，直接认知并记录与研究目标相关的市场信息的一种方法。例如调查人员到被调查者的厨房去观察食用油品牌及包装情况。与人们日常生活中所说的观察相比，观察调查法是一种有明确目的、事前计划、在观察中有意识地控制误差并对观察结果进行详细记录的科学观察法。

按观察的形式不同分为直接观察法和间接观察法。直接观察法是调查人员直接深入到调查现场，对正在发生的市场行为和状况进行观察和记录。间接观察法是指调查者通过对自然物品、社会环境、行为轨迹等事物进行观察，间接地反映调查对象的状况和特征，以获取有关的信息。

按调查对象是否参与调查活动划分为参与性观察和非参与性观察。参与性观察是指调查者参与到被观察对象中并成为其中的一员，直接与被观察者接触以收集资料的一种调查方法。在市场调查中，参与性观察往往通过"伪装购物法"或"神秘"组织来实施，调查人员隐瞒自己的真实身份，这样调查人员能够更快、更直接地取得信息，节省时间和费用，观察结果也更有价值。非参与性观察是指观察者以局外人的身份，置身于被调查群体之外进行观察、记录所发生的市场行为，以获取所需的信息。非参与性观察往往要配备一定的观察工具，如望远镜、摄像机、照相机等，以尽量保障观察的隐蔽性，降低调查人员的记录负担。

从观察调查内容的范围、数量和界定上划分为结构性观察和非结构性观察。结构性观察是指事先制订好观察计划并严格按照规定的内容和程序实施的观察。结构性观察是一种计划严密、操作标准化、可控制的观察，调查人员事先清楚地知道应观察和记录什么。非结构性观察是指对观察的内容、程序事先不作严格的规定，观察的内容没有严格的规范要求，视现场的实际情况随机决定的观察，调查人员需要把他们看到的调查对象的各种行为尽量全面地进行记录。在市场调查中，大多是结构性观察。

按照观察的手段可以划分为人员观察和仪器观察。人员观察是指通过自己的感官或借助简易设备（如望远镜）进行的观察。仪器观察是指通过仪器设备或主要借助仪器如摄像机、录音机、交通流量计数器、脑电图、扫描仪等实现的观察。在特定的环境中，仪器观察比人员观察更精确、更容易、更便利地完成工作。

观察法简便易行，适应性强，灵活性大，可随时随地进行，观察人员可多可少，观察时间可长可短，只要到达现场就能获得一定的感性知识，而且调查结果直观、可靠，所以它是应用最为广泛的调查方法之一。但是，观察法的调查结果带有表面性和偶然性，也会受时间、空间等客观条件的限制，观察的对象和范围有很大的局限性，观察不可避免地会产生一定的观察误差，而且观察结果往往取决于观察者的主观状况。此外，实地观察需要花费较多的人力和时间，获得的资料往往不利于进行定量研究等。

2. 实验调查法

实验调查法，即实验法，是指调查人员从营销调查对象的若干因素中，选出一个或几个因素作为实验因素，在其余因素不变的条件下，了解实验因素对调查对象的影响程度的方法。在访问调查法和观察调查法中的调查人员是一个被动的信息收集者，而在实验调查法中的调查人员则是一个主动、积极的参与者。一种产品在进入市场，或改变包装、设计、价格、广告、陈列方法、推销方法等因素时，均可先做一个小规模的试验，然后再决定是否需要大规模的推广。如包装对产销量的影响，广告对品牌态度、品牌偏好的影响等。实验调查法根据实验环境的不同可以分为实验室实验和现场实验。

实验室实验，就是在人工的、"纯化了"的环境中进行的实验，实验者对实验环境实行完全有效的控制。实验室实验在新产品、包装和广告设计，以及其他调查的初始测试中有着广泛的应用。实验室实验，可以通过实验环境，有意识地控制、操纵实验条件，最大限度地减少外生变量的影响，具有既省钱又省时的优点，这是现场实验所不及的。但是由于实验室实验的实验环境与真实环境相差较大，其预测效力往往较差。

现场实验，则是在自然的、显示的环境中进行的实验，实验者只能部分地控制实验环境的变化。现场实验的实验环境非常接近于实际中的真实环境，但是现场实验缺乏控制，既缺乏对自变量的控制，也缺乏对外部变量的控制。由于现场实验的结果具有较高的预测效力，所以在市场研究中经常被用于新产品大范围推广前的最后验证。

实验调查法通过实验者亲身实践、改变实验环境促使实验对象发生变化，使实验者能直接掌握实验对象和实验环境的静态资料及其在运动、变化、发展过程中的动态资料，有利于揭示实验激发与实验对象变化之间的因果联系，也有利于探索解决社会问题的途径和方法。除了上述优点外，实验调查法还具有可重复性的优点。但是，实验调查法也有一些缺点：①实验对象和实验环境的选择难以有充分的代表性，特别是实验组和对照组中实验对象和实验环境的选择难以做到相同或相似；②实验过程不能充分有效地控制，特别是在现场实验中往往无法完全排除非实验因素对实验过程的干扰，要准确鉴别实验效应和非实验效应，正确区分实验结果中哪些是共性的东西，哪些是个性的东西，是一件十分困难的事情；③对于许多落后的消极的社会现象，不可能或不允许进行实验；④实验调查方法对实验者的要求较高，花费的时间较长，实验的对象不能过多等。

3. 访问调查法

访问调查法，也称访谈法，是调查人员通过口头交谈、书面或电话等方式向被调查者了解市场情况、收集资料的一种调查方法。采用访问法进行调查，一般需要事先把要了解的问题制定成调查表，所以又称为调查表法。在一般进行的实地市场调查中，以访问调查法应用最广。

按访问调查方式可划分为：①直接访问，这是一种最古老也是最常用的方法，是指访问者与被访问者进行面对面的访谈，向被调查者提出问题，然后根据回答当场记录以获取资料的方法，又称为面谈调查法；②间接访问，是访问者通过电话、书面问卷、电子网络等中介工具对被访问者进行访问。

访问调查法按访问调查内容可划分为：①标准化访问（也称结构性访问），是将"选择访问对象的标准和方法、访谈中提出的问题、提问的方式和顺序以及对被访问者回答的记录方式等"进行统一设计成有一定结构的问卷，按照报刊问卷、邮寄问卷、留置问卷、网络问卷等方式进行访问的调查方法；②非标准化访问（也称非结构性访问），是按照一定调查目的和一个粗线条调查提纲进行的访问，该方法对访问对象的选择和访谈中所要询问的问题有一个基本要求，但可根据访谈时的实际情况作必要调整。

访问调查法具有许多的优点：能广泛了解各种社会现象；能深入探讨各类社会问题；能灵活处理访谈过程中的问题；能提高访谈的成功率和可靠性；适用于各种调查对象；有利于与被访问者交朋友。但也存在一些缺点：具有一定的主观性；不能匿名，有些问题不能或不宜当面询问；访问调查获得的材料有许多需要进一步查证、核实；访问调查费人力、费财力、费时间。

访问调查法是通过直接或间接的回答方式来了解被调查者的看法和意见，为提高访谈的成功率和可靠性，应注意掌握访谈过程中的技巧，如如何接近被访问者的技巧、提问的技巧、听取回答的技巧，有时还需要引导和追询，同时访谈应适可而止和善始善终。

（三）问卷的设计

问卷，又称为调查表，是调查人员根据调查目的和要求所设计的，由一系列问题、备选答案、说明及代码组成的书面文件，是用来收集所需资料和信息的一种调查工具。

在市场调查特别是在收集第一手资料的调查过程中，大多数情况下都要依据研究的目的设计某种形式的问卷。问卷作为一种标准化和统一化的数据收集程序，有助于保证访谈调查的有效性和可信性。问卷作为实地市场调查的主要载体，问卷的作用贯穿于整个调查过程中，体现了调查设计、调查实施、数据处理、报告编写等环节之间的相互联系。有关调查研究表明，市场调查中数据收集的质量直接受到问卷设计的影响。因此，问卷设计是市场调查中的一个重要环节。

问卷设计没有统一的固定的格式和程序，不同类型的调查项目对问卷的要求差别很大，在具体结构、题型、措辞、版式等设计上会有所不同。

（四）市场调查的抽样技术

由于市场是一个庞大复杂的总体，进行全面调查不仅成本高、耗时长，而且调查的有效性往往跟不上市场形势的变化。所以大多数的市场调查是抽样调查，即从调查对象总体中选取部分个体或样本进行调查，并根据样本的调查结果去推断总体。

抽样调查方法按照是否遵循随机原则分为随机抽样和非随机抽样两大类。随机抽样，又称为概率抽样，是指按随机原则从总体中进行抽取样本的方法。调查总体中每一个个体被抽到的可能性都是一样的，所以说随机抽样是一种客观的抽样方法。根据调查对象的性质和研究目的的不同，随机抽样可分为简单随机抽样、等距抽样、分层随机抽样和分群随机抽样四种类型。非随机抽样，又称为非概率抽样，是指抽样时不遵循随机原则，而是按研究人员的主观判断或仅按方便的原则进行抽样的方法。常用的非随机抽样主要有：便利抽样、判断抽样、配额抽样和滚雪球抽样四种类型。

抽样方案设计的主要步骤包括：明确调查目的、定义总体及抽样单元、确定或构建抽样框、选择抽样方案、确定样本量的大小、确定实施细节并实施。在抽样设计中，必须把握以下三个基本原则：实现抽样的随机性原则、慎重考虑样本容量和结构的原则、节省成本而实现抽样效果最佳的原则。在调查实践中，样本容量的确定是一个非常关键的环节。若样本量过小，抽样误差太大，调查结果就不能体现总体情况，失去了定量研究的意义；而样本量过大，又会导致成本支出较高，体现不了抽样调查的优越性。从进行调查的实际情况看，确定一个科学而合理的样本量至少要从以下三个方面的因素进行综合权衡：①数理统计方面的因素，如总体的构成情况、抽样误差的大小、分组统计频数与最低样本量、抽样的方法等；②营销管理实际需求方面的因素，如经费预算、调查的精度要求；③实施调查方面的因素，如问题的回答率、问卷的回收率等。

第三节　食品市场预测的方法

市场预测的方法很多，据西方一些研究机构统计有200多种，常用的预测方法也有二三十种，大致可以分为定性预测和定量预测两大类。各种方法都有其优缺点，有各自的适用场合，因此必须在预测开始之前应先确定市场预测的目标，然后根据企业的人力、财力以及企业可以获得的资料，确定适当的预测方法，从而确定预测所需收集的资料。将收集的资料按预测方法计算预测结果，分析预测结果与实际情况可能产生的误差、误差大小及其原因，评价预测结果的准确性和可靠性。

一、定性预测

定性预测，也叫判断预测，是指预测者通过调查研究、了解实际情况（历史资料和现实资料），根据自己的实践经验和理论、业务水平，对市场未来的变化趋势做出判断的预测方法。定性预测常常被用来进行一手资料以及一些缺乏历史资料不需要进行大量计算的分析与预测。常用的定性预测方法有以下几种。

1. 购买者意向预测法

又称为顾客意见法，是企业为预测购买者的需求变化，对直接使用本产品的消费者的购买意向、购买意见进行调查，从而预测消费者的需求变化的一种方法。市场总是由潜在购买者构成的，只有购买者自己才知道将来会购买什么、购买多少。所以这种调查的结果比较准确可靠。但是，顾客的购买意向在转化为购买行为之前，会受到很多因素的影响，为使购买者意向预测法的预测更有效，在利用该方法进行预测时应满足以下三个条件：购买者的购买意向是明确清晰的；这种意向会转化为顾客购买行动；购买者愿意把其意向告诉调查者。

2. 销售人员综合意见法

由于销售人员接近顾客、熟悉市场，对购买者意向有较全面深刻的了解，比其他人有更充分的知识和更敏锐的洞察力，尤其是对受技术发展变化影响较大的产品，对市场变化趋势较为清楚。所以，在不能直接与顾客见面时，企业可以通过听取销售人员的意见估计市场需求。一般地，企业经常将基层销售人员召集起来，请他们根据对地区市场营销状况的了解，提出自己所负责推销地区的市场需求预测值，然后将各个预测值汇总，从而进行市场需求的预测。通过这种方法，可以获得按产品、区域、顾客或销售人员划分的各种销售预测。

一般情况下，销售人员所做的需求预测必须经过进一步修正才能利用，这是因为：①销售人员的判断总会有某些偏差，受其最近销售成败的影响，他们的判断可能会过于乐观或过于悲观；②销售人员可能对经济发展形势或企业的市场营销总体规划不了解；③为使其下一年度的销售大大超过配额指标，以获得升迁或奖励的机会，销售人员可能会故意压低其预测数字；④销售人员也可能对这种预测没有足够的知识、能力或兴趣。尽管有这些不足之处，但是这种方法仍为人们所利用。因为各销售人员的过高或过低的预测可能会相互抵消，这样使预测总值仍比较理想。有时，有些销售人员预测的偏差可以预先识别并及时得到修正。

3. 专家意见预测法

又称为启发预测法，是以专家为索取信息的对象，充分利用专家的经验、判断力、想像力，有效运用各种科学方法，达到节约时间、节约费用、适用范围广、评估准确度高的预测效果。这种方法进行预测的准确性，主要取决于专家的专业知识和与此相关的科学知识基础，以及专家对市场变化情况的洞悉程度，因此，依靠的专家必须具备较高的水平。在市场营销中，专家包括理论学者、经销商、分销商、供应商、营销顾问及贸易协会等。许多公司从一些著名的经济预测公司那里购买经济和行业预测。

专家意见预测法有很多种。现在应用较普遍的专家意见预测法是德尔菲（Delphi）法。德尔菲法是采用函询调查的方式，对与所预测问题有关领域的专家分别提出问题，各个专家针对所预测事物的未来发展趋势独立提出自己的估计和假设，而后将专家们回答的意见予以综合、整理、反馈给各位专家，这时专家们根据综合的预测结果，参考他人意见修改自己的预测，即开始下一轮估计。如此多次反复循环，而后得到一个比较一致的且具有较大可靠性的预测意见。

专家意见法的主要优点是：①预测过程迅速，成本较低；②在预测过程中，各种不同的观点都可以表达并加以调和；③如果缺乏基本的数据，可以运用这种方法加以弥补。专家意见法的主要缺点是：①专家意见未必能反映客观现实；②责任较为分散，估计值的权数相同；③一般仅适用于总额的预测，而用于区域、顾客群、产品大类等的预测时，可靠性较差。

4. 市场试验法

市场试验法，又称为试销，通常是由企业拿出一定数量的商品让消费者试用，通过调查试用者对商品的质量、价格、包装等方面的反映，来测算社会需求潜力、改进产品质量、开拓市场。

企业收集到的各种意见的价值，不管是购买者、销售人员的意见，还是专家的意见，都取决于获得各种意见的成本、意见可得性和可靠性。若购买者对其购买并没有认真细致的计划，或其意向变化不定，或专家的意见也并不十分可靠，在这些情况下，就需要利用市场试验这种预测方法。特别是在预测一种新产品的销售情况和现有产品在新的地区或通过新的分销渠道的销售情况时，利用这种方法效果最好。

二、定量预测

定量预测是指根据准确、及时、系统、全面的调查统计资料和经济信息，运用统计方法和数学模型对经济现象未来发展的规模、水平、速度和比例关系所进行的测定。因其与统计资料、统计方法关系密切，所以又称为统计预测。

（一）时间序列预测法

1. 时间序列预测法概述

又称动态数列预测法，是以连续性原理为依据，以假设事物过去和现在的发展变化趋势会延续到未来为前提，从预测对象的历史资料所组成的时间序列中，找出事物发展的趋势，并延伸其趋势，来推断未来状况的一种预测方法。在市场预测中，该方法将经济发展、购买力增长、销售变化等同一变数的一组观察值，按时间顺序加以排列，构成统计的时间序列，然后运用一定的数学方法，使其向外延伸，预计未来的发展变化趋势，确定市场预测值。

为保证时间序列预测法的预测效果，必须以准确、完整的时间序列资料为前提。时间序列中的各项数字所代表的时间长短应一致，否则就不能反映相同期间内发生的经济现象；同时时间序列中的各项数字的计算方法和计量单位应保持一致，各项数字所反映的总体范围以及前后所代表的内容也应保持一致性。

时间序列预测法突出了时间因素在预测中的作用，但实际上时间序列数据会受到多种因素的影响，预测对象根本不可能按照某一个既定的规律向前发展，不可能是历史的简单重复。时间序列数据的变动趋势主要有以下四种类型。

（1）长期趋势　长期趋势是指社会经济现象由于受某种特定因素的影响，在一个较长时期内所呈现的持续稳定的变化趋势。它是人口、资本积累、技术发展等方面共同作用的结果。

（2）季节变动　时间序列数据一般以一年为周期，呈现出反复的有规则的变动趋势。这个组成部分一般同气候条件、假日、贸易习惯等有关。季节形式为预测短期销售提供了基础。

（3）循环变动　循环变动又称周期性变动，是指时间序列数据的变动呈现不固定的周期变动，且变动的周期大于一年。周期因素在中期预测中尤其重要。

（4）不规则变动　时间序列数据所呈现的变化趋势没有一定规律，呈忽升忽降的动态变化。这往往是由一系列偶然因素引起的，如自然灾害、战争恐慌、一时的社会流行时尚和其他一些干扰因素。这些因素属不正常因素，一般无法预测。应当从过去的数据中剔除这些因素的影响，考察较为正常的销售活动。

时间序列预测就是把过去的销售序列 Y 分解成为趋势（T）、周期（C）、季节（S）和不确定因素（E）等组成部分，通过对未来这几个因素的综合考虑，进行销售预测。这些因素可构成线性模型，即 $Y=T+C+S+E$；也可构成乘数模型，即 $Y=T \cdot C \cdot S \cdot E$；还可以是混合模型，如 $Y=T \cdot (C+S+E)$。

时间序列预测法按市场现象变动因素的不同，可分为直线趋势预测法、趋势外推预测法和季节指数预测法。直线趋势预测法又称平均（平滑）预测法，主要包括简单平均法、移动平均法、指数平滑法等预测方法。趋势外推预测法包括直线趋势外推预测法和曲线趋势外推预测法。

2. 简单平均法

简单平均法是一种简单的时间序列预测法。它是以一定观察期的数据求得平均数，并以所求平均数为基础，预测未来时期的预测值的方法。这种方法简单易行，不需要进行复杂的模型设计和数学运算，适用于短期预测和近期预测，是市场预测中常用的方法。

3. 移动平均法

是指取预测对象最近的一组观察期的数据（或历史数据）的平均值作为预测值的方法。在这个预测方法中，所谓的平均值是算术平均值，所谓的移动是指参与平均的数据随着观察期的推移而不断更新。当一个新的数据进入平均值时，要剔除平均值中最陈旧的一个数据，并且每次参与平均的数据的个数是相同的。移动平均法包括简单算术移动平均法和加权移动平均法两种。

4. 季节指数预测法

又称为季节周期法、季节变动预测法，是对包含季节波动的时间序列进行预测的方法。

季节指数预测法是以市场季节周期性为特征，根据预测变量各个日历年度按月或按季编制的时间序列资料，通过计算反映在时间序列资料上呈现明显的有规律的季节变动系数（季节指数），并利用这些系数进行短期预测的一种方法。

季节变动是指有些社会现象，因受社会因素和自然因素的影响，在一年内随着时间的变化而引起周期性的变化。季节变动通常具有规律性、重复性和稳定性的特点。季节变动是与一定的历史条件相联系的，随着科学技术的不断发展以及具体条件的改变，有些季节变动也将随之改变。

5. 趋势外推预测法

也称趋势外推法、趋势延伸法，是根据事物的历史和现实资料，寻求事物长期发展变化的规律，从而推断出市场未来的发展变化趋势。寻求事物发展与相对应的时间的函数关系，是趋势外推法需要解决的主要问题。一般来说，是根据历史数据编制时间序列，运用最小二乘法求得函数。常用的趋势外推预测法有直线趋势外推预测法和曲线趋势外推预测法。

当时间序列观察值的长期变动表现为近似直线的上升或下降时，长期趋势可用直线趋势来描述，并通过直线趋势的延伸来确定预测值。但是市场上的商品的需求与供应，往往受到政策性、消费者心理、季节性等多种因素的影响，其变动趋势并非都呈直线状态，有时会呈不同形状的曲线变动趋势，在这种情况下，就需要用二次曲线、指数曲线、对数曲线等曲线方程式求得曲线趋势变动线，然后加以延伸，确定预测值。

（二）回归分析预测法

时间序列预测法把过去和未来的销售都看做是时间的函数，即仅随时间的推移而变化，不受其他任何现实因素的影响。然而，任何产品的销售都要受到价格、收入、人口和促销等很多现实因素的影响。这些变量同销售量之间的关系一般不能用严格的数学公式表示出来，而只能用统计分析来揭示和说明，即这些变量同销售量之间的关系是统计相关。

回归分析预测法就是从各种经济现象之间的相互关系出发，通过对与预测对象有联系的现象变动趋势的统计分析，并建立回归预测模型，据此推算预测对象未来状态和数量表现的一种预测法。按包含自变量个数的多少划分，回归分析预测法分为一元回归分析预测法和多元回归分析预测法。

在回归分析预测中，首先应根据有关资料分析各种因素与因变量之间的相关关系，观察相关关系的表现形式及其相关程度，选用与因变量存在密切相关关系的因素作为自变量。其中自变量与因变量之间的相关程度将影响到预测值的有效性大小。研究因变量与自变量之间的数量变动关系，建立适当的回归模型（或回归方程），以此来描述现象之间的相关关系的发展变化规律。利用经过分析和检验后的回归预测模型进行实际的预测，并对预测的结果进行综合分析。

需求预测是一项十分复杂的工作。实际上只有特殊情况下的少数几种产品的预测较为简单，如未来需求趋势相当稳定，或没有竞争者存在（如公用事业），或竞争条件比较稳定（如纯粹垄断的产品生产）等。在大多数情况下，企业经营的市场环境是在不断变化的，由于这种变化，总市场需求和企业需求都是变化的、不稳定的。需求越不稳定，就越需要精确的预测。这时准确地预测市场需求和企业需求就成为企业成功的关键，因为任何错误的预测都可能导致诸如库存积压或存货不足，从而使销售额下降以至中断等不良后果。

在预测需求的过程中，所涉及的许多技术问题需要由专业技术人员解决，但是市场营销经理应熟悉主要的预测方法以及每种方法的主要特征。

[**拓展阅读**] **荷兰食品工业公司的新产品测试调研**

荷兰食品工业公司以生产色拉调料在世界食品工业独树一帜。公司每推出一个新产品均受到消费者的普遍欢迎，产品供不应求。这得益于不同寻常的产品征询意见的市场调查。

以"色拉米斯"为例，在推出该产品之前，公司选择了700名消费者作为调查对象，询问消费者是否喜欢"色拉米斯"原有产品，还是喜欢新的色拉调料，以征询消费者对新产品提出的各种期望，公司综合消费者的希望，几个月后一种新的色拉调料便研制出来了。当向消费者征求新产品的名字时，有人提出一个短语"混合色拉调料"。公司则拿出预先选好的名字："色拉米斯"和"斯匹克杰色斯"供人家挑选。80％的人认为前者是个很好的名字。这样，"色拉米斯"便被选定为这个新产品的名字。不久，公司又解决了"色拉米斯"的变色问题。在产品销售前又进行最后一次消费试验。公司将白色和粉色两种颜色的产品提供给被调查者，根据消费者的反应，以确定产品颜色，同时还调查消费者愿花多少钱来购买，以此确定消费者的价格。经过反复的征求意见，并根据意见作了改进，使"色拉米斯"一举成功。

摘自：高云龙，邰启扬，《营销谋略与经典案例》

第六章 食品营销战略

战略是制胜之道，它指导着管理决策，使管理层可以通过竞争优势来取得卓越的绩效，同时，它又可作为一个组织进行协调和沟通的手段。食品企业要在不断变化的环境中谋求生存和发展，必须以长远和系统的眼光看待生产经营活动，必须在企业的内部实力和外部机遇间找到最佳的匹配方式，赢得有利的市场地位。食品营销战略作为食品企业战略的重要组成部分已成为食品营销工作的起点，也是食品企业整个营销活动的核心和灵魂。本章讨论企业经营战略及市场营销战略目标，并概括说明食品营销战略的制定与实施，为以后各章内容提供线索和框架。

第一节 企业经营战略的概念和特征

一、企业经营战略的概念

战略是一个组织的长远的、全局的目标，以及组织为实现目标在不同阶段上实施的不同方针和对策。战略的实质就是人们为了控制组织在一定时期内的发展，对其各种根本趋势以及对各种根本趋势起决定作用的因果联系能动反映的结果，是指导人们实现某种根本趋势的行为准则和目标。早期的企业管理中并没有战略的概念，随着企业外部环境范围逐步扩大，变化频繁，各因素之间的关系越来越复杂，战略思想在管理中的重要性凸显出来。

所谓企业经营战略是企业在充满变化与竞争的环境里，为谋求企业长期生存与发展而确定企业长期成长目标、选择实现目标的途径和取得竞争优势的方针对策所进行的谋划。具体来说，经营战略是在符合和保证实现企业使命的前提下，在充分利用现有的各种机会及创造新的机会的基础上，确定企业同环境的关系，规定企业从事的事业范围、成长方向和竞争对策，合理地调整企业结构及分配企业全部资源。从其制定要求来看，经营战略就是用机遇和威胁来评价现在和未来的环境，用优势与劣势来评价企业现状，从而选定企业的总体、长远目标，制定并选择实现目标的行动方案。

二、企业经营战略的特征

食品企业经营战略的特征概括起来有以下七个方面。

1. 全局性

经营战略是以企业的全局为对象，根据企业总体发展的需要而制定的。它规定的是企业整体行动，追求的是企业整体效果。虽然它也包括企业的局部活动，但这是作为整体行动的组成部分在战略中出现。

2. 长远性

战略既是一家企业谋求长远发展的反映，又是它对未来较长时期内怎样生存和发展的全盘考虑。制定战略要以外部环境和内部条件的当前状况为出发点，并对企业更长远的发展起指导作用。战略的长期性并非意味着脱离当前实际，臆造理想模式表达企业愿望，相反，它是以企业外部环境和内部条件的当前情况为出发点，在环境分析和科学预测的基础上，展望未来，为企业制定长期发展的目标和对策。

3. 抗争性

战略是在激烈竞争中如何与对手抗衡的行动纲领，也是针对各方冲击、压力、威胁和困难的基本安排。战略与那些不考虑竞争、挑战，单纯为了改善现状、增加经济效益和提高管理水平等的计划不同，而是与强化企业竞争能力、迎接挑战直接相关的，具有战略意义的内容。

4. 纲领性

战略规定的是企业整体的长远目标、发展方向和重点以及应采取的基本方针、重大措施和基本步骤。这些都是原则性的、概括性的规定，具有行动纲领的意义。

5. 风险性

企业是环境的产物，它作为资源的转换体，处在不确定的、变化难测的环境中。食品企业将面对两大风险：一是资源输入的失误，如信息误导，人、财、物的不足与偏差等；二是加工后的资源输出的失误，主要是产出不适合市场需要，或由于策略不当而导致成本过高等。战略可以对外部环境加以预测，并采取措施给予部分影响，但环境对于战略而言毕竟是不可控的。战略实施的结果与其预期目标之间可能会存在差异，这就是风险。有了战略并不保证一定成功，但却增加了成功的可能性；没有战略并不一定不成功，但它在变幻莫测的环境中却只是一种偶然。因此战略管理的意义在于企业要建立一种面向未来的、不确定性的一种预测机制，一种主动进攻的反应能力。

6. 可行性

企业制定经营战略是为实现其存在的价值，而不是为了作为一种摆设予以供奉。它也不是空想和虚幻的，而应是切实的、可行的，如此才能对企业高层经理和普通员工产生号召力，激发其创造潜能和工作热情，争取战略目标的实现。所以，一个完整的战略方案不仅要对战略目标和方向做出明确的规定，而且还要明确战略重点方针、策略和实施步骤，战略方案的各个环节是相互关联的有机整体，由此也体现出战略的可操作性和现实性。

7. 稳定性

企业经营战略的决策是一个长期酝酿的过程。它要在大量的内外环境条件信息的收集、资料分析的基础上，对环境变化和企业发展做出科学的预测。所以，它一经决定就具有很高的权威性，并保持其稳定性，否则朝令夕改，企业经理、员工就会无所适从，战略在各方面工作的指导作用也无从谈起。但是，环境是要变化的，所以一个好的战略应有适度的弹性，以能对环境变化保持必要的随机应变能力，而当外部环境或内部条件的变化超过战略的预期，则战略本身就需要做进一步的调整，因为它的形成与实施就是一个动态平衡的过程。

三、企业经营战略的层次结构

正如企业目标可以有不同的层次一样，企业经营战略也可以分解为不同的层次。一般来说，企业经营战略大体可以划分为企业总体战略、经营单位战略和职能部门战略等三个层次（见图6-1）。

1. 企业总体战略

企业总体战略又称公司战略，是企业战略中最高层次的战略。总体战略的任务主要是回答企业应在哪些领域活动，经营范围的选择和资源如何合理配置。通常，总体战略是企业高层负责制定、落实的基本战略。

2. 经营单位战略

现代大型企业中包括若干个拥有相对独立的产品和市场部门，这些部门称为事业部或战略经营单位。各经营单位的战略可以称之为一种局部战略。经营单位战略是在企业总体战略的制约下，具体指导和管理经营单位的决策和行动方案。经营单位战略着眼于企业中某一具体业务单位的市场和竞争状况，相对于总体战略有一定的独立性；同时又是总体战略的一个环节和组成部分。

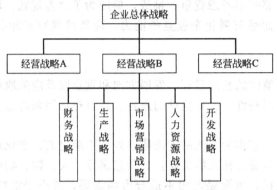

图 6-1　企业经营战略的层次结构

3. 职能部门战略

职能部门战略是企业内主要职能部门的战略计划，包括研究和开发战略、营销战略、生产战略、财务战略、人力资源开发战略等。它属于第三层次的战略。

"市场犹如战场"，有人用这样的比喻来形容如今市场竞争的激烈程度。企业之间为了扩大自己产品的市场份额，获取更多的利润，而展开激烈的竞争。企业要确保在竞争中处于有利地位，就必须制定一个长远的、具有方向性的战略规划。企业营销战略一旦确立，就对企业营销活动起指导作用，企业的各项营销活动都必须服从于营销战略规划。因此，制定一个切实可行的企业营销战略，关系到企业的前途和命运。

第二节　食品企业营销战略的规划

食品企业市场营销战略的规划是由企业的决策层决定的，其步骤是：明确企业任务、确定营销目标、安排业务投资组合等过程。

一、明确企业任务

明确企业任务，就是规定企业在一个比较长的时间内所要取得的发展结果，是对企业全面发展提出的要求或目标。通常是由企业最高管理层决定的。企业在确定经营战略任务时，要回答这样一些问题："企业经营什么业务？""本企业的主要市场在哪里？谁是本企业的主要顾客？""顾客追求的价值是什么？""企业未来经营的方向？"等。在确定任务时，主要考虑以下一些因素。

1. 制定企业任务时应考虑的主要因素

（1）企业的历史　企业领导层规定企业任务时，应当尊重企业的历史，承认其原先所独有的风格。如食品企业的销售模式、产品特点、技术和资源特点等，对食品企业确定下一步经营方向和任务非常重要。

（2）企业领导的意图和偏好　企业领导有时会从全局的需要或合理性出发，调整企业的某些业务范围，这对企业任务的制定有很大的影响。

（3）企业周围环境的变化　因为企业周围环境的变化会给企业带来一些环境威胁和市场机会。确定企业任务，既要善于抓住机会，又要尽量避开不利的方面。

（4）企业资源状况　企业资源状况决定企业经营什么业务。确定企业任务，必须考虑企业资源的变化情况，尤其是资源总量和结构状况。如企业规模小，可进行专业化经营；企业规模大，可实施多元化经营，甚至跨行业、跨地区经营；企业技术力量强，就可以在新技术产业谋一席之地；企业劳动力资源丰富，就应在劳动密集型行业发展自己。

（5）企业独具的能力 企业要根据自身特点，扬长避短，体现出企业独具特色的优势和独到的经营战略能力。

2. 企业任务应体现的原则

企业的任务是以任务书的形式表达的。有效的任务书通常体现以下四项原则。

（1）市场导向性 按目标顾客的需要来规定和阐述企业的任务。如某食品企业将任务规定为"满足安全婴儿奶粉的需求"。此种认识可以引导企业及时洞察婴儿奶粉的市场需求动向，严格把关原料奶或采用后向一体化发展，采用成熟的技术和选定可靠的渠道，更好地满足该类消费者的需要，使企业在竞争中处于领先地位。

（2）可行性 按照企业实际资源能力来规定自己的业务范围，做到宽窄相宜。例如，酱菜加工厂将自己的任务定为"生产食品的企业"就显得业务过宽，不能表达竞争优势，因为食品的种类太多。但是，如果定得过于狭窄，也将不利于业务范围的及时调整，例如，生产速冻饺子的企业考虑到今后的业务扩展，业务范围没有仅仅局限于"饺子"上，而是定在"速冻食品"上，这就给企业的发展留下了空间。

（3）激励性 企业任务要靠企业全体员工共同努力来实现，企业任务为企业发展描绘了一个宏伟蓝图。因此，这个宏伟蓝图要体现对社会的重要贡献，体现企业不断发展壮大，同时也要体现给职工所带来的个人利益，从而调动广大员工的积极性、主动性和创造性，激励他们为完成企业任务而奋斗。

（4）具体性 企业任务报告中要提出一系列的有关准则和界限，以尽量限制个人任意解释的范围和随意处理问题的权限，使企业内部各方面的活动有章可循，责权明确，保证各环节的有机衔接。

二、确定企业经营目标

通过分析经营战略环境和条件，了解机会、威胁和优势、劣势，企业任务应当转化为企业目标。所谓企业经营目标是企业未来一定时期内所要达到的一系列目标的总称。具体包括：利润和投资收益率、产品品种和结构、产品产量、产品销售额和销售增长率、市场占有率和产品销售地区、产品质量、产品成本、劳动生产率、企业形象、社会公益等。一定的利润和投资收益率是企业最重要的核心目标。企业的各级管理层应当有明确的目标，并负责实现这些目标，这种制度称为"目标管理"。

利润目标（profit objective）是企业最主要的目标。利润是一项综合反映企业经营活动好坏的指标，企业在增加产量、扩大销售、加强管理、降低成本、提高商誉等方面的努力，都会综合反映在利润指标上。利润又是企业扩大再生产的重要物质基础，企业只有不断增加利润，才能不断发展壮大，同时才能为社会做出更多更大的贡献。

投资收益率（percent return on investment）是指一定时期内所实现的纯利润与该企业的全部投资的比率。这是衡量、比较企业利润水平的一项主要指标。投资收益率越高，意味着运用单位投资获取的利润越多。努力提高投资收益率对于企业以同等投资实现更多的企业利润具有重要意义。因此，较高的投资收益率成为企业追求的核心目标之一。

市场占有率（market share）也称市场份额，是指企业在一定时期内某种产品的销售量（或销售额）占市场上同类产品销售总量（或销售总额）的百分比。市场占有率与企业获利水平密切相关。其他条件不变，市场占有率越高，销售量就越大，单位产品成本费用就会越低，实现的利润就会越高，投资收益率也随之相应提高。此外，市场占有率的高低表明了企业对市场的控制程度，也关系到企业的知名度，影响着企业的形象。因此，努力提高市场占有率，是企业的重要战略目标之一。

销售增长率，是指计划期产品销售增加额与基期产品销售额的对比关系，亦即：

销售增长率＝(计划期产品销售额－基期产品销售额)/基期产品销售额

其他条件不变，产品销售额的增长意味着企业能够实现更多的利润，因此追求一定的销售增长率也是企业重要目标之一。在新产品进入市场以后的一段时期内尤其如此。不过，在许多情况下，销售增长率的提高并不必然导致投资收益率的提高。有时前者提高了，后者并未提高，甚至还会下降。

产品创新，塑造产品与企业的良好形象，也是企业的重要战略目标。为了树立企业在公众中的良好形象，企业必须有计划、有步骤地导入企业形象系统，以崭新的形象出现在顾客面前，这对于提高竞争能力、扩展市场、延长产品寿命周期、扩大销售，将长期发挥作用。

社会公益目标也是企业必须考虑的，是关系到企业在社会公众心目中的形象问题，也是企业品牌战略中重要的一环。企业应增强社会责任感，把减少和治理环境污染、为社会公益事业多做贡献列入企业的战略目标之内。

这些目标需是具有可行性和一致性的量化指标。决定目标值时要依据外部环境和内部条件，并参照其他标准。通常可以结合社会平均值、同行业优秀企业和国际上相似的优秀企业的标准考虑。一般来说要先进合理，比如高于社会平均值，并尽可能向优秀企业的基准挑战。这有利于保持自己的竞争力，又利于激发员工的积极性。为此，制定企业目标必须符合下列要求。

（1）层次化　指要按照轻重缓急程度、主次从属区分多种目标之间的关系，有利于在经营活动中抓住重点，兼顾一般。

（2）数量化　指尽可能使目标数量化，这样的目标才易于把握和核查。比如提高投资收益率，若加上数量、时间，就会非常明确，如"年底以前提高 10％"。但也并非所有目标都能量化，一些值得追求的目标只能用定性的条件来表达。

（3）可行性　指所选择的目标水平应该切实可行，必须使本企业的资源条件和外部的市场机会相适应。

（4）先进性　指战略目标在同行业里具有先进性，如果目标定得太低，唾手可得，就失去作为战略目标的意义。

（5）协调性　指各项具体的目标之间应是协调一致的，而不是互相矛盾、相互抵触的。

三、评估现有业务组合

在确定了企业任务和目标的基础上，拥有多个经营业务单位的企业必须对现有各项业务单位的状况进行分析、评估，确定哪些该发展，哪些该维持，哪些应当缩减，哪些应当淘汰。目的是最大程度地有效利用现有资源，实现企业整体利益最大化。

在进行现有业务组合分析时，首先要将企业所有的产品业务分成若干个"战略业务单位"。所谓战略业务单位，是企业中的一项单独的业务，有专人负责经营，掌握一定的资源，并能单独计划、考核其营销活动。它可以是企业中的一个部门或几个部门的集成，也可以是企业所经营的某一类或某一种产品。其次是采用适当的方法对各战略业务单位的经营效益进行分析、评估。目前，最常用的评估方法有波士顿咨询集团法和多因素投资组合矩阵法。

（一）波士顿咨询集团法

波士顿咨询集团法（又称波士顿矩阵法、四象限分析法、产品系列结构管理法、市场增长率/相对市场份额方法等）是由美国大型商业咨询公司——波士顿咨询集团（Boston Consulting Group）首创的一种规划企业产品组合的方法。其方法是使用"市场增长率/市场占有率"区域图，对企业的各个战略业务单位（strategic business unit）加以分类和评估（见图 6-2）。图 6-2 中，纵向表示市场增长率，即产品销售额的年增长速度，以 10％（也可以设为其他临界值，视具体情况而定）为临界线分为高低两个部分；横向表示业务单位的市场占

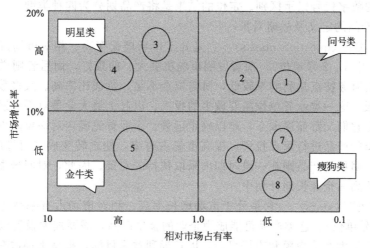

图 6-2　市场增长率与相对市场占有率矩阵图

有率与最大竞争对手市场占有率之比，称为相对市场占有率，以 1.0 为分界线分为高低两个部分。如果相对市场占有率为 0.1，则表示该业务单位的市场份额为最大竞争对手市场份额的 10%；相对市场占有率为 10，则表示其市场份额为最大竞争对手市场份额的 10 倍。市场增长率反映产品的成长机会和发展前途；相对市场占有率则表明企业的竞争实力大小。区域图中的圆圈代表企业的各个业务单位，圆圈的位置表示该业务单位市场增长率和相对市场占有率的现状，圆圈的面积表示该业务单位的销售额大小。区域图中的四个象限分别代表四类不同的业务单位。

1. 基本原理与基本步骤

（1）基本原理　本法将企业所有产品从销售增长率和市场占有率角度进行再组合。在坐标图上，以纵轴表示企业销售增长率，横轴表示市场占有率，各以 10% 和 20% 作为区分高、低的中点，将坐标图划分为四个象限，依次为"问号类"、"明星类"、"金牛类"、"瘦狗类"。在使用中，企业可将产品按各自的销售增长率和市场占有率归入不同象限，使企业现有产品组合一目了然，同时便于对处于不同象限的产品做出不同的发展决策。其目的在于通过产品所处不同象限的划分，使企业采取不同决策，以保证其不断地淘汰没有发展前景的产品，保持"问号类"、"明星类"、"金牛类"产品的合理组合，实现产品及资源分配结构的良性循环。

（2）基本步骤　第一步：核算企业各种产品的销售增长率和市场占有率。销售增长率，可以用本企业的产品销售额或销售量增长率。时间可以是 1 年或 3 年以至更长时间。市场占有率，可以用相对市场占有率或绝对市场占有率，但是要用最新资料。基本计算公式为：

本企业某种产品绝对市场占有率 = 该产品本企业销售量/该产品市场销售总量

本企业某种产品相对市场占有率 = 该产品本企业市场占有率/该产品市场占有份额最大者

或：本企业某种产品相对市场占有率 = 该产品本企业市场占有率/该产品特定的竞争对手的市场占有率

第二步：绘制四象限图。以 10% 的销售增长率和 20% 的市场占有率为高低标准分界线，将坐标图划分为四个象限。然后把企业全部产品按其销售增长率和市场占有率的大小，在坐标图上标出其相应位置。定位后，按每种产品当年销售额的多少，绘成面积不等的圆圈，按顺序标上不同的数字代号以示区别。定位的结果是将产品划分为四种类型。

2. 各象限产品的定义及战略对策

（1）"问号类"（question marks） 它是处于市场增长率高、相对市场占有率低的业务单位（如图 6-2 中 1、2 号单位）。前者说明市场机会大、前景好，而后者则说明在市场营销上存在问题。其财务特点是利润率较低，所需资金不足，负债比率高。大多数业务单位最初都处于这一象限，这一类业务单位需要较多的投入，以赶上最大竞争对手和适应迅速增长的市场需求，但是它们又都前途未卜，难以确定远景。企业首先确定对该象限中那些经过改进可能会成为明星的产品进行重点投资，提高市场占有率，使之转变成"明星产品"，对其他将来有希望成为明星的产品则在一段时期内采取扶持的对策。因此，对问号类产品的改进与扶持方案一般均列入企业长期计划中。

（2）"明星类"（stars） 它是处于市场增长率高、相对市场占有率高的业务单位（如图 6-2 中 3、4 号单位）。这类产品可能成为企业的金牛产品，需要加大投资以支持其迅速发展。应采取积极扩大经济规模和市场机会，以长远利益为目标，提高市场占有率，加强竞争地位的发展战略。

（3）"金牛类"（cash cow） 又称厚利产品。它是处于市场增长率低、相对市场占有率高的业务单位（如图 6-2 中 5 号单位）。由于市场增长率降低，不再需要大量资源投入；又由于相对市场占有率较高，这些业务单位可以产生较高的收益，支援其他业务的生存与发展。"金牛类"业务是企业的财源，这类业务单位愈多，企业的实力愈强。对这一象限内的大多数产品，市场占有率的下跌已成不可阻挡之势，因此可采用收获战略（即所投入资源以达到短期收益最大化为限），即把设备投资和其他投资尽量压缩；采用榨油式方法，争取在短时间内获取更多利润，为其他产品提供资金。对于这一象限内的销售增长率仍有所增长的产品，应进一步进行市场细分，维持现有市场增长率或延缓其下降速度。

（4）"瘦狗类"（dogs） 也称衰退类产品。它是处在低市场增长率、低相对市场占有率象限内的业务单位（如图 6-2 中 6、7、8 号单位）。这类产品的销售利润率低，处于保本或亏损状态，负债比率高，无法为企业带来收益。对这类产品应采用撤退战略：首先应减少批量，逐渐撤退，对那些销售增长率和市场占有率均极低的产品应立即淘汰；其次是将剩余资源向其他产品转移；第三是整顿产品系列，最好将瘦狗类产品与其他事业部合并，统一管理。

上述四类战略业务单位的位置不是一成不变的，随着时间的推移和经营管理的不同，它们的位置会不断变化。如"明星类"的销售增长率最终会降下来，成为"金牛类"；多数初期的业务产品属于"问号类"，如果经营成功，就会进入"明星类"。

在对战略业务单位进行分析评估之后，企业应着手制订业务组合计划，确定对各个业务单位的投资战略，可供选择的策略有以下四种。

① 发展战略 目标是提高业务的市场占有率，必要时可放弃短期目标。适用于"问号类"业务，通过发展有潜力的"问号类"业务，可使之尽快转化为"明星类"业务。

② 保持战略 目标是保持业务的市场占有率，适用于"金牛类"业务，该类业务单位大多处于成熟期，采取有效的营销策略延长其盈利期是完全可能的。

③ 缩减战略 目标是尽可能多地在有关业务上获取短期收益，而不过多地考虑长期效果。该战略适用于前景黯淡的"金牛类"业务，对于"问号类"业务和"瘦狗类"业务也适用。

④ 放弃战略 通过变卖或处理某些业务单位，把有限的资源用于其他效益较高的业务。该战略主要适用于"瘦狗类"业务或无发展前途、消耗盈利的"问号类"业务。

（二）多因素投资组合矩阵法

美国通用电器公司（General Electric Co.）针对波士顿咨询集团法所存在的问题，于20世纪70年代开发了行业吸引力/业务单位的竞争力矩阵法。依据"多因素投资组合"矩阵，企业从行业吸引力和业务单位的竞争力两个方面对每个战略经营单位的现状和前景逐一评出分数，再按其重要性分别加权合计，就可计算出各业务单位的市场吸引力和竞争力数据，然后运用图6-3加以分析。

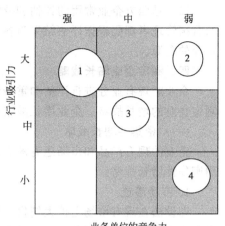

图6-3　"多因素投资组合"矩阵

1. 行业吸引力的决定因素

（1）市场规模　市场规模越大的行业，行业吸引力越大。

（2）市场成长率　市场成长率越高的行业，行业吸引力也越大。

（3）利润率　利润率越高的行业，行业吸引力越大。

（4）竞争激烈程度　竞争越激烈的行业，行业吸引力越小。

（5）周期性　受经济周期影响越小的行业，行业吸引力越大。

（6）季节性　受季节性影响越小的行业，行业吸引力越大。

（7）规模经济效益　具有明显规模经济效益的行业，行业吸引力大。

（8）学习曲线　单位产品成本有可能随着经营管理经验的增加而降低的行业，行业吸引力大；反之，如果该行业管理经验的积累已达到极限，单位成本不可能因此再下降，则行业吸引力小。

2. 业务单位的竞争力

（1）相对市场占有率　相对市场占有率越大，竞争力越强。

（2）价格竞争力　价格竞争力越强，竞争力越强。

（3）产品质量　产品质量越高，竞争力越强。

（4）顾客了解度　对顾客了解程度越深，竞争力越强。

（5）推销效率　推销效率越高，竞争力越强。

（6）地理优势　市场的地理位置优势越大，竞争力越强。

3. 三种战略地带

依据市场吸引力的大、中、小，有关战略经营单位竞争力的强、中、弱，多因素投资组合矩阵分为九个区域，组成了如下三种战略地带。

①"绿色地带"　图6-3中，由左上角大强、大中、中强三个区域组成。这个地带的行业吸引力和经营单位的竞争力最为有利，如假设的业务单位1。对于该区域的业务单位，企业一般"开绿灯"，采取增加资源投入和发展、扩大的战略。

②"黄色地带"　图6-3中，由左下角至右上角三个区域，即小强、中中、大弱组成。这个地带的行业吸引力和经营单位的竞争力，总的来说中等，如假设的业务单位2和3。对于该区域的业务单位，企业一般"开黄灯"，采取"维持"战略，维持现有投资水平和市场占有率。

③"红色地带"　图6-3中，由右下角小弱、小中、中弱三个区域组成。这个地带的行业吸引力偏小，经营单位竞争力偏弱，如假设的业务单位4。对于该区域的业务单位，企业一般"开红灯"，采用"收缩"或"放弃"战略。

以上是西方企业常用的评估和分析业务组合状况的两种方法。不论采用哪种方法，企业的营销管理者都要根据评估结果为各个业务单位确定经营目标和投资战略，然后再据以分配企业的资源。

四、制定企业增长战略

企业对现有业务进行评估和重新组合后，还应对未来的业务发展方向做出战略规划，即制定企业的增长战略。企业增长战略有三大类，每一类又各包含三种形式。

（一）密集性增长战略

企业的现有产品和市场还有潜力，企业仍可以在现有的生产、经营范围内求发展，可采用密集性增长战略。

1. 市场渗透

即设法在现有市场上扩大销售，提高市场占有率。如刺激现有顾客更多地使用、购买本企业现有产品，吸引竞争对手的顾客购买本企业的产品，或是劝说原来不使用、不购买该种产品的顾客产生购买欲望，并成为现实的购买者。

2. 市场开发

采取开辟新的销售渠道、大力开展广告宣传等促销活动，把现有产品打入新的市场，扩大产品销售量。如从地方市场扩展到全国市场，从国内市场扩展到国际市场等。

3. 产品开发

企业考虑对现有产品做某些改进或增加新产品，从而达到增加销售的目的。如增加产品功能、增加花色品种和规格档次、改进包装和服务等，进而扩大在现有市场上的销售量。

（二）一体化增长战略

企业某一战略业务单位通过把自己的经营范围向前、向后或横向延伸、扩展，能够减少摩擦、提高效率、获得规模效益的话，企业即可采取一体化发展战略。一体化发展也有三种形式（见图6-4）。

图 6-4　一体化增长战略

1. 前向一体化

食品加工企业通过向前控制分销系统（如批发商、零售商）实现产销结合，或"上游"企业合并"下游"企业达到一体化。如养牛场建立乳品加工厂，食品加工企业建立自己的销售网络系统等。

2. 后向一体化

食品加工企业通过控制或合并原料供应或生产部门，实现产供一体化。如一家餐馆连锁集团合并从事养殖牧场或种植业农场，绿色食品加工企业与绿色食品原料生产基地的契约关系等。

3. 水平一体化

也称横向一体化，是企业收购、兼并其竞争对手，或在国内外与其他同类企业合资经营。如一家大型零售商合并若干小零售店开办连锁店；一家成功的食品加工企业兼并若干其他食品加工企业等。值得注意的是，水平一体化也包含企业间组合合并，即双方本着平等、自愿、互利的原则组成新的企业，以加强对市场的控制。

（三）多角化增长战略

多角化增长战略也称多元化、多样化战略，就是向本行业以外发展，实行跨行业经营，生产和经营与企业原有业务没有联系或联系不大的业务，从而扩大经营范围和市场范围。当企业所属行业缺乏有利的营销机会，或其他行业更具吸引力，企业又有进入其他行业的资源潜力，这种情况下可实行多角化增长战略。一般来说，现代大型公司多采取多角化增长战略。多角化增长战略有如下三种主要形式。

1. 同心多角化

以现有产品为中心向外扩大业务经营范围，利用现有的设备、技术等资源，生产经营市场上需要的其他产品。如一家公司以粮食加工技术为基础，开发生产配合饲料；中药厂以生产中药技术为基础，开发生产营养品等。这时，公司已进入一个新行业，面对着不同的用户，但所用技术或设备却相近。

2. 水平多角化

又称横向多角化，即公司开发一些与现有产品在技术上不同，但同样能吸引现有顾客群的产品。如加工食用油公司开发饮料业务，经营百货的零售商同时开办快餐厅、酒吧、药店等。

3. 混合多角化

即企业开发与现有技术、产品和顾客群均无关系的产品，组成混合型企业集团，实行多样化经营。混合多角化发展的风险最大，一般只有财力、技术和管理力量雄厚的大企业方可采用。

上述三类发展战略中，一般来说，公司应先从密集性增长战略入手，再尝试一体化增长战略，最后才是选择多角化增长战略。因为后者的风险更大，所需投入及对企业管理能力要求更高。

第三节　食品营销战略的内容及制定与实施

市场营销战略作为一种重要战略，其主旨是提高企业营销资源的利用效率，使企业资源的利用效率最大化。由于营销在企业经营中的突出战略地位，使其连同产品战略组合在一起，被称为企业的基本经营战略，对于保证企业总体战略的实施起着关键作用，尤其是对处于竞争激烈的企业，制定和实施营销战略更显得非常迫切和必要。

一、食品营销战略的内容

食品营销战略是食品企业职能战略中的一个重要组成部分，是指在食品企业整体战略及其战略目标的要求下，对食品营销活动，特别是如何进入、占领和扩大食品市场所做出的长远性谋划和方略。食品营销战略主要包括三个方面的内容，即目标市场战略、差异化战略和顾客满意战略。

（一）目标市场战略

目标市场战略是指企业的营销活动是为了迎合特定的目标顾客而设定的。也就是说，企业并不期望满足某一整体市场中所有顾客的需求，而只是针对其中一部分顾客开展活动。目标市场战略的出现是顾客需求多样化趋势日益显著的必然要求。从现代市场营销发展史考察，企业在 20 世纪初实行的是无差异的大量市场营销。第二次世界大战结束后，随着市场供求态势从供不应求的卖方市场向供过于求的买方市场的转变，消费者有了更多、更大的选择余地，顾客需求多样化越来越显著了。到了 20 世纪 50 年代，西方企业纷纷开始接受目标市场战略，即企业识别各个不同的购买者，选择其中一个或几个作为目标市场，运用适当的市场营销组合来满足目标市场的需求。目标市场战略由三部分组成：一是市场细分；二是目标市场选择；三是市场定位。

（二）差异化战略

差异化战略是指企业在安排营销组合时要同竞争对手相区别，比竞争对手更好、更优秀地满足顾客的需求。顾客需求或多或少地在某种程度上受到所谓"营销变量"或"营销要素"的影响。为了寻求一定的市场反应，食品企业要对这些要素进行有效的组合，从而满足顾客需求，获得最大利润。营销组合实际上有几十个要素（博登提出的市场营销组合原本就包括 12 个要素），杰罗姆·麦卡锡（McCarthy）于 1960 年在其《基础营销》（Basic Marketing）一书中将这些要素一般地概括为 4 类：产品（product）、价格（price）、渠道（place）、促销（promotion），即著名的 4P。差异化战略的重点在于企业如何在 4P 因素及其组合中寻找到自己的特色，将自己的产品和服务同竞争对手的区别开。大量企业的实践表明，经过周密的战略规划，每一个营销要素都可以成为差异化战略的成功关键要素。

1. 产品

企业至少可以通过三种途径在产品要素中创造差异化：①开发出全新的产品，并申请专利；②增加产品附带的服务内容，以实现差异化，今天的顾客不仅需要产品本身，也需要产品附带的服务，服务的好坏直接影响着顾客的购买决策；③塑造品牌形成差异化，通过品牌实现差异化是最持久的，因为顾客一旦对品牌形成忠诚，就很难改变。

2. 渠道

很多企业并不直接面对消费者，而是注重经销商的培育和销售网络的建立，企业与消费者的联系是通过中间商的分销渠道来进行的。渠道本身就具有很强的排他性，企业一旦建立起了良好的渠道，竞争对手很难快速模仿或者复制。企业在"渠道"这一要素上实现差异化，最重要的是通过各种手段将竞争对手排除在外。

3. 促销

促销是企业注重销售行为的改变来刺激消费者，以短期的行为（如降价、买一送一、多买多送，营销现场气氛等）促成消费的增长，吸引其他品牌的消费者或导致提前消费来促进销售的增长。在现代市场营销中"促销"活动的外延被大大扩大了，变成企业和顾客间的信息沟通过程，所以有人又把这一要素叫做沟通要素。在促销要素中形成差异化的最有力的工具是广告。广告在使消费者形成对企业产品和服务的差异化的认识方面非常有力。通过广告不断强化产品的卖点，可以使顾客在头脑中形成对产品的固化的认知，从而与竞争对手的产品相区别。

4. 价格

价格是一个非常灵敏的差异化工具。大多数企业在上面三个要素很难找到差异化卖点的时候，往往采取降价行动，用价格优势来形成差异化。但是在使用价格形成差异化的时候必须注意三个方面的问题：①必须有实力作保证。降价行为是一个双刃剑，在快速扩大销售量的同时，也在快速侵蚀利润。所以，企业要降价必须有实力，拥有成本优势的企业才能够在降价行为中获胜。②价格差异化很难持久。因为竞争对手很容易模仿降价行动，一旦竞争对手也加入降价行动，企业原有的价格优势就会被削弱。③提高价格也可以形成差异化。对于很多高端产品来说，高价格本身就是差异化的一部分。

（三）顾客满意战略

所谓顾客满意战略就是企业的一切经营活动都要紧紧围绕顾客的需求，以顾客满意为核心，不断提高顾客的满意度。在生产经营活动之前，企业对于市场需求的分析和预测要始终站在顾客的角度；在经营活动的过程中要充分尊重顾客，维护顾客的利益，使顾客忠诚于本企业，从而不断地推动企业的发展。顾客满意战略有如下两个要点。

1. 通过提高顾客让渡价值让顾客满意

顾客让渡价值是一个综合的概念，企业要提高顾客让渡价值，就要提高产品价值、服务价值、人员价值、时间价值，同时减少顾客的货币成本、时间成本、体力成本、精力成本。

2. 通过巩固客户关系让顾客忠诚

企业通过积极深化与客户之间的关系，以掌握客户的信息，同时利用这些客户信息，量身定制不同的商业模式及策略方式，以满足个别客户的需求。通过有效的顾客关系管理，企业可以与顾客建立起更长久的双向关系，并获取客户忠诚，因为长期忠诚顾客的交易成本更低，交易量更大，愿意买更高价位的商品，还有可能为企业带来新的顾客。

二、食品营销战略的制定与实施

制定有效的市场营销战略是在竞争激烈的市场环境中管理现代企业的重要手段。营销战略的制定和实施是食品企业的营销部门识别、分析、研究、选择和发掘市场营销机会，以实现企业任务和目标的管理过程。它包括分析市场机会、选择目标市场、确定市场营销组合、制订市场营销计划、营销计划的实施与控制等五个步骤。

（一）分析市场机会

市场机会（market opportunity）就是市场上存在的尚未满足或尚未完全满足的表面的或潜在的需求。市场机会存在于社会生活的各个方面，是多种多样的。但对某一个企业来说，众多的市场机会中仅有很少一部分才具有实际意义。为了搞好市场机会的发现和分析工作，有效地抓住和利用某些有利的市场机会，企业的市场营销人员就需要了解市场机会的类型和特性。

1. 市场机会的类型

（1）环境机会与企业机会　随着环境的变化而客观形成的各种各样未满足的需求，就是环境机会。环境机会中那些符合企业营销战略计划的要求，有利于发挥企业优势的可以利用的市场机会，才是企业机会。企业的市场营销管理部门就是要经过分析和评价环境机会来选择出合适的企业机会，并采取有效的对策加以利用。下面所说到的各种市场机会，都是从环境机会的角度讲的。

（2）表面的市场机会与潜在的市场机会　在市场上，明显没有被满足的现实需求，就是表面的市场机会；现有的产品种类未能满足的或尚未为人们意识到的隐而未见的需求，就是潜在的市场机会。表面的市场机会易于为人们发现和识别，同时利用这种机会的企业较多，因而难以取得机会效益（即先于其他企业进入市场所取得的竞争优势和超额利润）。潜在的市场机会虽然不易于为人们发现和识别，但同时抓住和利用这种机会的企业较少，因此机会效益比较高。企业应注意发现和利用潜在的市场机会。

（3）行业性市场机会与边缘性市场机会　在企业所处的行业或经营领域中出现的市场机会，称为行业性市场机会。在不同行业之间的交叉或结合部分再现的市场机会，称为边缘性市场机会。由于自身生产经营条件的限制，企业一般较重视行业性市场机会并将其作为寻找和利用的重点，但由于行业内部企业之间的竞争，往往会使机会效益减弱甚至丧失，而企业利用行业外出现的市场机会，通常又会遇到一定的困难或较大的障碍。这种情况，促使一些企业在行业之间的交叉或结合部分寻求较为理想的市场机会。边缘性市场机会，因其可以发挥企业的部分优势，而且较为隐蔽，难以为大多数企业重视和发现，所以利用这种机会的企业易于取得机会效益。寻找和识别边缘性市场机会的难度较大，需要企业的营销人员具有丰富的想像力和较强的开拓精神。

（4）目前市场机会与未来市场机会　在目前的环境变化中市场上出现的未被满足的需求，称为目前市场机会。在目前的市场上仅仅表现为一部分人的消费意向或少数人的需求，但随着环境的变化和时间的推移，在未来的市场上将发展成为大多数人的消费倾向和大量的需求，称为未来市场机会。企业寻求和正确评价未来市场机会，提前开发产品并在机会到来之际迅速将其推向市场，易于取得领先地位和竞争优势，机会效益较大。重视未来市场机会并不意味着可以轻视目前市场机会，否则企业将失去经营的现实基础，而对未来市场机会缺乏预见性和迎接的准备，对企业今后的发展也很不利。因此，企业应将这两种市场机会的寻找和分析工作结合起来进行。

（5）全面市场机会与局部市场机会　在大范围市场上出现的未满足的需要为全面市场机会。在小范围市场上出现的未满足的需要为局部市场机会。前者意味着整个市场环境变化的一种普遍趋势，后者则意味着局部市场环境的变化有别于其他市场部分的特殊发展趋势。区分这两种市场机会，对于企业具体地测定市场规模，了解需求特点，从而有针对性地开展市场营销活动来说是必要的。

（6）大类产品市场机会与项目产品市场机会　市场上对某一大类产品存在着的未满足需求为大类产品市场机会。市场上对某一大类产品中某些具体品种存在着的未满足需求为项目产品市场机会。大类产品市场机会显示着市场上对某一大类产品市场需求发展的一般趋势，而项目产品市场机会则表明社会上对某一具体品种产品市场需求的具体趋向。了解前者对于企业规定任务，明确业务发展的总体方向，制订营销战略计划具有重要意义；了解后者对于企业明确怎么干来实现战略计划的要求，制订市场营销计划，搞好市场营销工作具有重要意义。

2. 市场机会的特性

（1）公开性　任何市场机会都是客观存在的，每个企业都有可能发现它。在发现这一点上不存在独占权，这就是市场机会的公开性。公开性表明，任何企业只要善于寻找和识别，通过努力总是可以发现市场机会。

（2）时间性　市场机会总是随着环境的变化而产生，并随着环境的变化而消失的，推迟对市场机会的发现和利用，便会因其他企业的抢先发展和利用而使企业机会效益减少或完全丧失，这就是市场机会的时间性。时间性表明，企业要善于抓住并及时利用有关的市场机会，以取得最大的时间效益。

（3）理论上的平等性与实践上的非平等性　市场机会的公开性使得任何企业都有可能发现某一市场机会并加以利用，这就是市场机会理论上的平等性。但是，由于每个市场机会都有其特定的机会成功条件，而各个企业由于自身条件和所处环境不同，因此在利用某一市场机会时享有的差别利益以及能够取得的竞争优势也就有所不同，这就是市场机会实践上的非平等性。理论上的平等性意味着企业在利用市场机会时充满着竞争；实践上的非平等性则表明竞争结构的分布将是不平衡的。企业在分析、评价和选择市场机会时要考虑到在市场机会的利用上存在着企业之间的激烈竞争，每个企业既要敢于参与竞争，同时又必须注意选择竞争结果对本企业有利的市场机会。

3. 寻找和发现市场机会

① 企业的市场营销人员，可以通过阅读报刊资料、市场现场观察、召开各种类型的调查会议、征集有关方面的意见和建议、分析竞争者的产品等形式，寻找和发现市场机会。

② 企业的市场营销人员，也可以以产品或业务的战略规划中所使用的分析评价方法为工具，或以发展新业务的战略方法为思路，结合实际寻找和发现产品或业务增长与发展的机会。

③ 企业的市场营销人员，还可以利用市场细分的方法，发现未满足的需要和有利的市场机会。通过上述工作，企业往往可以寻找到许多市场机会。但是，并非每一种市场机会都能够成为一个企业可以利用的有利可图的机会，因此必须在对发现的市场机会进行认真分析与评价的基础上做出决定。这项工作相当重要，正确地分析、评价、选择和利用市场机会，可以使一个企业走向繁荣，反之使企业坐失良机，甚至招致企业营销的失败。

4. 食品企业在分析市场机会时应考虑的主要问题

① 分析和评价是否与企业的任务、目标及发展战略相一致　一致的时候可以初步决定利用，不一致的时候可以决定放弃。但如果这一市场机会的潜在吸引力很大也可以考虑利用，不过这会涉及企业战略计划及有关方面的适当调整问题。

② 分析和评价差别利益　某种市场机会能否成为一个企业的营销机会，还要看企业是否具备利用这一机会、经营这项事业的条件，以及是否在利用这一机会、经营这项事业上比潜在的竞争者具有更大的优势，从而享有较大的差别利益。企业应选择那些与自己的资源能力相一致，具有利用这一机会、经营这项事业的条件，比潜在竞争者具有更大优势，享有较大差别利益的市场机会作为自己的企业机会。

③ 分析和评价销售潜在量　经过上述工作，企业的市场营销人员还要对拟加以利用的市场机会进行销售潜在量方面的分析和评价。分析和评价销售潜在量，首先要深入了解谁购买这种产品、他们愿意花多少钱购买、他们买多少、顾客分布在什么地方、需要什么样的分销渠道、有哪些竞争者等方面的情况；然后分析每一种市场机会的市场规模、市场容量以及销售增长率；最后还要对本企业产品可能的销售量、市场占有率等做出预测。一般情况下，企业只能选择那些对本企业产品具有一定销售潜在量的市场机会作为自己的企业机会。

④ 进行财务可行性分析　经过上述分析评价的市场机会，企业的营销、生产加工、财务等部门还要对其进行财务可行性分析，即估算成本、利润、收入等，以便对其做出最后的评价和选择。

总之，企业寻找、发现、分析和评价市场机会的过程，就是通过调查研究、收集信息、分析预测等工作，结合自身条件从环境机会中选择能够与本企业的战略计划相衔接并能有效地促使其实现的企业机会的过程。

（二）选择目标市场

消费者对同一类产品的需求总是存在差异的。比如，同样是对酒饮料的需求，有的顾客追求的是甜度、品质；有的顾客则注重品牌、档次；有的顾客则看重实用、价格低廉。一般来说，即使是大企业也很难满足所有顾客的不同需要。为了提高产品对顾客需求的适应能力，在选定了企业的市场营销机会后，还要对该行业的市场容量和市场结构做进一步的分析，缩小范围，找出本企业准备为之服务的目标市场。这一过程包括：市场预测、市场细分、目标市场选择和市场定位等内容和步骤。

对所选定的市场机会，首先要预测市场的前景，就是按照科学的预测程序，运用科学的预测方法对该市场的市场需求以及企业市场营销指标，如资源供给、产品销售、市场占有率等进行预测。如果对市场前景的预测看好，就决定如何进入市场。其次是对市场需求结构进行分析，从中选择企业为之服务的目标市场和确定自己产品在目标市场上的位置。只有正确地选择了目标市场，才能制定相应的营销策略。

（三）确定市场营销组合

在选定目标市场后，就要确定市场营销组合策略，综合运用企业可控的营销手段（即4P），达到营销战略规划的目标。产品策略是对生产什么产品进行决策，包括新产品开发决策、产品组合决策、产品生命周期阶段决策、品牌决策、包装决策等。价格策略包括新产品定价决策、一般价格决策、价格调整决策等。渠道策略是对企业如何把产品传送到顾客手中的决策，包括渠道模式决策、经销商选择决策、渠道管理决策、物流决策等。促销策略是对促进和影响人们购买行为的各种手段的决策，包括人员推销决策、广告决策、营业推广决策、公共关系决策等。

(四) 制订市场营销计划

1. 市场营销计划的种类

通过市场机会分析、选择目标市场、确定营销组合后，企业还应制定出具体的市场营销方案。营销方案确定后，必须进一步编制出市场营销计划。市场营销计划是营销战略和方案的具体化，从特定层面来看，一般分为：①品牌计划 (brand marketing plans)，即单个品牌的市场营销计划；②产品类别市场营销计划 (product category marketing plans)，即关于一类产品、产品线的市场营销计划，它应当将已经完成或经过认可的品牌计划纳入其中；③新产品计划 (new product plans)，在现有产品线上增加新产品项目、进行开发和推广活动的市场营销计划；④细分市场计划 (market segment plans)，面向特定细分市场、顾客群的市场营销计划；⑤区域市场计划 (geographical market plans)，面向不同国家、地区、城市等的市场营销计划；⑥客户计划 (customer plans)，即针对特定的主要顾客的市场营销计划。

从时间跨度看，市场营销计划分为长期的战略性计划和年度计划。战略性计划要考虑哪些因素会成为今后驱动市场的力量，可能发生的不同情境，企业希望在未来市场占有的地位及应采取的措施。它是一个基本框架，由年度计划使之具体化。

2. 市场营销计划的具体内容和步骤

(1) 内容提要　市场营销计划是正式书面文件，文件开头要有一个内容提要，即对计划期的主要营销目标和措施做简要的概括。内容提要的目的在于让高层主管能够一目了然，很快掌握计划的核心内容，同时，也便于在企业全体员工心目中形成明确的企业营销目标。

(2) 营销现状分析　这部分是对战略业务单位 (或产品) 当前营销现状的简要而明确的分析。如市场情况、产品情况、竞争形势、分销渠道情况等方面的分析。

(3) 机会与威胁分析　就是要分析企业营销环境中的有利因素和不利因素，并根据不同的情况采取不同的对策。除了对环境机会和威胁进行分析外，计划书中还应对企业内在因素的优势和劣势做出分析，找出企业在竞争中与对手相比的长处与短处，以便扬长避短。

(4) 拟定营销目标　营销目标是计划期内企业营销活动要达到的目的和标准。主要包括销售额、市场占有率、利润、收入、投资收益率等。

(5) 营销策略　营销策略是达到上述营销目标的途径和手段，包括目标市场的选择和市场定位策略、营销组合策略、新产品开发和营销费用等。

(6) 活动程序　营销方案的实施应当按照一定的顺序，有条不紊地进行。因此，必须列出营销方案实施的具体活动程序。每项活动可以按时间顺序列出详细的日程表，以便执行和检查。

(7) 预算开支　营销计划中还需编制收支预算，收入方列出预计销售量及单价，支出方列出生产、实体分销及市场营销费用，预计可获得的利润。此预算一经批准，即成为购买原材料、安排生产、支出营销费用的依据。

(五) 营销计划的实施与控制

市场营销计划的实施和控制就是把市场营销战略和计划付诸具体行动，实现企业任务和目标。它包括营销计划的组织、实施和控制。市场营销计划的制订只是营销工作的开始，而非终结。更重要的工作是计划的实施与控制。实施过程包括建立营销组织、调动人力资源和制定激励制度。计划执行中由于实际情况的变化，往往会出现与计划偏离的问题。因此，营销部门必须行使控制职能加以调整和修正，以保证达成预定的市场营销目标。

[拓展阅读] 可口可乐在中国的营销战略

一、把握先机

2003 年 8 月 3 日北京奥组委为举世瞩目的 2008 年北京奥运会新会徽举行了一场由张艺谋执导的盛大的揭标仪式。就在同一天，100 万只印有新会徽的可口可乐限量精美纪念罐也正式上市。可口可乐公司因此成为北京奥运会顶级赞助商中第一家有幸被授权使用奥运新会徽的公司。那一天，北京长安街上的可口可乐广告牌以最快的速度换上了最新的祝贺广告，北京、上海、青岛的各大商场也开始了通宵达旦的布置。可口可乐奥运新会徽纪念罐顷刻成为市民热情追捧的最新收藏品。

2001 年面市的北京申奥成功纪念罐更显示出这家全球企业敏锐的市场意识和远见。为了让自己纪念罐的执行能迅速而有效，很早之前，可口可乐就从各个部门抽调出精英人员进行纪念罐的讨论、策划。在经过长时间的准备工作后，7 月 13 日，当萨马兰奇宣布北京为 2008 年奥运会主办国的话音刚落，可口可乐北京装瓶厂申奥成功纪念罐的生产线便全面启动，4 万箱纪念金罐便带着刚从生产线上退下的余温，连夜送往各大超市和零售网点。

作为多年饮料业的"老大"，可口可乐对政治、经济、体育等领域的这些重大事件已经形成了高度机敏的触觉和独到而丰富的运作经验。这些先机的把握并不一定带来立竿见影的市场效果，但是会在有关的区域市场一次又一次地强化它作为领先品牌的地位。按照特劳特的定位理论，它占据了消费者心智资源中留给这一类产品的"地盘"，别的品牌再要进入就非常困难了。

二、价格优势

具有规模经济的市场领先者一般也都是价格的领导者。在进入中国市场以后，可口可乐一直采用渗透定价法，"在一定的时期内维持较低的浓缩液价格，这样可以使罐装商最大限度地进入市场，到销售扩张完成时，浓缩液的价格将逐步增长。"据估计，目前中国市场上的浓缩液价格为美国的 60％左右。这一策略曾使可口可乐在拉丁美洲创造了巨大的利润。

充当市场领先者的好处在于，在涉及价格的竞争中，追随者往往无法对领先者的动作无动于衷，但是领先者却可以对追随者的举动保持一种居高临下的"蔑视"。反过来，如果面对挑战者的价格攻势，品牌地位确立以后的领先者却可以而且应该用相对稳定的价格来坚定渠道的信心和表达面对挑战者的淡定从容。

1995 年，可口可乐把它信奉多年的 3A 战略改成了 3P。所谓 3A 指的是让消费者在购买可口可乐产品时，买得到（available）、乐得买（acceptable）、买得起（affordable），而所谓 3P 指的是无处不在（pervasiveness）、心中首选（preference）、物有所值（price to value）。你可以说它只是文字上的递进，但心机敏锐的人可以发现其中价值理念的微妙变化。比如说"买得起"强调的是保证品质的前提下让产品更便宜，但是物超所值就更多地倾向于在价格不变的情况下提供更好的产品。而对价格相对不敏感，或者说价格弹性小的消费人群是那些经常喝可乐，而且一讲到可乐就想起可口可乐的人。所以从 3A 到 3P 某种程度上流露出一个领先品牌战略防守的理念——不拼价格，追求"消费者忠诚"。

三、细致入微

可口可乐公司有一句著名的销售格言：有人的地方就会有人"口渴"，就会对饮料产生购买需求。因此如果产品能让消费者伸手可及，就一定能占有市场。所谓"买得到"与"无处不在"也就是讲的此道理。

"细致入微"的理念体现在渠道和终端建设上，就是极度重视网点覆盖率和零售商对品牌的认同。早在 1988 年可口可乐的雪碧、芬达登陆上海时，就曾掀起一场生气勃勃的终端革命。可口可乐跳过各类中间环节，直接对终端发起了冲击：各装瓶厂建立了一支庞大的业务员队伍，配备摩托车，奔走于大街小巷的零售店，直接将产品送到各个终端，投入大量冰柜、冷水箱，免费提供给零售店。

需要强调的是，"细致入微"的理念并不仅仅意味着销售网络的庞大和终端的渗透率，更重要的是一种在任何时候都想到把可口可乐送到有需要的人手中的理念。一个很有启发的例子是 20 世纪 90 年代中期，可口可乐在中东地区的一个销售项目。当时项目负责人发现，每年 1 月份可口可乐的销售量锐减。原因是穆斯林的斋月禁食期一般都在 1 月，此期间从黎明到黄昏他们都不能吃任何东西。对于一个普通的饮料企业来说，这样的状况是可以接受的。千百万人都不吃不喝了，少卖一点有什么奇怪？但是可口可乐的负责人认为这是懒汉的想法，因为此期间穆斯林并没有停止吃喝——他们仅仅是白天停止吃喝。

于是可口可乐将大量的促销活动和广告在斋月期间都改在了晚上，效果可想而知。

四、面子工程

对于一个110多年的老品牌，消费者对于口味的信赖和依恋已经根深蒂固，但又需要新的刺激来不断激发他们的热情，这种情况当然需要表面文章。所以可口可乐不断地通过改变瓶子造型、提供各种赞助等眼花缭乱的表面文章来丰富自己的产品定位。另外，作为一个国际品牌，到文化个性强烈的中国市场发展，可口可乐也需要抹上更多本土化的色彩。在可口可乐最近几年的一系列运作来看，它在努力将两条路线合而为一。

本来可口可乐一直以最典型化的美国风格和美国个性来打动中国消费者。从20世纪80年代初开始，在广告宣传上基本采用配上中文解说的美国的电视广告版本，这种策略一直采用到1998年。但是随着中国软饮料市场的飞速发展，可口可乐的市场营销策略在1999年发生了显著的变化。其在中国推出的电视广告，第一次选择在中国拍摄，第一次请中国广告公司设计，第一次邀请中国演员拍广告，明明白白地放弃了多年一贯的美国身份。为了获得更多的市场份额，可口可乐正在大踏步地实施中国本土化改造。

以前，可口可乐的本地化策略的核心是"2L、3O"，即长期（Long term）、本地化（local）、信心（optimism）、机会（opportunity）、公民责任（obligation）。以这些理念为基础，可口可乐的本土化策略获得了极大的成功。但是，可口可乐并没有死守这些原则不放，又在全球第一个提出了"Think local, Act local"的本土化思想。可口可乐公司的230多个品牌中，绝大部分是区域性品牌。可口可乐印度分公司推出了具有本地特色的冰茶、冰咖啡、牛奶、矿泉水和一系列果汁饮品，以丰富当地市场。在促销方式上，可口可乐也逐渐改变了以往的全球统一的传统，广告、促销等活动由当地公司负责筹划实施。在中国市场上，可口可乐近几年在春节期间的促销活动都让人耳目一新。鞭炮、春联、泥娃娃"阿福"、十二生肖等这些代表中国文化的东西成为可口可乐公司促销的主题，赢得了中国消费者的认同。

五、群英合作

自1979年进入中国市场以来，可口可乐公司已投资10多亿美元与它的三个主要的装瓶集团嘉里、太古以及中粮油合作建立了22个装瓶公司共28个装瓶厂，基本上覆盖了全国绝大部分省份。这一投资的好处在于：首先，公司的生产能力与销售能力最大程度地与市场需求相匹配；其次，在全国建立起一套非常完善的产品分销系统，每个装瓶厂将精力集中于本地市场的运作，使得铺货更加深入及迅速；第三，有机会根据各地市场不同的特点进行有针对性的市场运作，例如，通过不同的口味或包装组合，甚至产品定价或市场活动等，更好地满足当地消费者的需求；最后，避免了长距离的运输带来的成本增加。

六、培养"吃人兄弟"

可口可乐在和老对手百事可乐多年的角逐中，其第二品牌雪碧发挥了极为重要的作用。1993年，可口可乐开始拓展和重新定位雪碧的内涵。可口可乐的想法是：为什么不能让它跳出柠檬、酸橙类产品的樊篱，而去参与整个饮料行业的竞争呢？于是可口可乐开始停止谈论透明度和纯度，而是对消费者讲："您应该在体现您对自身和对生活的态度时想起雪碧。"这样一个抽象的定位使得雪碧在某种程度上放在了同可口可乐、百事可乐竞争同一类心智资源的背景下。这一调整的结果是雪碧成为实际上成长最快的软饮料，销售额四年翻了三番。有人也许会质疑——既然雪碧和同一阵营的老大可口可乐摆在竞争的位置上，它几乎必然要侵蚀可口可乐的市场份额。没错，可口可乐也承认。但问题是，它侵蚀得更多的是百事可乐和七喜的份额。可口可乐管这一招叫做培养"吃人兄弟"。

除了雪碧之外，近年来可口可乐在其他非碳酸饮料产品的拓展方面也非常引人注目。一方面，当市场总容量扩张的时候，市场领先者往往是最大的受益者。另一方面，近年来碳酸饮料相对于其他软饮料的增长来说较为缓慢。因此，无论从动力和压力两方面看，可口可乐开拓新的软饮料产品都势在必行。

于是，可口可乐公司正在向一个全面型饮料公司的方向发展，而不仅仅是碳酸饮料的提供者。可口可乐公司的战略是在有效的盈利前提下，在全世界范围内扩大它的饮料系列，因此，它持续不断地开发新的饮料产品。新产品的推广过程中，由于可口可乐内部实现了充分的"资源共享"，世界各地开发成功的产品都可以互相引进，并根据当地市场需求和消费者习惯进行调整，从而使系统内成功的好产品与全世界的消费者共同分享，公司把这种做法叫做"本土品牌国际化"。

摘自：精品资料网（http//www.cnshu.cn）

第七章 食品市场的细分及目标市场战略

在广阔、巨大的多样化食品市场中，任何一个企业在其营销过程中都会认识到，无论其资源如何优越，规模如何庞大，都不可能满足整体市场的全部需求。由于消费者的人数众多，而他们的需求又各不相同，因此，食品市场的细分及目标市场战略就显得至关重要。一个企业需要进行市场细分，即把整体市场细分为具有不同消费特征的群体；然后结合特定的市场环境和自身的资源条件，进行目标市场的选择；最后进行市场定位，即根据现有产品的市场地位和消费者对产品属性的重视程度，确定产品在市场中的优势位置；同时，制定有针对性的目标市场营销战略。

目标市场营销包括三个部分：市场细分（market segmenting）、目标市场选择（targeting）和市场定位（market Positioning），所以又被称为 STP 战略。

第一节 食品市场细分

一、市场细分的概念与作用

1. 市场细分的概念

市场细分的概念由美国营销学者温德尔·斯密（Wendell R. Smith）于 1956 年在《产品差异和市场细分——可供选择的两种市场营销战略》一文中提出。所谓市场细分，就是企业根据消费者需求的差异性，以影响消费者需求的某些因素为依据，把市场划分为不同消费者群的市场分类过程。市场细分是在第二次世界大战以后，顺应了产品市场由卖方市场转化为买方市场这一形势而总结提出的。这一概念提出后即得到研究专家及企业管理者的重视，并广为应用，许多营销专家都把市场细分观念看做是继"以客户为中心"观念后的又一次营销革命。市场细分理论和实践的发展，经历了大量营销（mass marketing）、产品差异化营销（product differentiated marketing）和目标营销（target marketing）这三个阶段。通过以市场需求为导向的目标营销，企业在研究市场与细分市场的基础上，结合自身资源，选择最有竞争力的细分市场作为其目标市场，制定市场营销战略。

2. 市场细分对食品企业的作用

市场细分对于企业从事食品市场的营销，有着重要的作用，主要表现在以下几个方面。

（1）有利于食品企业发现新的市场机会 市场机会，往往是潜在的，不易发现的，通过市场细分，企业能够发现消费者的需求及需求被满足的程度，发掘出那些尚未得到充分满足的需求，从而找到新的市场机会。比如一家糕点厂通过市场细分，专门为糖尿病患者设计生产了木糖醇月饼，满足了这一类特殊消费者群体的需求。

（2）有利于食品企业合理利用资源，提高企业的竞争能力 对于中小食品企业来说，这一点尤为重要。通过对目标市场的细分来开展营销活动，可以发现大企业所留下的市场空隙，合理配置和最大限度地利用自身的资源，集中优势力量打入目标市场，以争取最大的市场份额。随着人民生活水平的提高和消费者需求的多样化，中小食品企业更应该加强市场细分，找准独特的经营目标，使自己得到更好的发展。

（3）有利于食品企业正确制定营销策略 只有在进行市场细分后，食品企业才能在综合考虑产品、价格、销售渠道等各种因素的基础上制定出最佳的市场营销组合方案。例如，某公司长期向日本出口冻鸡，主要以日本的超级市场和食品店为主要的销售渠道，随着市场竞争加剧，销售量呈下降趋势。于是公司针对日本的冻鸡市场做了进一步的市场调查，分析表明：购买冻鸡的消费者主要是饮食业的用户、团体用户和家庭主妇这三种类型。饮食业的用户对冻鸡的品质要求较高，但对价格的敏感度低于家庭主妇；家庭主妇对冻鸡的品质、外观、包装均有较高要求，同时还要求价格合理；而团体用户对冻鸡的品质及包装有较高要求，对于价格的敏感度最低。根据这一调研结果，该公司改变了原有的目标市场，并对产品及销售渠道等整个营销策略都做了相应的调整，该公司的冻鸡出口量得到大幅度增长。

二、食品市场细分的原则

对于企业来说，并非所有的市场细分都有意义，企业在进行市场细分时，应遵循以下几个原则。

1. 可衡量性

可衡量性是指食品企业所收集的细分资料，能够加以衡量和比较。例如在酒类市场上，某企业虽然根据酒精度做出了某种市场细分，但对其顾客的数量及购买力难以衡量和测算的话，那么企业就无法做出科学的分析，也就无法制定相应的营销策略。

2. 可盈利性

可盈利性是指食品企业所选定的细分市场，应具有一定的规模和市场潜力，能使企业获利并得以发展。如果细分市场规模过小，销售量有限，那么企业专门为之设计实施的营销方案，就得不到足够的利润空间，也就失去了细分的意义。

3. 可进入性

可进入性是指食品企业能够进入该细分市场，并能抢占一定的市场份额。如果说经过市场调查，发现虽然有某些市场机会，但企业因为缺乏资源或者与竞争对手抗衡的能力，而难以进入该市场，那么，这种市场细分仍然没有意义。比如在专用面粉市场中，家庭和饭店用于生产主食的使用量最大，占到35%，加工水饺和面条使用专用面粉为20%，此外还有方便面、速冻食品和面包等都需要专用面粉。与国外不同是的，我国主要以蒸煮类食品为主，因此这部分专用面粉的市场空间最大，有着极大的发展潜力，但由于专用面粉的生产需要特殊的小麦作为原料，对于小麦的质量也有较高的要求，即使企业发现了这一细分市场，可现在的专业小麦在数量和质量上都难以满足需求，这就制约了企业的发展，从而难以进入该细分市场。

4. 可稳定性

可稳定性就是指食品企业选定的细分市场，在一定时期内的特征应保持相对稳定。因为市场的调研分析及新产品的研发都需要一段时间，如果机会市场变化过快，就难以制定科学有效的营销策略。

除上述原则外，还应该注意，食品市场的细分并非越细越好。因为虽然市场划分得越细越能适应顾客需求，但过度细分市场会导致企业营销成本上升而总收益减少，于是，许多营销学者认为，不应一味强调细分营销，而应该从成本和收益的比较出发来决定对市场的细分程度，这就是"反细分化"理论。

三、食品市场细分的理论依据

顾客对食品的需求是千变万化的，同样，对于食品不同属性的重视程度，也是有其自身偏好的。这些偏好可以用以下三种模式来表述。

1. 同质偏好

如图7-1（a）所示，以某食品厂生产的儿童钙奶饼干为例，当顾客对这种饼干中奶油的含量和甜度的需求偏好大致相同，而且相对集中于中间位置时，即显示为同质偏好。在这种

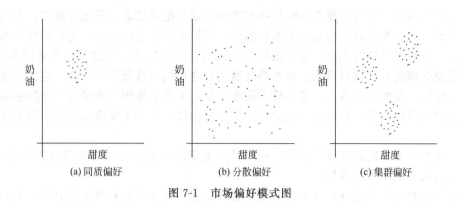

图 7-1　市场偏好模式图

模式下，食品的特性会表现得比较集中，即针对顾客需求和偏好的中心，企业也没有必要对市场进行细分，所有的产品都是类似的，并且都处在钙和牛奶含量的中心。

2. 分散偏好

如图 7-1（b）所示，是指市场中的顾客对于这两种属性有着不同的偏好，散布在整个空间内且非常分散。对于以新产品打入这个市场的企业，可以将该品牌定位于市场的中央位置，以最大限度地争取最多的顾客。对于进入该市场的第二个品牌，则可以选择定位于第一品牌附近来争取市场份额，也可以选择远离第一个品牌，形成有鲜明特征的定位，以吸引对第一品牌不够满意的顾客。如果该市场足够大，那么可能会同时出现若干个竞争品牌，显示出其不同的差异性，并吸引不同的目标顾客。

3. 集群偏好

如图 7-1（c）所示，指市场中的顾客形成具有独特偏好的密集群体，即不同的细分市场。这时，对于进入该市场的企业，就可以有三种选择：第一，定位于市场中央，以无差异性营销来争取所有的顾客；第二，定位于某一最大的细分市场，以集中营销来争取该细分市场的顾客；第三，分别定位于不同的细分市场，以差异性营销来争取这些不同细分市场的顾客。

四、食品市场细分的标准

随着经济的发展，消费者对于食品市场需求的差异越来越大，食品市场也变得越来越复杂多变。对于食品市场的细分标准，可以归纳为四类，即地理因素、人口因素、心理因素和行为因素。这些因素有的相对稳定，但大多数则存在一定程度的动态变化。

1. 地理因素

地理因素即按照消费者所处的不同地理位置及其他地理因素来细分市场。具体变量包括国家、地区、城市规模、人口密度及气候等。对于消费者来说，如果处在同一地理条件下，他们的需求也会呈现出一定的相似性。而在不同地理条件下的消费者，他们对于同一类产品往往会表现出较大的差别。例如，盐湖城的人吃棒棒糖最多，瑞士人的巧克力消费最多，希腊人吃奶酪最多，而爱尔兰人喝茶最多。

我国地大物博，差异明显的地理环境导致了各地区不同的饮食文化。比如广东人喜食海鲜，北方人口味偏咸，在我国，素来就有"南甜北咸，东辣西酸"的说法。

2. 人口因素

人口因素指各种人口统计变量，包括年龄、性别、职业、婚姻状况、教育程度、家庭生命周期、民族、宗教信仰和社会阶层等。人口因素是区分消费者群体最常用的标准，因为共同的人口因素，会有一些比较相似的购买行为或者偏好。而对于不同性别、收入和受教育程度的消费者来说，他们在消费方式、价值观念等方面，都会有很大的差异。

　　（1）性别因素　可以根据人口特征中的性别因素，把消费者市场细分成男、女两个细分市场。假如把目标市场定位为女性的餐饮场所，营销人员就应注重女性对餐饮食品及环境装修的需求、偏爱以及价值观念。餐厅的装饰应该偏带女性的柔美精致；当有女顾客来就餐，服务人员应立即将其引导到桌位，而不要让她独自在房门口或服务台等待，这样会使她们感到不安；接待一般的女顾客，要像接待男顾客一样，千万不要用"亲爱的"这类字眼；无论你是否知道她结婚没有，称她为"某某女士"总不会错；绝对避免用高傲冷淡的态度来对待女顾客。

　　（2）年龄因素　还可以根据消费者的年龄因素不同，把消费者市场细分为婴儿、儿童、青少年、成人、老年人等市场。

　　例如"娃哈哈"营养液，其实功能就是营养脾胃，对于大人和孩子都有效，但如果当时起一个"脾胃清"之类的名字，恐怕就很难打开市场。"娃哈哈"果断放弃成人市场，专门针对儿童营养液，以"喝了娃哈哈，吃饭就是香"的广告语，和一群健康欢快的儿童蹦蹦跳跳的镜头，打动了父母的心，迅速占领了儿童营养液市场。

　　安利纽崔莱的营养套餐，将目标顾客分为男士、女士、儿童和老人四个消费群体，并根据这四个群体身体机能的不同特点，制定出四种营养套餐组合，满足其目标顾客的独特需求。

　　青少年市场是一个潜力巨大的市场，许多食品企业都针对这个市场设计和推广产品。如百事可乐针对年轻人设计的饮料广告与包装，成功抢占了可口可乐的市场。小洋人推广乳酸饮料时，如果采用传统的利乐包装，就显得过于老套，转而选择饮料专用的 PET 包装，一举打开了市场。脉动上市时，改变了矿泉水瓶的圆形设计而采用菱形设计，再加上采用了阔口瓶，这些新设计深受年轻人的喜爱，帮助其成功打开市场。

　　此外，还可以根据家庭所属的生命周期来区分。处于不同生命周期的家庭，需求的产品不同，产品需求量也会不同。宝洁公司为独居者提供了"单身咖啡"（folger's singles），因为他们一次煮一满壶的咖啡，自己通常是喝不完的。

　　（3）收入因素　对收入进行细分，也是食品营销常用的一种方法。一般可以将收入分为高收入、中等收入和低收入三大类。对于收入水平不同的顾客，其购买商品的支出金额及选择商品的种类都有较大的差异。比如低收入家庭购买食物时，对于沃尔玛及折扣商店可能更感兴趣；高收入家庭则可能更多地光顾高档酒店。

　　台湾的"保力达"是一种较受大众欢迎的保健药酒，价格中档，定位于中等收入的人群。而中等收入的消费阶层中很多人都有"冬季进补"的观念，因此冬季是"保力达"的销售旺季。但到了夏天，销量就下降了许多。于是公司推出"保力达"加冰块的全新创意，建议消费者在冰镇饮料中加入"保力达"，既可消暑又能持续进补。这种策略使"保力达"成功占据了更多的市场份额。

　　3. 心理因素

　　心理因素即按照消费者的性格特点细分市场。有时，性别、收入等人口因素相似的消费者，对同一种产品的需求仍存在着很大的差异，这可能就是心理因素所导致的。心理因素包括生活格调、价值观念和个性等因素，企业可以把心理因素相似的消费者归纳成一个细分群体，有针对性地制定营销策略。

　　例如，在英国，能否亲手煮好一杯香浓的咖啡，被很多人看做是个人修养高低的判断标准，所以，在美国很受欢迎的速溶咖啡，在英国并不畅销。同样，在中国台湾随处可见、价格低廉的木瓜，在中国北方的餐厅里，却可以登上大雅之堂。所以，食品营销人员应该注意在消费者的生活方式和价值观念的细分中寻求市场良机。

著名的无锡大饭店也成功采用这种策略，针对不同国家的顾客，使用不同的广告宣传：对于欧美的顾客，宣传语是"古有大运河，今有大饭店"；对于日本顾客的宣传语是"唯一的日本人管理的饭店"；而对于无锡的本地市场，则是"无锡人自己的大饭店"。这三句不同的宣传语，是饭店从不同的角度出发，专门针对不同文化的人群。欧美顾客可能不知道无锡，但知道象征着中国古老文化的大运河，这种宣传语会引起他们浓烈的兴趣。日本人有着强烈的民族归属感和团体意识，对于他们"自己人管理的饭店"，当然会倍感亲切。而对无锡人的宣传语，则可以消除大饭店星级消费与无锡居民生活水准之间的距离感。正是由于成功运用这种定位政策，使无锡大饭店享誉中外，成为全国最佳星级饭店。

4. 行为因素

还可以根据消费者进入市场的程度、对品牌的偏好程度等变量，将市场细分为不同群体。比如根据消费者进入市场的程度，可以把消费者细分为三种：潜在的消费者、初次的消费者和常规的消费者。麦当劳通过对其咖啡厅的着力打造，特别是广告促销手段，把潜在的消费者转变为初次的消费者；再通过热情的服务和美味的快餐，把初次的消费者成功转化为常规的消费者。

根据消费者对品牌的偏好程度，可以把消费者细分为四个群体：绝对品牌忠诚者、多种品牌忠诚者、变换型品牌忠诚者和非忠诚者。如果一个市场中，"绝对品牌忠诚者"占的比重很高，那么这个市场其他的品牌就很难进入，企业的重点是做好客户维系工作。如果"变换型品牌忠诚者"占的比重较高，那么企业就应该认真分析消费者转换品牌的原因，调整营销组合，使这些消费者增强对品牌的忠诚度。如果"非忠诚者"占的比重较高，那么企业则应当对目标市场进行重新定位，以期在激烈的市场竞争中得到新顾客。

第二节　目标市场选择

目标市场，即指企业在市场细分的基础上，根据自身的资源、生产和技术等条件，评估自己的优势和劣势，为满足消费者现实和潜在的需求而确定的一个或几个细分市场。

一、评估食品细分市场

选择目标市场，首先就要分析评估各个细分市场，即对各个细分市场的结构吸引力、市场规模和增长率等方面的综合情况进行全面评估，然后遴选出最适合企业进入的目标市场。

1. 细分食品市场的结构吸引力

著名管理学家迈克尔·波特的"五种理论模型"理论认为，有五个因素可以决定一个细分市场长期盈利的潜力，这五个因素分别是：行业竞争者、潜在进入者、替代者、购买者和供应者。

一个细分市场如果已经具有许多有实力的竞争企业，那么该细分市场的吸引力就会下降，在该细分市场已经趋于饱和或者萎缩时尤其如此。潜在的进入者既包括目前尚未进入该细分市场的企业，也包括已经在该细分市场的同行，当该细分市场的进入障碍较低时，该细分市场的吸引力也会随之下降。替代品的价格越有吸引力时，该细分市场盈利的可能性就越低，则吸引力下降。购买者的压价能力越强，则该细分市场的吸引力越低。当供应者提高产品的价格，或者降低提供产品或者服务的质量时，该细分市场的吸引力也会随之降低。食品市场的结构吸引力，即是以上五个变量的函数，企业在选择目标市场时，对其进行认真分析，是非常重要的一个步骤。

2. 细分市场规模和增长率

这项评估主要是对细分市场是否具有适当规模和增长率进行研究。市场的规模大小是相对的，企业应该根据自己的资源和实力，选择适合自己的市场规模。另外，企业都希望目标市场的销量及利润具有良好的增长率，但这样的细分市场其他的竞争者也会迅速进入，从而使该细分市场的利润率和增长率下降。

3. 企业的目标和资源

对于一个寻找良机的企业来说，选择目标市场时还要考虑自身的目标和所拥有的资源。某些细分市场虽然具有吸引力，但如果与企业的长期目标不匹配，或者企业现有的人力、物力及财力资源不能满足该细分市场的要求，则只能放弃该市场。

二、选择食品目标市场

食品目标市场，是企业准备进入的细分市场。常见的进入目标市场的模式有以下 5 种。

1. 市场集中化

市场集中化是最简单的目标市场模式。企业只用一种单一的产品，来占领一个单一的细分市场，例如某糕点厂只生产儿童饼干。选择市场集中化的企业通常具有如下条件：该企业受资源及生产、技术能力所限，只能经营一个细分市场；企业在该细分市场具有从事专业化经营的优势；企业在该细分市场中的竞争对手所具有的优势比较小。

但这种模式具有较大的风险，当该细分市场萎缩或者有强大的竞争对手出现时，都会使公司陷入困境。

2. 产品专业化

产品专业化指企业集中生产一种产品，并且向各类顾客销售这种产品。如某糕点厂只生产一种咸味饼干，同时向各个收入阶层、身份和年龄的人群销售。这种生产的模式有利于企业专注于某一种产品的质量和生产，有利于树立企业形象的优势，其潜在风险是当该领域出现新的技术与产品时，企业会面临巨大的冲击，销售量有大幅度下降的危险。

3. 市场专业化

市场专业化指企业专门针对某一特定顾客群体而生产各种不同的产品。如某餐厅专门面向高收入的顾客群，提供在选材、营养搭配及烹制上精益求精的高档菜肴和酒水等。采用这种模式，企业专门为某一特定的顾客群服务，更容易维持长期稳定的关系，但当这类顾客的需求下降时，企业也会随之面临收益下降的危险。

4. 选择专业化

选择专业化指企业经过市场细分，选择若干适合企业发展的细分市场，并针对每个细分市场提供不同的产品与服务。采用这种模式的优点是可以有效分散企业的经营风险，即使某一细分市场经营失利也不会给企业的整体收益带来太大影响。采用这种模式要求企业具有较强的资源和营销的实力。

例如美国通用食品公司对旗下各种品牌的咖啡进行了市场细分，针对不同的目标顾客群，确定不同的产品特征。麦斯威尔·豪斯牌咖啡是一种面向大众的普通咖啡，作为一种家庭早点饮料而被大力宣传；不含咖啡因的桑卡牌咖啡则被定位为一种家用晚餐饮料；另外还有一种无咖啡因产品——布里姆牌咖啡，则最适合办公室白领饮用。通用食品公司通过明确定位目标顾客群，最大限度地满足顾客需求，获取其品牌忠诚度。

5. 市场全面化

市场全面化指企业生产各种产品去满足各个顾客群体的需求，也即企业所面对的是一个完整的需求市场，企业可以选择差异化营销，也可以选择无差异营销。一般而言，实力雄厚的大企业，比较乐于采取这种模式。

三、食品目标市场战略

通常食品企业可以选择的目标市场战略有三种：无差异性营销战略、差异性营销战略和集中性营销战略。

1. 无差异性营销战略

无差异性营销战略是指企业把一个整体的市场看做是一个大的目标市场，不再进行细分，而是以单一的营销组合手段，推出一种产品，用一种产品、统一的市场营销组合对待整体市场。

这种市场营销战略，企业在大量生产、大量销售的产品导向时代经常采用。比如在20世纪60年代前，美国的可口可乐公司一直奉行典型的无差异战略，以单一的品种、标准的瓶装和统一的广告宣传，成功地占领了非酒类饮料市场。

无差异性营销战略最大的优点是成本的经济性。只生产单一的品种及大规模的生产，必然可以降低产品的单位成本；单一的品种可以减少储存量，节约存货成本；无差异的广告宣传可以减少促销费用；由于不必进行市场细分，还可以减少市场调研、新产品开发研制以及制定实施营销组合策略的成本开支。

但无差异性营销战略的缺点也很明显，因为消费者的需求偏好极其复杂，某种产品受到市场普遍欢迎的情况很少，个性化需求时代已经到来，而无差异策略忽略了这种差异性的需要。如果同一市场中的竞争企业都采取这种战略，那么就会造成市场的某个局部竞争激烈，可能会导致两败俱伤。

2. 差异性营销战略

差异性营销战略是指企业在市场细分的基础上，根据企业的资源和实力，选择若干细分市场作为自己的目标市场，并分别为各个不同的细分市场生产不同的产品，采取不同的营销战略。

差异性营销战略最大的优点是可以有针对性地满足具有不同偏好的顾客群，能够有效提高产品的竞争能力，提高市场占有率，降低企业的经营风险。

差异性营销战略也存在着一定的局限性，主要是成本比较高。由于产品的品种增多、研发费增高、销售渠道更广、广告宣传更多样化，导致市场营销费用大幅度增加。

过度细分市场会导致企业的营销成本上升，而总收益减少。对于消费者来说，从20世纪70年代以来，能源危机和整个资本主义市场不景气，消费者的可支配收入有所下降，人们在购买时开始更加注重产品的性价比，于是，"反细分化"理论开始出现。营销学者和企业家们认为，市场细分并不是越细越好，而应该从成本和收益的比较出发，对市场进行细分。

最近几年，我国的乳品行业通过多次市场细分，在酸奶的品种上不断推陈出新。光明乳业2008年推出的"汉方草本酸奶"分为"养元"、"泌凉"和"润颜"三个品种，在酸奶中打出中药概念，引起了消费者的关注。此外市场上还有多种加入红枣、沙棘、枸杞等的功能性酸奶，加入各种水果丁的搅拌型果料酸奶，加入果酱的搅拌型果酱酸奶，以及加入各种天然色素和香精的果味酸奶、五谷酸奶等。需要注意的是，尽管酸奶市场是一个很大的消费者市场，许多的细分市场也很成功，但细分并不是成功的法宝，创新没有尽头，消费者能够接受的产品却是有限的。对于市场细分，一定要进行反复的调研论证和谨慎的分析预测，否则可能会导致企业不仅达不到预期收益，甚至得不偿失。

3. 集中性营销战略

集中性营销战略也称为密集性市场营销战略，是指企业选择一个或者几个细分市场作为目标市场，开发相应的营销组合，实行集中营销。

集中性营销战略与无差异性营销战略具有本质的不同，无差异性营销战略是把产品的整体市场看做目标市场，只生产单一产品；而集中性营销战略不是面对整体市场，而是集中企业资源优势，通过实行专业化的生产而充分满足某些细分市场的要求。集中性营销战略，不是为了追求大市场中较小的市场占有率，而是要在少数或者较小的目标市场中得到较大的市场份额。

集中性营销战略的优点是可以集中企业优势，寻找并占领市场缝隙，以避开激烈的市场竞争。此外，高度的专业化可以满足消费者的特定需求，也可以使企业保持较高的利润率。

集中性营销战略的缺点在于企业承担的风险比较大。如果目标市场中消费者的需求忽然发生改变，或者市场上强大的竞争对手出现，都有可能致使企业陷入困境。

四、选择目标市场营销战略的条件

食品企业在选择目标市场时，应该在综合考虑各方面的条件因素以后才能做出决策。

1. 企业实力

企业实力是指企业在资金、生产、技术、销售、营销等方面的综合力量的总和。通常实力雄厚的企业可以选择差异性营销战略或者无差异性营销战略。如果企业实力有限，无力兼顾更多的市场，则适宜选择集中性营销战略。

2. 产品同质性

产品的同质性主要表现在一些未经过加工的初级产品上，如钢铁、食盐和石油等。虽然产品在品质上或多或少存在着一些差异，但顾客一般不加以重视或难以进行区分。对于这类产品，没有必要采用差异性营销战略或者集中性营销战略，企业通常会选择无差异性营销战略。然而除此以外的大部分产品都存在性能和品质上的差异，对于这类异质性产品，企业适合采用差异性营销战略或者集中性营销战略。

3. 产品生命周期

一种产品在不同的生命周期中，其被消费者接受的程度、市场竞争程度及营销渠道都是不同的。由此新产品在导入阶段及成长期前期，由于市场竞争者较少，消费者对产品的认知不足，企业适合选择无差异性营销战略；当该产品进入成长期的后期和成熟期，竞争加剧，同类产品增加，企业继续采用无差异性营销战略难以奏效，为使自己的产品区别于竞争对手，适合采用差异性营销战略或者集中性营销战略。而当产品进入衰退期时，市场需求逐渐减少，企业如继续采用差异性营销战略，会加大产品成本，增加企业负担，这时适合采用集中性营销战略，以最大程度地保住企业利润。

4. 市场差异性

市场差异性是指各细分市场中，消费者对于企业所采取营销刺激的反应是否具有明显差异。如果消费者的需求、偏好较为接近，对企业的营销刺激反应差异不大，企业就不必采取需要更多资源投入的差异性营销战略及集中性营销战略，而适合选择无差异性营销战略。否则应选择差异性营销战略或者集中性营销战略。

5. 竞争对手的战略

如果竞争对手采用无差异性营销战略，那么适合选择差异性营销战略或者集中性营销战略，以区别于对手的产品，迅速开拓市场，提高企业的竞争能力。如果竞争对手已经采用差异性营销战略，那么企业应该对市场进行进一步的细分，选择差异性营销战略或者集中性营销策略。

例如国内已经被细分的方便食品市场，有一家企业经过调研发现，对于塑料袋包装的食品，产品大多在袋子一侧刻出一个三角形的小口；对于铝塑袋包装的食品，则采用在袋口边切出一排尖角的方式，便于消费者撕开包装。这类包装共同存在的问题就是难以撕开整齐的开口，内容物容易撒落。经过对包装的细分，该企业摆脱了单一的设计方式，研究出使用激光刻痕机在袋子上方刻出一条浅浅的划痕，这样消费者很容易就能撕出一条整齐的切口。对于需要多次食用的方便食品的存放，采用塑料"拉链"与刻痕技术相结合，则给需要再封包装的食品提供真正的便利，这种差异性营销战略使产品迅速打开市场，取得了较大的市场份额。

第三节 市场定位

企业经过市场细分，选择了最适合自己的目标市场，确定了目标营销策略以后，所面临的问题就是选定本企业产品的特色和独特形象，这就是进行市场定位，只有进行准确的定位，才能使企业在竞争中处于有利地位。

一、定位的概念和方式

1. 市场定位的概念

市场定位也即产品定位，是根据同类产品在目标市场上的竞争情况，针对顾客对产品某些特征或者属性的重视程度，塑造出本企业产品与众不同的鲜明个性或形象，并传递给目标顾客，求得顾客的认同，使该产品在细分市场上占有强有力的竞争位置。

"定位"（positioning）一词，是由美国两位广告经理人艾尔·里斯（Al Reis）和杰克·特劳斯（Jack Trout）于1972年在《广告时代》发表的文章中提出的。他们对于定位的解释是：定位起始于产品，一件商品、一项服务、一家公司、一个机构，甚至是一个人。定位并不是说对产品本身做什么，而是对潜在顾客的心理采取的行动。菲利普·科特勒对定位的定义是："定位就是对企业的产品进行设计，从而使其能在目标顾客心目中占有一个独特的、有价值的位置的行动。"

"定位"这一概念被广泛应用于营销理论之后，衍生出来许多专门的术语，"市场定位"就是其中使用频率较高的一个。市场定位能够帮助食品企业确认竞争地位，制定竞争策略。通过市场定位，食品企业能够发现竞争各方的优势与劣势；通过市场定位，食品企业还能够进一步明确市场目标和竞争对手。

2. 市场定位的方式

在激烈的市场竞争中，根据与其他竞争对手之间的关系，企业可以选择的定位方式主要有三种。

（1）避强定位　食品企业为了能在目标市场上迅速站稳脚跟，通常会选择避开强有力的竞争对手。这种定位方式的经营风险比较小，被多数企业所采用。

（2）迎头定位　食品企业选择与目标市场上实力最强的对手进行竞争，这种定位的市场风险很大，但一旦成功，就会取得巨大的市场份额。比如在快餐市场上，肯德基与麦当劳一直展开着激烈的竞争；在碳酸饮料市场上，可口可乐与百事可乐之间多年来也在持续地争斗。上海的荣华鸡在与洋品牌肯德基竞争时，也采用了这种策略。肯德基在北京前门刚立足，荣华鸡马上在它附近开设分店，争夺市场份额。由于竞争双方所提供的产品及营销组合策略非常类似，选择迎头定位，不可避免会导致激烈的竞争，由此企业必须谨慎地估计自己和对方的实力，以避免使自己陷入绝境。

（3）重新定位　如果目标市场的消费者对产品不认可，或者消费者的需求发生了重大变化，企业就需要对产品进行重新定位，以摆脱困境，重新获得生机。

万宝路曾经将香烟定位于女性吸烟者，其广告口号是"像五月的天气一样温和"，但从1924年品牌创建直到20世纪50年代，一直少有问津。后来，万宝路的创立者菲利普·莫里斯公司开始考虑重新定位，最后决定以形象粗犷的西部牛仔广告重塑万宝路形象。事实证明，这次重新定位是非常成功的。1968年，其市场占有率上升到全美国第二位。现在万宝路每年在世界上销售的香烟超过3000亿支，要用5000架波音707飞机才能装完，万宝路已经成为美国文化的一部分。

此外，当企业产品的销售范围扩大或发生变化时，也需进行重新定位。比如，本来专为儿童设计的一种零食"珍珠陈皮"，因为味道好还能帮助消化，在儿童市场销量很好，而现在又有了新的顾客，许多女性消费者因为这种零食还能帮助减肥而喜欢食用，这时就需要对该产品进行重新定位，以占领更大的消费市场。

二、食品市场定位的步骤

食品市场定位主要通过三个步骤来实现。

1. 识别潜在竞争优势

市场定位的基础即是需要识别出潜在的竞争优势，这就需要清楚地了解目标顾客的需求和偏好。食品企业的竞争优势主要来自两个方面：成本优势和产品的差别化优势。成本优势是指企业能够在同等条件下，产品定价比竞争者更低；产品的差别化优势是企业能向目标顾客提供在质量、功能、外观上比竞争者更优良的产品，即产品的功能和利益能与顾客的需求相适应。为了达到这个目标，食品企业首先需要进行细致的市场研究，切实了解目标顾客的需求及这些需求被满足的程度。其次，还要研究竞争者的优势和劣势，并以此对竞争者进行评估。评估主要分为三个方面：一是竞争者的业务经营情况，如近年来的市场份额、利润率、销售额等；二是竞争者的核心营销能力，主要包括产品质量和服务质量的水平；三是竞争者的资金实力，即获利能力、资金周转能力等。

2. 企业核心竞争优势的定位

食品企业的核心竞争优势是指与其他竞争对手相比，在研制开发、服务质量、销售渠道、品牌形象等方面所具有的明显优势。

3. 制定能够充分发挥竞争优势的战略

食品企业在确定市场定位以后，其核心能力与竞争优势，还必须通过制定实施明确的市场战略来加以体现。比如要大力开展广告宣传，把企业的核心优势传导给目标顾客。同时在宣传中还要注意避免因宣传不当而在公众中产生误解，如传导的目标定位过高或者过低、定位含混不清等都是宣传上的失误所致。

三、市场定位战略

在确立目标市场以后，食品企业要取得产品在目标市场上的竞争地位和优势，开拓和占领目标市场，就必须努力实现差别化战略，并做出准确具体的市场定位决策。

1. 产品差别化战略

产品差别化战略是从产品的质量、特征、性能等方面实现差别，这是差别化战略经常使用的手段。某些产业尤其是高新技术产业，如果能够掌握最尖端的技术，并率先推出具有较高价值和创新性能的产品，就能拥有竞争的优势地位。法国的依云矿泉水，其源头是雄伟的阿尔卑斯山，据说高山融雪和山地的雨水经过天然过滤及冰川砂层的矿化，15年后才能形成依云水。由于依云水具有得天独厚的优势，所以能拥有高达10%以上的全球市场占有率。

2. 服务差别化战略

服务差别化战略是向目标顾客提供不同于竞争者的优质服务，由此形成企业的竞争优势。企业的服务水平越高，服务的差别化就越明显。通过实施服务差别化战略，可以增强与顾客的牢固关系，从而提高顾客购买产品或服务的总价值，就可能建立起其他潜在竞争者的进入壁垒，并击败该目标市场的竞争者。

当产品的异质化比较明显时，产品差别化战略应该更为有效。但是随着竞争者之间的产品差别越小，差别化战略的空间也会越小。尤其在市场趋向饱和时，产品的同质化越发比较明显而易于模仿，再加上顾客对于服务水平的关注，使得服务的差别化往往成为顾客购买取向的决定性因素，因此在服务环节打造差异化特征成为维持企业竞争优势的选择途径。

比如作为火锅餐厅，在产品上很难进行差异化，通常都是把经过粗加工的各种原材料放进锅里煮。国内绝大多数火锅店在顾客最后要求吃面条时，一般都是使用加工成束的面条，但有一家全国连锁的火锅餐厅不会直接给顾客端上面条，而是请上一位拉面师傅，表演用一根面拉出各种花样，直到周围顾客响起赞叹的掌声，才把新拉成的面条切好呈送给顾客。这项新特色甫一推出，便吸引了许多顾客慕名而来，可见食品企业强化服务的差别化，是延续并加深顾客感情、占据目标市场行之有效的方法。

3. 人员差别化战略

人员差别化优势是通过聘用和培训比竞争者更为优秀的人员以获取竞争优势。市场竞争归根到底是人才的竞争，服务质量的好坏与人员素质有相当重要的关系。比如一家西餐厅面对激烈的市场竞争，始终保持着较高的利润和顾客回头率，就是因为培训了一批高素质的员工。该西餐厅要求每个员工都能够为顾客提供个性化服务，既不但需要掌握熟练的工作技能，同时还应具备丰富的文化知识、出色的沟通能力以及细致的观察和快速的应变能力，并以自己真诚的服务感动顾客，从而使顾客对这家餐厅留下美好的印象。

4. 形象差别化战略

形象差别化战略是指企业在产品的核心部分与竞争者类同的情况下，塑造不同的产品形象以获取差别优势。企业要想成功地塑造形象，就要有创造性的设计，并将该设计通过持续的宣传工具，与该企业的文化融为一体。"农夫山泉有点甜"这句广告语，让人联想到了千岛湖无污染的天然水质，从而得到广大消费者的认可，使农夫山泉的瓶装水销量跃居国内第一位。无论是在纽约、巴黎还是上海，麦当劳的金色"M"拱形门的形象标志，都会使路途中的旅人立刻想到麦当劳温暖舒适的店堂、热情的服务和新鲜的汉堡。这些都是非常成功的形象设计。

［拓展阅读一］　百事可乐的差异性营销战略

可口可乐是世界上最畅销的软饮料之一，自1886年问世以来，可乐瓶型固定、容量少、几十年一贯制，一直奉行无差异市场策略，其广告语"请喝可口可乐"使用至今。百事可乐公司创建于1898年，比可口可乐公司整整晚了12年，但是，百事公司敢于同强手一比高下，积极实施创新战略、差异化战略，不断提升企业核心竞争力。百事可乐在业界首先推出2升瓶装，并率先挑起价格大战（其广告语是"一样价格，双重享受"），通过让消费者得到更大实惠，成功地夺走了可口可乐在美国消费者中的相当一部分市场。同时，百事可乐还不断改进包装，相继为美国消费者推出新的25罐纸板包装的"方块"百事可乐；12盎司装开瓶后可再封瓶的"小百事"；8盎司罐装的迷你百事以及促销特卖的1000毫升瓶装"大开口"百事可乐。在百事可乐发起的凌厉攻势中，可口可乐被逼得走投无路，因为他们不可能轻易改变瓶装量，除非下决心丢弃10亿个左右的6.5盎司的瓶子；也不能降低售价，因为市场上已有数十万台用5美分硬币投币购买的冷饮购买机无法改造。有人预言，未来的世纪，将是运动、健康和休闲的世纪。从1955年到1960年，百事可乐主动发起广告大战，用全新的创新争取自己的目标顾客。经过严密认真的市场调查后，百事可乐公司果断地将"新一代的美国人"作为自己的目标顾客，并展开了针锋相对的"百事时代"广告大战。

这一系列营销广告不仅迎合了青年一代充分显示自己朝气蓬勃、富于青春活力、做时代先锋的愿望，也迎合了年轻人追求时尚、摆脱传统的心理，同时极大地吸引了那些不甘心"衰老"的中老年人，他们渴望展示自己仍然具有的青春风采，也要喝充满活力的百事可乐。一系列广告宣传产生了轰动的从众效应，喝百事可乐成为美国的时尚。鲜明的广告主题使百事可乐成功地贴近了青少年消费群体，拉近了与顾客的距离。随着广告片的播放，百事可乐的销量扶摇直上，取得了空前佳绩。

在百事可乐诞生 92 周年时，百事可乐终于赶上了竞争对手。1990 年，两大"可乐"平分秋色，各占一半市场。实践证明，创新是竞争挑战者的利器。企业竞争能力的关键是创新能力，只有创新才能使弱小企业形成与众不同的差异。

摘自：卢万强，《食品营销学》，化学工业出版社

[拓展阅读二]　　　Pampero 番茄酱"小"定位成就大品牌

西方人一般都爱吃番茄酱，委内瑞拉人由于受到了美国的"文化熏陶"，也逐渐放弃了他们食用了几千年的"土著食品"，开始迷恋上了番茄酱。

Pampero 番茄酱是委内瑞拉的一个大品牌，做得非常成功，是委内瑞拉重要的经济支柱。随着国家市场对外的开放，亨氏、德尔蒙等世界级番茄酱品牌陆续进入委内瑞拉，很快将 Pampero 踢出了第一阵营。

西红柿实在是没有什么不同的特性，你用的原料是西红柿，我用的也是西红柿，如此看来，给番茄酱定位，似乎是一件很难的事。Pampero 公司要如何捍卫本土市场，才能避免遭到这些大品牌的颠覆呢？

一个偶然的机会，Pampero 公司发现它的番茄酱与亨氏、德尔蒙这些国际大品牌的颜色不太相同。通过调查他们了解到，这是制作方法的原因：那些大品牌在自动处理生产线上直接把番茄砸碎做成酱；而 Pampero 公司在搅碎之前，则要把番茄逐个进行人工去皮。

这个过程非常耗时耗力，Pampero 公司之所以能够这样大方地"不计成本"，得益于发展中国家人力成本相对较低的优势。但这种优势并不可靠，Pampero 公司不能把这个当成自己的唯一优势，因为跨国公司同样可以在发展中国家设厂，甚至不用设厂而通过寻找和扶持当地的代理工厂，来达到同样的低成本制造。

于是，Pampero 公司打算引进不去皮的自动化生产流程，以使企业告别落后的生产方式，迈向现代化制造的门槛。但它必须要这么做吗，非得要跟在别人后面"跑龙套"吗？

Impossible is nothing（凡事无绝对），其实 Pampero 可以把生产效率低下的"劣势"，转化成营销上的"优势"，其方法就是定位——在消费者心智中建立品牌的差异性地位。

导致 Pampero 公司效率低的独特的制作方法——手工剥皮，本身就蕴含着一个定位——最高级的番茄酱。

因为随着科技的不断发展，人们越来越渴望回归自然，体味"原始"的美好。因此，Pampero 不必急着制订什么现代化计划，而应该坚持自己的特色——纯手工去皮。这是一个多么诱人的字眼！

当然仅有这样一个理念还远远不够，任何一个定位，都需要有效的支持点，以求让消费者相信这个定位。发展中国家的人们通常认为进口品牌会更高级，所以 Pampero 公司最重要的工作，是要让消费者亲自感受并认同这个用原始方法制作的番茄酱才是最高级的。

为此，Pampero 公司制定了一套传播方案，以其独特的制作方法与颜色作为有力的定位支持点。用去皮后的西红柿制成的番茄酱更加干净卫生，色泽更明丽，口感也更鲜美。

由此，Pampero 公司推出了这样一则广告：我们采用精心挑选的番茄为原料，并手工去皮，运用这种传统的纯手工工艺（而不是用冷冰冰的机器），制作出最高级的番茄酱——Pampero！您可以从 Pampero 番茄酱与众不同的颜色与口味中，发现它与众不同的价值。

正是运用这种独特制作方法的定位，以卫生水准、颜色、口感为支持点，使 Pampero 以最高级的番茄酱的姿态成功地狙击了亨氏、德尔蒙这些国际大品牌在委内瑞拉的扩张，重返了国内老大的交椅。

摘自：刘军，《定位定天下》，http：//www. boraid. com/DARTICLE3/list. asp? id＝134507

第八章 食品营销的产品策略

在现代市场经济条件下，产品是企业一切生产经营活动的核心。企业的成功与发展关键在于产品能在多大程度上满足消费者的需要，企业采取的任何竞争战略和策略，都是围绕着如何快速、有效、便利地提供满足消费者的产品而进行的。食品企业如何认识现有产品、开发新产品、改进和完善产品性能，制定合理的产品组合策略和相应的品牌策略，并根据产品在市场上的生命周期状况运用各种营销策略，既是占领市场的需要，也是食品企业合理、顺利经营的根源和基础。

第一节 产品的整体概念与产品组合策略

一、产品整体概念的含义和意义

1. 产品整体概念的含义

产品是指能够提供给市场以满足需要和欲望的任何东西，包括实物、服务、地点、组织、创意、人员等。从营销学的意义上讲，产品的本质是一种满足消费者需求的载体，是提供给市场，能够满足消费者或用户某一需求和欲望的任何有形物品和无形服务。有形物品包括产品实体及其品质、特色、式样、品牌和包装等，无形服务包括可以给消费者带来附加利益的心理满足感和信任感的服务、保证、形象和声誉等。在现代市场营销学中，产品概念具有极其宽广的外延和深刻的内涵，即产品整体概念，简而言之是指向市场提供能满足人们需要和利益的物质产品和非物质形态的服务，包括核心产品、形式产品、期望产品、延伸产品和潜在产品等五个层次的内容（如图8-1所示）。

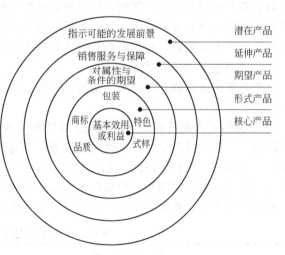

图 8-1 产品整体概念的五个层次

（1）核心产品 核心产品是指产品能够提供给购买者的基本效用或益处，是消费者购买某种产品时所追求的利益，是顾客真正要买的东西，因而在产品整体概念中也是最基本、最主要的部分。比如，人们购买麦当劳食品是为了充饥，而并非为了占有或获取麦当劳食品的本身；买可口可乐是为了解渴，而并非为了获得瓶子内的碳酸饮料。因此，营销人员向顾客销售的任何产品，都必须具有反映顾客核心需求的基本效用或利益。

（2）形式产品 形式产品是产品在市场上出现时的具体物质外形，它是产品的形体、外壳。形式产品由五个特征构成，即品质、式样、特色、包装及商标。例如，平时简单包装的蛋糕，到节日时必须改为礼品包装才能满足购买者的特别需求。产品的基本效用必须通过特定形式才能实现，营销人员在满足消费者所追求的利益时，必须考虑形式产品的设计，以达到与核心产品的统一。

（3）期望产品　期望产品是指顾客购买产品时期望得到的东西。它实际上是指一整套属性和条件。例如，对于快餐店的客人来说，期望的是美味、卫生、安全的食品和舒适的就餐环境。营销者应经常调查和研究消费者对提供食品及服务的抱怨和提出的新要求。

（4）延伸产品　延伸产品又称附加产品，是指顾客购买有形产品和期望产品时所获得的全部附加服务和利益，包括提供产品说明书、信贷、免费送货以及质量保证、技术培训、售后服务等。例如，在日本超市卖的芒果一般一盒里放四个并附上说明书，这四个芒果的颜色都不一样，看了说明书就会知道今天应吃哪个，明天吃哪个芒果并详细提示吃芒果的技巧。附加产品的概念来源于对市场需要的深入认识。因为购买者的目的是为了满足某种需要，因而他们希望得到与满足该项需要有关的一切。不同企业提供的同类产品在核心产品、形式产品和期望产品层次上越来越接近，企业要赢得竞争优势，应着眼于比竞争对手提供更多的附加利益。

食品企业在附加产品的设计时应该注意以下三点。

① 附加产品所增加的成本是顾客愿意承担也承担得起的。

② 附加产品给予顾客的利益将很快转变为顾客的期望利益，食品企业应根据顾客期望利益需要不断改进延伸产品。

③ 在重视附加产品的同时，要考虑顾客差异性需要，生产一些确保核心产品、减少附加产品的廉价产品，以满足低收入消费者或实惠型消费者的需要。

（5）潜在产品　潜在产品是指现有产品包括所有附加产品在内的可能发展成为未来最终产品的潜在状态的产品。例如，随着营养科学和医学科学的发展，原来的一般营养农畜产品就会变成保健食品或者药用食物。如果说附加产品包含着产品的今天，则潜在产品指出了它可能演变趋势和前景，对于企业及时开发新产品有重要意义。

2. 产品整体概念的意义

产品整体概念的五个层次，清晰地体现了以顾客为中心的现代营销观念，它对企业经营有着重大意义。

① 指明了产品是有形特征和无形特征构成的综合体（见表 8-1）。为此，一方面企业在产品设计、开发过程中，应有针对性地提供不同功能，以满足消费者的不同需要，同时还要保证产品的可靠性和经济性。另一方面，对于产品的无形特征也应充分重视，因为，它也是产品竞争能力的重要因素。产品的无形特征和有形特征的关系是相辅相成的，无形特征包含在有形特征之中，并以有形特征为后盾，而有形特征又需要通过无形特征来强化。

表 8-1　产品的有形特征和无形特征

有　形　特　征		无　形　特　征	
物质因素	具有营养成分、物理性能	信誉因素	知名度、偏爱度
经济因素	效率、饮用效果	保证因素	"三包"和交货期
时间因素	耐用性、使用寿命	服务因素	运送、培训、饮食环境
操作因素	灵活性、安全可靠		
外观因素	体积、重量、色泽、包装、结构		

② 产品整体概念是一个动态的概念。随着市场消费需求水平和层次的提高，市场竞争焦点不断转移。很多消费者购买商品已经不仅仅是在购买"用的东西"，他们对产品提出了更高要求，如时尚、健康、安全、方便、身材苗条等。为适应这样的市场态势，产品整体概念的外延处在不断再外延的趋势之中。当产品整体概念的外延再外延一个层次时，市场竞争又将在一个新领域展开。

③ 对产品整体概念的理解必须以市场需求为中心。产品整体概念的五个层次，清晰地

体现了一切以市场要求为中心的现代营销观念。可以说，产品整体概念是建立在"需求＝产品"这样一个等式基础之上的。衡量一个产品的价值，是由顾客需求决定的，而不是由生产者决定的。没有产品整体概念，就不可能真正贯彻现代营销观念。

④ 产品的差异性和特色是市场竞争的重要内容，而产品整体概念五个层次中的任何一个要素都可能形成与众不同的特点。食品企业在产品的效用、包装、外观、烹调、培训、品牌、形象等每一个方面都应该按照市场需要进行创新设计加工。

⑤ 把握产品的核心产品内容可以衍生出一系列有形产品。一般来说，有形产品是核心产品的载体，是核心产品的转化形式。这两者的关系给人们这样的启示，把握产品的核心产品层次，产品的结构、包装、特色等完全可以突破原有的框架，由此开发出一系列新产品。

二、产品组合及其策略

（一）产品组合及其相关概念

通常情况下，一个企业不可能只经营单一产品，更不可能经营所有的产品，同时，企业还要考虑所经营产品之间的协调。为解决食品企业经营产品的量与度、产品之间的结构等问题，使产生了产品组合的一系列问题。所谓产品组合是指一个企业生产或经营的全部产品线、产品项目的组合方式，即企业的业务经营范围。它包括四个变数，即宽度、长度、深度和密度。

1. 产品项目

产品项目是指同一类产品系列中不同品种、规格、质量和价格的特定产品。它是企业产品目录上列出的每一个产品，是产品线的具体组成部分。

2. 产品线

产品线是指产品组合中的某一产品大类，是一组密切相关的产品。

3. 产品组合的长度

产品组合的长度指产品组合中产品项目的总数，以产品项目总数除以产品线数目即可得到产品线的平均长度。一个企业如果增加其产品组合的长度，一则可以充分利用企业的资源，摊销费用，满足更多消费者的需要；二则可以扩展企业的品牌，提高企业的竞争力和经济效益。

4. 产品组合的宽度

产品组合的宽度指产品组合中所拥有的产品线的数目。企业增加产品组合的宽度，有利于扩大经营范围，发挥企业特长，分散经营风险，提高经济效益。

5. 产品组合的深度

产品组合的深度指一条产品线中所含产品项目的多少。企业增加产品组合的深度，可以充分利用已有的产品线，集中企业资源使生产更加专业化，从而不断提高产品质量，来吸引更多的消费者，占领更多的细分市场。

6. 产品组合的密度

产品组合的密度也叫产品组合的相关性，是指各条产品线在最终用途、生产条件、分配渠道或其他方面相互关联的程度。例如，从最终使用上看，专业商店产品组合的相关性较强，而百货商店产品组合的相关性较松。相关性的高低通常依据观察的角度不同而不同，有时在生产上的相关性很高，但从消费者的使用上来看则相关性很低。

（二）产品组合策略

产品组合策略是指企业根据自身的营销利润目标，对其产品组合的广度、长度、深度和密度进行的最佳组合策略。企业在进行产品组合时应遵守两个原则：一是要有利于促进市场销售；二是要有利于增加企业的目标总利润。企业在进行产品组合策略时，可根据具体情况选择如下策略。

1. 扩展产品组合策略

扩展产品组合策略包括开拓产品组合的广度和加强产品组合的深度两个方面。开拓产品组合的广度是指增加一条或几条产品线，扩大产品的经营范围。当企业预测现有产品线的销售额和盈利率在未来几年要下降时，就应考虑在原产品组合中增加新的产品线或加强其他有发展潜力的产品线，弥补原有产品线的不足。加强产品组合的深度是指在原有产品线内增加新的产品项目。当企业打算增加产品特色，或为更多的细分市场提供产品时，可选择在原有产品线内增加新的产品项目，扩展产品组合，可以使企业充分利用现有的人力、物力、财力资源，有助于企业避免风险，增强竞争能力。

2. 缩减产品组合策略

企业从产品组合中剔除那些获利小的产品线或产品项目，集中资源经营那些获利最多的产品线或产品项目，称为缩减产品组合策略。这种策略一般是在市场不景气，特别是原料和能源供应紧张时采用。使用这种策略有利于企业更合理地分配资源，集中优势力量生产和经营那些企业擅长、有优势、竞争力强的高利产品，但同时，由于投资过于集中，也相应地增加了经营的风险性。采用这种策略时应当注意，不能消极地缩减，应是积极地缩中有胀，以退为进，变被动为主动。

3. 产品线延伸策略

产品线延伸是指通过增加产品档次，将产品线加长，目的是全部或部分地改变企业原有产品的市场定位。具体做法有如下三种。

① 向下延伸　这种策略是把企业原来定位于高档产品市场的产品线向下延伸，在高档产品线中增加低档产品项目。它主要适用于当企业的高档产品在市场上受到严重威胁，销售增长趋于缓慢时；或者企业为了利用高档名牌产品声誉，吸引购买力水平低的顾客慕名购买产品线中的低档产品时，或为了以较低档的产品填补产品线的空缺，以防止新的竞争对手乘虚而入时。但实行这种策略也会给企业带来一定的风险，如处理不慎，很可能影响企业原有产品的市场形象及名牌产品的市场声誉。同时，这种策略必须辅之以一套相应的营销策略，如对销售系统的重新设置等，所有这些将增加企业的费用开支。

② 向上延伸　即原来定位于低档产品市场的企业，在原有产品线内增加高档产品项目，使企业进入高档产品市场。企业实行这一策略的原因有：高档产品市场具有较大的潜在成长率和较高利润率；企业的技术设备和营销能力已具备进入高档产品市场的条件；企业要重新进行产品线定位，想通过增加高档产品来提高整个产品线的市场形象。采用这一策略，企业也要承担一定的风险，因为改变产品在消费者心目中的地位是相当困难的，处理不当，不仅难以收回开发新产品项目的成本，还会影响老产品的市场声誉。

③ 双向延伸　即原定位于中档产品市场的企业掌握了市场优势后，决定向产品线的上下两个方向延伸，一方面增加高档产品，另一方面增加低档产品，扩大市场阵容。

4. 产品线现代化策略

这一策略强调把现代科学技术应用到生产过程中去。有时虽然企业产品组合的长度、宽度都非常适宜，但产品线的生产形式却可能已经过时，这就必须对产品线实施现代化改造。这种改造可采取两种方式实现：一是逐渐更新，二是全面更新。逐渐更新可以节省资金耗费，但缺点是竞争者容易洞察本企业的意图，并有充足的时间采取措施与之对抗；而一次全面更新虽然在短时期内耗费资金较多，却可以减少竞争者。

第二节　产品周期理论与新产品开发

一、产品周期理论

（一）产品市场生命周期的概念

一种产品进入市场后，它的销售情况和获利能力会随着时间的推移而改变，呈现出一个由少到多再由多到少的过程，就如同人的生命一样，由诞生、成长到成熟，最终走向衰亡。所谓产品市场生命周期（product life cycle，PLC），是指产品从进入市场开始，直到最终退出市场为止所经历的市场生命循环过程。产品市场生命周期的长短受消费者需求变化、产品更新换代速度等多种因素的影响。产品只有经过研究开发、试销，然后进入市场，它的市场生命周期才算开始。产品退出市场，则标志着产品市场生命周期的结束。产品市场生命周期与产品的使用寿命概念不同，市场营销学所研究的是产品市场生命周期。一般来讲，以销售量和利润额的变化来衡量和区分产品市场生命周期的循环过程。

（二）产品市场生命周期的阶段划分

典型的产品市场生命周期可分为四个阶段，即引入期、成长期、成熟期和衰退期，如图8-2、图 8-3 所示。引入期是指在市场上推出新产品，产品单位成本高，产品销售量呈缓慢增长状态的阶段。成长期是指产品在市场上迅速为顾客所接受，销售额迅速上升，产品单位成本减少的阶段。成熟期是指大多数购买者已接受该项产品，市场销售量缓慢增长或下降的阶段。衰退期是指销售额急剧下降、利润趋于零的阶段。

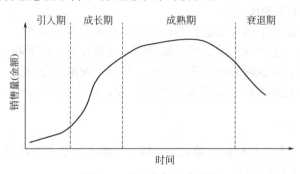

图 8-2　产品市场生命周期

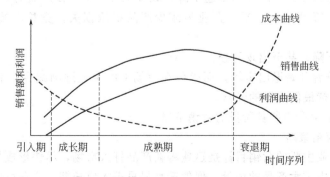

图 8-3　产品市场生命周期与销售、利润及成本曲线的关系

（三）产品市场生命周期各阶段的特征

1. 引入期

引入期是新产品进入市场的最初阶段，其主要特点如下。

① 制造成本高　新产品刚开始生产时，技术尚不稳定，不能进行批量生产，次品率也比较高，因此导致制造成本较高。

② 营销费用大　新产品刚刚进入市场，顾客对其性能、质量、款式、价格特征等尚不了解，为了迅速打开销路，需要大量的广告宣传，促销、分销费用较高。

③ 销售数量少　新产品刚投入市场，不为顾客所了解，销售渠道也难以立即打开，因此销售量很少，增长也缓慢。

④ 利润低，甚至亏损　新产品由于销量少，而成本和费用高，因此利润较少甚至出现经营亏损。

⑤ 竞争不激烈　新产品刚进入市场，生产者较少，竞争尚未开始。

2. 成长期

产品经过引入期以后，市场销路已经打开，企业开始批量生产，销售量逐渐增长，这时新产品就进入了成长期。这一阶段的主要特征如下。

① 产品已定型，技术工艺比较成熟。

② 顾客对商品已经比较熟悉，市场需求扩大，产品分销渠道也已建立，销售量迅速增加。

③ 生产和销售成本大幅下降，利润增长较快。

④ 竞争者相继加入市场，竞争趋向激烈。

3. 成熟期

产品经过成长期销售量迅速增长的一段时间以后，销售量的增长会缓慢下来，从而进入成熟期。这一时期的主要特征如下。

① 销售量增长缓慢处于相对稳定状态，并逐渐出现下降的趋势。

② 生产批量很大，生产成本降低到最低程度，价格开始有所下降。

③ 竞争十分激烈，很多同类产品进入市场，开始出现价格竞争。

④ 激烈的竞争使企业的广告促销费用增加，库存产品开始积压，资金周转速度缓慢，利润开始下降。

4. 衰退期

在成熟期的后期，产品的销售开始急剧下降，利润水平也不断降低，这时产品开始进入衰退期。衰退期的主要特征如下。

① 产品销售量由缓慢下降变为迅速下降，顾客也失去了对该产品的兴趣。

② 产品价格已降到最低水平。企业为减少产品积压损失，竞相大幅度削价处理库存商品。

③ 利润明显下降，甚至出现亏损。

④ 大量的竞争者开始退出市场，而尚留在市场上的企业逐渐减少产品附加服务、削减促销费用等，以维持最低水平的经营。

（四）产品市场生命周期各阶段的营销策略

1. 引入期的营销策略

在引入期，企业主要的营销目标是迅速将新产品打入市场，尽快形成批量生产能力，并在尽可能短的时间内扩大产品的销量，促使产品尽早进入成长期。企业可以采取以下策略：

① 快速掠取策略　即采用高价和高促销方式推出新产品，以求迅速扩大销售量，取得比较高的市场占有率。实施这一策略，必须具备一定的市场条件，如市场有较大的需求潜力；目标顾客求新心理强，急于购买这种产品，并愿意按标价购买；企业面临潜在的竞争威胁，需要迅速使顾客建立对自己产品的偏好等。

②　缓慢掠取策略　即以高价和低促销方式推出新产品，以求尽可能获得更多的利润。采用这一策略的市场条件包括市场容量有限，竞争威胁不大；顾客对该新产品已经熟悉；适当的高价能为市场所接受等。

③　快速渗透策略　即以低价和高促销方式推出新产品，以求迅速打入市场，取得尽可能高的市场占有率。实施这一策略的市场条件是：市场容量大，潜在威胁也大；顾客对新产品不了解，但对价格比较敏感；产品单位制造成本可随着生产规模的扩大而大幅降低等。

④　缓慢渗透策略　即以低价和低促销方式推出新产品，以求顾客能尽快接受新产品，并使企业有利可图。采用这一策略的市场条件是：市场容量大，潜在威胁大；顾客对新产品有所了解，并对价格比较敏感。

2．成长期的营销策略

针对成长期的特点，企业在成长期可采取以下策略。

①　进一步提高产品质量，努力发展产品的新款式、新型号，增加产品新用途。

②　改变广告策略，树立强有力的产品形象，产品的广告宣传从建立产品的知名度转移到树立产品形象上来，以维持老顾客，吸引新的顾客。

③　开辟新的销售渠道，增加新的市场。

④　降价。选择适当时期调整价格，以争取更多顾客。

3．成熟期的营销策略

对处于成熟期的产品，企业应采取积极进取的市场营销策略，以使产品的成熟期延长，或使产品的生命周期出现再循环。在成熟期，常采用的市场营销策略有以下三种。

①　市场改良策略　也称市场多元化策略，它不是要改变产品本身，而是经过发现产品的新用途，创造产品新的消费方式，从而开发出新市场，寻求新用户以使产品销售量得以扩大。

②　产品改良策略　也称产品再推出，它是经过对产品本身的改变来满足顾客的不同需求，从而吸引有不同需求的顾客购买该种产品，以使产品销售量得以扩大。

③　营销组合改良　它是通过改变营销组合中的一个或几个因素（如改变销售价格、销售渠道及促销方式等）来延长产品成熟期，以使产品销售量得以扩大。

4．衰退期的营销策略

对处于衰退期的产品，企业要进行认真研究分析，决定采取什么策略，在什么时候退出市场。具体策略如下。

①　继续策略　也称自然淘汰策略，它是指企业继续沿用过去的策略，按照原来的细分市场，使用相同的销售渠道、定价和促销方式，直到该产品完全退出市场为止。当企业在该市场有绝对支配地位，且产品竞争者退出市场后，该市场仍有一定潜力时，通常采用这一策略。

②　集中策略　它是指把企业在这类产品上的全部能力和资源都集中在对企业最有利的细分市场和渠道上，放弃那些没有盈利机会的市场。简单讲，就是缩短战线，以最有利的市场，赢得尽可能多的利润。

③　榨取策略　它是指企业大幅度降低促销力度，尽量减少各种营销费用，以增加眼前利润。该策略可能导致企业的产品在市场上衰退加速，但也可能从忠实于企业品牌的顾客中得到更多的利润。

④　放弃策略　它是指企业停止生产衰退期的产品，上马新产品或转产其他产品。一般在企业现有产品无潜在市场机会，或新一代产品已经上市，前景看好时采用该策略。

（五）影响产品市场生命周期的主要因素

企业的发展与产品市场生命周期有着密切联系。对于一个企业，开发经营新产品的投资与风险毕竟要比经营现有产品大得多，因此，对于一种产品，只要技术上先进，价格上合理，就应努力延长其市场生命。这对于节约费用支出、降低生产经营成本、增加企业盈利、提高经济效益和社会效益都具有重要意义。

要延长产品的市场生命周期，首先必须弄清影响产品市场生命周期的因素。这些因素主要有如下几点。

（1）科学技术因素　科学技术是影响产品市场生命周期的主要因素。科学技术的不断发展，不仅使现有产品得到改进，而且推动了全新产品的开发，从而加速产品的更新换代，使产品的市场生命周期变得越来越短。对于食品产品来说，一方面新技术促进开发传统食品的力度，从而加快了依靠传统方式生产的产品市场生命周期的缩短；另一方面食品在形态、包装等方面不断地推陈出新，且市场生命周期越来越短。

（2）产品因素　产品的市场生命周期长短与产品本身的生命力有着直接的关系。产品的生命力主要表现在满足市场需求的程度方面。包括产品功能大小、使用方便程度、能源节约程度、科技含量以及给购买者的口感、价格、印象等。总之，在产品整体概念中，无论哪一层次，任何一个因素，或整体形象只要能长期为消费者所中意，其产品市场生命周期都可以得到延长。

（3）社会风尚因素　社会风尚影响着人们认识事物的方式和行为构成，影响人们的消费习惯和消费行为，进而影响人们的消费需求。社会风尚的改变则意味着人们对某种产品的追求和对原有产品的放弃。

（4）企业营销因素　这是影响产品市场生命周期的企业可控因素。营销管理水平的高低，不仅决定了企业的营销成果，而且对产品市场生命周期的长短起重要作用。一般来说，有力的营销策略、营销管理可以延长产品的市场生命周期，反之，则必然导致产品市场生命周期的缩短。

（5）市场竞争因素　市场上竞争者越多，竞争越激烈，产品的市场生命周期发展就越快，反之，发展越缓慢。

（六）延长产品市场生命周期的途径

产品市场生命周期总的趋势是不断缩短的，这一趋势是由技术进步、市场竞争、政府干预和顾客需求等多种因素所决定，企业无法改变。延长产品市场生命周期，并不是延长它的每一阶段，而只是延长能给企业带来较大销量和较多利润的两个阶段：成长期和成熟期。导入期和衰退期不能给企业创造较多利润，因此不仅不能延长，反而应缩短。延长产品市场生命周期的途径有以下几种。

（1）促使消费者增加对产品的使用　采用适当促销手段，树立产品信誉，建立消费者品牌偏好，促成习惯购买，以增加消费者使用频率，扩大销售。

（2）对产品进行改进　根据产品的市场反映，改进产品的特性，对产品进行多功能开发，革新产品的款式、包装，以保住老顾客，吸引新顾客。产品改革主要有以下三种形式。

①质量改良　即提高产品质量，增加使用性能。

②形态改良　即对产品外形、款式、包装等进行改进。

③特征改良　即提高产品的适应性、安全性和方便性。

（3）开拓新市场，争取新顾客　不同地区由于经济发展水平不同，市场的消费存在着明显的差异性，企业可以利用这种差异性开拓新的市场。有些商品在本地市场开始进入衰退期，这时可以考虑转销外地市场；同样，有些商品在城市市场滞销，可以向农村市场发展。对顾客也是如此，有些商品可以先争取女性顾客，然后再争取男性顾客；有的商品可以先满足青年顾客，然后再拓展到中老年顾客。

（4）开拓产品新的使用领域　有些产品的用途，随着科技的发展和消费水平的提高而不断拓展，产品的市场生命周期必然也得以相应延长。

以上是延长产品市场生命周期常用的几种方法，但不一定对任何产品都适用。因此，如果企业采用延长产品市场生命周期的措施后，没有效果或效果不大，就应及时做出放弃或逐步淘汰的决策，以免影响企业的发展。

二、新产品开发

（一）新产品的概念及开发的重要性

1. 新产品的概念

食品营销学是从企业经营角度来认识和规定新产品的，它与科技开发意义上的新产品含义不完全相同。这里的"新"是相对的，新发明创造的产品毫无疑问是新产品，在产品整体概念中的任何一部分有所创新、改革和改变，能给消费者带来新的利益和满足的都属于新产品。因此，食品营销学上的新产品可定义为：食品企业（或食品经营者）向市场提供的较原先已经提供的有根本不同的产品。这个新产品的定义只是对企业而言，对市场可能并不是新产品。一般而言，营销意义上的新产品应具备以下条件：在原理、结构、性能、原料、加工工艺等某一方面或某几方面有显著改进、提高或独创；具有先进性、实用性，能提高经济效益，具有推广价值；在一定范围或一定区域内第一次试制成功。

2. 新产品开发的重要性

新产品开发无论从宏观还是微观角度来说，都具有极为重要的意义。从宏观方面看，新产品是科技进步和社会生产力发展的结果，但是新产品的出现又进一步促进了科技和社会生产力的发展，推动社会不断前进；同时新产品开发是衡量一个国家科技水平和经济发展水平的重要标志，开发新产品能够促进国家振兴，缩短与世界先进水平的差距；此外，开发新产品还能满足人们不断增长的消费需求。

从微观方面看，开发新产品对企业具有以下更现实的意义。

（1）新产品开发是提高企业竞争能力的重要保证　企业竞争能力的强弱，往往体现在其产品满足消费者需求的程度及其领先性上。如果企业不注意经常改进产品，忽视创新，肯定要被市场所淘汰。市场上，企业之间的竞争不仅表现在价格和促销手段方面，而且还大量地表现在产品设计、款式和包装等方面。企业只有不断创造出满足市场需要的新产品，才能保持企业竞争优势。

（2）新产品开发有利于充分利用企业资源，增强企业活力　一般来讲，企业在生产过程中，往往会有许多资源得不到充分利用，如果从这些闲置的资源中开发出新产品，必然会降低企业成本。例如，乳品加工企业利用奶制品加工所产生的废料（奶水）研发饮料，能够提高资源的利用率。同时，企业不断创造新产品，才会对新技术、新工艺、新设备等有需求，员工的积极性和创造性才能充分发挥，从而激发企业的生机和活力。

（3）新产品开发是提高企业经济效益的重要途径　产品市场生命周期理论指出，各种产品在其市场生命周期的各个阶段上应该平衡发展，即当某些产品处在成熟期时，另一些新产品已开始推向市场；当某些产品开始出现衰退时，另一些产品已经进入成长期。只有这样不断地开发出新产品和改进老产品，企业才能得以生存和发展。从企业的短期利益看，新产品的开发和研制是一项耗费巨大的支出，降低了企业的利润水平。但是从长期来看，新产品的推出和企业的销售总量以及利润的增加，成正相关的关系，并且较高的研制和开发费用会使企业取得较稳定的市场地位。

（二）新产品开发的类型及策略

1. 新产品分类

新产品的分类有着各种不同的标准，根据产品的新颖程度，新产品一般可分为以下四类。

（1）全新新产品 亦称"新发明创造产品"，是指运用新技术、新原理、新结构和新原料制造的，与现有产品完全不同的产品。全新新产品具有三个特点：一是与科技成果的重大突破有密切关系；二是从发明到制成成品一般需要较长的时间，花费较大的人力、财力；三是需要经过一段时间的宣传推广才能被消费者普遍接受。所以，一个全新产品的出现从理论到应用、从实验室到批量生产，不仅要经历很长的时间，而且要耗费大量的人力、物力和财力，所以开发全新产品的难度很大。

（2）换代新产品 也叫革新新产品，是指在原有产品基础上，部分采用新技术、新材料和新结构研制的，在性能上有显著提高的产品。其特点：一是与科学技术进步有密切联系；二是市场普及速度较全新新产品要快得多，并且成功率也较高。相对于开发全新新产品而言，开发换代新产品要容易些，而且能取得较好的效果。所以是中型企业开发的主要对象，也是市场上新产品的主要来源。

（3）改进型新产品 指利用各种改进技术，对原有产品的结构、性能及包装等做一定改变与更新。其特点，一是基本性能和效用与原产品比较，不发生根本性改变，只是提高其质量、性能，改进其结构，增加其品种、花色和规格等；二是在市场上易被消费者接受，市场竞争比较激烈。改进型新产品是企业依靠自身力量最容易开发的新产品，在企业新产品开发中属于此种类型的新产品要占绝大多数。

（4）仿制新产品 指对市场上已经存在而本企业尚未生产过的产品，进行仿制生产。如一新产品上市后，如果销路好，很多厂商立刻利用自己的品牌进行仿制，投入市场，加入竞争行列。不过企业在仿制时，应充分注意产品侵权问题。

2. 新产品开发的方式

（1）独立开发方式 独立开发是指企业依靠自己的科研能力和技术力量，独立进行新产品开发的全部工作。这种开发方式往往需要投入大量的人力、物力、财力，风险比较大，但一旦开发成功，能使企业在某一方面具有领先地位，从而给企业带来高速发展的机会。因此一般适用于技术经济力量比较雄厚的企业。

（2）科技协作开发方式 科技协作开发是指企业之间、企业与科研或高等院校之间协作，进行新产品开发。这种开发方式充分地利用了社会科研的力量，使科研成果很快地转化为商品，弥补了企业科研、技术的不足，而且成本也比较低。因此，这种开发方式深受各种类型企业的青睐。任何企业，只要通过协作开发能比独立开发更为有利，就都应采用协作开发的方式。

（3）技术引进方式 技术引进是指从企业之外引进先进技术、购买专利来开发新产品。这种开发方式有利于企业缩短开发时间，节省科研经费，风险也比较小，而且能使企业产品迅速赶上世界先进水平，从而进入国际市场。因此，在企业科研、技术能力有限的情况下，技术引进是一种有效的开发方式。不过在引进技术前，必须充分掌握市场及科技情报，对所要引进技术的成熟程度、先进性、适应性以及经济性，进行充分论证，以免造成不必要的损失。

3. 新产品开发策略

企业进行新产品开发时，必须根据市场需求、竞争情况和企业自身的能力，采取正确的策略，才能使企业的新产品开发获得成功。常用的新产品开发策略有以下几种。

（1）改进现有产品　这种策略是针对现有产品，开发出更多的、能满足顾客需求的新的用途、新的功能。这种策略开发费用比较低，取得成功的把握大，但是只能适用于较少的改进。

（2）扩大现有产品的品种　这种策略是在提供某种基本产品的同时，向市场提供若干新的不同的变种产品。这种策略可以弥补原有品种单一、不能满足具有不同爱好或购买力的顾客需要的不足。

（3）增加产品种类　这种策略就是利用企业现有的销售渠道和促销方式，对顾客提供与现有产品不同种类的新产品，使顾客有更广泛的选购余地。这种策略以已有的市场为依托，利用在顾客中已形成的良好信誉，以消除顾客中可能存在的对新产品的疑虑。

（4）仿制　这种策略是选择市场上的畅销产品或优质产品、样品进行分析研究，加以仿制、改进，开发自己的新产品。通过改进性仿制，使自己企业开发的产品或性能有所改进，或价格低一些，或有新的特色。这种策略能使企业加快缩短与先进技术水平之间的差异，但要注意避免侵权行为。

（5）挖掘顾客潜在需求策略　这种策略是通过挖掘市场潜在需求，创造出新的市场。一般来讲，顾客需求有两种，一种是眼前的现实需求，另一种就是潜在需求，即顾客对市场还没有出现的产品需求。企业要开发出成功的新产品，关键是能发现市场的潜在需求。而一旦发现市场的潜在需求，往往会给企业创造一个广阔的市场。

（三）新产品开发过程

新产品开发是一项既复杂，投资风险又很大的工作，为了提高新产品开发的成功率，把有限的人力、财力、物力用在刀刃上，将新产品风险降至最低水平，必须建立科学的新产品开发程序。不同行业的生产条件与产品项目不同，程序也会有所差异，但一般企业新产品开发的程序包括以下几个环节（图8-4所示）。

图8-4　新产品开发过程

1. 新产品构思

新产品构思是指对新产品基本轮廓结构的设想。它是新产品开发的基础与起点，没有构思就不可能生产出新产品实体。一个好的构思，往往等于新产品开发成功的一半，而一个成功的新产品，首先来自于有创见性的构思。

新产品构思的来源是多方面的，一般来源包括：一是企业内部的科研机构、业务部门和营销人员的建议；二是企业外部专家、代理商、经销商、消费者或用户的建议；三是从国际、国内市场收集样品，启发构思。最有价值的新产品构思创意信息来自营销部门的有关人员，他们直接接触市场，最容易了解消费者的需求。

2. 筛选

筛选是指从收集到的许多构思中剔除与本企业发展目标和长远利益不相一致，或本企业资源条件尚不具备的新产品构思，选出具备开发条件的构思方案。筛选过程实际上是一个决策过程，也就是决定企业应开发哪些产品，不开发哪些产品。在筛选过程中，要注意防止两种失误：一是"误舍"，即企业未能充分认识某种构思的潜力而错误地将其漏选，从而失去发展机会；二是"误用"，即企业对某种不良构思的市场潜力估计得过于乐观，仓促投产，结果导致失败。为此，筛选时要评价以下经济技术内容。

① 产品的主要性能和预期的经济技术指标。

② 新产品的市场需求和销售情况估计。

③ 新产品的竞争能力分析。

④ 新产品开发所需的资源条件和本企业能力的分析。

⑤ 新产品的获利水平。

⑥ 新产品开发的财务可行性分析。

3. 产品概念的形成和测试

产品概念是指已经成型的产品构思，即用文字、图像、模型等将产品名称、质量、规格、特征、功能、式样、色泽、包装、商标、售后服务等内容，予以清晰阐述，使之在顾客心目中形成一种潜在的产品形象。新产品的构思仅仅是一种创意或想法，而顾客所要买的是一个实实在在的产品，而非产品的创意。所以产品创意必须经过产品具体化的过程，即将创意变成一个清楚的"产品整体概念"，并能够将它们进一步发展成为有商品价值的实质产品或服务。

新产品整体概念形成后，为了判断产品整体中哪些因素为消费者满意，可以将新产品整体形象放到消费者中进行产品概念测试。概念测试一般要在目标市场中选择有代表性的顾客群进行，测试时将概念以符号或实物的方式进行表达，然后收集顾客的反应。概念测试所获得的信息将使企业进一步充实产品概念，使之更适合顾客的需要，而且还为企业制订新产品的市场营销计划和进一步设计研制新产品提供依据。

4. 制定市场营销战略

企业选择了最佳的产品概念后，必须制订把新产品引入市场的营销战略初步计划，并在以后的各开发阶段得到进一步的完善。

营销战略包括三个部分：第一部分描述目标市场的规模、结构、顾客的购买行为、产品的市场定位以及短期的销售量、市场占有率和利润目标等；第二部分概述产品的预期价格、分销渠道及第二年的营销预算；第三部分阐述预计今后长期的销售额和投资收益率，以及不同时期的市场营销组合策略等。

5. 商业分析

商业分析也称效益分析，是指从经济效益角度分析产品概念是否符合企业目标。具体分析时主要考察新产品的预计销售量、成本、投资收益率和利润等经济指标。商业分析的目的是：在发生进一步开发费用之前，剔除不能盈利的产品概念。

6. 新产品研制

主要是将通过商业分析后的产品整体概念，送交研究开发部门或技术工艺部门，试制成为产品模型或样品，同时进行包装的研制和品牌的设计。这一阶段是新产品开发从理论研究向生产实践转换的阶段。它是对新产品全部构思的可行性的检验，只有通过产品研制才能使产品构思变成产品实体，才能正式判断新产品在技术上的可行性。需要注意的是，如果产品概念没有通过技术和商业上的可行性分析，即使已在该产品构思的开发上花费了很多费用，也只能果断地放弃，以免造成更大的损失。

7. 市场试销

市场试销也称市场检验，是指把根据选定的产品概念研制出的产品，投放到通过挑选并具有代表性的小型市场范围内进行销售试验。试销的目的是了解顾客对新产品的反应和意见，以便企业采取相应的营销对策。试销前要确定好：①试销地区和对象，应选择能代表新产品目标市场的地区和对象；②试销时间；③试销方式，如交易会、展销会、赠送样品、免费尝试等。试销过程中，要搜集两方面的资料：一是试用率，即第一次购买试销品的比率；二是再购率，即第二次重复购买的比率。不过，并非所有新产品上市都要进行试销。是否需要进行试销，取决于产品开发者对该产品的信心，以及顾客对产品的选择程度。

8. 正式投放市场

新产品经试销后效果良好，从搜集到的资料证明是成功的，即可将新产品投放市场。新产品就进入了市场生命周期的引入期阶段。为了使新产品正式上市获得成功，企业应做好以下几方面的工作。

① 正确选择上市时间。一般可选择应季上市，也可以结合企业原有产品所处市场生命周期阶段，使新产品及时切入市场，搞好新老产品的衔接。

② 尽快形成大量生产的能力。

③ 制订一套适当的广告和销售促进计划、销售渠道计划、推销人员的培训和激励计划，选择好上市地点和目标市场。

第三节　产品的包装与品牌策略

一、产品的包装与包装策略

（一）包装的含义与作用

1. 包装的概念

包装（packaging）是指产品的容器或外部包扎。它有两方面的含义：其一，包装是指盛装产品的容器或包装物；其二，包装是指采用不同的容器或物品对产品进行包容或捆扎。包装是商品生产的继续，商品只有经过包装才能进入流通领域，实现其价值和使用价值。一般来讲，商品包装应该包括商标和品牌、形状、颜色、图案和材料等要素。产品的包装是产品整体概念的重要组成部分。

2. 产品包装的作用

在现代经济生活中，包装日益受到产品生产者和经营者的高度重视，就食品和饮料来说，包装向消费者传递产品的质量、卫生水平、味道和享受等方面的信息。包装作为商品的重要组成部分，其作用主要表现在以下方面。

（1）保护产品　这是包装最原始、最基本的功能。产品从出厂起到顾客手中进入使用为止的整个流通过程中都有运输和存储的问题，即使到顾客手中以后，从开始使用到使用完毕也还有存放的需要。产品在运输过程中会遇到震动、挤压、冲撞及风吹、日晒、雨淋、虫蛀等损害或污染，适当的包装就起着防止各种可能的损害、保护产品使用价值的作用。例如，对于食品包装来说，其物理化学功能是非常重要的，食品包装首先要求无毒，不会和内含物质发生不良反应，能够经受特定要求的灭菌处理。对于保质期较长的食品，还要防止因包装不良导致变质或风味丧失。

（2）便于储运　产品的形态是千差万别的，有的产品外形不固定，或者是液态、气态、固态、胶态等。经过包装以后，可以使包装的外形具有一定的规律性，为搬运、装卸和储存、堆码提供方便条件。同时规则的包装箱型可以提高仓容的利用率和车船等运输工具的装载能力。此外，产品外包装上印刷的包装标志能正确指导产品的装卸、搬运。

（3）促进销售　包装的促销作用，表现在两方面：一方面，产品经过包装，尤其是加上装潢以后，使产品更加美化，使它本身具有广告宣传的作用，产品的包装是"无声的推销员"，能吸引消费者的兴趣，使消费者产生购买动机，从而促进产品销售；另一方面，消费者在选择商品时，也可以借助包装方便地购买、携带和保管。食品包装上必须注明食品的成分、配料、净重、生产日期、保质期等内容，并能够使顾客更清楚地了解到商品的使用和保管方法。一般而言，产品的内在质量是产品市场竞争能力的基础，可是，如果优质的产品没有优质的包装相配合，在市场上就会削弱竞争能力。

（二）产品包装策略

1. 产品包装的设计原则

（1）保护商品的原则　商品包装首先要保证商品质量作为最基本的设计原则之一。由于不同食品其自然属性和形态不同，应合理选择包装材料和包装技术，以保证产品不损坏、不变质、不变形、不渗漏等。

（2）便于产品储运、携带和使用与陈列的原则　在保证产品安全的前提下，应合理设计包装的结构及尺寸，既要适应产品运输和储存的要求，也要尽可能节省包装材料和运输、储存费用。此外，为了促进销售和满足顾客的不同需要，包装的体积和形状还应考虑便于顾客携带和使用。如包装的大小、轻重要适当；密封包装的产品要易于开启等。此外，还要注意尽量采用可供重复使用和再生的包装器材，以便于处理废弃包装和充分利用包装材料。

商品零售前，一般都陈列在货架上，成千上万的商品，通过堆叠、悬挂、摆放等方式，形成了一个琳琅满目的商品海洋，销售包装的造型结构，既要便于陈列摆放，又要便于顾客识别和选购，如采用透明包装和"开窗包装"等。

（3）美观大方，突出特色的原则　销售包装具有美化商品、宣传商品、促进销售的作用。因此，包装造型要新颖，图案要生动形象，不落俗套，别具一格，尽量采用新材料、新工艺、新形状，使包装给人以美的感受，增强产品对顾客的感召力，从而激发顾客的购买欲望。此外，包装还应显示产品的特点或独特风格。对于以外形或色彩表现其特点或风格的产品的包装，应考虑能向顾客直接显示商品本身，以便于选购。

（4）与产品的价值和质量水平相匹配的原则　包装作为商品的包扎物，具有促销作用，并能增加产品的价值，但也不可能成为商品价值的主要部分。因此，包装应有一个定位。产品包装应与产品的价值和质量水平相匹配，若包装在商品价值中所占的比重过高，则会因容易产生名不副实之感，而使消费者难以接受；相反，价高质优的商品自然也需要高档包装来烘托商品的高雅贵重。

（5）尊重消费者的宗教信仰和风俗习惯的原则　由于社会文化环境直接影响着消费者对包装的认可程度，所以为使包装收到促销效果，在包装设计中，必须尊重不同国家和地区的宗教信仰和风俗习惯等社会文化环境下消费者对包装的不同要求，切忌出现有损消费者宗教情感及容易引起消费者忌讳的颜色、图案和文字。应该深入了解分析消费者特性，区别不同的宗教信仰和风俗习惯而设计不同的包装，以适应目标市场的要求。

（6）符合法律规定，兼顾社会利益的原则　法律是市场营销活动的边界，包装设计作为企业市场营销活动的重要环节，在实践中必须严格依法行事。例如，应按法律规定在食品包装上标明企业名称及地址，标明生产日期和保质期；国内市场上销售食品必须附中文说明等。不仅如此，包装设计还应兼顾社会利益，努力减轻消费者负担，节约社会资源，禁止使用有害包装材料，实施绿色环保包装战略。

2. 包装策略

为了充分发挥包装在市场营销中的作用，企业除了认真做好包装的设计外，还要科学地运用包装策略。常用的包装策略有以下几种。

（1）同类型包装策略　企业所生产的各种产品，在包装上采用相同的图案、近似的色彩、共同的特征，使顾客注意到这是同一家企业的产品。同类型包装策略的优点有以下几个。

① 有利于企业树立整体形象，扩大企业影响。

② 有利于节省包装设计费用。

③ 有利于介绍新产品。

但是，同类型包装策略一般适用于同样质量水平的产品。如果质量相差悬殊，则有可能对优质产品带来不利影响。所以生产不同种类、不同档次商品的企业不宜采用。

（2）异类型包装策略　企业的各种产品，都有自己独特的包装，在设计上采用不同的风格、不同的色调、不同的材料进行包装。这种策略的优点是能突出产品的特点，将产品不同的档次区别开来，满足了不同需求层次顾客的购买心理，并且便于顾客识别、选购产品，从而有利于产品的销售。但是该策略将会增加包装设计成本，从而增加产品的推销费用。

（3）配套包装策略　配套包装策略是指把数种有关联的产品，组合装入一个包装容器内，同时出售。这种策略既便于顾客购买、携带与使用，也有利于带动多种产品销售，特别有利于新产品的推销。但在实践中，应根据产品本身关联度的大小及顾客购买能力进行产品组合，切忌任意搭配。

（4）双重用途包装策略　双重用途包装策略也称再利用包装策略。指包装物在产品用完后还可以作其他用途。如常见的咖啡、果汁包装瓶用做茶杯等。这种包装策略，一方面通过给消费者提供额外利益而刺激顾客的购买欲望，有利于扩大产品销售；另一方面还能使带有商标的容器无形中起到广告宣传的作用。但这种包装策略成本一般较高，实际上包装已成为一种商品，会增加购买者负担。

（5）附赠品包装策略　附赠品包装策略是指在包装物内附赠奖券或实物，以吸引顾客购买。这种包装策略具体有两种方式：一是在包装物内直接附上赠品，如香烟包装内附赠打火机等；二是在包装物内附上赠品印花或奖券赠券，购买者将印花积累成套后，可领取赠品，或凭奖券赠券直接领取赠品。包装物内附赠印花有利于刺激消费者连续购买。这种策略能给顾客产生便宜感和机会感，从而发挥较强的促销作用。实践中，该策略对于儿童和青少年以及低收入者比较有效。

（6）更新包装策略　更新包装策略是指根据市场需求变化，对产品原来的包装进行改进。这种策略有助于开拓新市场，吸引新顾客，特别是当原有产品声誉受损、销量下降时，更新产品包装，可以改变产品在顾客心目中的地位，进而收到迅速恢复企业声誉的效果。当然，应用这一策略是有前提的，即产品的内在质量要达到使用要求。如果不具备这一条件，即使在产品包装上作了显著的改进，也无助于销售的扩大。

（7）附带标识语包装策略　它是一种宣传策略，标识语有提示性标示语，如写上"新鲜"、"绿色"、"环保"等字眼；解释性标示语，如食品包装上标明"无漂白"，饮料包装上标明"无糖"，蔬菜、水果包装上标明"无农药"、"无化肥"等，都起到消除消费者对商品所含成分的顾虑的作用。

（8）透明包装策略　通过透明的包装材料，能看见部分或全部内装商品的实际形态，透视商品的新鲜度和色彩，增添商品的风采，使顾客放心地选购。透明包装是一种备受消费者欢迎的包装，在食品行业具有广阔的发展前景。

（9）错觉包装策略　它是利用人们对外界各物的观察错觉，进行产品的包装。如两个容量相同的果酱包装，扇形的看起来就比圆形的大些，多些；笨重物体的包装，宜采用淡淡颜色，会使人感到轻松一些。这是利用人们的错觉进行设计包装的心理策略。

（10）生态包装策略　生态包装策略是指包装材料资源的再循环、再生、再利用。这是整个社会环境保护、经济可持续发展的需要。

二、品牌与品牌策略

（一）品牌的含义与作用

1. 品牌的含义

品牌，是用以识别某个出售者或某群销售者的产品或劳务，并使之与竞争对手的产品或服务区别开来的商业名称及其标志，通常由文字、标记、符号、图案或颜色等要素或这些要素的组合构成。品牌是个集合概念，它包括品牌名称和品牌标志两部分。品牌名称是指品牌中可以用语言称呼表达的部分——词语、字母、数字或词组等的组合。例如"可口可乐"、"伊利"、"红塔山"和"红双喜 1999"等。品牌标志是品牌中可以被辨认、易于记忆但无法用语言称呼的部分，包括符号、图案、颜色或其他特殊的设计等。

品牌实质上代表着卖者对交付给买者的产品特征、利益和服务的一贯性的承诺。最佳品牌就是质量的保证。但品牌还是一个更复杂的象征。品牌的含义可分成六个层次。

（1）属性　品牌首先使人们想到某种属性。

（2）利益　品牌不仅代表一系列属性，而且还体现着某种特定的利益。从某种意义上说，顾客不是在买属性，他们买的是利益。属性需要转化成功能性或情感性的利益。

（3）价值　品牌也说明了一些生产者价值。

（4）文化　品牌也可能代表着一种文化。文化可表现为品牌实际的或消费者感受到的品牌的历史、起源及特色等。

（5）个性　品牌也反映一定的个性。

（6）用户　品牌暗示了购买或使用产品的消费者类型。

2. 品牌的作用

品牌除了将产品与其他同类产品相区别外，更重要的是它成为产品质量的象征，代表着企业的信誉，体现出企业市场竞争能力，是企业赖以生存的基础。品牌具有以下重要的作用。

（1）对于消费者来说品牌的作用

① 品牌便于消费者辨认、识别所需商品，可以帮助消费者选购商品　随着社会的不断进步，商品的科技含量不断提高，对消费者而言，同类型产品间的差异越来越难以辨认。有了品牌，消费者在选购同类产品时，便于比较质量和价格。品牌能减少消费者选择产品时所花费的时间和精力，减少消费者的交易费用。

② 品牌有利于保护消费者的利益　企业以品牌作为促销的基础，消费者认牌购物。企业为了确立与维护自己品牌的形象与信誉，一定会注意恪守给予消费者的利益。因此，消费者可以在企业维护自身品牌形象的同时获得稳定的便于产品的更换、退货以维护消费者的利益。

③ 品牌有利于促进产品改良而使消费者受益　品牌实质上代表着销售者对交付给买者的产品特征和利益的承诺，企业为了适应不断变化的市场竞争，一定会持续地更新产品，以变更、增加承诺。

④ 满足功能与情感需要　品牌使商品除了使用价值外，还有其身价、品味、档次和自我满足，即附加价值，还具有一定的象征价值和情感愉悦价值，能够给消费者提供更多的心理满足。

（2）对于企业来说品牌的作用

① 品牌有利于广告宣传和产品陈列，加深消费者对企业和产品的印象　品牌本身就是

企业的重要宣传手段。企业宣传品牌要比介绍企业名称或产品制造技术方便得多。

②品牌有利于维护企业的正当权益　品牌经注册登记成为注册商标后，就使企业的产品特色得到法律保护，防止别人模仿、抄袭或假冒，保护了企业的正当权益。

③品牌有助于产品组合扩张　在有品牌的产品线中增加新的产品项目，比其没有品牌的产品线要容易得多。

④品牌有利于接受社会监督，提高产品质量　企业创立一个受顾客喜爱的名牌产品，在市场中建立良好的信誉，需要经过长期不懈的努力。企业为了创名牌，或保持名牌已有的市场地位，必须兢兢业业，不断巩固和提高产品质量。因此，品牌是公众监督产品质量的一个重要手段。

（二）品牌策略

1. 品牌化策略

品牌化策略是指企业对其生产和经营的产品确定采用品牌的名称以及向政府有关部门注册的一切业务活动。有关品牌策略的第一个决策，就是要决定该产品是否需要品牌。在历史上，许多产品不用品牌，制造商或经销商直接把产品从麻袋、箱子、桶等容器中取出来销售，无需任何辨认凭证。欧洲最早的品牌约在200年前的中世纪才出现，但品牌的真正发展却始于美国的南北战争以后。随着市场经济的高度发展，品牌化的趋势迅猛异常，品牌几乎统治了所有的产品。像大豆、水果、蔬菜、大米、面、蛋和鲜肉等过去从不使用品牌的商品，现在也被放在有特色的包装袋中，配以品牌出售，这样做的目的自然是为了获得品牌化的好处。的确，在剧烈的市场竞争中，品牌可以收到多方面的好处，但并非所有产品都必须使用品牌。因为建立品牌必然要付出相应的费用（包括设计、制作、注册登记、广告及其他费用等），增加企业经营总成本，并且当品牌不受顾客欢迎时，企业还要承担风险。

2. 品牌归属策略

品牌归属策略是指在决定使用品牌后，对应使用谁的品牌做出决策。企业的产品在品牌归属上有如下3种可供选择的策略。

（1）企业品牌　也称生产者品牌，即企业使用属于自己的品牌。历史上，制造商品牌一直在商业舞台上占支配地位，因为产品的设计、质量、特色都是由厂商决定。企业使用自己的品牌可以获取品牌带来的利益。

（2）中间商品牌　也称经销商品牌，即企业把产品销售给中间商，由中间商使用他自己的品牌将产品转卖出去。当制造商市场营销实力不足、商誉不高或进入一个不熟悉的市场，而经销商有一个良好的品牌、良好的商誉、庞大的销售体系，在这种情况下生产企业可采用经销商品牌，把成品成批地卖给经销商，由经销商用自己的品牌销售。比其生产者品牌，经销商品牌更具备行业优势。首先，经销商可以保证和控制货源。例如，经销商可以寻找到能提供质量稳定的产品的供应商并对其加以控制（分销商可以用更换供应商来威胁制造商）。其次，经销商可以控制进货价格，最有利货架位置留给自己的品牌并确保充足的货源等。因此，在品牌竞争中经销商将有可能凌驾于生产者之上。

（3）混合品牌　即企业对部分产品使用自己的品牌，而对另一部分产品使用中间商品牌。由于产品的设计、产品的质量特性基本上是由生产者确定的，因此过去品牌几乎都为生产者所有。但是，随着市场经济的发展，商业脱离产业而成为独立的部门，逐渐地形成了自己的声誉，对品牌的拥有欲望也越来越强烈。与此同时，顾客对所要购买的产品往往缺乏相关的选购知识，因此在选购商品时除了以产品生产者的品牌作为选择的根据外，另一个根据就是经销商的品牌，顾客总是愿意在具有良好声誉的商业企业购买所需产品。

　　企业究竟是使用生产者品牌还是经销商品牌，要全面考虑各种因素，综合分析利弊得失，关键是要看生产者和经销商在产品分销链上的地位。一般来说，在生产者具有良好的市场声誉、拥有较大的市场份额的条件下，宜采用生产者自己的品牌；相反，则适合采用经销商品牌。特别是新进入市场的中小企业，没有能力用自己的品牌将产品推向市场，而经销商在这一市场领域中却拥有良好的品牌信誉和完善的销售体系，在这种情况下利用经销商的品牌往往是利大于弊。

　　3. 品牌名称策略

　　品牌名称决策是指对企业的产品是分别使用不同的品牌，还是统一使用一个或几个品牌做出决策。品牌无论归属于生产者，还是归属于经销商，或者是两者共同拥有品牌使用权，都必须考虑对所有的产品如何命名的问题。品牌名称策略通常有 4 种可供选择的策略。

　　（1）统一品牌　即企业将所生产的全部产品都用统一的品牌，这种策略的优点是：能降低新产品的品牌设计费用；企业可以运用多种媒体来宣传同一个品牌，降低新产品的宣传费用；在企业的品牌已赢得良好市场信誉的情况下会消除顾客对新产品的不信任感，从而有利于实现新产品推上市场；有助于显示企业实力，塑造企业形象。采用此策略的风险是：如果某一种产品出现问题（如质量），可能使其他产品和企业声誉都受到影响；对所有产品使用统一品牌也存在着易相互混淆、难以区分产品档次等令消费者不便的缺憾。因此，采用这一策略是有条件的：第一，这种品牌必须在市场上已获得一定的声誉；第二，采用统一品牌的产品应具有相同的质量水平，如果各类产品的质量水平不同，使用统一品牌就会影响品牌信誉，特别是有损于较高质量产品的信誉。

　　（2）个别品牌　即企业不同的产品分别使用不同的品牌。如可口可乐公司生产的饮料产品就采用了"可口可乐"、"雪碧"、"芬达"、"天与地"、"醒目"、"酷儿"等品牌，公司在全球近 200 个国家拥有 400 个非酒精饮料的品牌。采用个别品牌名称决策的优点是：它没有将企业的声誉系在某一产品的成败之上，企业不会因为某一产品品牌的信誉下降而承担风险；便于消费者识别不同质量、档次的商品；同时也有利于企业的新产品向多个目标市场渗透。个别品牌策略的最大缺点是加大了产品的促销费用，使企业在竞争中处于不利地位；同时，品牌过于繁多，顾客不容易记住，难以树立企业的整个市场形象。

　　（3）分类品牌　即企业对所有产品在分类的基础上，各类产品使用不同的品牌。如麦当劳公司把面向少年儿童市场的玩具、服装类商品用"Mckids"牌，以区别于其快餐类商品品牌。这种策略的优点是：可以避免不同类型的产品因使用同一个品牌名称而产生混淆。同时，根据不同的产品特点使用不同的品牌名称，易于引起消费者的兴趣，刺激其消费欲望。分类品牌策略的缺点是：单个产品的诞生必然伴随着新产品功效和形象的自身定位的建立，而在单个品牌不断推广的过程中，易引起企业母品牌在品牌受众者的头脑中的定位淡化模糊甚至混乱。例如，麦当劳是一家提供快速食品的连锁服务机构，它的品牌识别系统不仅是它的商标，还包括它的标准化服务、特定的用餐环境和气氛以及传统的食品，而"Mckids"则是一系列以童装为主的儿童用品，两者之间的品牌属性差别很大，很难自然过渡，因此，麦当劳对子品牌的支持是很有限的。

　　（4）企业名称与个别品牌并用　即企业对每种产品都确定一个品牌，但每个品牌前又冠以企业名称，用企业名称表示产品由谁生产，用品牌表示各种产品的特点。这种策略的优点是：可以使新产品享受企业的声誉，节省广告促销费用，又可以使各品牌保持自己的特点和相对独立性。

4. 品牌扩展策略

品牌扩展策略是指企业利用成功的品牌推出新产品或改良产品。这种策略可以使企业利用成功品牌的市场信誉，在节省广告宣传促销费用的情况下，使新产品能够顺利地迅速进占市场。品牌扩展策略可以分为以下五种。

（1）产品线扩展　产品线扩展是指企业现有的产品线使用同一品牌，当增加该产品线的产品时，仍沿用原有的品牌。这种新产品往往都是对现有产品局部的改进，如新口味、形式、颜色、增加成分、改进包装等，以满足顾客多样化的需求。产品线扩展满足了顾客多样性需求，弥补了因产品系列的缺陷而让竞争者受益的不足。但其风险在于可能会使品牌名称丧失其特定的意义。

（2）品牌延伸策略　品牌延伸策略是指企业利用已具有市场影响力的成功品牌来推出改良产品或新产品。例如，"康师傅"最开始进入市场是方便面，但其利用品牌的信誉，陆续向市场推出"康师傅"系列茶饮料。品牌延伸策略的优点是：一个受人注意的好品牌能使新产品立刻被市场认识和相对较容易地接受，若品牌扩展策略获得成功，还可以进一步扩大原品牌的影响和企业声誉。但是，品牌延伸策略也存在风险，如果将著名品牌扩展使用到与其质量、形象、特征不相吻合的产品领域，则可能有损原品牌的声誉；若原有产品与品牌扩展的产品之间在资源、技术等方面没有相关性或互补性，所推出的新产品可能会难以被消费者接受；若将高质量产品品牌扩展到某些价值不大、制造容易的产品上，会使消费者产生反感。

（3）多品牌策略　多品牌策略是指企业同时为一种产品设计两种或两种以上互相竞争的品牌的做法。多品牌战略的优点是：能使企业占领更多的分销商货架，进而压缩或挤占竞争者产品的货架面积，为获取较高的市场占有率奠定了坚实的基础；可以为不同的买主提供不同功能或诉求的产品，提高市场占有率。多品牌策略的主要缺陷在于每一品牌都只占很小的市场份额，不能占据市场的主要位置。所以，在采用多品牌策略时，要注意各品牌市场份额的大小及变化趋势，在适当的时候撤出疲软的品牌，以免造成自身品牌间的过度竞争。

（4）新品牌策略　新品牌策略是指为新产品设计新品牌的策略。当企业在新产品类别中推出一种产品时，它可能发现原有品牌名称不适合于它，或者是对新产品来说有更好的可供选择的名称，企业需要重新设计品牌。例如，如果"娃哈哈"准备推出白酒产品，如若使用原有品牌就不能适合于其主销群体，必须采用新的品牌。

（5）合作品牌策略　合作品牌，也称为双重品牌，这是两个或更多的品牌在一个提供物上联合起来。每个品牌的持有人都期望另一个其他品牌能强化品牌的偏好或购买意愿。对于合作品牌的产品来说，各个品牌希望通过合作能接触到新的受众。

5. 品牌再定位策略

品牌再定位是指因某些市场因素的变化而对品牌进行全部或部分调整或者改良品牌原有市场定位。品牌设计并不一定就能永久地持续下去，为了能使品牌持续到永远，在品牌的运营实践中必须适时、适势地做好品牌重新定位。一般当竞争者品牌定位靠近本企业的品牌并夺去部分市场，使本企业的市场份额减少之时；或者消费者的偏好发生变化，形成某种新偏好的消费群，而本企业的品牌不能满足顾客的偏好之时，企业有必要对品牌再次定位。

企业在品牌再定位时，要综合考虑两方面的因素：一个因素是再定位的成本，即将品牌转移到另一细分市场所需的成本费用；另一个因素是再定位的收入，即企业品牌定在新的位置上所能增加的收益。

[拓展阅读]　　麦当劳保持增长的秘密武器

麦当劳在2003年采取了一项战略，重点改进现有餐厅，添加新菜品。自那以后，这家汉堡巨头就势不可挡。即使在最近的经济衰退期，其增长也几乎没有放缓，第三季度收入和利润均超过分析师预期。过去3年，麦当劳的股价上涨了63％以上。不久前，麦当劳再次打破华尔街分析师的预期，宣布第103个月实现全球同店销售额（同一家店在相同时期的销售额，通常以月份、季度为时间单位进行比较）增长。

麦当劳保持增长的秘密武器是什么？

一、"为顾客提供极大的便利"

"为顾客提供极大的便利"是推动麦当劳增长的因素之一。在中国、埃及和韩国等国家，用摩托车送餐就是这类便利措施之一。另一个便利措施是，在现有餐厅外增设"甜品站"或甜品窗口，路人可以直接在那里购买甜筒冰淇淋，无需在店内排队。

此外，麦当劳在全世界升级其餐厅，实现装饰风格的现代化，提供免费wifi、平板电视之类的设施，还延长了营业时间，增加双车道的穿梭餐厅，大大缩短顾客的排队时间。

在美国，麦当劳充分利用美国人爱吃零食的癖好，在一天中的大部分时间提供鸡肉卷和小甜点之类的小食，以便在三餐之间原本没什么客流的时段吸引顾客。

麦当劳还增添了大量新菜品，价格分为高中低不同档次，以吸引广泛的顾客，从热爱汉堡的快餐食品迷、爱吃沙拉的年轻妈妈，到只想买份燕麦片当早餐的匆忙上班族。

二、"如果你不能来店里，我们就给你送过去"

外卖已成为麦当劳等增长战略中的重要部分。在一些城市，人口密度过大，地皮成本太高，建门店不够划算。于是，在北京、首尔和开罗等城市，摩托化外卖递送大军在熙熙攘攘的车流中穿梭，他们穿着显眼的制服，摩托后面绑着特别设计的放食物的箱子，把食物快速送到订餐者手中。

麦当劳亚太、中东及非洲区总裁芬顿说，以递送的方式让快餐变得更便捷，是保持对客户吸引力的另一种途径。如果没有递送服务，这些客户可能不会想来门店用餐。

他说，麦当劳的口号是："如果你不能来店里享用，我们就给你送过去。"

摘自：《青年参考》，2011年12月22日

第九章 食品营销价格策略

在食品营销组合中，价格是商品价值的货币表现，是企业创造收益的唯一因素，所有企业无一例外都面临着价格决策问题。尽管在现代市场营销进程中，非价格因素竞争日益重要，价格的地位相对下降，但是对于销售方和顾客来说，价格仍然扮演着极其重要的作用。从消费者的角度来说，价格代表了他将交换的任何东西的价值。在购买时，销售方对潜在顾客做出种种承诺，告诉他们自己的产品是什么样的，对顾客有何用处，顾客则在这些承诺与价格之间作权衡，决定是否值得去购买。对于销售方来说，价格不仅直接创造了收入，使组织在一定的利润下创造并保持顾客，而且可以被用做参与市场竞争的有力武器。因此应该像对待其他营销工具一样，对价格予以足够的关注。

第一节 定价目标和定价程序

定价及其运作是商品经济中非常复杂和困难的工作，除了形成价格的基础因素价值外，现实产品价格的制定和实现还受到多方面因素的影响和制约，多种因素交织在一起，形成错综复杂的定价环境。正确的价格决策考虑的因素包括内部因素和外部因素。内部因素主要是定价目标、成本因素、其他营销组合策略等；外部因素主要是消费者意识、市场需求因素、竞争因素、政策法规等。企业进行价格决策时，要求综合考虑多种因素，采取科学的定价程序。食品企业制定价格的程序一般包括选择定价目标，分析测算需求，估算成本，分析竞争因素，确定企业的定价方法和策略，最终选定价格。定价程序见图9-1。

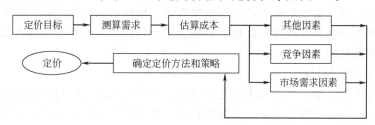

图 9-1 定价程序

一、定价目标

产品定价时，定价目标是定价策略和定价方法的依据，定价目标必须与公司目标和营销目标一致，与市场营销的其他手段协调一致，在符合社会总体利益的原则下，取得尽可能多的利润。但由于不同的企业、不同的产品、不同的市场有不同的营销目标，因而，企业定价的具体目标也多种多样，企业需要权衡各个目标并加以选择，采用不同的定价策略。一般来说，价格决定有以下一些主要目标。

1. 维持生存的定价目标

企业目标既有长期的，也有短期的。若企业产能过剩，或竞争激烈，或试图改变消费者需求，就短期来说，企业为了打开经营萧条的局面，必须制定较低的价格，使企业的生存得以维持，此时定价的基本目的是要谋求企业的生存，利润比其生存要次要得多，只要价格能弥补可变成本和一些固定成本，企业的生存便得以维持。这种生存目标只能是暂时性质的，其必然将被其他定价目标代替。

2. 最大利润的定价目标

企业追求最大利润与人类求生存一样，几乎是一种本能行为，几乎是企业的共同目标。企业的生存和发展必须依靠获得的利润，足够多的利润才能够保证企业的生存和发展。但最大利润并不一定等同于最高定价，定价偏高，需求减少，反而实现不了利润最大化，因此，食品企业定价应适当。最大利润指的是利润总额，更多地取决于合理价格所推动生产的需求量和销售规模。利润的最大化应以企业长期的最大化利润为目标。

3. 市场占有率的定价目标

市场占有率是反映企业经营状况和产品竞争力的重要指标。市场占有率是企业产品销售量在同类产品市场销售总量中所占的比重。最高的市场占有率将享有最低的成本和最高的长期利润。因此，不少企业把维持或提高市场占有率作为其定价目标，牺牲短期利润，确保长期收益。低价实现市场占有率提高应具备的条件有：①市场对价格高度敏感，低价格可刺激需求的迅速增长；②随着生产经验的积累，生产和销售成本下降；③低价可击退潜在的竞争者。

4. 预期收益的定价目标

预期投资收益率为利润相对投资总额的比率，对于所投入资金，企业都期望在预期时间内分批收回。因此，定价时一般在总成本费用之外加上一定比例的预期盈利。以预期收益为定价目标，投资收益率一般应高于银行存款利息。以预期投资收益率为定价目标的食品企业，一般都具有一些优越条件，如产品拥有专利权利或产品在竞争中处于主导地位，否则，如果产品销售不佳，预期的投资收益也不可能实现。因此，价格水平一定要确保实现预期的投资收益。

5. 稳定价格的定价目标

在激烈竞争的市场环境中，稳定价格是达到投资报酬的一种途径，某些行业在供求与价格方面经常发生变化，为了避免不必要的价格竞争，增加市场的稳定性，这种定价目标适用于一些实力雄厚的大企业。因此，以稳定价格为定价目标的优点在于市场需求发生剧烈变化时，不至于导致价格的大幅波动。

6. 防止竞争的定价目标

在激烈的市场竞争中，部分大企业为了防止竞争者进入自己的目标市场或提高其市场占有率，采取低价策略，或以此为基础来制定自己的价格有利于大企业稳固占领市场，长期经营此类商品。实力弱小的企业，则不得不追随主导竞争者的价格，只能被动地适应。美国八家著名大公司定价目标比较见表 9-1。

表 9-1　美国八家著名大公司定价目标比较

公司名称	定价主要目标	定价附属目标
通用汽车公司	20％投资收益率(缴税后)	保持市场占有率
固特异公司	对付竞争者	保持市场地位和价格稳定
美国罐头公司	维持市场占有率	应付市场竞争
通用电器公司	20％投资收益率(缴税后)，增加 7％销售额	推销新产品，保持价格稳定
西尔斯·罗巴克公司	增加市场占有率(8％～10％为满意市场占有率)	10％～15％投资收益率
标准石油公司	保持市场占有率	保持价格稳定，一般投资收益
国际收割机公司	10％投资收益率	保持市场第二位的位置
国民钢铁公司	适应市场竞争	增加市场占有率

7. 产品质量领先的定价目标

有些企业的目标是以高质量的产品占领市场，并在生产和营销过程中始终贯彻产品质量最优化的指导思想，这就需要实行"优质高价"策略。较高的价格可以保证高质量产品的研发成本、生产和服务等成本。价格过低，顾客会产生疑心。所以定价时市场营销人员应该以顾客的眼光来理解价格的意义，应充分考虑到顾客对该产品价值的认可程度。同时又要考虑到整个市场营销状况，以及竞争对手的报价。需要指出的是，产品在优质优价的同时，还应辅以优质的服务，以保证其在消费者心目中高品质的品牌形象。

二、测算需求

影响产品定价的因素包括需求、成本、竞争者、政策等。测算需求包括调查市场的结构情况，了解不同价格水平消费者可能购买的数量，分析需求的价格弹性，确保食品企业实现最大的盈利。需求的价格弹性又称需求弹性，是因价格与收入等因素而引起需求的相应变动率，是衡量价格变动的比例所引起的需求量变动的比例。需求弹性分为需求价格弹性、需求收入弹性和需求交叉弹性。

1. 需求价格弹性

供求规律是一切市场经济的客观规律，即在正常情况下，市场需求会按照与价格相反的方向运动。价格提高，市场需求就会减少；价格降低，市场需求就会增加，所以需求曲线是向下倾斜的。

正因为价格会影响市场需求，企业所制定的价格会影响企业产品的销售，所以企业的市场营销人员定价时必须知道需求的价格弹性，即了解市场需求对价格变动的反应。换言之，需求价格弹性反映需求对价格变动的敏感程度，一般用需求弹性系数 E_p 表示。

$$E_p = \left| \frac{(Q_2 - Q_1) / [(Q_1 + Q_2)/2]}{(P_2 - P_1) / [(P_1 + P_2)/2]} \right| = \left| \frac{(Q_2 - Q_1)(P_2 + P_1)}{(P_2 - P_1)(Q_2 + Q_1)} \right|$$

式中，E_p 为需求弹性系数；P_1 为原价格；P_2 为现价格；Q_1 为原需求量；Q_2 为现需求量。

由于价格与需求成反比变化，它们的比值总是一个负数，所以实际应用时取绝对值。

若 $E_p > 1$，反映了价格的微小变化都会引起需求量大幅度变化，即表明需求对价格很敏感，该商品富有价格弹性。对这类商品，稍微降低一点价格，就会大幅增加销售量，从而使总收入增加，因此，应通过降低价格、薄利多销来增加盈利。反之，提价时务求谨慎以防需求量锐减而影响企业收入。经常在超市或商场中让利降价销售的商品多属此类。

若 $E_p < 1$，需求量的变化率小于价格自身的变动率，即表明需求对价格不敏感，该商品缺乏价格弹性。对这类商品，较高水平的价格往往能增加盈利，低价对需求量的刺激不大，薄利未必能多销，相反会降低企业的总收入。如粮食、盐、煤气等生活必需品便属于此类，消费者不会因为价格上涨而少买许多，也不会因价格下跌而多买许多。消费者需求对价格不敏感可能是以下原因造成的：①替代品少并且替代效果不好；②竞争者较少，或者没有竞争力；③消费者有足够的购买力，或商品在消费者支出中所占的比重非常小，对高价不在意；④购买者改变购买习惯较慢，也不积极寻找较便宜的东西；⑤购买者认为物有所值，价格高产品好是应该的。

一般情况下，生活必需品的需求弹性小，奢侈品的需求弹性大；替代品少或替代性弱的产品需求弹性小，替代品多或替代性强的产品需求弹性大；用途越单一的产品其需求弹性越小，用途越广泛的产品其需求弹性越大。因此，企业给产品定价时应考虑不同产品的不同需求弹性，以切实提高价格决策的有效性。

2. 需求收入弹性

需求收入弹性又称收入弹性，是指因收入变动所引起需求的变动的比率，反映需求量变动对收入变动的敏感程度，一般用收入弹性系数 E_y 表示。

$$E_y = \frac{(Q_2 - Q_1)/[(Q_2 + Q_1)/2]}{(P_2 - P_1)/[(P_2 + P_1)/2]} = \frac{(Q_2 - Q_1)(P_2 + P_1)}{(P_2 - P_1)(Q_2 + Q_1)}$$

式中，E_y 为收入弹性系数；P_1 为原价格；P_2 为现价格；Q_1 为原需求量；Q_2 为现需求量。

在其他条件不变的情况下，消费者收入增加后对各种商品的需求也会增加，但对不同商品需求增加的多少并不相同。这样，各种商品的收入弹性大小也就不同。

若 $E_y > 1$，表示该商品富有收入弹性，意味着消费者货币收入的增加导致该商品的需求量有更大幅度的增加。一般来说，高档食品、耐用消费品、娱乐支出的情况就是如此。

若 $0 < E_y < 1$，表示该商品缺乏收入弹性，意味着消费者货币收入的增加只会引起该产品需求量的小幅度增加，如盐、油、酱、醋等生活必需品的支出就属于这种情况。

若 $E_y < 1$，表示该商品是负收入弹性。在这种情况下，需求量变动与收入变动成反方向变化，意味着消费者货币收入的增加将导致该产品需求量的下降。例如，某些低档食品、劣质食品就有负的需求收入弹性，因为消费者收入增加后，生活水平提高，对这类产品的需求量将减少，甚至不再购买这些低档产品，而转向高档产品。

3. 需求交叉弹性

在为产品定价时还须考虑各产品项目之间的相互影响程度。产品线中的某一个产品项目很可能是其他产品的替代品或互补品，一项产品的价格变动往往会影响其他产品项目销售量的变动，两者之间存在着需求的交叉价格弹性。一般用交叉弹性系数 E_{xy} 表示。

$$E_{xy} = \frac{(Q_{x2} - Q_{x1})/[(Q_{x2} + Q_{x1})/2]}{(P_{y2} - P_{y1})/[(P_{y2} + P_{y1})/2]} = \frac{(Q_{x2} - Q_{x1})(P_{y2} + P_{y1})}{(P_{y2} - P_{y1})(Q_{x2} + Q_{x1})}$$

式中 E_{xy} 表示 x、y 两种商品的需求交叉弹性系数；P_{y1} 为 y 商品的原价格；P_{y2} 为 y 商品的现价格；Q_{x1} 为 x 商品的原需求量；Q_{x2} 为 x 商品的现需求量。

交叉弹性系数 E_{xy} 可以是正值也可以是负值。若 $E_{xy} > 0$，则此两项产品互为替代品，表明一旦产品 y 的价格上涨，产品 x 的需求量必然增加。相反，若 $E_{xy} < 0$，则此两项产品为互补品，表明当产品 y 的价格上涨，产品 x 的需求量会下降。

不同产品的需求交叉弹性各异，企业制定价格时不仅要考虑价格对其自身产品需求量的影响，也要考虑市场上相关产品价格对其产品需求的影响。

三、估算成本

产品成本是企业进行产品定价的基础。在正常的市场环境下，产品成本是制定价格的下限，产品价格只有高于成本，才能通过销售收入来弥补产品生产、销售所花费的成本，使企业获得适当的利润，借以补偿企业所付出的努力和承担的风险。因此，企业为其产品定价时，首先必须考虑补偿成本，这是保证企业生存和发展的最基本条件。

产品成本主要有固定成本和变动成本两种形式。固定成本是指单个企业生产产品时，不随产品种类及数量的变化而变化的成本费用，如折旧费用、管理人员工资、机器设备的租金等。变动成本是指随着产品种类及数量的变化而变化的成本费用，主要有原材料、燃料、运输费用等。固定成本与变动成本之和就是产品的总成本。企业定价首先要使总成本得到补偿，这就要求长期内价格不能低于单位成本，产品的价格才能够弥补其总成本。

四、分析竞争因素

产品的最高价格取决于该产品的市场需求，最低价格取决于该产品的成本费用。在最高和最低价格的幅度内，定价水平的高低主要取决于竞争者同种产品的价格水平。因此，食品企业除了考虑成本和市场需求外，还应对竞争者的产品质量和价格做到心中有数，以便更准确地制定本企业产品的价格。

在垄断竞争市场态势下，企业定价时要与竞争产品比质比价，如果企业产品和主要竞争者的产品类似，价格则应与竞争者的价格相近；企业产品弱于竞争者的产品，则价格应低于竞争者；企业产品略胜于竞争者，价格则可高于竞争者。价格的每一次调整都会引起竞争者的关注，并导致竞争者采取相应的策略，因此，食品企业也要密切关注相关产品价格的波动，并做出迅速、有效的反应。

五、营销策略组合

价格仅是营销组合的因素之一，所以定价策略必须与产品的整体设计、分销和促销策略相匹配，形成一个协调的营销组合。例如，为了鼓励中间商的积极性，增加产品销售量，应在价格中包含较大的折扣，使中间商有利可图。

企业通常是先制定价格策略，然后根据价格策略再制定其他营销组合策略。价格是产品市场定位的主要因素，价格决定了产品的目标市场、竞争者和产品设计。价格还决定产品具有什么特色以及生产成本的高低。在这种情况下，其他营销组合因素的决策，要以定价策略为转移。如果产品是在非价格因素的基础上定位的，那么，有关产品质量、促销、分销等方面的决策，就会影响定价决策，定价时就要以其他营销组合因素的策略为依据。总之，定价策略是不能脱离其他营销组合因素而单独决定的。

六、定价方法选择

企业产品价格的高低受市场需求、成本费用和竞争情况等因素的影响和制约，市场需求、成本费用、竞争情况是影响产品定价的三个最基本的因素，因此，企业产品定价要以成本费用为基础，以市场需求为前提，以竞争品价格为参考。产品成本是定价的下限，竞争者产品的价格和替代品的价格是定价的定向点，顾客对产品独特性的评估是定价的上限。

顾客会对产品有各种各样的理解。另外，顾客对价格的反应也会因产品的种类而异。例如在食品消费中，对很难看到品质差别的鸡蛋，消费者的价格反应较敏感；相反，消费者对于品质和口味差异较大的糖果，首先重视的是其产品是否符合自己的兴趣爱好，而不是价格。即使同样种类的产品，其评价往往也会因品牌而异，常以一流产品和三流产品、知名品牌和非知名品牌等加以评价。评价的差异会表现为价格的差异。大致说来，一流产品和三流产品在价格上约有30％以上的差异，要是企业的产品市场定位为一流产品的话，其定价就可以高于三流产品30％以上。

消费者对产品价格的预期也会影响其购买行为。根据供求规律，一般价格上涨会抑制需求，而价格下跌会刺激需求。然而现实中往往会出现相反的一种现象：价格越涨，购买者越多；价格越跌，购买者越少。这就是所谓的"买涨不买跌"。当产品价格上涨时，消费者可能会预期价格还会进一步上涨，于是争相购买；而当价格下跌时，消费者可能会预期价格还会继续下降，于是持币待购，期待价格再次降低后再购买。消费者意识因素对企业产品定价有时也有着深刻的甚至是决定性的影响。市场营销管理者有必要在制定价格时充分了解和掌握消费者对自己产品的购买心理和能接受的价格。

七、最终定价

食品企业最终定价时还应考虑其他方面的要求，由于价格是关系到国家、企业和个人三者之间的物质利益的大事，牵涉各行各业和千家万户，与人们的物质生活息息相关，因此，国家在遵循价值规律的基础上，往往还通过制定物价工作方针和各项政策、法规，对价格进行管理，或利用税收、金融、海关等手段间接地控制价格。因而，国家有关的政策、法规对产品价格的形成也有着重要的影响。如产品增值税，直接影响产品成本，进而影响产品的定价。此外，还要考虑企业内部有关人员，如推销、财务和广告人员对定价的意见，考虑经销商、供应商对定价的意见，考虑消费者、竞争者对所定价格的反应。

第二节　定价方法

定价方法是企业了解和掌握某种产品定价的各种因素后，为实现其定价目标所采取的具体方法，为某种商品或劳务价格的最终确定提供具体的、科学的方法，为产品制定一基本价格。成本、需求和竞争是影响价格行为的三个最主要的因素，而企业在具体定价时，在不同时期和对不同产品，对各因素所考虑的侧重点有所不同，这样就形成了成本导向定价法、需求导向定价法和竞争导向定价法。不同企业所采用的定价方法是不同的，就是在同一种定价方法中，不同企业选择的价格计算方法也有所不同，企业应根据自身的具体情况灵活选择，综合运用。

一、成本导向定价法

以营销产品的成本为主要依据制定价格的方法统称为成本导向定价法，这是最简单、应用相当广泛的一种定价方法。由于产品的成本形态不同以及在成本基础上核算利润的方法不同，成本导向定价法可分为以下 4 种具体方法。

1. 成本加成定价法

成本加成定价法即按产品单位成本加上一定比例的毛利定出销售价，是一种以成本为中心的定价方法，也是传统的、运用较普遍的定价方法，这一方法在食品企业普遍采用。其公式为：

$$单位成本＝单位可变成本＋固定成本/销售量$$

若企业欲获取成本一定比例的利润，产品的定价为：

$$产品单价＝单位成本×（1＋期望利润率）$$

若企业欲获取单价一定比例的利润，产品的定价为：

$$产品单价＝单位成本×（1－期望利润率）$$

成本加成定价法常用于预先估计成本比较困难的情况，是以成本变化为基础，而成本变化比需求变化要稳定得多，它不必因需求的经常变化而调整价格。如果企业都采用这一定价方法，产品价格就会趋于一致，它可以避免以需求定价导致的激烈的价格竞争。成本加成定价因受需求影响小，被认为对买卖双方都比较公平。如果企业按预期获得利润量来确定产品价格，这种方法与成本加成定价之间的主要区别就是加在成本上的价钱是由目标报酬率所决定的。确定标的价格时，首先估计各种不同产出技术水平时的总成本，总成本曲线呈线性增长。其次是估计这一时期的产能水平，假设产能为 80%，即销售 10 万个单位，据估计生产成本为 80 万单位。标的定价法的缺点是未考虑价格与需求之间的关系，用销售量来估计价格，但价格却会对销售量发生重要影响。企业需要考虑到价格对销售量和利润的影响以制定出比较适合的价格。对于具有很多产品线和产品项目的企业，做出正确的估计尤为复杂、困难。而当目标市场不同，各市场竞争又相当激烈的情况下，确定相同的目标往往是不切实际的。

成本加成定价法的优点是：①成本的不确定性比需求性少，将价格盯住单位成本，可以大大简化企业定价程序，而不必根据需求情况的变化来进行调整；②只要行业中所有企业均采用这种定价方法，价格在成本与加成相似的情况下也大致相似，价格竞争也会因此降低至最低程度；③成本加成定价法对买、卖双方都比较公平，当买方需求强烈时，卖方不利用这一需求条件谋取额外利益，同时能保证公平的投资报酬。

成本加成定价法的缺点是：①定价依据是个别成本而非社会成本，忽视市场供求状况，难以适应复杂多变的竞争情况；②定价方法忽略需求弹性，难以确保食品企业实现利润最大化；③加成率的确定缺乏科学性。

2. 目标投资收益率定价法

目标投资收益率定价法又称目标收益定价法、目标回报定价法、目标利润定价法，是根据企业预期的总销售量与总成本，确定一个目标利润率的定价方法，使产品的售价能保证企业达到预期的目标利润率。企业根据总成本和估计的总销售量，加上按投资收益率指定的投资报酬额，作为定价基础的方法，这种定价方法与成本加成定价法区别在于：成本加成定价法公式中的成本只是制造成本，不包括期间费用，而目标利润定价法公式中的成本包括制造成本和期间费用。相应地，两个公式中的成本利润率也有所不同。

目标利润定价法的计算公式为：

$$产品出厂价格＝(单位变动成本＋单位固定成本)/(1-销售税率)＋$$
$$目标利润/[预计销售量×(1-销售税率)]$$
$$目标利润＝(单位变动成本＋单位固定成本)×预计销售量×成本利润率$$
$$产品出厂价格＝(单位变动成本＋单位固定成本)×(1＋成本利润率)/$$
$$(1-销售税率)$$

目标投资收益率定价法的缺陷在于忽略了需求价格弹性。食品企业以估计的销售量来制定价格，而没有注意到价格却又恰好是影响销售量的重要因素，要实现预定的销售量，按目标投资收益率定价法制定的价格可能偏高或偏低。同时，采用目标投资收益率定价法是有条件的，其产品必须有专利权或产品在竞争中处于主导地位，否则产品卖不出去，预期的投资收益还是不能实现。

3. 边际利润定价法

边际利润定价法也称边际成本定价法和变动成本定价法，即仅计算边际成本，在边际成本的基础上加上预期的边际贡献。边际贡献是指预计的销售收入减去变动成本后的收益，用来弥补固定资本的支出。边际成本是增加一单位产品的生产所需要增加的成本，一般情况下与单位变动成本相当。如果这个边际贡献不能完全补偿固定资本，倒不如维持生产，只要产品销售价格大于单位变动成本，就有边际贡献，若边际贡献超过固定资本，企业还能盈利。边际利润定价法公式为：

$$单位产品销售价格＝单位变动成本＋单位产品边际贡献$$
$$单位产品边际贡献＝单位产品价格－单位产品变动成本$$

假设某产品售价为 100 元，总成本为 80 元，其中固定成本为 20 元，变动成本为 45 元，现在，由于按原价出售有困难，决定采用边际利润定价法，定价为 68 元。单位产品的边际贡献为多少？

$$单位产品边际贡献＝单位产品价格－单位产品变动成本＝68-45＝23（元）$$

这 23 元就是边际贡献，用于弥补固定成本的支出。

边际利润定价法的优点是：①易于各产品之间合理分摊可变成本；②采用这一方法定价可以很好地解决固定成本的分摊事先很难确定的难题；③根据各种产品边际利润的大小安排企业的产品线，易于实现最佳产品组合。因此这种定价方法一般在市场竞争激烈时采用。

4. 损益平衡定价法

损益平衡定价法又称收支平衡定价法，这是以盈亏平衡即企业总成本与销售收入保持平衡为原则制定价格的一种方法。在预测市场需求的基础上，以总成本为基础制定价格。企业销售量达到预测销售量，可实现收支平衡，超过了此数即为盈利，低于此数即为亏损。预测的需求量即为损益平衡点。其计算公式为：

单位产品保本价格＝企业固定成本/损益平衡点销售量＋单位产品变动成本

损益平衡点销售量＝企业固定成本/（单位产品价格－单位产品变动价格）

假设某企业生产某产品的固定成本为 5 万元，每件产品的变动成本为 30 元，若售价为 55 元，其损益平衡点销售量为：

损益平衡点销售量＝企业固定成本/（单位产品价格－单位产品变动价格）

＝50000/（55－30）＝2000（件）

即售价为 55 元时，销售量要达到 2000 件，方可达到收支平衡。

损益平衡定价法的优点是：①方法比较简便，单位产品的平均成本即为其价格；②能保证总成本的实现，其侧重于保本经营，在市场不景气的条件下，保本经营总比停业的损失要小得多。企业只有在实际销售量超过预期销售量时，方可盈利。这种方法的关键在于准确预测产品销售量，否则制定出的价格不能保证收支平衡。因此，当市场供求波动较大时应慎用此法。

二、需求导向定价法

需求导向定价法是企业依据消费者对商品的理解和需求强度来定价，是指企业在定价时不再以成本为基础，而是以消费者对产品价值的理解和需求强度为依据的一种定价方法。一般主要有两种具体方法：认知价值定价法和差别定价法。

1. 认知价值定价法

认知价值定价法也称为理解价值定价法、觉察价值定价法，就是企业根据消费者对商品价值的认识和理解程度来定价的方法，不是根据企业生产商品的实际价值来定价。消费者对商品价值的理解不同，会形成不同的价格限度。例如，一些名牌商品、高档商品、老牌商品等，在消费者心目中印象很好甚至产生偏爱，企业就可根据这种对价值的理解，将商品价格定高些。因此，企业为了加深消费者对商品价值的理解程度，从而提高其愿意支付的价格限度，零售店定价时首先要搞好商品的市场定位，拉开本企业商品与市场上同类商品的差异，突出商品的特征，并综合运用这种营销手段，加深消费者对商品的印象，使消费者感到购买这些商品能获得更多的相对利益，从而提高他们接受价格的限度，零售店则据此提出一个可销价格，进而估算在此价格水平下商品的销量、成本及盈利状况，最后确定实际价格。

运用认知价值定价法，企业在具体执行过程中，一般有以下两种方法可供选择。①直接价格法，即任意抽取一组消费者作为样本，要求被调查的消费者为产品确定能代表其价值的价格，然后将所有参与调查的消费者的定价进行平均，以最后的平均价格作为该产品的市场价格。②理解价值评比法，即先运用直接价格法，要求被调查的消费者对欲定价产品以及在市场上销售的同类产品，在产品的质量、性能、服务等方面按照一定的标准进行比较，最后参照同类产品的价格定价。运用认知价值定价法的关键是做好市场调查，把自己的产品同竞争者的产品相比较，准确估计消费者对产品的理解价值。如果定价高于消费者的理解价值，消费者就会转移到其他产品，企业销售额就会受到损失；定价低于消费者的理解价值，必然使消费额减少，企业也同样会受到损失。

2. 差别定价法

差别定价法又称需求差异定价法，是指根据销售的对象、时间、地点的不同而产生的需求差异，对相同的产品采用不同价格的定价方法。这种定价方法，对同一商品在同一市场上制定两个或两个以上的价格，或使不同商品价格之间的差额大于其成本之间的差额。其好处是可以使企业定价最大限度地符合市场需求，促进商品销售，有利于企业获取最佳的经济效益。根据需求方面的差异确定产品的价格，主要有如下五种情况。

① 顾客差别定价：根据不同消费者消费性质、消费水平、购买用途、消费心理、购买习惯等基础细分顾客，在不会引起顾客反感的情况下，制定不同的价格。如会员制下的会员与非会员的价格差别；学生、教师、军人与其他顾客的价格差别；新老顾客的价格差别；国外消费者与国内消费者的价格差别等，可以根据不同的消费者群的购买能力、购买目的、购买用途的不同，制定不同的价格。因为同一种商品对于不同消费者，其需求弹性不一样，有的对价格敏感，适当优惠，可使其产生或增加购买；有的则不敏感，可照价收款。

② 产品差异的差别定价：对不同样式和外观的同种产品，消费者的偏好程度不同，需求量也不同。质量和规格相同的同种产品，虽然成本不同，但企业在定价时，并不根据成本不同按比例定价，而是按外观和式样不同来定价。此定价所考虑的真正因素是不同外观和式样对消费者的吸引程度。比如说，营养保健品中的礼品装、普通装及特惠装三种不同的包装，虽然产品内涵和质量一样，但价格往往相差很大。因此，不同的定价，能吸引不同的消费者。

③ 不同地区差别定价：由于地区间的差异，同一产品在不同地区销售时，可以制定不同的价格。例如航班与轮船上由于舱位对消费者的效用不同而价格不一样；电影院、戏剧院或赛场由于观看的效果不同而价格不一样。同样的产品在沿海和内地、城市和农村，采取不同的售价，这在食品行业中是比较多见的。

④ 销售时间差别定价：在实践中往往可以看到，同一产品在不同时间段里的效用是完全不同的，顾客的需求强度也是不同的。在需求旺季时，商品需求价格弹性化，可以提高价格；需求淡季时，价格需求弹性较高，可以采取降低价格的方法吸引更多顾客。在中国，春节前后很多食品的价格高于其他时间；航空公司为了保证满座，在旅游淡季纷纷降低机票价格。

⑤ 不同平台差别定价：交易平台是买卖双方沟通产品信息的渠道。例如，传统意义上的商品、无店铺销售的直销员、电视购物中的产品介绍和网络时代的购物网站。因为不同的交易平台，销售费用、产品送达时间、满足顾客需求的程度及购后感受不同，采取不同价格可吸引更多的消费者购买。以一杯咖啡或一块苹果馅饼为例，同样的东西在不同的地点出售，价格就会不同，它在食品的柜台为 1.25 美元，在家庭餐厅为 2 美元，在饭店的咖啡厅为 3.5 美元，送到旅客房间为 5 美元，在更豪华的大饭店里为 7 美元。这是因为越后面的地点能使顾客感受到愈高的价值。

需求差异定价法是许多企业采用的一种常见的定价方法。这种方法比单一价格销售产品更能增加销量，获得更多的"消费者剩余"，即顾客在购买商品时所预料的、情愿付出的价格与市场实际价格之间的差额使企业的盈利达到最大化。通常情况下，一个顾客购买商品实际付出的价格，不会高于他愿意支付的价格，这样对同一商品，不同顾客愿意支付的价格是不同的。所以商家应针对这种需求差异，采用多种价格，实现顾客的不同满足感，尽可能多地转化为企业的利润。

采用需求差异定价法具备的条件：①市场可以细分，而且不同的细分市场能反映出需求方面的差异；②顾客在主观上或心理上确实认为产品存在差异，不要引起顾客的反感，使他们不会产生被歧视的感觉而放弃购买，抵制购买；③低价市场和高价市场之间是相互独立的，不能进行交易，否则低价市场的购买者将低价购进的商品在高价市场上出售，使企业差异定价不能实现；④竞争者没有可能在企业以较高价格销售产品的市场上以低价竞争；⑤符合国家的相关法律法规和地方政府的相关政策。

三、竞争导向定价法

竞争导向定价法是依据竞争者的价格为产品定价，使本企业产品的价格与竞争者制定的价格相似或保持一定距离，制定出高于、低于或相同的价格以实施企业的竞争策略。竞争导向定价法是企业通过研究竞争对手的生产条件、服务状况、价格水平等因素，依据自身的竞争实力，参考成本和供求状况来确定商品价格。以市场上竞争者的类似产品的价格作为本企业产品定价的参照系的一种定价方法。竞争导向定价主要有如下三种。

1. 随行就市定价法

随行就市定价法也叫现行市价法，又称流行水准定价法，是指在市场竞争激烈的情况下，企业为保存实力采取按同行竞争者的产品价格定价的方法。这种定价法特别适合于完全竞争市场和寡头垄断市场。即依据本行业通行的价格水平或平均价格水平制定价格的方法。它要求企业制定的产品价格与同类产品的平均价格保持一致。在有许多同行相互竞争的情况下，当企业生产的产品大致相似时（如钢铁、粮食等），如企业产品价格高于别人，会造成产品积压；价格低于别人又会损失应得的利润，并引起同行间竞相降价，两败俱伤。因此，主要适用于需求弹性比较小或供求基本平衡的商品，如大米、面粉、食油以及某些日常用品。在产品差异很小的企业，或者企业难以准确把握竞争对手和顾客反应的情况下，如果某企业把价格定高了，就会失去顾客；而把价格定低了，需求和利润也不会增加。所以，随行就市是一种较为稳妥的定价方法，也是竞争导向定价法中广为流行的一种。采用这种定价方法，其产品的成本与利润要受同行业平均成本的制约，所以，企业只有努力提高劳动生产率，降低成本，才能获得更多的利润。

随行就市定价法定价的具体形式有两种：一种是随同行业中处领先地位的大企业价格的波动而同水平波动；另一种是随同行业产品平均价格水准的波动而同水平波动。在竞争激烈、市场供求复杂的情况下，单个企业难以了解消费者和竞争者对价格变化的反应，采用随行就市的定价方法能为企业节省调研费用，而且可以避免贸然变价所带来的风险；各行业价格保持一致也易于同行竞争者之间和平共处，避免价格战和竞争者之间的报复，也有利于在和谐的气氛中促进整个行业的稳定发展。

采用这种方法既可以追随市场领先者定价，也可以采用市场的一般价格水平定价。这要视企业产品的特征及其产品的市场差异性而定。比如，在类似于完全竞争的市场上，企业只能按既定价格出售商品，而毫无控价能力，此时，企业多采用随行就市定价法，即将自己的价格始终与市场价格水平保持一致，并通过数量调整的方式来追逐市场价格的变化，通过降低流通费用来获得必要的利润。

一些小型企业多采取随行就市定价法。它们变动自己的价格，与其说是根据自己的需求变化或成本变化，不如说是依据市场领导者的价格变动。有些企业可以支付一些微小的赠品或微小的折扣，但是它们保持的是适量的差异。在垄断竞争和完全竞争的市场结构条件下，任何一家企业都无法凭借自己的实力而在市场上取得绝对的优势，为了避免竞争特别是价格竞争带来的损失，大多数企业都采用随行就市定价法，即将本企业某产品价格保持在市场平均价格水平上，利用这样的价格来获得平均报酬。此外，采用随行就市定价法，企业就不必去全面了解消费者对不同价差的反应，也不会引起价格波动。

2. 产品差别定价法

产品差别定价法是指企业通过不同营销努力，使同种同质的产品在消费者心目中树立起不同的产品形象，进而根据自身特点，选取低于或高于竞争者的价格作为本企业产品价格。因此，产品差别定价法是一种进攻性、主动定价方法，一般为实力雄厚或独具特色的企业所采用。定价时首先将市场上竞争产品价格与本企业估算价格进行比较，分为高于、低于和一致三个层次。其次将产品的性能、质量、成本、式样、产量与竞争企业进行比较，分析造成价格差异的原因。再次根据以上综合指标确定本企业产品的特色、优势及市场定位。在此基础上，按定价所要达到的目标确定产品价格。通常有以下三种情况。

① 当产品与标准品相比，成本变化与质量变化大体相似时，可按成本变化，"按值论价"。

$$产品价格＝标准品价格×(1＋成本差率)$$

② 当产品与标准品相比，成本下降不多而质量下降较多时，则应执行"按质论价"原则，实行低质廉价。

$$产品价格＝标准品价格×(1＋质量差率)$$

③ 当产品与标准品相比，成本上升不多而质量有较大提高时，可根据"按质论价，优质优价"原则，结合考虑供求关系，在下列区域中定价。

$$标准品价格×(1＋成本差率)≤产品价格≤标准品价格×(1＋质量差率)$$

3. 密封投标定价法

密封投标定价法也称为投标竞争定价法，是指在招标竞标的情况下，企业在对其竞争对手了解的基础上定价。这种价格是企业根据对其竞争对手报价的估计确定的，其目的在于签订合同，所以它的报价应低于竞争对手的报价。

密封投标定价法主要用于投标交易方式。如建筑施工、工程设计、设备制造、政府采购、科研课题等需要投标以取得承包合同的项目。美国政府于1809年通过立法来用密封投标的方式进行公开竞争采购，此后这一方式成为了美国政府采购的基本方式。其基本原理是：招标者（买方）首先发出招标信息，说明招标内容和具体要求；参加投标的企业（卖方）在规定期间内密封报价来参与竞争。其中，密封价格就是投标者愿意承担的价格。这个价格主要考虑竞争者的报价研究决定，而不能只看本企业的成本。在投标中，报价的目的是中标，所以报价要力求低于竞争者的。此定价法主要在基本建设、工程安装项目以及政府采购时采用。竞争投标定位法主要步骤如下。

（1）招标　招标是由招标者发出公告，征集投标者的活动。在招标阶段，招标者要完成下列工作。

① 制定招标书。招标书也称招标文书，是招标人对招标项目成交所提出的全部约束条件。包括：招标项目名称、数量；质量要求与工期；开标方式与期限；合同条款与格式等。

② 确定底标。底标是招标者自行测标的愿意成交的限额，它是评价是否中标的极为重要的依据。底标一般有两种：一为明标，它是招标者事先公布的底标，供投标者报价时参考；二是暗标，它是招标者在公证人监督下密封保存，开标时方可当众启封的底标。

（2）投标　由投标者根据招标书规定提出具有竞争性报价的标书送交招标者，标书一经递送就要承担中标后应尽的职责。在投标中，报价、中标、预期利润三者之间有一定的联系。一般来讲，报价高，利润大，但中标概率低；报价低，预期利润小，但中标概率高。所以，报价既要考虑企业的目标利润，也要结合竞争状况考虑中标概率。

（3）开标　招标者在规定时间内召集所有投标者，将报价信函当场启封，选择其中最有力的一家或几家中标者进行交易，并签订合同。

运用这种方法，最大的困难在于估计中标概率。主要的方法有一般对手法和具体对手法。首先要尽可能多地收集投标项目和竞标对手的信息，通过对中标概率的历史数据的统计分析，估算竞标对手高于某一价格的概率，计算本公司赢得标的的概率。

在使用密封投标定价法时需要注意的问题如下。①机会成本，企业的生产能力是有限的，应当考虑承担此次项目是否会减少其承接其他利润更大的项目的机会。有时企业为了争取长远的收益，会低价竞标，通过项目的实施与招标方建立合作关系，树立良好的信誉和形象，以期将来获得更大的项目。②沉没成本，企业应考虑投标所需的准备费用、信息的收集费用、对竞争对手估算的费用，这些都是即使不中标也无法收回的沉没成本。③增量成本，应考虑企业在中标后的增量成本是否小于其增量收入，以防产生"胜利者的懊悔"。

第三节　定价策略

定价策略是指企业在充分考虑影响企业定价的内外部因素的基础上，为达到企业预定的定价目标而采取的价格策略。制定科学合理的定价策略，不但要求企业对成本进行核算、分析、控制和预测，而且要求企业根据市场结构、市场供求、消费者心理及竞争状况等因素做出判断与选择。价格策略选择是否恰当，要求企业既要考虑成本的补偿，又要考虑消费者对价格的接受能力，从而使定价策略具有买卖双方双向决策的特征。

一、新产品的定价策略

新产品定价不仅关系到新产品能否迅速打开销路，占领市场，取得满意的效益，而且还会影响、刺激到更多的竞争者出现。与其他产品相比，可能具有竞争程度低、技术领先的优点，但同时也会有不被消费者认同和产品成本高的缺点，因此在为新产品定价时，既要考虑能尽快收回投资，获得利润，又要有利于消费者接受新产品。企业新产品是否在市场上站住脚，并给企业带来预期效益，定价因素起着十分重要的作用，因此必须研究新产品的价格策略。常见的定价策略有如下三种。

1. 撇脂定价策略

撇脂定价策略也称高价策略，指企业以大大高于成本的价格将新产品投入市场，以便在短期内获取高额利润，尽快收回投资，然后再逐渐降低价格的策略。这种价格策略因与从牛奶中撇取油脂相似而得名，由此制定的价格称为撇脂价格。索尼公司的电器产品在投入市场之初，大都采用了该策略。人们生活中的许多电子产品、高科技产品也都曾采取过此做法。一般撇脂定价策略不仅能在短期内取得较大利润，而且可以在竞争加剧时采取降价手段，这样一方面可以限制竞争者的加入，另一方面也符合消费者对待价格由高到低的心理。撇脂定价策略适合于市场需求量大且需求价格弹性小、顾客愿意为获得产品价值而支付高价的细分市场，或企业是某一新产品的唯一供应者时。但高价会吸引竞争者纷纷加入，一旦有竞争者加入时，企业就应迅速降价，从而造成价格急降，使竞争者好景不长而被迫停产。因此作为一种短期的价格策略，撇脂定价策略适用于具有独特的技术、不易仿制、有专利保护、生产能力不太可能迅速扩大等特点的新产品，同时市场上要存在高消费或时尚性需求。

2. 渗透定价策略

渗透定价策略是一种低价格策略，是在新产品投放市场时，将价格定得较低，以吸引大量消费者，提高市场占有率，从而很快打开市场。这种价格策略就像倒入泥土的水一样，从缝隙里很快渗透到底，由此而制定的价格叫渗透价格。采取渗透定价策略不仅有利于迅速打开产品销路，抢先占领市场，提高企业和品牌的声誉；而且由于价低利薄，从而有利于阻止竞争对手的加入，保持企业一定的市场优势。不足之处是投资回收期较长，如果产品不能迅速打开市场，或遇到强有力的竞争对手时，会给企业造成重大损失。通常渗透定价适合于产品需求价格弹性较大的市场，低价可以使销售量迅速增加；其次要求企业生产经营的规模经济效益明显，成本能随着产量和销量的扩大而明显降低，从而通过薄利多销获取利润。因此作为一种长期价格策略，一般渗透定价策略适用于能尽快大批量生产、特点不突出、易仿制、技术简单的新产品。

3. 满意定价策略

满意定价策略是一种折衷价格策略，它吸取上述两种定价策略的长处，采取比撇脂价格低、比渗透价格高的适中价格，既能保证企业获得一定的初期利润，又能为消费者所接受。由此而制定的价格称为满意价格，也称为"温和价格"或"君子价格"。

二、折扣和让价定价策略

是指一种在交易过程中，企业为了鼓励顾客及早付清货款，或鼓励大量购买，或为了增加淡季销售量，利用各种折扣来刺激中间商和消费者，以此来争取更多顾客的价格策略。这种价格的调整称为价格折扣和折让。

1. 现金折扣

现金折扣也称付款期限折扣，即企业按约定日期前付款或按期付款的顾客给予一定的折扣优惠，许多情况下采用此定价法可以加速资金周转，减少收账费用和坏账。目的是鼓励买方提前付款，以尽快收回贷款，加速资金周转。如美国许多企业规定提前 10 天付款者，给予 2％的折扣；提前 20 天付款者，给予 3％折扣。

2. 数量折扣

是指企业为了鼓励买方大量够买，或集中购买其产品，根据购买者所购商品的数量多少，给予一定的折扣。

（1）累计数量折扣　即规定在一定时期内，购买总数超过一定数额时，按总量给予一定的折扣。如一食品零售商在一年中累计进货超过 1000 件，每次购货时按基本价格结算收款，到年终，营销企业按全部价款的 5％返还给该客户。采用这种策略有利于鼓励顾客集中向一个企业多次进货，从而使其成为企业的长期客户。

（2）非累计数量折扣　即规定顾客每次购买达到一定数量或购买多种产品达到一定的金额时所给予的价格折扣。如根据每次交易的成交量，按不同的价格折扣销售，购买 100 件以上按基本价格的 95％收款，购买 500 件以上按 90％收款，购买 1000 件以上按 80％收款。采用这种策略能刺激顾客大量购买，增加盈利，同时减少交易次数与时间，节约人力、物力等开支。

3. 业务折扣

业务折扣也称功能性折扣、贸易折扣，即企业根据各类中间商在市场营销中所担负的不同职能，给予不同的价格折扣。给批发商的折扣较大，给零售商的折扣较小，使批发商乐于大批进货，并有可能进行批转业务。使用业务折扣有利于调动各类中间商经销本企业产品的积极性，充分发挥各自组织市场营销活动的能力。

4. 季节折扣

是企业鼓励顾客淡季购买的一种减让，以使企业的生产和销售一年四季能保持相对稳定。如冷饮生产企业在淡季给经销商以季节折扣，鼓励经销商购买。

5. 推广津贴

为扩大产品销路，生产企业向中间商提供促销津贴。如零售商为企业产品刊登广告或设立橱窗，生产企业除负担部分广告费外，还在产品价格上给予一定优惠。

三、心理定价策略

这是运用心理学原理，根据消费者不同的消费心理而灵活定价，有意识地将产品价格定得高些或低些，以满足消费者生理的和心理的、物质的和精神的多方面需求，通过消费者对企业产品的偏爱或忠诚，引导消费者购买的价格策略，以扩大市场销售，获得最大效益。

1. 尾数定价策略

尾数定价策略也称非整数定价策略，即给产品定一个以零头数结尾，特别是以奇数结尾的价格。消费者一般认为整数定价是概括性定价、定价不准确，而尾数定价可使消费者产生减少一位数的看法，产生这是经过精确计算的最低价格的心理。同时，或是按照风俗习惯的要求，价格尾数取吉利数字，以扩大销售。属于心理定价策略的一种，目前这种定价策略已被商家广泛应用，从家乐福、沃尔玛到华联、大型百货商场，从生活日用品到家电、汽车都采用尾数定价策略。

尾数定价产生的效果主要表现为如下几点。

（1）便宜　标价49.96元的商品和50.06元的商品，虽然仅差0.1元，但前者给消费者的感觉是还不到"50元"，而后者却使人产生"50多元"的想法，因此前者可以使消费者认为商品价格低、便宜，更令人易于接受。

（2）精确　带有尾数的价格会使消费者认为企业定价是非常认真、精确的，连零头都算得清清楚楚，进而会对商家或企业的产品产生一种信任感。

（3）中意　由于民族习惯、社会风俗、文化传统和价值观念的影响，某些特殊数字常常会被赋予一些独特的含义，企业在定价时如果能加以巧用，其产品就会因之而得到消费者的偏爱。例如，"8"字作为价格尾数在我国南方和香港、澳门地区比较流行，人们认为"8"即"发"，有吉祥如意的意味，因此企业经常采用。又如"4"及西方国家对"13"视为不吉利，因此企业在定价时应有意识地避开，以免引起消费者对企业产品的反感。

2. 整数定价策略

整数定价是按整数而非尾数定价，是指企业把原本应该定价为零数的商品价格定为高于这个零数价格的整数，一般以"0"作为尾数。这种舍零凑整的策略实质上是利用了消费者按质论价的心理、自尊心理与炫耀心理。在现实生活中，同类商品生产者众多，许多交易中消费者只能利用价格辨别商品的质量，特别是对一些名店、名牌商品或消费者不太了解的产品，整数价格反而会提高商品的"身价"，使消费者有一种"一分钱、一分货"的心理，能给人一种方便、简洁的印象，从而利于商品的销售。有些商品如高档商品、耐用品，价值较高，顾客也难以掌握其质量、性能，因此在外观条件相近情况下，消费者会产生价高品质也好的心理。如2台彩电，分别标价1995元和2000元，消费者可能认为2000元的彩电货真价实，质量要好于标价为1995元的那一台。对方便食品、快餐，以及在人口流动比较多的地方的商品制定整数价格，适合人们的"惜时心理"，同时也便于消费者做出购买决策。人们容易记住商品的整数价，因此，会加深商品在消费者心中的印象。

3. 声望定价策略

是一种有意识地给商品定高昂价格以提高商品地位的定价方法，即利用消费者"价高质必优"的心理，对在消费者心目中有信誉的产品制定较高价格。价格档次常被当作商品质量最直观的反映，特别是消费者识别名优产品时，这种心理意识尤为强烈。因此，这种定价策略既补偿了提供优质产品或劳务的商家的必要耗费，也有利于满足不同层次的消费需求。该定价方法主要有两个目的：第一能提高产品形象，第二能满足某些消费者对地位和自我价值的欲望。运用这种策略必须谨慎，绝不是一般商品可采用的。

4. 促销定价策略

商品价格低于一般市价，消费者总是感兴趣的，这是一种"求廉"心理。有的企业就利用消费者这种心理，有意把几种商品的价格定得很低，以此吸引顾客上门，借机扩大连带销售，打开销路。产品或服务项目的价格不是根据公司的成本利润来定，而是根据目前的市场价格，而定远远低于市场价格的一个价格。可能这个项目本身利润很低甚至是无利润，但这个项目因为价格低得让人惊奇，所以很多人因此而来店里消费。

采用这种策略，光从几种"特价品"的销售看企业不赚钱，甚至亏本，但从企业总的经济效益看还是有利的。但在操作中需要注意：①促销商品应是消费者常用的，最好是适合于每一个家庭使用的物品，否则没有吸引力；②经营的品种要多，以便使顾客有较多的选购机会；③降价商品的降低幅度要大，一般应接近成本或者低于成本，只有这样，才能引起消费者的注意和兴趣，才能激起消费者的购买动机；④降价品的数量要适当，太多商店亏损太大，太少容易引起消费者的反感；⑤降价品应与因伤残而削价的商品明显区别开来。

5. 安全定价策略

消费者在决定购买大件消费品时，不仅注重价格高低，而且更注重能否长期安全使用。不少品种尽管价格不贵，消费者仍担心质量是否可靠、安装和维修是否方便、易耗件能否保证供应、托运过程中会不会损坏等问题。倘若企业加强售后服务，实行免费送货和安装、定期上门维修、免费赠送易损耗配件等措施，因提高了消费者对商品的安全感，从而能大大促进销售。

四、组合定价策略

产品组合定价策略是指处理本企业各种产品之间价格关系的策略。它包括系列产品定价策略、互补产品定价策略和成套产品定价策略。是对不同组合产品之间的关系和市场表现进行灵活定价的策略，一般是对相关商品按一定的综合毛利率联合定价。对于互替商品，适当提高畅销品价格，降低滞销品价格，以扩大后者的销售，使两者销售相互得益，增加企业总盈利。对于互补商品，有意识降低购买率低、需求价格弹性高的商品价格，同时提高购买率高而需求价格弹性低的商品价格，从而取得各种商品销售量同时增加的良好效果。常用的产品组合定价形式有以下几种。

1. 产品线定价

所谓产品线定价是指企业为追求整体收益的最大化，为同一产品线中不同的产品确立不同的角色，制定高低不等的价格。产品线定价是根据产品线内各项目之间在质量、性能、档次、款式、成本、顾客认知、需求强度等方面的不同，参考竞争对手的产品与价格，确定各个产品项目之间的价格差距，以使不同的产品项目形成不同的市场形象，吸引不同的顾客群，扩大产品销售，争取实现更多的利润。产品线定价是根据购买者对同样产品线不同档次产品的需求，精选设计几种不同档次的产品和价格点。①产品线定价要求收集与产品线中各产品关联性方面有关的可靠信息，最好是能够量化的信息。②在产品线定价中，必须明确考虑的只是产品之间很强而且很明显的互补关系或替代关系。③在产品之间为替代关系的情况下，处于价格范围高端的产品，其在产品线中的最优价高于其单独定价时的最优价。而处于价格范围低端的产品，其在产品线中的最优价通常低于其单独定价时的最优价，这么做的目的是为了将产品进一步分隔开来，以降低"同类相残"的程度。④在产品之间为互补关系的情况下，产品在产品线中的最优价低于其单独定价时的最优价。互补关系通常是不对称的（如西服和领带），在此情况下，在确定主要产品价格时，只考虑其相关性就足够了。⑤并不是产品线定价和定位的所有方面都可以实际地量化。因此，还要从竞争的角度来考虑这些问题。如果打算在产品线的基础上增加较便宜的替代产品（LEA）、二级品牌或战斗级品牌、延伸产品，那么这一点就尤其重要。⑥衍生产品和附加配置的定价不仅要反映成本，还要尤其注意其认知价值和价格弹性。通常情况下，基本产品的价格弹性和这些配置的价格弹性差别很大。⑦产品线定价应考虑动态效应，如产品销量对未来维修收入的影响。在确定和调整这些部分的价格时，应该考虑产品和维修在生命周期中的角色变化。⑧产品线定价需要协调若干产品之间的关系。因此，如果这些产品的利润责任在组织内是各自分开的，那么将可能破坏产品之间的协调。如果产品之间存在着很强的依存关系，那么必须建立一种组织机制，来处理这种协调问题。

2. 任选产品定价

即在提供主要产品的同时，还附带提供任选品或附件与之搭配。任选产品定价策略是指对那些与主要产品密切关联的可任意选择的产品的定价策略。许多企业不仅提供主要产品，还提供某些与主要产品密切关联的任选产品。例如，顾客去饭店吃饭，除了要饭菜之外，可能还会要点酒、饮料、烟等。在这里饭菜是主要商品，烟酒、饮料等就是任选品。

3. 附属产品定价法

以较低价销售主产品来吸引顾客，以较高价销售备选和附属产品来增加利润，把相关产品中的一种商品的价格定得较低以吸引顾客，而把另一种商品的价格定得较高以赚取利润。当顾客以低价买了引诱品后，就不得不出高价来买俘虏品。如美国柯达公司推出一种与柯达胶卷配套使用的专用照相机，价廉物美，销路甚佳，结果带动柯达胶卷销量大大增加，尽管其胶卷价格较其他牌号的胶卷昂贵。

4. 副产品定价法

在许多行业中，在生产主产品的过程中，常常有副产品。如果这些副产品对某些客户群具有价值，必须根据其价值定价。副产品的收入多，将使公司更易于为其主要产品制定较低价格，以便在市场上增加竞争力。因此制造商需寻找一个需要这些副产品的市场，并接受任何足以抵补储存和运输副产品成本的价格。副产品定价法是制造业内常用的定价方法，在其主产品的副产品是可以销售的状况下使用。这种定价法强调，当副产品的价值比较低、销售的成本又比较高时，最好不要让副产品影响主产品的定价。相反，如果副产品的价值相当高，制造商可以让主产品走一个很有竞争性的低价位，占领更多的市场份额，然后通过副产品的销售赚取利润。

5. 捆绑定价

是指生产者将一种产品与其他产品组合在一起以一个价格出售，数种产品组合在一起以低于分别销售时支付总额的价格销售。近年来，捆绑定价已经成为企业一种常用的销售策略。捆绑定价能够给企业带来更大的利益，但其实施需要相应的条件，并且还面临着限制竞争和损害消费者利益的责任。

五、地区定价策略

通常一个企业的产品不仅在本地销售，同时还要销往其他地区，而产品从产地运到销地要花费一定的运输、仓储等费用。那么应如何合理分摊这些费用，不同地区的价格应如何制定，就是地区定价策略所要解决的问题。具体有如下五种方法。

1. 产地定价

以产地价格或出厂价格为交货价格，运杂费和运输风险全部由买方承担。这种做法适用于销路好、市场紧俏的商品。但不利于吸引路途较远的顾客。

2. 统一交货定价

也称邮票定价法，企业对不同地区的顾客实行统一的价格，就是企业对于卖给不同地区顾客的某种产品，都按照相同的厂价加相同的运费（按平均运费计算）定价。这种方法简便易行，但实际上是由近处的顾客承担了部分远方顾客的运费，对近处的顾客不利，而比较受远方顾客的欢迎。

3. 分区定价

企业把销售市场划分为远近不同的区域，各区域因运输距离差异而实行不同的价格，同区域内实行统一价格。分区定价类似于邮政包裹、长途电话的收费。对企业来讲，可以较为简便地协调不同地理位置用户的运费负担问题，但对处于分界线两侧的顾客而言，还会存在一定的矛盾。分区定价就是企业把全国（或某些地区）分为若干价格区，对于卖给不同价格区顾客的某种产品，分别制定不同的地区价格。

4. 基点定价

是涉及价格结构的另一类常见的商业现象，即企业选定某些城市作为基点，然后按一定的厂价加从基点城市到顾客所在地的运费来定价。这种情况下，运杂费用等是以各基点城市为界由买卖双方分担的。该策略适用于体积大、运费占成本比重较高、销售范围广、需求弹性小的产品。一般离基点较近的地区，售价就较低；离基点较远的地区，售价就较高。

5. 津贴运费定价

指由企业承担部分或全部运输费用的定价策略。当市场竞争激烈，或企业急于打开新的市场时常采取这种做法。

第四节　价格调整策略

产品价格由于情况变化，经常需要进行调整，企业应该在什么时候调整产品价格，是提价还是降价，顾客和竞争对手将会做出什么反应，对竞争对手的调价应采取什么对策等，都是企业必须要考虑的问题。

一、价格调整的原因

食品企业调整原定产品价格可分为两种情形：一是调高价格，二是降低价格。对价格进行调整的必要性源于企业经营内外部环境的不断变化。

1. 提价的原因

提价会引起消费者、经销商和企业销售人员的不满，但好的提价策略可以使企业的利润大大增加。食品企业提价的原因有如下几点。

① 由于通货膨胀、物价上涨，导致产品成本增加。这是所有产品价格上涨的主要原因。在价格一定的情况下，成本上升将直接导致利润的下降。因此，在整个社会发生通货膨胀或生产产品的原材料成本大幅度上升的情况下，抬高价格就是保持利润水平的重要手段。成本的增加或者是由于原材料价格上涨，或者是由于生产或管理费用提高而引起的，企业为了保证利润率不致因此而降低，便采取提价策略。

② 企业的产品供不应求，不能满足其所有顾客的需要。在需求旺盛而生产规模又不能及时扩大而出现供不应求的情况下，可以通过提价来遏制需求，同时又可以取得高额利润，在缓解市场压力、使供求趋于平衡的同时，为扩大生产准备了条件。这种措施同时也可为企业获取比较高的利润，为以后的发展创造一定的条件。

③ 创造优质优价的名牌效应。为了企业的产品或服务与市场上同类产品或服务拉开差距，作为一种价格策略，可以利用提价营造名牌形象，使消费者产生价高质优的心理定势，以提高企业知名度和产品声望。对于那些革新产品、贵重产品、生产规模受到限制而难以扩大的产品，这种效应表现得尤为明显。

2. 降价的原因

在现代市场经济条件下，企业削价的主要原因有如下几点。

① 企业生产能力过剩。当企业生产能力过剩，但是企业又无法通过产品改进和加强促销等工作来扩大销售时，在这种情况下，为了扩大销售，企业就必须考虑削价。

② 市场需求不振。在宏观经济不景气或行业性需求不旺时，价格下调是许多企业借以渡过难关的重要手段。比如，当企业的产品销售不畅，或又需要回笼大量现金。对现金产生迫切需求的原因既可能是其他产品销售不畅，也可能是为了筹集资金进行某些新活动，而资金借贷来源中断。此时，企业可以通过对某些需求的价格弹性大的产品予以大幅度削价，从

而增加销售额，获取现金。

③ 降低价格以保持或扩大市场份额。在强大竞争者的压力之下，企业的市场占有率有所下降，或有下降的趋势，对于某些仍存在较大生产能力的企业，调低价格可以刺激需求，进而扩大产销量。降低成本水平的企业，价格下调更是一种较为理想的选择。

④ 企业的成本费用比竞争者低，企业可以利用成本优势，通过削价来掌握市场或提高市场占有率，来开拓新市场，从而扩大生产和销售量，进一步降低成本费用。在削价不会对原顾客产生影响的前提下，企业可以通过削价方式来扩大市场份额。不过，为了保证这一策略的成功，有时需要以产品改进策略相配合。

⑤ 应付来自竞争者的价格竞争压力。在绝大多数情况下，排斥现有市场的边际生产者，反击直接竞争者价格竞争见效最快的手段就是"反价格战"，即制定比竞争者的价格更有竞争力的价格。那些以目前价格销售产品仅能保本的企业，在别的企业主动削价以后，会因为价格的被迫降低而得不到利润，只好停止生产。这无疑有利于主动削价的企业。

⑥ 由于成本降低，费用减少，使企业削价成为可能。随着科学技术的进步和企业经营管理水平的提高，许多产品的单位产品成本和费用在不断下降，因此，企业拥有条件适当削价。企业决策者出于对中间商要求的考虑，以较低的价格购进货物不仅可以减少中间商的资金占用，而且为产品大量销售提供了一定的条件。因此，企业削价有利于同中间商建立较良好的关系。

⑦ 政治、法律环境及经济形势的变化，迫使企业降价。政府为了实现物价总水平的下调，保护需求，鼓励消费，遏制垄断利润，往往通过政策和法令，采用规定毛利率和最高价格、限制价格变化方式、参与市场竞争等形式，使企业的价格水平下调。在紧缩通货的经济形势下或者在市场疲软、经济萧条时期，由于币值上升，价格总水平下降，企业产品价格也应随之降低，以适应消费者的购买力水平。此外，消费者运动的兴起也往往迫使产品价格下调。

二、削价及提价策略

企业为某种产品制定出价格以后，并不意味着大功告成。随着市场营销环境的变化，企业必须对现行价格予以适当的调整。

1. 削价策略

企业削价的原因很多，有企业外部需求及竞争等因素的变化，也有企业内部的战略转变、成本变化等，还有国家政策、法令的制约和干预。削价最直截了当的方式是将企业产品的目录价格或标价绝对下降，但企业更多的是采用各种折扣形式来降低价格。如数量折扣、现金折扣、回扣和津贴等形式。此外，变相的削价形式有：赠送样品和优惠券，实行有奖销售；给中间商提取推销奖金；允许顾客分期付款；赊销；免费或优惠送货上门、技术培训、维修咨询；提高产品质量，改进产品性能，增加产品用途。由于这些方式具有较强的灵活性，在市场环境变化的时候，即使取消也不会引起消费者太大的反感，同时又是一种促销策略，因此在现代经营活动中运用越来越广泛。确定何时削价是调价策略的一个难点，通常要综合考虑企业实力、产品在市场生命周期所处的阶段、销售季节、消费者对产品的态度等因素。比如，进入衰退期的产品，由于消费者失去了消费兴趣，需求弹性变大，产品逐渐被市场淘汰，为了吸引对价格比较敏感的购买者和低收入需求者，维持一定的销量，削价就可能是唯一的选择。由于影响削价的因素较多，企业决策者必须谨慎分析和判断，并根据削价的原因选择适当的方式和时机，制定最优的削价策略。

2. 提价策略

提价确实能够增加企业的利润率，但却会引起竞争力下降、消费者不满、经销商抱怨，甚至还会受到政府的干预和同行的指责，从而对企业产生不利影响。在方式选择上，企业应尽可能多采用间接提价，把提价的不利因素减到最低程度，使提价不影响销量和利润，而且能被潜在消费者普遍接受。同时，企业提价时应采取各种渠道向顾客说明提价的原因，配之以产品策略和促销策略，并帮助顾客寻找节约途径，以减少顾客不满，维护企业形象，提高消费者信心，刺激消费者的需求和购买行为。至于价格调整的幅度，最重要的考虑因素是消费者的反应。因为调整产品价格是为了促进销售，实质上是要促使消费者购买产品。忽视了消费者反应，销售就会受挫，只有根据消费者的反应调价，才能收到好的效果。

三、消费者对价格变动的反应

不同市场的消费者对价格变动的反应是不同的，即使处在同一市场的消费者对价格变动的反应也可能不同。衡量定价成功与否最重要的标志是消费者将如何理解价格调整行为，因此，企业在进行调整前，必须谨慎研究顾客对调整行为可能的反应，并在进行调整的同时，更应加强与顾客沟通，给顾客一个合适的涨价或削价的理由。研究消费者对调价的反应，多是注重分析消费者的价格意识。

价格意识是指消费者对商品价格高低强弱的感觉程度，直接表现为顾客对价格敏感性的强弱，包括知觉速度、清晰度、准确度和知觉内容的充实程度。它是掌握消费者态度的主要方面和重要依据，也是解释市场需求对价格变动反应的关键变量。研究表明，价格意识和收入呈负相关关系，即收入越低，价格意识越强，价格的变化直接影响购买量；收入越高，价格意识越弱，价格的一般调整不会对需求产生较大的影响。此外，由于广告常使消费者更加注意价格的合理性，同时也给价格对比提供了方便，因而广告对消费者的价格意识也起着促进作用，使他们对价格高低更为敏感。消费者可接受的产品价格界限是由价格意识决定的。这一界限也就规定了企业可以调价的上下限度。在一定条件下，价格界限是相对稳定的，若条件发生变化，则价格心理界限也会相应改变，因而会影响企业的调价幅度。

消费者对价格变动的反应归纳为如下几点。①在一定范围内的价格变动是可以被消费者接受的；提价幅度超过可接受价格的上限，则会引起消费者不满，产生抵触情绪，而不愿购买企业产品；降价幅度低于下限，会导致消费者的种种疑虑，也对实际购买行为产生抑制作用。②在产品知名度因广告而提高、收入增加、通货膨胀等条件下，消费者可接受价格上限会提高；在消费者对产品质量有明确认识、收入减少、价格连续下跌等条件下，下限会降低。③消费者对某种产品削价的可能反应是：产品将马上因式样陈旧、质量低劣而被淘汰；企业遇到财务困难，很快将会停产或转产；价格还要进一步下降；产品成本降低了。而对于某种产品的提价则可能这样理解：很多人购买这种产品，我也应赶快购买，以免价格继续上涨；提价意味着产品质量的改进；企业将高价作为一种策略，以树立名牌形象；卖主想尽量取得更多利润；各种商品价格都在上涨，提价很正常。

四、竞争者对价格变动的反应

企业在主动变价时，不仅要考虑顾客的反应，而且还必须考虑竞争者的反应。企业面对的竞争者往往不止一家，彼此不同的竞争优势，会导致不同的反应。比如，如果竞争对手认为其实力强于本企业，并认定本企业的价格调整目的是争夺市场份额的情况下，必然会立即做出针锋相对的反应；反之则不反应，或采取间接的反应方式。虽然透彻地了解竞争者对价格变动的反应几乎不可能，但为了保证调价策略的成功，主动调价的企业又必须考虑竞争者的价格反应。没有估计竞争者反应的调价，往往难以成功，至少不会取得预期效果。因此企业在实施价格调整行为前，必须分析竞争者的数量、可能采取的措施，以及反应的剧烈程度。在实践中，为了减少因无法确知竞争者对价格变化的反应而带来的风险，企业在主动调价之前必须明确回答以下问题：①本行业产品有何特点？本企业在行业中处于何种地位？②主要竞争者是谁？竞争对手会怎样理解我方的价格调整？③针对本企业的价格调整，竞争者会采取什么对策？这些对策是价格性的还是非价格性的？它们是否会联合做出反应？④针对竞争者可能的反应，企业的对策又是什么？有无几种可行的应对方案？在细致分析的基础上，企业方可确定价格调整的幅度和时机。

五、企业对竞争者调价的反应

当竞争者主动变动价格时，企业必须做出及时、正确的反应，以迎接竞争者变价的挑战。竞争对手在实施价格调整策略之前，一般都要经过长时间的深思得失，仔细权衡调价的利害，但是，一旦调价成为现实，则这个过程相当迅速，并且在调价之前大多要采取保密措施，以保证发动价格竞争的突然性。企业在这种情况下，贸然跟进或无动于衷都是不对的，为了保证企业做出正确反应，企业应该了解：竞争者进行价格调整的目的是什么？竞争者调价是长期的还是短期的？如果不理会竞争者的价格调整行为，将对本企业的市场占有率、销售量、利润、声誉等方面有何影响？同行业的其他企业对竞争者调价行动有何反应？如果做出相应的变价行为，对本企业存在什么影响？竞争者和其他企业又会有什么反应？如何对价格竞争做出正确、及时的反应，是企业价格策略中的重要内容。企业还必须结合所经营的产品特性确定对策。一般来说，在同质产品市场上，如果竞争者削价，企业必须随之削价，否则大部分顾客将转向价格较低的竞争者；但是，面对竞争者的提价，本企业既可以跟进，也可以暂且观望。如果大多数企业都维持原价，最终迫使竞争者把价格降低，使竞争者涨价失败。

在异质产品市场上，由于每个企业的产品在质量、品牌、服务、包装、消费者偏好等方面有着明显的不同，所以面对竞争者的调价策略，企业有着较大的选择余地。第一，价格不变，任其自然，任顾客随价格变化而变化，靠顾客对产品的偏爱和忠诚度来抵御竞争者的价格进攻，待市场环境发生变化或出现某种有利时机，企业再做行动。第二，价格不变，加强非价格竞争。比如，企业加强广告攻势，增加销售网点，强化售后服务，提高产品质量，或者在包装、功能、用途等方面对产品进行改进。第三，部分或完全跟随竞争者的价格变动，采取较稳妥的策略，维持原来的市场格局，巩固取得的市场地位，在价格上与竞争对手一较高低。第四，以优越于竞争者的价格跟进，并结合非价格手段进行反击。比竞争者更大的幅度削价，比竞争者小的幅度提价，强化非价格竞争，形成产品差异，利用较强的经济实力或优越的市场地位，居高临下，给竞争者以毁灭性的打击。事实上，竞争者往往是花了大量时间来准备调价，企业面对竞争者的调价，不可能有很多时间来分析应采取的对策，而必须在数小时或几天内明确果断地做出适当反应。缩短价格反应决策时间的唯一途径是：预料竞争者的可能价格变动，并预先准备适当的对策。

[拓展阅读] **"天价咖啡"的故事**

东京滨松町的一家咖啡店老板为了达到招徕顾客、出奇制胜的目的，别出心裁地推出了 5000 日元一杯的天价咖啡。消息一出，举国大哗，甚至那些平日里挥金如土的富人们也纷纷指责他太离谱了，无异于公开抢劫。但是，在强烈的好奇心驱使下，东京的消费者们却一边大骂，一边又情不自禁地蜂拥而来，都想亲口品尝一下 5000 日元一杯的咖啡到底是什么味道。

不尝不知道，一尝又是吓一跳！原来，店老板的点子还真多，他虽然想法"哗众"，其实却并不真正用刀"宰客"：5000 日元一杯咖啡，实际上一点都不贵，原因是他的咖啡杯绝顶豪华而名贵，是一流的正宗法国进口杯，每只杯市场价 4000 日元；每位顾客享用咖啡之后，杯子便洗净包好随赠给顾客；他的咖啡也是由著名技师现场烹煮，味道纯正醇美；店堂装潢豪华气派，胜似皇宫，扮成皇宫侍女的服务小姐，把顾客当作帝王一样精心侍候。如此这般，每位抱着好奇心理而来的顾客都发现自己不仅没有吃亏，反而享受到了最高级的优质服务，以至于每位顾客一下子就喜欢上了这里，而且往往还会不断地回头消费。一时，天价咖啡店门前竟然出现了排队争相品尝的局面，生意好得让服务小姐都应接不暇。

摘自：中国质量新闻网，中国国门时报

第十章　食品营销渠道策略

在商品经济高度发达的现代社会里，绝大部分产品都要经过一定的流通渠道和销售环节，才能完成产品从生产企业向消费者的转移。这样就需要了解现代销售渠道的基本结构和模式，其中中间商在食品分销中的巨大作用，以及食品企业如何选择销售渠道并对销售渠道系统进行有效的管理。

以不同的分销渠道销售同一产品，其成本和利润相差甚远，因此市场营销渠道（marketing channel）成为企业营销活动中不可缺少的一个营销因素。

第一节　分销渠道的概念与类型

一、分销渠道的概念

所谓分销渠道（也被称为销售模式）是指产品从生产者向消费者转移所经过的通道或途径，它是由一系列相互依赖的组织机构组成的商业机构。即产品由生产者到用户的流通过程中所经历的各个环节连接起来形成的通道。分销渠道的起点是生产者，终点是用户，中间环节包括各种批发商、零售商、商业服务机构（如经纪人、交易市场等）。

（一）分销渠道与市场营销渠道

现代营销学之父菲利普·科特勒（Philip Kotler）认为，市场营销渠道（marketing channel）和分销渠道（distribution channel）是两个不同的概念。他说："一条市场营销渠道是指那些配合起来生产、分销和消费某一生产者的某些货物或劳务的一整套所有企业和个人。"这就是说，一条市场营销渠道包括某种产品的供产销过程中所有的企业和个人，如资源供应商（suppliers）、生产者（producer）、商人中间商（merchant middleman）、代理中间商（agent middleman）、辅助商（facilitators）（又译作便利交换和实体分销者，如运输企业、公共货栈、广告代理商、市场研究机构等）以及最后消费者或用户（ultimate consumer or users）等。举个例子说明：食品加工商 A 通过"收购商"向"食品生产者"收购原料，同时向其他供应商购买其他生产资源，这些货物由供应商存在仓库，并根据 A 公司加工厂的需要情况有计划地运往工厂。之后 A 公司通过"食品经纪人"向各种批发商（如独立批发商、自愿连锁、零售商合作社等）推销产品，通过他们转卖给各种零售商店（如方便商店、超级市场等）。市场营销渠道包括食品生产者、食品收购商、其他供应商、各种代理商、批发商、零售商和消费者等。而分销渠道则包括食品加工商、各种批发商、代理商、零售商、消费者等。

所以说分销渠道是指当产品从生产者向最后消费者或产业用户移动时，直接或间接转移所有权所经过的途径。

（二）分销渠道的主要功能

具体来说，分销渠道的功能主要包括如下几点。

第一，研究，即收集制订计划和进行交换时所必需的信息。

第二，促销，即设计和传播有关商品的信息，鼓励消费者购买。

第三，接洽，即为生产商寻找、物色潜在买主，并和买主进行沟通。

第四，配合，即按照买主的要求调整供应的产品，包括分等、分类和包装等活动。

第五，谈判，即代表买方或者卖方参加有关价格和其他交易条件的谈判，以促成最终协议的签订，实现产品所有权的转移。

第六，实体分销，即储藏和运输产品。

第七，融资，即收集和分散资金，以负担分销工作所需的部分费用或全部费用。

第八，风险承担，即承担与从事渠道工作有关的全部风险。

（三）分销渠道的职能

第一，分类。包括对产品的分类、分等、装配、包装等，使商品能符合顾客的需要。

第二，物流。包括进行产品的运输和储存，以减轻生产企业的压力。

第三，融资与担保。即为渠道工作的资金取得和支出以及为企业生产进行担保。

第四，风险承担。即承担与渠道工作有关的全部风险以及为企业生产承担的部分风险。

第五，寻找顾客与促销。即寻找尽可能多的顾客以及进行相应的促销活动吸引顾客。

第六，调查市场及反馈。即利用自己熟悉市场的优势，及时把市场信息反馈给生产企业，使其能生产出满足市场需要的产品。

二、分销渠道的类型

由于我国个人消费者与生产性团体用户消费的主要商品不同，消费目的与购买特点等具有差异性，客观上使我国企业的销售渠道构成两种基本模式：企业对生产性团体用户的销售渠道模式和企业对个人消费者销售渠道模式。其中企业对生产性团体用户的销售渠道模式有如下几种：

生产者——用户

生产者——零售商——用户

生产者——批发商——用户

生产者——批发商——零售商——用户

生产者——代理商——批发商——零售商——用户

企业对个人消费者销售渠道模式有如下几种：

生产者——消费者

生产者——零售商——消费者

生产者——批发商——零售商——消费者

生产者——代理商——零售商——消费者

生产者——代理商——批发商——零售商——消费者

由上可以看出，一种产品的分销渠道，按渠道中有无中间环节及中间环节的多少可分为不同位数的分销渠道。如果从生产者直接到消费者或者用户的渠道，被称为零级渠道，以此类推，实际运行的分销渠道多数都可归到以上几种基本结构中去。

因此，可以根据有无中间环节参与交换活动，将上述两种模式中的所有通道，归纳为两种最基本的分销渠道类型：直接分销渠道和间接分销渠道。间接分销渠道又分为短渠道与长渠道。

（一）直接分销渠道

直接分销渠道是指生产者将产品直接供应给消费者或用户，没有中间商介入。

直接分销渠道的形式是：生产者——用户。直接分销渠道是工业品分销的主要类型。例如大型设备、专用工具及技术复杂等需要提供专门服务的产品，都采用直接分销；消费品中有部分也采用直接分销类型，诸如鲜活商品等。

1. 直接分销渠道的具体方式

企业直接分销的方式比较多，概括起来有如下几种。

（1）订购分销　它是指生产企业与用户先签订购销合同或协议，在规定时间内按合同条款供应商品，交付款项。一般来说，主动接洽方多数是销售生产方（如生产厂家派员推销），也有一些走俏产品或紧俏原材料、备件等由用户上门求货。

（2）自开门市部销售　它是指生产企业通常将门市部设立在生产区外、用户较集中的地方或商业区。也有一些邻近于用户或商业区的生产企业将门市部设立于厂前。

（3）联营分销　如工商企业之间、生产企业之间联合起来进行销售。

2. 直接分销渠道的优缺点

（1）直接分销渠道的优点　①有利于产、需双方沟通信息，可以按需生产，更好地满足目标顾客的需要。由于是面对面的销售，用户可更好地掌握商品的性能、特点和使用方法；生产者能直接了解用户的需求、购买等特点及其变化趋势，进而了解竞争对手的优势和劣势及其营销环境的变化，为按需生产创造了条件。②可以降低产品在流通过程中的损耗。由于去掉了商品流转的中间环节，减少了销售损失，有时也能加快商品的流转。③可以使购销双方在营销上相对稳定。一般来说，直销渠道进行商品交换，都签订合同，数量、时间、价格、质量、服务等都按合同规定履行，购销双方的关系以法律的形式于一定时期内固定下来，使双方把精力用于其他方面的战略性谋划。④可以在销售过程中直接进行促销。企业直接分销，实际上又往往是直接促销的活动。例如，企业派员直销，不仅促进了用户订货，同时也扩大了企业和产品在市场中的影响，又促进了新用户的订货。

（2）直接分销渠道的缺点　①在产品和目标顾客方面：对于绝大多数生活资料商品，其购买呈小型化、多样化和重复性。生产者若凭自己的力量去广设销售网点，往往力不从心，甚至事与愿违，很难使产品在短期内广泛分销，很难迅速占领或巩固市场，企业目标顾客的需要得不到及时满足，势必转移方向购买其他厂家的产品，这就意味着企业失去目标顾客和市场占有率。②在商业协作伙伴方面：商业企业在销售方面比生产企业的经验丰富，这些中间商最了解顾客的需求和购买习性，在商业流转中起着不可缺少的桥梁作用。而生产企业自销产品，就拆除了这一桥梁，势必自己去进行市场调查，包揽了中间商所承担的人、财、物等费用。这样，加重生产者的工作负荷，分散生产者的精力。更重要的是，生产者将失去中间商在销售方面的协作，产品价值的实现增加了新的困难，目标顾客的需求难以得到及时满足。③在生产者与生产者之间：当生产者仅以直接分销渠道销售商品，致使目标顾客的需求得不到及时满足时，同行生产者就可能趁势而进入目标市场，夺走目标顾客和商品协作伙伴。在生产性团体市场中，企业的目标顾客常常是购买本企业产品的生产性用户，他们又往往是本企业专业化协作的伙伴。所以，失去目标顾客，又意味着失去了协作伙伴。当生产者之间在科学技术和管理经验的交流受到阻碍以后，将使本企业在专业化协作的旅途中更加步履艰难，这又影响着本企业的产品实现市场份额和商业协作，从而造成一种不良循环。

（二）间接分销渠道

间接分销渠道是指生产者利用中间商将商品供应给消费者或用户，中间商介入交换活动。

间接分销渠道的典型形式是：生产者——批发商——零售商——个人消费者（少数为团体用户）。现阶段，我国消费品需求总量和市场潜力很大，且多数商品的市场正逐渐由卖方市场向买方市场转化。与此同时，对于生活资料商品的销售，市场调节的比重已显著增加，工商企业之间的协作已日趋广泛、密切。因此，如何利用间接渠道使自己的产品广泛分销，已成为现代企业进行市场营销时所研究的重要课题之一。

1. 间接分销渠道的具体方式

随着市场的开放和流通领域的搞活，我国以间接分销的商品比重增大。企业在市场中通过中间商销售的方式很多，如厂店挂钩、特约经销、零售商或批发商直接从工厂进货、中间商为工厂举办各种展销会等，这里就不一一列举和阐述了。

2. 间接分销渠道的优缺点

（1）间接分销渠道的优点　①有助于产品广泛分销。中间商在商品流转的始点同生产者相连，在其终点与消费者相连，从而有利于调节生产与消费在品种、数量、时间与空间等方面的矛盾。既有利于满足生产厂家目标顾客的需求，也有利于生产企业产品价值的实现，更能使产品广泛地分销，巩固已有的目标市场，扩大新的市场。②缓解生产者人、财、物等力量的不足。中间商购走了生产者的产品并交付了款项，就使生产者提前实现了产品的价值，开始新的资金循环和生产过程。此外，中间商还承担销售过程中的仓储、运输等费用，也承担着其他方面的人力和物力，这就弥补了生产者营销中的力量不足。③间接促销。消费者往往是货比数家后才购买产品，而一位中间商通常经销众多厂家的同类产品，中间商对同类产品的不同介绍和宣传，对产品的销售影响甚大。此外，实力较强的中间商还能支付一定的宣传广告费用，具有一定的售后服务能力。所以，生产者若能取得与中间商的良好协作，就可以促进产品的销售，并从中间商那里及时获取市场信息。④有利于企业之间的专业化协作。现代机器大工业生产的日益社会化和科学技术的突飞猛进，使专业化分工日益精细，企业只有广泛地进行专业化协作，才能更好地迎接新技术、新材料的挑战，才能经受住市场的严峻考验，才能大批量、高效率地进行生产。中间商是专业化协作发展的产物。生产者产销合一，既难以有效地组织商品的流通，又使生产精力分散。有了中间商的协作，生产者可以从繁琐的销售业务中解脱出来，集中力量进行生产，专心致志地从事技术研究和技术革新，促进生产企业之间的专业化协作，以提高生产经营的效率。

（2）间接分销渠道的缺点　①可能形成"需求滞后差"。中间商购走了产品，并不意味着产品就从中间商手中销售出去了，有可能销售受阻。对于某一生产者而言，一旦其多数中间商的销售受阻，就形成了"需求滞后差"，即需求在时间或空间上滞后于供给。但生产规模既定，人员、机器、资金等照常运转，生产难以剧减。当需求继续减少，就会导致产品的供给更加大于需求。若多数商品出现类似情况，便造成所谓的市场疲软现象。②可能加重消费者的负担，导致抵触情绪。流通环节增大储存或运输中的商品损耗，如果都转嫁到价格中，就会增加消费者的负担。此外，中间商服务工作欠佳，可能导致顾客对商品的抵触情绪，甚至引起购买的转移。③不便于直接沟通信息。如果与中间商协作不好，生产企业就难以从中间商的销售中了解和掌握消费者对产品的意见、竞争者产品的情况、企业与竞争对手的优势和劣势、目标市场状况的变化趋势等。在当今风云变幻、信息爆炸的市场中，企业信息不灵，生产经营必然会迷失方向，也难以保持较高的营销效益。

（三）长渠道和短渠道

分销渠道的长短一般是按通过流通环节的多少来划分，具体包括以下四层。

1. 零级渠道（MC）

即由制造商（manufacturer）直接到消费者（customer）。

2. 一级渠道（MRC）

即由制造商（manufacturer）通过零售商（retailer）到消费者（customer）。

3. 二级渠道（MWRC）

即由制造商——批发商（wholesaler）——零售商——消费者，或者是制造商——代理商（agent）——零售商——消费者，多见于消费品分销。

4. 三级渠道（MAWRC）

制造商——代理商——批发商——零售商——消费者。

可见，零级渠道最短，三级渠道最长。此外，还有级数更多的渠道，但不多见。渠道的级数表示了渠道的长度，级数越高，中介机构越多，渠道越长，生产者就越难以控制。

（四）宽渠道与窄渠道

渠道宽窄取决于渠道的每个环节中使用同类型中间商数目的多少。企业使用的同类中间商多，产品在市场上的分销面广，称为宽渠道。如一般的日用消费品（毛巾、牙刷、开水瓶等），由多家批发商经销，又转卖给更多的零售商，能大量接触消费者，大批量地销售产品。企业使用的同类中间商少，分销渠道窄，称为窄渠道，它一般适用于专业性强的产品，或贵重耐用的消费品，由一家中间商统包，几家经销。它使生产企业容易控制分销，但市场分销面受到限制。

企业在制定渠道宽度决策时面临如下三种选择。

1. 独家分销（exclusive distribution）。

独家分销是指在一定地区、一定时间内只选择一家中间商或代理，授予对方独家经营权。这是最窄的一种分销渠道形式。独家分销对生产者的好处是，有利于控制中间商，提高他们的经营水平，也有利于加强产品形象，增加利润。但这种形式有一定风险，如果这一家中间商经营不善或发生意外情况，生产者就要蒙受损失。食品企业选择这种分销形式的很少。

采用独家分销形式时，通常产销双方议定，销方不得同时经营其他竞争性商品，产方也不得在同一地区另找其他中间商。这种独家经营妨碍竞争，因而在某些国家被法律所禁止。

2. 广泛分销（intensive distribution）。

又称密集性分销，即利用尽可能多的中间商从事商品的销售，使渠道尽可能加宽。消费品中的便利品（卷烟、火柴、肥皂等）和工业用品中的标准件，通用小工具等，价格低、购买频率高的食品多采用此种分销方式。其优点是市场覆盖面广泛，潜在顾客有较多机会接触到产品；缺点是中间商的经营积极性较低，责任心差。

3. 选择性分销（selective distribution）。

选择性分销即在市场上选择部分中间商经营本企业产品。这是介于独家分销商和广泛分销商之间的一种中间形式。主要适用于食品中的选购品等。它比独家分销面宽，有利于扩大销路，开拓市场，展开竞争；比密集性分销又节省费用，较易于控制，不必分散太多的精力。有条件地选择中间商，还有助于加强彼此之间的了解和联系，使被选中的中间商愿意努力提高推销水平。因此，如果中间商选择得当，采用此种销售方式可以兼得前两种方式的优点。

（五）单渠道和多渠道

当企业全部产品都由自己直接所设的门市部销售，或全部交给批发商经销，称之为单渠道。多渠道则可能是在本地区采用直接渠道，在外地则采用间接渠道；在有些地区独家经销，在另一些地区多家分销；对消费品市场用长渠道，对生产资料市场则采用短渠道等。

第二节　中　间　商

一、中间商概述

中间商指分销渠道里的中间环节，包括批发商、零售商、代理商和经纪人。

（一）中间商的功能

1. 提高销售活动的效率

如今是跨国公司和全球经济迅速发展的时代，如果没有中间商，商品由生产制造厂家直接销售给消费者，工作将非常复杂，而且工作量特别大。对消费者来说，没有中间商也要使购买的时间大大增加。例如，中间商可以同时销售很多厂家的商品，消费者在一个中间商那里就能比较很多厂家的商品，比没有中间商而要跑到各个厂家观察商品要节约大量时间。

2. 储存和分销产品

中间商从不同的生产厂家购买产品，再将产品分销到消费者手中，在这个过程中，中间商要储存、保护和运输产品。

3. 监督检查产品

中间商在订购商品时就考察了厂家在产品方面的设计、工艺、生产、服务等质量保证体系，或者根据生产厂家的信誉、产品的名牌效应来选择产品；进货时，将按有关标准严格检查产品；销售产品时，一般会将产品划出等级。这一系列的工作起到了监督检查产品的作用。

4. 传递信息

中间商在从生产厂家购买产品和向消费者销售产品中，将向厂家介绍消费者的需求、市场的信息、同类产品各厂家的情况；也会向消费者介绍各厂家的特点。无形中传递了信息，促进了竞争，有利于产品质量的提高。

（二）选择中间商的重要性

1. 中间商是渠道功能的重要承担者

一般而言，分销渠道所具有的实现产品价值及提高交易效率和效益的功能、增强企业竞争优势的功能，多数都是在中间商的积极参与下完成的。由于分销渠道是一种松散型的组织系统，中间商可以全部或部分参与分销渠道的实物流、促销流、市场信息流，同时，各中间商具有相对的独立性，他们必须具有独立承担业务并与其他渠道成员通力合作的能力。因此，对合格的中间商要求很高。1999 年 3 月，浙江天丰化学有限公司将其生产的"野老"牌稻苗除草剂首次推上了湖北省农资市场。这一产品的上市取得了极大的成功，短短几个月就占领了湖北省稻田除草剂 90％的市场，成为农户的首选品牌。"野老"除草剂之所以获得成功，除了有效的广告宣传外，主要应归功于对经销商益农公司的选择管理。

2. 根据中间商的合作目标和意愿选择中间商

三株公司的发展在 1997 年达到了鼎盛时期，销售收入为 40 亿元。其成功之处主要是该公司的分销模式。其分销网络，按层次分为总公司、产品营销中心、战区指挥部、子公司、分公司、工作站六级组织，销售人员高达 20 万。但这些子公司，销售中心都不是三株公司直接投资建立的，而只是被三株公司网罗在其麾下的各类中间商。由于扩张过快，中间商良莠不齐，某些中间商做大之后，另立门户，携款逃跑的事时有发生，致使三株辉煌不再。因此，必须选择合作意愿强、合作目标明确的中间商才能减少摩擦和降低风险。

（三）选择中间商的原则

选择中间商应把握以下几个原则。

1. 到达目标市场的原则

这是选择中间商的基本原则。企业在选择中间商时，应了解所要选择的中间商是否在企业产品的目标市场拥有销售渠道和销售场所。因为企业选择中间商的目的就是要将自己的产品打入目标市场，方便消费者购买。

2. 角色分工原则

这是指所选择的中间商应当在经营方向和专业能力方面符合所建立的分销渠道功能的要求。如宝洁公司在每一地区只发展少数几个大分销商，然后通过分销商对下级批发商、零售商进行管理。分销商与宝洁公司签订合同，双方明确权利、义务和责任，并进行合理分工。

明确角色分工，既是合作的前提，也是选择中间商的原则与标准。

3. 共同愿望原则

分销渠道作为一个整体，只有所有的渠道成员具有合作愿望，才能建立起一个有效的分销渠道。在选择中间商时，要分析中间商参与有关商品分销的意愿，以及与其他渠道成员合作态度等。

（四）选择中间商的条件

合格的中间商具有以市场为主导的经营理念，具有维持合理的市场竞争秩序内在动力机制，具有长远的经营战略。从某种意义上说，中间商的功能完善依赖于中国市场经济的健康有序发展。在市场经济秩序还不够规范的情况下，加强对中间商的管理，强化与中间商的合作，同样是我国企业面临的一个亟待探索的重要课题。但由于中间商与企业分属不同的利益主体，追求自身利益最大化往往会导致相互之间的利益纷争，影响相互之间的合作。如何选择中间商成为企业营销渠道策略研究和营销渠道管理中的重要内容。但从企业营销渠道管理的实践中，正确评价中间商的资格是选择中间商的关键。发挥中间商的作用，其首要任务必须明确合格中间商的资格条件。

1. 中间商的市场范围

市场是选择中间商最关键的原因。首先要考虑预先定的中间商的经营范围所包括的地区与产品的预计销售地区是否一致，比如，产品在东北地区，中间商的经营范围就必须包括这个地区。其次，中间商的销售对象是否是生产商所希望的潜在顾客，这是最根本的条件。因为生产商都希望中间商能打入自己已确定的目标市场，并最终说服消费者购买自己的产品。

2. 中间商的产品政策

中间商承销的产品种类及其组合情况是中间商产品政策的具体体现。选择时一要看中间商有多少"产品线"（即供应来源），二要看各种经销产品的组合关系，是竞争产品还是促销产品。一般认为应该避免选用经销竞争产品的中间商，即中间商经销的产品与本企业的产品是同类产品，比如都为早餐食用的小面包。但是若产品的竞争优势明显就可以选择出售竞争者产品的中间商，因为顾客会在对不同生产企业的产品作客观比较后，决定购买有竞争力的产品。

3. 中间商的地理区位优势

区位优势即位置优势。选择零售中间商最理想的区位应该是顾客流量较大的地点。批发中间商的选择则要考虑它所处的位置是否利于产品的批量储存与运输。通常以交通枢纽为宜。

4. 中间商的业务素质

中间商要对市场、产品、地域环境有充分的认识，要具有经济、法律、人力资源等知识与素养；在熟悉所经营产品的制造、储运、保管与使用的基础上，要有高水平的财务管理、营销管理、物流管理等专业管理知识与能力，要具有应用计算机进行经营管理的能力。许多中间商能被规模巨大而且有名牌产品的生产商选中，往往是因为它们对销售某种产品有专门的经验。选择对产品销售有专门经验的中间商就会很快地打开销路。因此生产企业应根据产品的特征选择有经验的中间商。

5. 预期合作程度

中间商与生产企业合作得好会积极主动地推销企业的产品，对双方都有益处。有些中间商希望生产企业也参与促销，扩大市场需求，并相信这样会获得更高的利润。生产企业应根据产品销售的需要确定与中间商合作的具体方式，然后再选择最理想合作中间商。

6. 中间商的营销网络和管理技能

完善的营销网络是中间商的巨大的无形资产和竞争优势，也是其开拓市场、维护市场稳定的前提条件，比如采用何种方式推销商品及运用选定的促销手段的能力直接影响销售规模。有些产品广告促销比较合适，而有些产品则适合通过销售人员推销。有的产品需要有效的储存，有的则应快速运输。要考虑到中间商是否愿意承担一定的促销费用以及有没有必要物质、技术基础和相应的人才。但建立有效营销体系和稳定的客户群并非一朝一夕之事，它要求中间商必须具有发展战略、经营管理理念。同时，中间商的桥梁媒介功能决定了商业信誉是其生存和发展的品牌和无形资产，也是能否长期保持良好关系的基础。因此，选择中间商前必须对其所能完成某种产品销售的市场促销政策和技术的实现可能程度作全面评价。

7. 中间商的综合服务能力

现代商业经营服务项目甚多，选择中间商要看其综合服务能力如何，比如中间商能否按时结算包括在必要时预付货款，取决于其财力的大小。整个企业销售管理是否规范、高效，关系着中间商营销的成败，对于类似生鲜食品这类对运输和存储要求比较特殊的产品，中间商是否有配套的管理设备和人员等，这些都是要综合考虑的因素。总之，合适的中间商所能提供的综合服务项目与服务能力应与企业产品销售所需要的服务要求相一致。

二、批发商

（一）批发商的含义和作用

所谓批发商是指向生产企业购进产品，然后转售给零售商、产业用户或各种非营利组织，不直接服务于个人消费者的商业机构，位于商品流通的中间环节。

批发商是相对于零售商来说的，零售商就是只卖一个或两个产品，而批发商是买大量的产品，一般为 2 个以上的至几千几万都属于批发商。批发商是批量采购上一级供应商（如工厂/代理/经销）的货，然后再批量卖给下一级需求者（如零售商）的经济实体。因此，批发商区别于零售商的最主要标志是一端联结生产商，另一端联结零售商。

在 20 世纪 20～30 年代，美国等西方国家由于生产集中和垄断的发展，市场竞争激烈，许多企业自己设置销售机构，直接将产品出售给零售商，甚至消费者，导致批发商的地位下降。自 20 世纪 50 年代起，人们开始重新认识到，批发商在组织商品流通中所起的提高效率、降低费用、调节产销矛盾等作用是谁也难以替代的，于是又出现了"批发商业的复活"倾向。根据批发商在食品销售渠道中所处的特殊地位，批发商的作用可归纳为以下几点。

1. 有效集散产品、销售更具效果

通过批发商的大进大出，生产者可以迅速、大量地分销产品减少库存，加速资本周转。并可使商品在地区间和时间上合理地、适时地流动，促进了生产和消费的平衡。

2. 帮助资金融通，分担市场风险

批发商可以为分销商和顾客提供便利的财务条件，如准许赊账，还可以为供应商提供供货等方面的资金保证。批发商购进产品后，承担了经济风险，如生产供求和价格变动带来的风险，产品运输和保管中的风险，预购和赊账中的呆账风险。再比如，批发商备有相当数量的库存，减少了生产商和零售商的仓储成本与风险。

3. 沟通产销信息

批发商可凭借自己的实力，帮助生产者促销产品，提供市场信息。批发商大批量购进商品后，可按零售的要求，组合产品的花色、规格，便于其配齐品种。并通过宣传和介绍商品，有力地提高销售效率和工作质量，促进食品企业的产品销售。

（二）批发商的分类

批发商是我国近十多年来发展最快的一种中间商。过去我国的批发业几乎完全由专业批发商控制。现在除专业批发商外，各种新型的批发商也随之出现。如大中型零售商基本都开展批发业务等。批发商种类繁多，从目前通用的分类方法看，一般可分为以下类型。

1. 普通商品批发商

经营的商品范围较广、种类繁多，批发对象主要是中小零售商店。在产品用户市场上，直接面对产品用户。

2. 大类商品批发商

专营某大类商品，经营的这类商品花色、品种、品牌、规格齐全。通常是以行业划分商品品类，如服装批发商、酒类批发公司、专营汽车零配件的公司、仪器批发公司等。

3. 专业批发商

专业化程度高，专营某类商品中的某个品牌。经营商品范围虽然窄而单一，但业务活动范围和市场覆盖面却十分大，一般是全国性的。如服装批发商、商品粮批发商、石油批发商、木材批发商、纸张批发商、金属材料批发商、化工原料批发商、矿产品批发商等。

4. 批发交易市场

批发交易市场是介于零售业和批发业之间的一种经营业态，交易行为也不十分规范。是以批发价格对商品进行批量交易。其类型有产地批发市场、销地批发市场、集散地批发市场。

三、零售商

（一）零售商的含义和作用

零售商是分销渠道的最终环节。面对个人消费者市场，是分销渠道系统的终端，直接联结消费者，完成产品最终实现价值的任务。零售商业对整个国民经济的发展起着重大的作用。零售商业种类繁多、经营方式变化快，构成了多样的、动态的零售分销系统。

（二）零售商的类型

1. 零售商店

（1）百货商店　指综合各类商品品种的零售商店，其特点：商品种类齐全，客流量大，资金雄厚，人才齐全；服务设施齐全，管理手段较先进，服务质量也较高，从而商品的价格水平也相对较高。但近几十年来，百货公司由于其昂贵的商品价位逐渐失去了市场竞争力。国内外百货公司也开始变革，有的借鉴超市的销售方式，有的借鉴连锁经营的方式开设到居民居住区，有的则坚持高品位的路线，融合更多的文化内涵和独特性。

（2）专业商店　指专门经营某一类商品或某一类商品中的某一品牌的商店，突出"专"。一种是经营专门的产品，如保健品、酒类、干货食品等；另一类是经营专门品牌的产品，如皇上皇腊肠专卖店、致美斋调味品专卖店等。这类商店品种齐全，经营富有特色、个性，专业性强。

（3）超级市场　是以主、副食及家庭日用商品为主要经营范围，实行敞开式售货，顾客自我服务的零售商店。特点是：实行自我服务和一次性集中结算的售货方式，薄利多销，商品周转快，商品包装规格化，条码化，明码标价，并注有商品的质量和重量。

（4）便利商店　接近居民生活区的小型商店。规模相对较小，营业时间长，以经营方便品、应急品等周转快的商品为主，并提供优质服务。如饮料、食品、日用杂品、报刊杂志、快递服务等。虽然便利店很小，易被忽视，但是业内人士普遍认为，便利店将会成为与购物中心和超市并驾齐驱的零售业态。如南京的苏果便利、广州的"7-11"目前有连锁店 50 家，而在未来 4 年内，"7-11"的目标是增加到 350 家。

（5）折扣商店　以低价、薄利多销的方式销售商品的商店。一般设在租金便宜但交通繁忙的地段，经营的商品品种齐全，多为知名度高的品牌，这类商店设施投入少，提供服务很少，通常实行自助式售货。

（6）仓储商店　是 20 世纪 90 年代后期才在我国出现的一种折扣商店，是指以仓库陈列和相应的管理来低价销售产品的零售店。其特征是面积大，一般在 10000 平方米以上；采取仓柜合一的经营方式，减少了商店辅助设施；仓储店的经营品种繁多，从日常生活用品到耐用消费品都有。销售方式与超级市场相似，开架销售，自助服务，统一结算，一般是现金交易，不提供送货服务。仓储商店的店址大多位于郊区低租金地区，所以通常设有大型免费停车场，方便顾客一次性大量购买，其价位比超市还低，竞争力极强。仓储商店以零售的方式运作批发，又称量贩商店。

2. 无店铺零售

（1）上门推销　企业销售人员直接上门，挨门挨户逐个推销。著名雅芳公司就是这种销售方式的典范。

（2）电话电视销售　这是一种比较新颖的无店铺零售形式。其特点是利用电话、电视作为沟通工具，向顾客传递商品信息，顾客通过电话直接订货，卖方送货上门，整个交易过程简单、迅速、方便。

（3）自动售货　利用自动售货机销售商品。第二次世界大战以来，自动售货已被大量运用在多种商品上，如香烟、糖果、报纸、饮料、化妆品等。

（4）购货服务　主要服务于学校、医院、政府机构等大单位特定用户。零售商凭购物证给该组织成员一定的价格折扣。

3. 联合零售

（1）批发联号　是中小零售商自愿参加批发商的联号，联号成员以契约作联结，明确双方的权利和义务。批发商获得了忠实客户，零售商按比例在批发联号内进货，保证了供货渠道。

（2）零售商合作社　主要是由一群独立的零售商按照自愿、互利互惠原则成立的，以统一采购和联合促销为目的的联合组织。

（3）消费合作社　由社区居民自愿出资成立的零售组织，实行民主管理。这种商店按低价供应社员商品，或制定一定价格，社员按购物额分红。

（4）商店集团　这是零售业的组织规模化形式，没有固定的模式。它是在一个控股公司的控制下包括各行业的若干商店，通常采用多角化经营。

4. 零售新业态

（1）连锁商业　指众多的、分散的、经营同类商品或服务的零售企业，在核心企业（连锁总部）的领导下，以经济利益为连接纽带，统一领导，实行集中采购和分散销售，通过规范化经营管理，实现规模经济效益的现代流通组织形式。

（2）连锁超市　是连锁商业形式和超级市场业态两者的有机结合。它是我国现代零售业主流，在发展中进一步细分和完善。如大型综合连锁超市（GMS），主要经营大众商品，其中 70% 是百货，30% 是食品。各种形式的连锁店的商店标志、设施、经营品种、销售价格和服务方式都相同，消费者容易辨识。连锁经营的优势在于：统一大批量进货，进货成本低；统一配送、运输，运输成本低；商品周转率高，脱销率低；综合了批发与零售的功能，扩大了企业的影响。

（3）特许经营　是一种根据合同进行的商业活动，体现互利合作关系。一般是由特许授予人（简称特许人）按照合同要求，约束条件给予被授予人（简称受许人，亦称加盟者）的一种权利，允许受许人使用特许人已开发出的企业象征（如商标、商号）和经营技术、诀窍及其他工业产权。

（4）商业街　由经营同类的或异类的商品的多家独立零售商店集合在一个地区，形成的零售商店集中区，也有集购物、休闲、娱乐综合功能的商业街。

（5）购物中心　　由零售商店及其相应设施组成的商店群体，作为一个整体进行开发和管理，通常包括一个或多个大的核心商店，并有许多小的商店环绕其中，有庞大的停车场设施，顾客购物来去方便。购物中心占地面积大，一般在十几万平方米。其主要特征是容纳了众多各种类型的商店、快餐店、餐饮店、美容、娱乐、健身、休闲，功能齐全，是一种超巨型的商业零售模式。

四、代理商和经纪行

（一）代理商的含义

代理商（agents）是代企业打理生意，而不是买断企业产品的，是厂家给予商家佣金额度的一种经营行为。代理商所代理货物的所有权属于厂家，而不是商家。因为商家不是售卖自己的产品，而是代企业转手卖出去。所以"代理商"一般是指赚取企业代理佣金的商业单位。

代理商和经销商的区别主要在于是否需要从厂家购买产品，取得产品所有权。经销商从厂家购得产品，取得产品所有权，然后销售，其关系是：厂家——经销商——消费者；而代理商是代理厂家进行销售，本身并不购买厂家的产品，也不享有该产品的所有权，所有的货都是厂家的，产品所有权仍然属于厂家所有，其关系是：厂家——（代理商）——消费者。当然这种代理商所谓的促成交易，也包括代理商对产品进行销售，但代理商的地位是代理厂家进行销售，并通过销售提取佣金。还有一点就是商品销售的风险，经销商需要自行承担产品无法售出的风险，代理商并不承担产品无法售出的风险，当然现在一般来讲，一些大的厂家在选择代理商时也要考虑代理商的（销售）能力，如果能力不够，就会取消代理资格，更换代理商。对于一些国外企业来讲代理商是比较常见的，国内企业多青睐于经销商。

实质上，现在所称的代理商在本质上已经不是代理商了，更多具备的是经销商的性质，还有些属于二者的混同体，既是代理，有时候又要需要拿钱买货，很少有纯粹意义上的代理商，称其为有一定代理权的经销商更为合适。"代理商"其实兼备了两种性质，其主要性质很是模糊，其既有代理行为，又有销售行为。但更多情况下应当体现为销售商的性质，按照之前代理商的定义，代理商的利润来源是促成交易，提取佣金，其地位是代理人或者中介。而总代理依靠的销售，直接与下游销售商或者消费者发生关系，更多的是依靠差价和回扣，运行模式也是经销模式。

（二）代理商的类型

1. 按代理权是否具有排他性分类

（1）总代理商　　是指代理权具有排他性。被代理人不得再行指定其他代理商的情形。

（2）普通代理商　　是指代理权不具有排他性，被代理人可以再行指定其他代理商进行代理活动的情形。

2. 按代理商是否有权处理法律行为分类

（1）媒介代理商　　是指仅有代理被代理人进行媒介行为之权，无权与第三方订立合同，因此，一般处理非法律行为的业务。

（2）订约代理商　　是指拥有与第三方订立合同之权，可以处理具有法律行为的业务。

3. 按代理商受委托人类型分类

（1）上级代理商　　受被代理人委托进行代理业务活动。

（2）次级代理商　　受上级代理商委托进行代理业务活动。

4. 按代理业务的不同分类

（1）商品代理商　是指从事购买或销售或二者兼备的洽商工作，但不拥有商品所有权的代理商。又可以进一步细分为购货代理商与售货代理商。前者指受被代理人委托以购买货物为业务内容的代理商；后者指受被代理人委托以销售货物为业务内容的代理商，对商品的价格、交易条件等有很大影响力，食品行业较常见。

（2）运送代理商　是指受被代理人的委托招揽货物或客人，并为被代理人运送货物或客人的代理商。又可以进一步细分为陆上运送代理商、海上运送代理商及航空代理商。在国际贸易中，主要是海上运送代理商，也称为船务代理商。

（3）输出代理商　是指于输出国，受本国商业主体委托，以该商业主体名义向海外出卖商品的代理商。

（4）输入代理商　是指于输入国，受国外商业主体委托，以该商业主体名义在输入国从事商品售卖业务的代理商。输入代理商在国际贸易中非常普遍，往往是出口商打开国外市场、进行促销而经常借助的一条有效渠道。

（5）广告代理商　是指受被代理人委托并以被代理人名义为其计划、创造、制作及安排广告业务的代理商。我国广告业虽然起步较晚，但发展速度惊人，20 世纪 80 年代营业收入每年以 40％的速度迅猛递增。90 年代已进入大踏步发展时期，1991 年广告业营业收入达 35.1 亿元，1992 年突破 50 亿元大关，已成为第三产业中的一个重要信息行业。随着企业营销战略从传统的产品销售制定转移到行销企业整体形象的塑造，已有越来越多的企业在导入 CI（corporate identity）或 CIS（corporate identity system，企业的识别系统，或企业的统一化体系，或企业的自我介绍）方略，我国的广告业必将迈上新的台阶，广告代理商也将进入一个新的发展时期。

（6）投标代理商　是指代理厂商参加国内外招标业务的代理商。这种代理商，在发展中国家数量较多。

（7）保险代理商　是指受保险人的委托通过订立保险合同代理业务的代理商。这种代理商，在发达国家数量较多。

（8）旅行代理商　是指以旅客名义为旅客办理一切旅行手续的代理商。如各种旅行社，代旅客办理订旅馆、机票、车票等旅行必需的事项。

（三）经纪行

经纪行的主要作用是为买卖双方牵线搭桥，协助谈判，促进达成交易并收取佣金，它不存货，不承担风险。我国经纪行的发展尚处在萌芽阶段。国外常见的有食品经纪行、不动产经纪行等。

第三节　分销渠道的设计与管理

一、分销渠道的设计

1. 确定渠道模式

企业分销渠道设计首先是要决定采取什么类型的分销渠道，是派推销人员上门推销或以其他方式自销，还是通过中间商分销。也就是说要首先从现有的销售渠道类型中选择适合本企业的销售渠道。但如果现有的销售渠道不适合企业产品的要求或企业为了避免在原有的销售渠道中与竞争者竞争，或企业能够发现新的更有效的销售渠道，那么企业就应使用新的销售渠道。

2. 确定中间商的数目

即决定渠道的宽度。这主要取决于产品本身的特点、市场容量的大小和需求面的宽窄。

如前所述，企业可以有三种选择，即独家分销、广泛分销和选择性分销。

3. 规定渠道成员彼此的权利和责任

在确定了渠道的长度和宽度之后，企业还要规定出与中间商彼此之间的权利和责任，如对不同地区、不同类型的中间商和不同的购买量给予不同的价格折扣，提供质量保证和跌价保证，以促使中间商积极进货。还要规定交货和结算条件，以及规定彼此为对方提供哪些服务，如产方提供零配件、代培技术人员、协助促销；销方提供市场信息和各种业务统计资料。在生产者同中间商签约时应包括以上内容。

20 世纪 80 年代初，美国佩珀公司发展为全美国非可乐饮料类第一名，在饮料类排名中，仅次于"可口可乐"与"百事可乐"。成功的最主要原因是选择了正确的销售渠道策略。公司将浓缩的饮料卖给众多的饮料瓶装厂商，瓶装厂商稀释后装瓶，并据不同情况做促销，推销给零售商，由更分散的零售商卖给消费者，他们与全国 500 家瓶装厂商建立了分销关系。从 1982 年以后，佩珀公司开始采用全国集中的营销方案，试图提升公司产品影响，扩大销售，但结果适得其反。1983 年，佩珀公司又想回到过去的依靠瓶装厂商在各地推销的渠道中，但已难得到广泛的支持。因此，企业一旦建立起畅通、有效的销售渠道，就应着力于加强与渠道成员的合作，荣辱与共。

二、影响分销渠道设计的因素

1. 市场因素

包括市场规模、市场在地理上的分散程度及市场的主要购买方式等。食品的顾客数量多，一次购买量小，购买频率高，宜选择利用众多的中间商来完成产品的销售任务。但当顾客的地理分布非常集中时，可由生产某类食品的企业直接设立销售网点。对不同的食品，顾客购买习惯不同，销售渠道选择也不同，对于一般的日常生活采购的食品，如调味品、米面等，顾客要求在使用时即可买到，所以要大量的零售商，销售渠道就要长些。此外，还要考虑市场因素的竞争状况。除非竞争特别激烈，通常，同类产品应与竞争者采取相同或相似的销售渠道，许多食品生产企业就采用这种渠道策略。

2. 产品因素

包括物理化学性质、价格、时尚性、标准化程度和技术复杂程度等。体积大、较重、易腐烂、易损耗的产品适用短渠道或采用直接渠道、专用渠道，以免产品在销售渠道中受到损失，比如新鲜水果、蔬菜及水产品等；反之，为减少销售成本，应选择较长的销售渠道，比如那些加工过的食品，保质期较长，如罐头食品、饮料类等，企业采取大量批发的形式销售。一般价格高的工业品、耐用消费品适用短、窄渠道；价格低的日用消费品适用长、宽渠道。时尚性程度高的产品适宜短渠道；款式不易变化的产品适宜长渠道。标准化程度高、通用性强的产品适宜长、宽渠道；非标准化产品适宜短、窄渠道。产品技术越复杂，需要的售后服务要求越高，适宜直接渠道或短渠道。

3. 企业自身因素

首先包括财务能力。财力雄厚的企业有能力选择短渠道；财力薄弱的企业只能依赖中间商。其次包括渠道的管理能力。渠道管理能力和经验丰富，适宜短渠道；管理能力较低的企业适宜长渠道。最后，控制渠道的愿望。愿望强烈，往往选择短而窄的渠道；愿望不强烈，则选择长而宽的渠道。

4. 中间商因素

包括合作的可能性、费用和服务方面的因素。如果中间商不愿意合作，只能选择短、窄的渠道。利用中间商分销的费用很高，只能采用短、窄的渠道。中间商提供的服务优质，企业采用长、宽渠道；反之，只有选择短、窄渠道。

5. 环境因素

主要指经济形势和科学技术的发展情况等。如经济不景气时，生产者要利用短渠道，降低成本与价格，提高产品竞争力。再如，科学技术的发展有可能为某些食品创造新的销售渠道。如食品保鲜技术的发展，使得水果、蔬菜等的销售渠道由过去的直接渠道变为多渠道销售。

三、分销渠道的管理

分销渠道的管理控制是指生产者设法解决分销渠道中的矛盾和冲突，以各种措施支持和激励中间商积极分销，并以各种条件制约中间商的活动过程。

（一）激励渠道成员

据调查显示，更多的促销经费不是用在促进消费者购买上，而是用于促进和推动中间商的购买上，后者的费用是前者的一倍。因此，对于选定的中间商尽可能调动其积极性，采用的激励措施往往有：向中间商提供物美价廉、适销对路的产品；合理分配利润；开展各种促销活动；提供资金资助；提供市场信息；有必要的则授予独家经营权；协助搞好经营管理，加强生产企业与中间商的合作等。

（二）协调或消除渠道冲突

制造商与制造商、制造商与中间商、中间商与中间商之间甚至制造商与其直销办事处的冲突是不可避免的。常见的渠道冲突有以下三种类型。

1. 垂直渠道冲突

也就是渠道上游与下游之争。如生产商和经销商之间存在价格、服务方面的冲突。有些垂直冲突不一定有害，反而可能会取得"双赢"效果。关键在于如何因势利导。

2. 水平渠道冲突

是指处于同一渠道层次的各企业之间的利益冲突。这种冲突必须迅速反馈到管理层，以果断采取行动，缓解并消除冲突，否则会损害渠道形象。

3. 多渠道冲突

当制造商建立两个或两个以上的渠道后可能产生的同一品牌内部的渠道之争。

（三）分销渠道的评估

分销渠道评估的实质是从那些看起来似乎合理但又相互排斥的方案中选择最能满足企业长期目标的方案。因此，企业必须对各种可能的渠道选择方案进行评估。评估标准有三个，即经济性、控制性和适应性。

1. 经济性标准

这是企业营销的基本出发点。在分销渠道评估中，首先应该将分销渠道决策所可能引起的销售收入增加同实施这一渠道方案所需要花费的成本作一比较，以评价分销渠道决策的合理性。这种比较可以从以下角度进行。

（1）静态效益比较　分销渠道静态效益的比较就是在同一时间点对各种不同方案可能产生的经济效益进行比较，从中选择经济效益较好的方案。比如某企业决定在某一地区销售产品，现有两种方案可供选择。方案一是向该地区直接派出销售机构和销售人员进行直销。这一方案的优势是，本企业销售人员专心于推销本企业产品，在销售本企业产品方面受过专门训练，比较积极肯干，而且顾客一般喜欢与生产企业直接打交道。方案二是利用该地区的代理商。该方案的优势是，代理商拥有几倍于生产商的推销员，代理商在当地建立了广泛的交际关系，利用中间商所花费的固定成本低。通过估价两个方案实现某一销售额所花费的成本，利用中间商更划算。

（2）动态效益比较　分销渠道动态效益的比较就是对各种不同方案在实施过程中所引起

的成本和收益的变化进行比较，从中选择在不同情况下应采取的渠道方案。

2. 控制性标准

企业对分销渠道的设计和选择不仅应考虑经济效益，还应该考虑企业能否对其分销渠道实行有效控制。因为分销渠道是否稳定对于企业能否维持其市场份额，实现其长远目标是至关重要的。

企业对于自销系统是最容易控制的，但是由于成本较高，市场覆盖面较窄，不可能完全利用这一系统来进行分销。而利用中间商分销，就应该充分考虑所选择的中间商的可控程度。一般而言，特许经营、独家代理方式比较容易控制，但企业也必须相应做出授予商标、技术、管理模式以及在同一地区不再使用其他中间商的承诺。在这种情况下，中间商的销售能力对企业影响很大，选择时必须十分慎重。如果利用多家中间商在同一地区进行销售，企业利益风险比较小，但对中间商的控制能力就会相应削弱。

然而，对分销渠道控制能力的要求并不是绝对的，并非所有企业、所有产品都必须对其分销渠道实行完全的控制。如市场面较广、购买频率较高、消费偏好不明显的一般日用消费品就无需过分强调控制；而购买频率低、消费偏好明显、市场竞争激烈的高级耐用消费品，对分销渠道的控制就十分重要。又如在产品供过于求时往往比产品供不应求时更需强调对分销渠道的控制。总之，对分销渠道的控制应讲究适度，应将控制的必要性与控制成本加以比较，以求达到最佳的控制效果。

3. 适应性标准

在评估各渠道方案时，还有一项需要考虑的标准，那就是分销渠道是否具有地区、时间、中间商等适应性。

（1）地区适应性　在某一地区建立产品的分销渠道，应充分考虑该地区的消费水平、购买习惯和市场环境，并据此建立与此相适应的分销渠道。

（2）时间适应性　根据产品在市场上不同时期的适销状况，企业可采取不同的分销渠道与之相适应。如季节性商品在非当令季节就比较适合于利用中间商的吸收和辐射能力进行销售；而在当令季节就比较适合于扩大自销比重。

（3）中间商适应性　企业应根据各个市场上中间商的不同状态采取不同的分销渠道。如在某一市场若有一两个销售能力特别强的中间商，渠道可以窄一点；若不存在突出的中间商，则可采取较宽的渠道。

（四）分销渠道的改进

在分销渠道管理过程中，可能会为了适应市场营销环境的变化，确保销售渠道的畅通和高效率，对已有的分销渠道进行改进。一般可以采取以下几种方式。

1. 结构性调整

指在某一分销渠道里增减个别中间商，而不是增减这种渠道模式。对效率低下、经营不善、对渠道整体运行有严重影响的中间商，生产企业可中止与该中间商的协作关系，并适时增加能力较强的中间商。

2. 功能性调整

指增减某个分销渠道，而不是增减渠道里的个别中间商。企业有时会随着市场需求的变化，适时增加或减少一些分销渠道。如西安某食品厂，原来主要是通过本厂在各地设立的销售机构负责该地区产品的批发业务，后来随着产品在消费者中知名度扩大，市场需求量增加，该厂就在一些地区选择了一些专业批发商从事批发业务，增加了新的销售渠道。

3. 销售系统调整

指改变整个销售渠道系统，也是一种功能性调整。要对企业原有的销售体系、制度，进行通盘调整。此类调整难度较大，将会引起市场营销组合的一系列变化。企业必须进行调查研究，权衡利弊之后慎重决策。

[拓展阅读]　　国际零售商"沃尔玛"进军中国市场

　　沃尔玛连锁公司是 20 世纪 60～70 年代崛起于美国的商业企业，也是目前世界上最大的商业零售企业。1996 年 8 月，沃尔玛在中国深圳抢滩登陆，开设了山姆会员店和沃尔玛购物广场，到 2000 年扩张为 8 家分店，并且计划在 2001 年把这个数字翻一番，变成 16 家店。在 1999 年中国零售业 50 强排名榜上，沃尔玛名列第 9 位。

　　作为跨国连锁店公司，沃尔玛早在 20 世纪 80 年代就开始用卫星整合其全球营销的数据，其管理、配送、营销全面应用了现代信息技术手段，数字准确、决策科学。沃尔玛的经营宗旨就是，以低廉的价格为消费者提供高品质的商品。他们奉行"天天平价，始终如一"的经营原则，保证信誉、减少环节、杜绝回扣、一手交钱一手交货。正是这些先进的经营思想和管理方式，给沃尔玛创造了上千亿美元的销售额，在《财富》500 强中稳居第二的位置。

　　沃尔玛一般是直接从工厂以最低的进货价采购商品。一旦交易达成，总部便会通知厂商把货品直接发送到沃尔玛发货中心。沃尔玛在美国拥有 16 个发货中心，都设在离网点不到一天路程的地方。它所拥有的 6000 多辆货车，平均每天要发货 19 万箱。1987 年，公司建立起全美最大的私人卫星通信系统，以便节省总部与分支机构的沟通费用，加快决策传达以及信息反馈的速度，提高整个公司的运作效率。总部的高速电脑与 16 个发货中心以及 1000 多家的商店连接。通过商店付款台激光扫描器售出的每一件货物，都会自动记入电脑。当某一货品库存减少到一定数量时，电脑就会发出信号，提醒商店及时向总部要求进货。总部安排货源后送往离商店最近的一个发货中心，再由发货中心的电脑安排发送时间和路线。在商店发出订单后 36 小时内所需货品就会出现在仓库的货架上。这种高效率的存货管理，使公司能迅速掌握销售情况和市场需求趋势，及时补充库存不足。这样可以减少存货风险、降低资金积压的额度，加速资金运转速度。

　　在沃尔玛，消费者可以体验"一站式"购物（one-stop shopping）的新概念。在商品结构上，它力求富有变化和特色，以满足顾客的各种喜好。其经营项目繁多，包括食品、玩具、新款服装、化妆用品、家用电器、日用百货、肉类、果菜等。

摘自：《市场营销》，作者：高定基

第十一章 食品营销的传播与促销策略

第一节 传播和促销的概述

一、传播的定义

传播是指社会信息的传递或社会信息系统的运行。信息是传播的内容。传播的根本目的是传递信息，是人与人之间、人与社会之间，通过有意义的符号进行信息传递、信息接收或信息反馈活动的总称。

营销传播是指利用公共关系的手段和技巧为一个组织的市场营销提供支持。它针对客户的产品或服务，利用调研、策划、传播等公共关系手段，为客户的营销目标实现提供咨询意见和执行服务，帮助组织保持或提升市场的竞争优势，取得更高的销售利润。它参与客户的营销战略，包括市场定位、研发、生产、上市、销售、渠道、售后等各个营销环节。

整合营销传播（integrated marketing communication，IMC），是指将与企业进行市场营销有关的一切传播活动一元化的过程。整合营销传播一方面把广告、促销、公关、直销、CI、包装、新闻媒体等一切传播活动都涵盖于营销活动的范围之内，另一方面则使企业能够将统一的传播资讯传达给顾客。其中心思想是以通过企业与顾客的沟通满足顾客需要的价值为取向，确定企业统一的促销策略，协调使用各种不同的传播手段，发挥不同传播工具的优势，从而使企业实现促销宣传的低成本化，以高强冲击力形成促销高潮。

广义的整合营销传播是指企业或品牌通过发展与协调战略传播活动，使自己借助各种媒介或其他接触方式与员工、顾客、其他利益相关者以及普通公众建立建设性的关系，从而建立和加强与他们之间互利关系的过程。

狭义的整合营销传播是营销传播计划，就是确认评估各种传播方法战略作用的一个增加价值的综合计划（例如，一般的广告、直接反应、促销和公关），并且组合这些方法，通过对分散信息的无缝结合，以提供明确的、连续一致的和最大的传播影响力。

二、传播的意义

从广义说，传播意义即是把信息、意见、经验、态度，由一方传递给另一方。传统的企业传播，只注重选择与企业相关的专业媒体，特指某一类的消费群体。随着传播观念的改变，传播业发生一系列的变革，整合营销传播成为了一种新的传播手段。

整合营销传播是以整合企业内外部所有资源为手段，重组再造企业的生产行为与市场行为，充分调动一切积极因素，以实现企业目标的、全面的、一致化营销。简而言之，就是一体化营销。整合营销主张把一切企业活动，如采购、生产、外联、公关、产品开发等，不管是企业经营的战略策略、方式方法，还是具体的实际操作，都要进行一元化整合重组，使企业在各个环节上达到高度协调一致，紧密配合，共同进行组合化营销。其意义如下。

1. 以整合为中心

整合营销重在整合，从而打破了以往仅仅以消费者为中心或以竞争为中心的营销模式，而着重企业所有资源的综合利用，实现企业的高度一体化营销。其主要用于营销的手段就是整合，包括企业内部的整合、企业外部的整合以及企业内外部的整合等。整合营销的整合既包括企业营销过程、营销方式以及营销管理等方面的整合，也包括对企业内外的商流、物流及信息流的整合。总而言之，整合、一体化、一致化是整合营销最为基本的思路。

2. 讲求系统化管理

生产管理时代的企业管理，是那种将注意力主要集中在生产环节和组织职能的，以及混合管理时代那种基本上以职能管理为主体，各个单项管理的集合的"离散型管理"。整合营销时代的企业由于所面对的竞争环境复杂多变，因而只有整体配置企业所有资源，企业中各层次、各部门和各岗位，以及总公司、子公司、产品供应商，与经销商及相关合作伙伴协调行动，才能形成竞争优势。所以，整合营销所主张的营销管理，必然是整合的管理、系统化的管理。

3. 强调协调与统一

整合营销就是要形成一致化营销，形成统一的行动。这就要强调企业营销活动的协调性，不仅仅是企业内部各环节、各部门的协调一致，而且也强调企业与外部环境协调一致，共同努力以实现整合营销，这是整合营销与传统营销模式的一个重要区别。

4. 注重规模化与现代化

整合营销是以当代及未来社会经济为背景的企业营销新模式，因而，十分注重企业的规模化与现代化经营。规模化不仅能使企业获得规模经济效益，而且，也为企业有效地实施整合营销提供了客观基础。与此同时，整合营销依赖于现代科学技术、现代化的管理手段，现代化可为企业实施整合营销提供效益保障。

三、促销与促销策略

促销就是营销者向消费者传递有关本企业及产品的各种信息，说服或吸引消费者购买其产品，以达到扩大销售量的目的。促销实质上是一种沟通活动，即营销者（信息提供者或发送者）发出作为刺激消费的各种信息，把信息传递到一个或更多的目标对象（即信息接受者，如听众、观众、读者、消费者或用户等），以影响其态度和行为。

促销策略是指企业如何通过人员推销、广告、公共关系和营业推广等各种促销方式，向消费者或用户传递产品信息，引起他们的注意和兴趣，激发他们的购买欲望和购买行为，以达到扩大销售的目的。企业将合适的产品，在适当地点、以适当的价格出售的信息传递到目标市场，一般是通过两种方式：一是人员推销，即推销员和顾客面对面地进行推销；另一种是非人员推销，即通过大众传播媒介在同一时间向大量顾客传递信息，主要包括广告、公共关系和营业推广等多种方式。这两种推销方式各有利弊，起着相互补充的作用。此外，目录、通告、赠品、店标、陈列、示范、展销等也都属于促销策略范围。一个好的促销策略，往往能起到多方面作用，如提供信息情况，及时引导采购；激发购买欲望，扩大产品需求；突出产品特点，建立产品形象；维持市场份额，巩固市场地位等。

例如餐饮企业常在促销方案活动（全球的、传统的与非传统的）中利用全球性的节日，包括传统节日餐饮促销方案与非传统节日举行活动，吸引顾客来餐馆参与节日餐饮促销方案庆祝活动。

四、促销的作用

1. 缩短产品入市的进程

使用促销手段，旨在对消费者或经销商提供短程激励。在一段时间内调动人们的购买热情，培养顾客促销的兴趣和使用爱好，使顾客尽快地了解产品。例如新上市的饮料开盖有奖、刮卡兑奖、包装内藏奖等。

2. 激励消费者初次购买

促销要求消费者或店铺的员工亲自参与，行动导向目标就是立即实施销售行为。消费者一般对新产品具有抗拒心理。由于使用新产品的初次消费成本是使用老产品的一倍（对新产品一旦不满意，还要花同样的价钱去购买老产品，这等于花了两份的价钱才得到了一个满意的产品，所以许多消费者在心理上认为买新产品代价高），消费者就不愿冒风险对新产品进行尝试。但是，促销可以让消费者降低这种风险意识，降低初次消费成本，而去接受新产品。

3. 激励使用者再次购买

当消费者试用了产品以后，如果是基本满意的，可能会产生重复使用的意愿。但这种消费意愿在初期一定是不强烈的，不可靠的。促销却可以帮助他实现这种意愿。如果有一个持续的促销计划，可以使消费群基本固定下来。

4. 提高销售业绩

无疑问，促销是一种竞争，它可以改变一些消费者的使用习惯及品牌忠诚。因受利益驱动，经销商促销和消费者都可能大量进货与购买。因此，在促销阶段，常常会增加消费，提高销售量。

5. 侵略与反侵略竞争

无论是企业发动市场侵略，还是市场的先入者发动反侵略，促销都是有效的应用手段。市场的侵略者可以运用促销强化市场渗透，加速市场占有。市场的反侵略者也可以运用促销针锋相对，来达到阻击竞争者的目的。

6. 带动相关产品市场

促销的第一目标是完成促销产品的销售。但是，在甲产品的促销过程中，却可以带动相关的乙产品的销售。比如，茶叶的促销，可以推动茶具的销售。当卖出更多的咖啡壶的时候，咖啡的销售就会增加。

第二节　广告、人员推销和市场推广策略

一、广告宣传

1. 广告的概念

所谓广告，从汉语的字面意义理解，就是"广而告之"，即向公众通知某一件事，或劝告大众遵守某一规定。但这并不是广告的定义，而是对广告的一种广义的解释，广告一词的含义，并不是从开始就一成不变的。在英文中，广告一词是"Advertising"，这个英文单词又来源于拉丁文的"Advertere"一词，意思是"唤起大众对某种事物的注意，并诱导于一定的方向所使用的一种手段"。广告的本质是传播，广告的灵魂是创意。

广告是为了某种特定的需要，通过一定形式的媒体，公开而广泛地向公众传递信息的宣传手段。广告有广义和狭义之分。广义广告包括非经济广告和经济广告。非经济广告指不以盈利为目的的广告，又称效应广告，如政府行政部门、社会事业单位乃至个人的各种公告、启事、声明等，主要目的是推广。狭义广告仅指经济广告，又称商业广告，是指以盈利为目的的广告，通常是商品生产者、经营者和消费者之间沟通信息的重要手段，或企业占领市场、推销产品、提供劳务的重要形式，主要目的是扩大经济效益。

2. 广告的特点

广告不同于一般大众传播和宣传活动，主要表现在：

① 广告是一种传播工具，是将某一项商品的信息，由这项商品的生产者或经营机构（广告主）传送给一群用户和消费者；

② 做广告需要付费；

③ 广告进行的传播活动是带有说服性的；

④ 广告是有目的、有计划，是连续的；

⑤ 广告不仅对广告主有利，而且对目标对象也有好处，它可使用户和消费者得到有用的信息。

3. 广告的分类

合理的广告分类是广告策划的基础，是整个广告设计和制作过程的依据。广告的种类可以根据不同的标准进行划分，如根据广告的性质、内容、对象、范围、媒体、广告主、诉求方式、效果以及广告周期等来划分。

（1）根据广告的目的分类

① 盈利性广告：以营利为目的，传达商业信息。

② 非盈利性广告：着眼于免费服务，用以宣传观念和事实。

（2）根据广告的内容分类

① 商业广告　随着人类社会生产力的发展，当人类需要剩余商品交换时，商业广告便随之产生了。据《周易·系辞下传》记载："包羲氏没，神农氏作，斲木为耜，揉木为耒，耒耨之利，以教天下，盖取诸益。日中为市，致天下之货，交易而退，各得其所，盖取诸噬嗑。"可见，早在奴隶社会时期，我国就有了集市贸易活动，而为了进行顺利的商品交易，最初的商业广告便产生了。

商业广告是指商品经营者或服务提供者承担费用通过一定的媒介和形式直接或间接地介绍所推销的商品或提供的服务的广告。简而言之就是为购买者提供商品信息。商业广告是人们为了利益而制作的广告，是为了宣传某种产品而让人们去喜爱购买它。

② 劳务广告　介绍商品化的劳务，促使消费者使用这些劳务，如银行、保险、旅游、家电维修等。

③ 企业广告　企业广告是指以广告主（企业）的名义，并由其支付一定费用，通过大众传播媒体的公众传递商品（劳务）和购买者所能得到的利益的信息，以期达到促进企业商品（劳务）销售目的的信息传播活动。可简称为"广告即有偿的、有目的的信息传播活动"。

④ 文化广告　文化广告是由实战派营销专家史光起先生开创的一种受众乐于接受，甚至主动寻找的广告形式；一种可以润物无声地将商品信息深刻植入受众思想中并影响深远的广告形式；一种可将广告内容长期展示甚至终生展示的广告形式。因为该种广告的制作与传播涉及企业战略、企业文化、市场营销、文化艺术等诸多方面，操作复杂，但具有低投入高回报、效果深入持久、受众乐于接受等特点，又称其为高级广告。

例如百事可乐公司推出了一款名为《百事超人》的电视游乐器体育游戏，游戏中大量融入百事可乐的各种要素，使玩家在游戏中加深对百事可乐的了解与好感度。

⑤ 社会广告　以为社会大众提供小型服务为主要内容，非盈利为主，如招生、征婚、寻人、换房、支票挂失、对换工作、迁址等。

⑥ 公益广告　公益广告是以为公众谋利益和提高福利待遇为目的而设计的广告；是企业或社会团体向消费者阐明它对社会的功能和责任，表明自己追求的不仅仅是从经营中获利，而是过问和参与如何解决社会问题和环境问题这一意图的广告，它是指不以盈利为目的而为社会公众切身利益和社会风尚服务的广告。它具有社会的效益性、主题的现实性和表现的号召性三大特点。

⑦ 意见广告　通过付费表达自己意见，不以盈利为目的，包括政治广告。

（3）根据广告媒体分类

根据广告媒体分类是最常见的划分方式之一。人们常讲的"电视广告"、"报纸广告"就属于这一类。

①　电子媒介广告　视听广告包括广播广告、电视广告、国际互联网广告、电影广告、幻灯广告等。它具有生动、形象、突出等特点，但易消失，保持时间短，费用高，适用于日用品的广告宣传。

②　印刷广告　印刷广告包括报纸、杂志、挂历、产品目录、公园门票等广告。它具有信息发布快、可经常修改、费用低、可反复阅读等优点；缺点是时效性差，注目率较低，读者常对此熟视无睹。它适用于色彩影响较小的机械、电子、交通工具等产品的广告宣传。

③　户外广告　户外广告是指在街道、车站、码头、建筑物等公共场合按有关规定允许设置、张贴的招牌、海报、旗帜、气球、路牌等宣传广告。这类广告的优点是成本低、持久性强；缺点是辐射范围小，不易更改，只有其色彩鲜艳、明快、和谐时，才能引起人们的注意。

④　DM广告　DM（direct mail）亦称邮寄广告、直接投递广告、通信广告、明示收件人广告等。根据美国DM广告联合会（Direct Mail Advertising Association）的定义："所谓DM或DM Advertising，是针对广告主所选择的对象，以直接邮寄的方式，通过印刷及其他途径制成的广告作品，作为传达广告信息的手段。"

DM广告的优点是成本低，灵活性强；缺点是广告的关注率低，容易被人们忽视。

⑤　店面广告　店面广告简称POP（point of purchast advertsing），也称为售点广告，是指以产品陈列、布置、装饰为主要形式的广告，例如，商品柜台陈列、橱窗陈列、门面广告、模特广告、标语条幅广告等。其优点是形象、直观、持久、突出、费用低、见效快；缺点是影响面小，新鲜感容易消失等。这类广告适合商业零售企业经常使用，但在陈列、布置时要注意基准格调的艺术性与协调性。

⑥　网络广告　所谓网络广告，就是指在因特网站点上发布的以数字代码为载体的经营性广告。广告界甚至认为互联网络广告将超越户外广告，成为传统四大媒体（电视、广播、报纸、杂志）之后的第五大媒体。自1997年中国互联网出现第一个商业性网络广告以来，一直受到不少人的青睐。与传统的媒体广告相比，网络广告有着得天独厚的先天优势。

（4）根据广告传播范围分类

①　国际性广告：跨越国界的、全球性的广告。

②　全国性广告：广告所指范围是整个国家。

③　区域性广告：局限在某个区域所做的广告。

（5）根据广告诉求方式不同分类

①　理性诉求广告　理性诉求广告是一种采用理性说服方法的广告形式。这种广告说理性强，有理论、有材料，虚实结合，有深度，能够全面地论证企业的优势或产品的特点。这是现代化社会的重要标志，它既能给顾客传授一定的商品知识，提高其判断商品的能力，促进购买，又会激起顾客对广告的兴趣，从而提高广告活动的经济效益。

②　情感诉求广告　以人们的喜怒哀乐等情绪和道德感、群体感、美感等情感为基础，诱发消费者的感情，使消费者受情绪的影响和支配从而产生购买行为。

4. 广告的设计

所谓广告设计是指从创意到制作的这个中间过程。广告设计是广告的主题、创意、语言文字、形象、衬托等五个要素构成的组合安排。广告设计的最终目的就是通过广告来达到吸引眼球的目的。

二、人员推销

广告能够吸引人们的注意力，增加人们的购买欲，但是通过人员推销更能最终达成买卖交易。销售人员是刺激消费者购买产品的最佳人选。而成功的促销策略必是这两种方式的协调使用、相互补充。

1. 人员推销的概念

人员推销，是指企业通过派出销售人员与一个或一个以上可能成为购买者的人交谈，作口头陈述，以推销商品，促进和扩大销售。人员销售是销售人员帮助和说服购买者购买某种商品或劳务的过程。

2. 推销人员的组织结构

人员推销采取何种组织结构，以便使它产生最高的工作效率，是一个重要问题。在实践中，推销人员的组织结构可依企业的销售区域、产品、顾客类型以及这三个因素的结合来设置。

（1）区域式组织结构　区域式组织结构是指企业将目标市场划分为若干个销售区域，每个销售人员负责一个区域的全部销售业务。这是一种最简单的组织结构形式。实行区域式组织结构，需要确定销售区域的大小和形状。

① 销售区域大小的确定。销售区域可根据销售潜量相等的原则，也可以根据销售工作相等的原则来划分。

② 销售区域形状的确定。销售区域形状的确定应综合考虑区域的自然形状、区域同顾客的分布状况、推销成本、便利程度等因素，以减轻销售人员的工作负荷，降低成本，取得最好的推销效益。销售区域的形状主要有圆形、十字花形和扇形等。

（2）产品式组织结构　产品式组织结构是指企业将产品分成若干类，每一个销售人员或每几个销售人员为一组，负责销售其中的一种或几种产品的推销组织结构形式。这种组织形式适合于产品类型较多，且技术性较强、产品间无关联的情况下的产品推销。

（3）顾客式组织结构　顾客式组织结构是指企业将其目标市场按顾客的属性进行分类，不同的推销人员负责向不同类型的顾客进行推销活动的组织结构形式。顾客的分类可依其产业类别、顾客规模、分销途径等来进行。很多国外企业都按用户类型或用户规模来安排推销组织结构，使用不同的推销人员。这种形式的好处是推销人员易于深入了解所接触顾客的需求状况及所需解决的问题，以利于在推销活动中有的放矢，提高成功率。顾客式组织结构通常用于同类顾客比较集中时的产品推销。

（4）复合式组织结构　复合式组织结构是指当企业的产品类别多、顾客的类别多且分散时，综合考虑区域、产品和顾客因素，按区域-产品、区域-顾客、产品-顾客或者区域-产品-顾客来分派销售人员的形式。在这种情况下，一个销售人员可能要同时对数个产品经理或几个部门负责。

3. 人员推销的方式

（1）上门推销　上门推销是最常见的人员推销形式。它是由推销人员携带产品样品、说明书和订单等走访顾客，推销产品。这种推销形式可以针对顾客的需要提供有效的服务，方便顾客，故为顾客广泛认可和接受。

上门推销可以直接同顾客接触，这就决定了人员推销的优势所在。顾客可以根据推销员的描绘而形成一定的看法和印象。当然，这并不意味着一个好的推销员就一定可以获得推销的成功，但是，他可以留给顾客一个很重要的第一印象。至少，当他要购买时，他最先想起来的可能是这个推销员，接下来是他所属的公司。

上门推销在国外十分普遍，在我国还仅仅是开始，从长远来说，人员推销将成为营销的一种重要方法。

（2）柜台推销　又称门市，是指企业在适当地点设置固定门市，由营业员接待进入门市的顾客，推销产品。门市的营业员是广义的推销员。柜台推销与上门推销正好相反，它是等客上门式的推销方式。由于门市里的产品种类齐全，能满足顾客多方面的购买要求，为顾客提供较多的购买方便，并且可以保证产品完好无损，故顾客比较乐于接受这种方式。

（3）会议推销　会议推销是指利用各种会议向与会人员宣传和介绍产品，进行推销活动。例如，在订货会、交易会、展览会、物资交流会等会议上推销产品。这种推销形式接触面广、推销集中，可以同时向多个推销对象推销产品，成交额较大，推销效果较好。

4. 人员推销的优势

人员推销作为最古老、最常用、最富有技巧的商品促销形式，又作为现代最重要的一种商品销售方式，具有以下优点。

（1）推销的针对性强　人员推销通过人员直接向消费者推销商品，推销人员成为消费者和商品生产者之间最直接的桥梁。由于人员推销能够充分利用推销人员对商品的熟悉程度，并根据消费者对商品的不同欲望、动机、要求和行为，采取不同的解说和介绍方法，从而实施针对性较强的推销，促成消费者购买。

（2）推销的成功率高　由于人员推销事先拟定了推销方案，研究了商品的市场动态，确定了推销的对象，因此可以把精力有选择地集中在那些真正可能成为买主的用户身上，使可能的失败降到最低限度，从而提高成功率。

（3）作用弹性大　人员推销与顾客保持直接联系，在促销过程中可以直接展示视频，进行操作演示，并根据顾客反映的情况，灵活地采取必要的协调措施，对顾客表现出来的问题和疑虑，也可以解释、讨论和解答。此外，促销人员在促销的同时，还可兼做许多相关性的工作，如服务、调研、情报搜集等。

（4）有利于信息反馈　人员推销的双向沟通方式，使得企业在向顾客介绍商品、提供信息的同时，及时得到消费者的反馈信息，使企业及时掌握市场动态，修正营销计划，并促使商品的更新换代。

（5）及时促成购买　人员推销的直接性，大大缩短了从促销活动到采取购买行为之间的时间。如采取广告促销，顾客有一个接收、思考、比较、认定以及到商店购买的时段，而人员推销活动，则可以使顾客种种问题迎刃而解，在推销人员面对面的讲解、说服帮助下，可以促进消费者立刻采取购买行为。

（6）巩固营业关系　推销人员在面对顾客长期反复来往过程中，往往培养出亲切友好的关系。一方面，推销人员帮助顾客选择称心如意的商品，解决产品使用过程中的种种问题，使顾客对推销人员产生亲切感和信任感；另一方面，顾客对推销人员的良好行为予以肯定和信任，也会积极宣传企业的产品，帮助推销人员拓展业务，从而形成长期稳定的营业关系。

三、市场推广

1. 市场推广的概念

所谓市场推广是指企业为扩大产品市场份额，提高产品销量和知名度，而将有关产品或服务的信息传递给目标消费者，激发和强化其购买动机，并促使这种购买动机转化为实际购买行为而采取的一系列措施。

2. 市场推广的关键因素

决定有效市场推广的关键因素主要包括以下几个方面。

（1）市场调查与分析　如何进行信息的收集与整理？哪些信息是企业应该收集的，对企业的营销有何影响？基本归纳为如下四个方面。

① 企业自身的信息（知己）。

② 竞争对手的信息（知彼）。

③ 合作伙伴的信息（客户、物流）。

④ 顾客、市场的信息（终端顾客、消费者）。

对自己的信息企业可能比较清楚，但对于对手的信息企业能了解多少？对手的信息包括哪些？这些信息通过什么途径获得？如何获得？这就需要营销人员掌握市场调查与分析的技巧，重视市场调查与分析。为什么许多看起来创意很好的广告没有销售力？这都是企业缺乏市场调研，凭自己主观的判断，对消费者需求理解偏差造成的。

因此，要通过市场调查来了解消费者的想法，了解对手的想法，了解经销商、客户的想法，而不能关起门来自己想方法。没有调查就没有发言权。

（2）有效的产品规划与管理　决定战争胜利主要因素之一是武器装备。武器的先进性历来是战争取胜的重要因素，但不是绝对因素。历史上也有许多以弱胜强的经典案例。市场推广中更讲究产品的因素。产品是有效推广的重要武器，是营销4P的重要一环。

有效的产品营销策略组合即产品线设计，能够有效地打击竞争对手，提高企业盈利能力。产品策略组合应包括：如何提高企业自身产品的技术研发与应用？如何进行产品概念的提炼与包装？如何调整产品销售结构与组合？企业生存的目的是盈利，提高企业盈利的方法如下。

一是产品价格卖得比对手高。

二是企业效率比对手高，成本控制比对手要好。

三是产品销售结构组合要好。营销与销售的根本区别是：销售是把产品卖出去；营销是持续地把价格卖上去。如何把自己产品的价格卖得比对手高，就需要有效的市场推广，进行有效的产品组合。

（3）终端建设与人员管理　在战争中，曾有天时、地利、人和等三大关键要素。常言说：天时不如地利、地利不如人和。选择作战的时机很重要，但占据有利的地形和阵地更重要。在市场推广中，终端建设就像抢阵地。要占据有利地形、位置，修筑工势。终端是实施营销战争的阵地，要想消灭对手就要占领有利的阵地，消灭对手的有生力量。

体现在终端就是要比对手卖得多。多进一个球，对手就会少进一个球。人员管理体现在市场推广中的兵力较量。胜利的因素取决于兵力的多少、素质高低、技能、领导、士气、团队精神等。兵法原理：要想保持领先对手，必须大于对手1.7倍兵力，才能取得绝对优势。因此，在终端建设中，国产手机、家电等企业在竞争初期，分析自己在产品、技术方面的劣势，都是采取了在终端增加促销人员，进行人海战术才打败了外资品牌企业。如今在渠道同质化、产品同质化严重的竞争情况下，终端成为新的竞争点，越来越受到企业的重视，这就是终端的力量。

（4）促销活动策划与宣传　即营销的战术。战争讲究战略和战术，战略是营销的方针，战术就是如何去做。营销4P中产品、价格、渠道、促销，前三个方面都可以归纳为战略，只有通过促销手段，才能促进战略的实施与执行。促销涉及产品、价格、渠道等几方面。

促销活动就如同战争打仗。第一，要制定作战口号，师出有名，要有统一的主题。第二，要占据有利地形，选择最好的卖场，抢占最好的位置。第三，集中兵力，以绝对优势兵力压倒对手。第四，产品组合到位，武器装备精良。第五，资源配备到位，广告宣传到位，合理投放资源、武器装备。有效的市场推广也是如此。通过学习有效的市场推广，会发现，打胜仗其实很简单。只要学会掌握市场推广的技巧和要领，了解营销战争的本质，强化在工作中的执行力，一定能超越对手。

3. 市场推广的方式

（1）新闻营销　新闻营销是一种较权威的营销方式，借助各大知名媒体的力量来推广自己，因此电商企业进行新闻营销写作的时候可以跨业交流进行宣传，用采访稿或是故事事件型的文章进行写作，争取挖掘有价值的新闻点或是话题突破口，写好文章之后向大型的网站或同行或流量大排名高的网站进行发表，同时也可以作为资讯更新到自己的博客或网站上，这个虽然实际操作起来会有一定困难，但对前期的宣传也是至关重要的。

（2）广告宣传　广告宣传，即确定的组织或个人为了一定的目的，依靠付出费用，在规定的时间内，按照要求，由指定的媒体，将真实信息传播出去的一种宣传方式。

（3）营业推广　营业推广是一种适宜于短期推销的促销方法，是企业为鼓励购买、销售商品和劳务而采取的除广告、公关和人员推销之外的所有企业营销活动的总称。

（4）公关推广　公关推广是为品牌的长期打造服务的。公关推广的方向是否正确，最根本的是取决于是否符合品牌的个性；而公关推广是否有效和有力，则取决于有没有挖掘出品牌的核心内涵，有没有找到与品牌之间最牢固的结合点。否则，就会南辕北辙，达不到推广的目标并造成对品牌的伤害。

（5）人员推广　人员推广主要指与终端密切相关的促销人员所做的推广活动。人员推广是最原始但有时是最有效的产品促销策略。

（6）活动推广　活动推广是由共同目的联合起来并完成一定社会职能的动作的总和。活动推广由目的、动机和动作构成，具有完整的结构系统。

第三节　公共关系

一、公共关系的概念

公共关系是指某一组织为改善与社会公众的关系，促进公众对组织的认识、理解及支持，达到树立良好组织形象、促进商品销售的目的的一系列公共活动。它本意是社会组织、集体或个人必须与其周围的各种内部、外部公众建立良好的关系。它是一种状态，任何一个企业或个人都处于某种公共关系状态之中。它又是一种活动，当一个工商企业或个人有意识地、自觉地采取措施去改善和维持自己的公共关系状态时，就是在从事公共关系活动。作为公共关系主体长期发展战略组合的一部分，公共关系的含义是指这种管理职能：评估社会公众的态度，确认与公众利益相符合的个人或组织的政策与程序，拟定并执行各种行动方案，提高主体的知名度和美誉度，改善形象，争取相关公众的理解与接受。

二、公共关系的特点

1. 主体的组织性

广义的公共关系主体指的是任何有目的、有系统地组织起来，具有特定功能和任务，具有社会行为能力的社会组织。狭义的公共关系主体主要指专门执行公共关系职能的公共关系机构及人员。

公共关系是一种组织活动，而不是个人行为，因此，社会组织是公共关系活动的主体，是公共关系的实施者、承担者。

2. 对象的公众性

公共关系是一定的社会组织与其相关的社会公众之间的相互关系。社会组织必须着眼于自己的公众，才能生存和发展。公共关系活动的策划者和实施者必须始终坚持以公众利益为导向。

3. 沟通的双向性

公共关系是以真实为基础的双向沟通，而不是单向的公众传达或对公众舆论进行调查、监控，它是主体与公众之间的双向信息系统。组织一方面要吸取人情民意以调整决策，改善自身；另一方面又要对外传播，使公众认识和了解自己，达成有效的双向意见沟通。

4. 目标的喻美性

塑造形象是公共关系的核心问题。组织形象的基本目标有两个，即知名度和美誉度。所谓知名度是指一个组织被公众知道、了解的程度，以及社会影响的广度和深度。所谓美誉度是指一个组织获得公众信任、赞美的程度，以及社会影响的美、丑、好、坏。在公众中树立组织的美好形象是公共关系活动的根本目的。

三、公共关系的类型

1. 从社会分工来看，可分为政治型、经济型、社会事业型

(1) 政治型公共关系　政治家及政治组织为达成政治目标而开展的公共关系。

(2) 经济型公共关系　营利型组织为达成利润目标而开展的公共关系。

(3) 社会事业型公共关系　非营利组织为推动某项社会事业发展而开展的公共关系。

2. 从公共关系达成的目标来看，可分为形象公关、危机公关、事务公关

(1) 形象公关　为树立组织良好的社会形象而开展的公共关系。

(2) 危机公关　为消除公众对组织的误解，化解组织面临的生存与发展危机而开展的公共关系。

(3) 事务公关　为解决组织正常营运过程中出现的一些日常具体问题而开展的公共关系。

四、公共关系在营销中的作用

1. 可以帮助企业树立正确的营销战略

即在帮助企业确立营销目标的同时，既要考虑企业利益又要顾及消费者需求，既着眼企业利益，也注重社会效益，还要兼顾企业的暂时利益与长远利益等。如牺牲消费者利益，出售假冒伪劣产品，企业不会有前途；相反为了维护产品的质量和企业良好信誉，有些企业不惜以高昂代价，或通过投资社区、造福社区、关心社会发展等形式来增进企业自身的利益等，却能更好地实现企业的营销目标。公共关系策略正是以全局的高度、长远的角度和整体的立足点来帮助企业确定正确的经营目标和发展方向的。

2. 可以帮助企业明确科学的营销谋略

运用公共关系策略主要通过收集信息，分析市场行情帮助企业在市场竞争中更科学地利用"天时"、"地利"、"人和"等因素，扬长避短，出其不意，尤其是全面准确地了解把握消费者的心理、需求及其变化趋势，使企业有的放矢地进行经营谋划。

3. 可以帮助企业运用科学可行的方式促进营销目标的实现

这包括两个方面，一方面为实现营销目标，在运用公共关系策略营造企业形象、沟通信息、协调关系、提供服务等方面所做的种种具体努力和贡献；另一方面是指具体营销活动中公共关系策略手段、技巧等。

五、公共关系的主要策略

1. 创造和利用新闻

公共关系部门可编写有关企业、产品和员工的新闻，或举行活动，创造机会吸引新闻界和公众的注意，扩大影响，提高知名度。

2. 举行演讲会、报告会、纪念会等

演讲是提高企业及产品知名度的另一种方法，在举行演讲或者报告之前，必须通过各种渠道搜集问题，以求针对性更强。

3. 开展有意义的特别活动

如举行有关企业产品的新闻发布会、产品和技术的展示会和研讨会；举办开幕式和闭幕式；释放热气球；利用有利的时机开展有意义的活动等，以吸引公众，提高企业及产品的知

名度；

4. 编写书面和音像宣传材料

如编制公司的年度报告、业务通讯和期刊、论文、综合小册子、光盘、录像带、幻灯片、电影等，内容可包含有关的历史典故、公司特色、产品特色、民间传说、神话故事等。这些材料在不同程度上可影响目标市场。

5. 建立企业的统一标识体系

为了在公众心目中创造独特的企业形象和较高的认知率，企业可通过周密的策划和设计，确定一个统一的标识体系。这个体系一般包括三个层面：理念标识、行为标识和视觉标识。

[拓展阅读]　伊利牛奶：对比试饮送赠品

推新品，大家比较常用的是免费尝试，以在口感上形成第一印象。但是免费试饮的结果往往是大庭广众之下消费者不好意思过来尝，或者尝过之后没什么特殊感觉，难以促成购买。伊利在优酸乳（双果奇缘）起初上市时，也采用了试饮的方法，但是他们给试饮增加了内容：在超市门口不影响过路的显著地方摆上两张长桌，贴上双果奇缘的海报和试饮信息，活动方式是，促销小姐在桌上倒上两杯不同的牛奶，一杯是纯奶，一杯是优酸乳，让消费者品尝，猜出哪杯是优酸乳的人即可得到两份双果奇缘的奖励。由于活动具备趣味性，而且猜对了是以奖励的形式给予赠品，没有索要的感觉，吸引了不少青少年和中青年消费者的兴趣，通过品尝，优酸乳的味道一下子在品尝者的心目中定格，他们把奖品带回去之后，还可以拿给家里人或朋友喝，扩大了试饮群。当时河北地区一个超市的日派送量就达到了几百箱。该活动在新品推广上获得成功，使优酸乳后来拥有了一大批的青少年铁杆消费者。

摘自：百度文库：伊利营销方案

第十二章　食品营销的管理

第一节　食品营销的计划及制订

食品营销计划是在对食品公司的当前营销现状、市场动态、行业状况及竞争环境进行分析并对营销策略诸如食品或服务、定价、分销渠道等做了详细分析的基础上制订的。营销计划就是帮助公司在一定时间内达到或超过既定目标而制定的措施。

制订食品营销计划是食品企业营销管理最重要的任务之一。因此，食品营销活动的制定需要多部门参与，充分调研，营销计划的科学性和可行性直接影响营销活动的效果。营销计划必须简明扼要，它的关键部分是怎样实现公司的营销目标。但关于个别食品的销售计划应当写得非常详细。

食品营销计划是企业发展战略的具体化、程序化和科学化的运行方案。在制订营销计划时首先应对该食品当前的营销现状、企业面临的市场及竞争环境进行认真的调研，充分了解并掌握企业自身的实际情况，充分展现企业自身的食品特点。

不同企业不同食品的营销计划，样式和内容可能会有较大差异。但是，制订食品营销计划作为一个管理过程，应该包括以下几个基本步骤：计划概要、当前营销状况、机会与问题分析、营销目标、营销战略、行动方案和预算、营销控制。

一、食品营销的计划

1. 食品营销计划概要

市场营销计划的概要是向管理者提供简单扼要的核心内容和主要目标。计划书一开头应对本计划的主要目标和建议作一扼要的概述，不宜过于详细。

2. 食品当前营销状况

这一部分负责提供与企业所面临的宏观环境和有关食品或服务、行业及竞争状况、分销相关的营销计划背景资料和数据，并对这一背景做出剖析。要通过对环境的分析，识别机会和威胁，制定正确的市场营销决策。

（1）宏观环境形势　这一部分内容应描述广泛意义上与该食品线性相关的宏观环境发展趋势与相关数据。一般指对影响市场环境的各种因素，如人口环境、经济环境、自然环境、技术环境、政治环境、法律环境及社会文化环境等进行描述与分析。

（2）市场状况　这部分提供的是服务市场的具体数据，食品的市场性及潜在市场状态，对市场远景进行预测分析。市场的规模与增长状况应详细列出，食品目前处于市场增长的哪一阶段上。这些数据同时应反映销售对象、销售时机、销售地点、顾客需求量、消费观念的变化和趋势及影响销售的因素等。

（3）当前食品营销与分销状况　食品营销与分销状况应列出过去几年来各主要食品的销售量、食品价格、食品成本及营销过程的一切费用、销售收入及盈亏等具体数据，并进行具体分析。还应提供有关各分销渠道与规模的相关数据。

（4）竞争状况　首先明确谁是主要竞争对手，对竞争者的市场规模、目标、策略、市场份额、食品质量、竞争者食品的优势与薄弱环节等进行具体分析，做到知彼知己，百战不殆。

3. 机会和问题分析

食品营销计划是对市场时机的把握及战略的应用。要想达到预期的营销效果，方案固然重要，但更重要的是要找准市场机会。机会和问题分析主要解决三个方面的内容：分析食品企业目前面临的主要机会与威胁、优势与劣势、食品面临问题。

(1) 机会与威胁　应找出食品企业所面临的主要机会与威胁。这些外部环境对企业的发展具有非常重要的影响，是企业制订计划时必须十分重视的问题。分析食品企业的机会与威胁，以便于更成功地采取某些策略，抓住主要消费群作为重点营销对象，在适当的时机采取行动。

(2) 优势与劣势　针对食品特色分析优势、劣势。优势和劣势是企业的内在因素。通过对企业自身状况的分析和比较，能够使企业更客观地了解自己的食品，可以使企业做到胸有成竹，充分发挥该食品的特色优势，充分挖掘该食品的市场潜力。

(3) 问题分析　明确了食品的机会与威胁、优势和劣势之后，在这部分，要运用市场营销的数据资料，分析食品营销计划中面临的主要问题，并对这些问题进行分析探讨，提出解决问题的策略方案。

4. 食品营销目标

制订计划中要达到的关于销售量、市场份额、利润等方面的目标。必须建立两种目标，即财务目标和营销目标。

财务目标即企业的年度利润、长期的投资收益率等；而营销目标则主要指食品的销售量、销售额、市场占有率等指标的具体数值。企业应该制定一整套目标，包括短期和长远目标，每个目标都有其完成期限。这些目标通过努力应该是可以达到的，但是，它们又具有一定的挑战性。目标一定要切合实际，切忌好高骛远，否则实现不了等于纸上谈兵，不仅浪费人力物力，还容易挫伤员工的积极性。

5. 食品营销战略与策略

营销战略与策略即实现食品营销目标的方案，是企业在营销活动系统中根据企业自身条件、市场机会和不利因素，在企业发展目标、食品定位、销售方案和资源分配等重大问题上采取的决策。营销战略应详细阐述以下几个方面的内容：营销战略目标、市场选择、食品定位、食品线、分销网点、销售队伍、食品广告设计策略、食品价格策略、促销方案、食品研发、售后服务及市场营销战略控制等。在营销战略的制定过程中，计划人员需要与企业各个部门、领域的主管人员进行探讨，共同研究制定。

6. 食品行动方案和预算

营销战略明确了企业为实现营销目标而制定的具体措施，是开展营销行动的具体手段。

营销计划中的行动方案就是要解决以下问题：行动的目的，行动的时间、地点、主要负责人、需要的投资成本，行动方案的详细内容等。根据行动方案应该制定相应的、具体的营销经费预算。

7. 食品营销控制

食品营销计划的最后一部分为食品营销控制，控制用以监控计划的执行。通常，目标和预算都是按月和按季来制定的。定期检查各期间的成果，找出未能达标的原因，及时采取修正行动。控制工作还应考虑计划执行过程中可能出现的风险和问题，制订意外应急计划及应对措施。

二、食品营销计划的制订

食品营销计划应充分体现企业的发展战略，应把战略目标具体落实到具体的计划中，并通过具体的指标和实施程序来体现。制订一个好的营销计划直接关系到企业销售业绩的好坏，一个好的营销计划应符合实际情况，具有可操作性，以现有的人力、物力、资金和时间通过努力可以达到；目标明确，计划完整，有具体的衡量标准，重点突出。拟定营销计划的具体步骤如下。

1. 明确食品营销计划的根本任务

充分了解并掌握企业自身的实际情况，这是制订计划的一个重要依据。明确本企业要销售的食品或开发的新食品、市场目标及市场潜力、顾客分布及购买力、食品销售渠道、食品定价标准、同类食品在市场中的销售状况及本公司目前的市场份额。如何在原有营销计划的基础上取长补短，制订更好的营销计划。

2. 分析食品营销机会

在制订营销计划时首先应对企业面临的市场进行认真的调研，这是制订计划过程的基础阶段。通过环境分析、市场分析、竞争者分析等进行专业的市场研究或市场调查，寻找市场机会。

3. 拟订食品营销计划

在分析营销机会的基础上，制定企业的营销战略，选择目标市场，明确该食品特色、顾客分布与需求、食品的销售渠道，制定食品策略、价格策略、促销策略、与同类食品的竞争策略、广告促销策略并明确其依据，制定食品促销的整体组合策略，制订计划的控制措施，并通过这些计划的实施来最大限度地占有市场。

仅拟订一个完善的营销计划还远远不够，必须建立一个能够有效执行市场营销计划的组织，实现各部门之间的协调统一。营销部门和营销人员必须有效地执行营销计划，定期检查完成情况。企业内部各部门之间要密切配合。一个好的营销计划如果执行不当，就不可能收到预期效果。

4. 修改并确定食品营销计划

企业营销计划作为企业未来短期或长期的一个工作方针，要求企业各个部门齐心协力地去实施，因此，计划的制订应当广泛征求各部门的意见，在计划拟订后，还需反复征询各方意见，以使营销计划真正符合企业自身实际及食品特色，更好地挖掘市场潜力。

5. 根据市场及时调整食品营销计划

食品营销计划不是一成不变的，当市场发生未预期的变化时，应及时调整营销计划。如食品的顾客分布及购买力发生了变化，那么必须在营销计划中调整食品重点销售区域及销售渠道等相关方案。

第二节　食品营销的组织与实施

一、食品营销的组织

食品营销计划需要组织系统的贯彻实施。这个组织的构成、设置及运行机制应当符合市场环境的要求，具有动态性、适应性和系统性等特性。食品营销组织是企业为了制订和实施食品营销计划，实现食品营销目的而建立起来的部门或机构。

食品营销组织应分工明确，市场调研、食品广告和食品促销应分属不同的职能部门，并有明确的岗位设置和权责。食品营销组织应以顾客满意为目标，以市场变化为驱动力，以安全的食品质量、独特的食品特色及优质的服务打造企业的竞争优势。顾客对企业食品与服务的评价因素很多来源于营销人员，因此一个企业形象的树立，首先应从食品营销组织的人员开始，要求食品营销组织人员以顾客为中心，并采取一定的奖惩机制。其次，食品营销组织应具备应对市场变化的能力，才能使企业在市场竞争中永远立于不败之地。

近几年来，食品营销活动内容已经从单一的销售功能演变为复杂的功能群体。纵观市场营销管理部门的发展与变化，其演变进程大致分为如下四个阶段。

1. 简单的销售部门

这是最初级的营销部门形式，销售职能主要由少数几位推销人员承担。企业仅仅设置简单的销售部门，包括财务、生产、销售、会计等主要职能部门。财务部门负责资金的筹措，生产部门负责食品制造。销售部门的主要任务是食品销售，对食品的其他问题几乎不去过问。如果需要进行广告、促销等其他营销活动，一般需要聘请外部人员去做。

2. 销售部门兼具营销功能

随着食品工业的发展，众多新的食品企业不断产生和发展，导致各种食品供应增多和市场竞争压力增大。因此在食品企业的经营理念中，销售观念越来越强，经常性地开展广告、促销等活动来树立企业形象，吸引消费群体。需要进行经常性的市场调查、广告宣传以及其他促销活动，这些活动逐渐变成专门的职能，并且随着企业规模和业务范围的扩大，企业除销售以外的营销职能日益复杂而重要，仅有几个销售人员已远远不能有效地直接承担这些职能，销售组织结构需相应变化，来承担这些新职能。

3. 独立的营销部门

随着市场竞争的日趋激烈和企业的进一步发展，销售以外的营销职能的工作量日益增加，原来作为附属性工作的市场营销职能的重要性日益增强。企业会发展市场营销调研、广告和顾客服务等市场营销工作。由于原来作为附属性工作的市场营销职能的重要性日益增强，迫使企业设立独立于销售部门外的市场营销部门，公司将营销部门独立，与销售部门地位平等。市场营销部门主要负责食品销售的影响因素分析、市场需求分析、消费群体分析、制定营销战略、寻找分销渠道、进行广告设计和食品促销等，为企业食品的销售提供策略。

4. 现代营销部门

分设独立营销部门和销售部门会使两个部门产生矛盾冲突，甚至出现争抢资源的现象。由于整体市场营销的重要性远远大于单纯的食品销售，所以绝大数公司选择了提高市场营销部门的级别，这就导致了现代市场营销部门的产生。现代市场营销部门包括销售在内的全部市场营销功能。

二、食品营销部门的组织形式

营销部门常见的组织形式主要依据职能、地域、食品、市场等因素组织而成。

1. 职能型组织

这是最常见的营销组织形式。营销职能包括市场调研、广告宣传和促销、销售业务、新食品开发和营销管理等。职能型营销组织适用于企业只有一种或少数几种食品的情况。该类型组织的主要优点是：职能分工清晰，行政管理简单。随着企业食品品种的增多和市场的扩大，这种组织形式也越来越多地暴露出其缺点：没有专人或机构对任何食品或市场承担责任，各职能部门都要求获得比其他部门更多的利益，上级部门也难以协调。

2. 地域型组织

这也是营销组织经常采用的一种组织形式，即按地理区域设置营销机构。这类组织形式管理简单、职责划分清楚。从事全国范围销售的企业，考虑到地区差异、不同地区的市场往往具有不同的需求特点，以及进一步提高营销效率和效益，通常都按照区域安排销售队伍。当食品面向全国或地理区域分散时，营销组织往往按地理区域安排营销队伍。由于不同地区的市场往往具有不同的需求特点，也为了更好地管理各地的营销渠道，为经销商提供更好的激励和服务，许多公司都采用地域型组织形式。地区经理掌握一切关于该地区市场状况，为在该地区打开公司食品销路制订计划，并负责计划的实施。

3. 食品和品牌管理组织

即按食品或食品品牌划分企业的营销组织。如果公司所生产的各类食品差异很大或品种数量太多，按功能设置的营销组织难以处理，则采取这种组织形式是适宜的。生产多种食品和品牌的企业，往往要设立食品或品牌管理组织。而且在企业的食品线不断扩大，品种不断增加的情况下，也需要设置食品经理或品牌经理。食品和品牌管理组织能统一协调各种营销职能，集中对各种食品进行管理，从而能将营销手段更有效地组合起来。食品和品牌经理虽然能成为自己所负责的食品方面的专家，但对其他方面的业务却往往不够熟悉。

4. 市场（行业）管理组织

市场管理组织是按照客户的不同购买行为和食品偏好不同而设立的营销组织。该组织形式类似于食品组织结构，上设一位市场总经理，下辖若干分市场经理，每位分市场经理负责制订长期、短期市场计划，分析市场情况，负责组织实施食品营销计划。比如，食品的购买者有超市、饭店、快餐店以及学校、工厂、医院等机构的食堂等。顾客可以按照一定标准分为不同类别，市场管理组织就是一种非常好的组织形式。

5. 事业部组织

随着食品品种增加和企业经营规模扩大，企业常常将各食品部门升格为独立的事业部，它们再分设自己的服务部门。根据企业是否再设立企业级的营销部门，一般企业的营销组织可考虑以下三种模式之一。

① 公司总部不设营销部门，各事业部设立营销部门，独立负责营销职能。

② 公司总部设立适当规模的营销部门，主要向事业部提供咨询，解决营销方案等问题。

③ 公司总部设立强大功能的营销部门，直接参与营销策划工作。这类营销部门除承担各项职能外，还向各事业部提供各种营销服务，因此，各事业部营销部门的主要任务是执行公司总部的营销部门的方案。

三、食品营销的实施

指企业为实现其战略目标而致力于将营销计划变为具体行动和任务的过程，也即有效地调动企业全部资源投入到营销活动中去的过程，同时保证这种任务的完成，以实现市场营销计划所制订的目标。一个优秀的市场营销方案只有得到有效执行才能收到预期的效果。企业市场营销的实施过程，包括六个相互制约的方面。

1. 制定行动方案

即计划实施的具体安排，战略实施的任务、关键性任务如何完成，采取的措施，包括人员配备、目标分解、资源分配、时间要求等。制定明确详细的实施方案，科学合理地分解任务，明确全部参与活动人员，并将执行这些决策和任务的责任落实到个人或小组。在执行各项营销职能、方案和政策时应合理分配时间、费用和人员。提出新食品和现有食品的改进方案。对新食品如何进入市场，明确方案并提出改进意见。针对市场竞争进行一系列调研工作并提出对策。安排落实各项促销宣传活动。

2. 建立组织结构

为完成营销计划而建立一个有效的工作组织，企业的组织在市场营销执行过程中产生决定性的作用，组织将计划实施的任务分配给具体的部门和人员，明确工作分工，并在各组织间发挥协调作用。组织还应借助于其他力量完成自己的工作，包括借助公司内部和公司外部的各种力量，并决定各部的职权如何划分、信息如何沟通。

3. 发现和诊断问题

当营销计划的执行结果未达到预期目的时，就需要对计划和执行之间的内在关系进行诊断，找到原因，并提出解决措施。

4. 开发人力资源

负责本企业人员的技能、知识、经验的培训，人员的考核、选拔、激励和人力资源的开发和管理。在人力资源管理时，要做到人尽其才；建立完善的工资、福利制度。

5. 对公司营销运行做出评估和评价

市场营销人员要运用监控技术来评估营销执行的效果，合理预算并分配资源，有效评估营销活动结果，监控各种营销职能是否得到有效的发挥，各种营销职能是否协调一致地组合起来为食品或品牌有效地打开市场。营销政策是否有利于营销计划的执行，营销计划执行是否带来良好的市场业绩，并负责决策和奖励制度的建立。对市场销售活动和售后服务工作提出指导性意见和改进方案。

6. 建立企业文化和管理风格

企业文化是指一个企业全体人员共同遵循的价值标准和行为准则。企业应建立与企业文化相关联的管理风格。企业文化体现了集体责任感和集体荣誉感，企业文化作为一种凝聚力可以把员工的个人利益与企业的利益联系起来，可以把全体员工团结在一起。

四、食品营销实施中的问题

1. 计划与现实的矛盾

企业的市场营销计划通常是专业计划人员制订的，而执行则要依靠市场营销人员，企业的专业计划人员只是进行总体规划而忽略执行过程中存在的具体问题，结果使计划过于笼统，所定计划脱离实际。专业计划人员和市场营销管理人员之间缺乏充分沟通，致使市场营销管理人员在市场营销实施中经常遇到各种棘手的问题，有时可能因为他们并不完全理解该项计划的内涵。

2. 企业长远战略和短期绩效的矛盾

市场营销计划通常着眼于企业的长期目标，但具体执行计划的市场营销人员往往根据他们的短期工作绩效作为实施目标，这样就有可能与企业的长远战略产生冲突甚至矛盾，阻碍企业长远战略的贯彻实施，所以具体执行计划的市场营销人员应深刻体会企业的销售战略，要以企业的长远利益而不是以个人的短期工作绩效为目标。

3. 缺乏具体的实施方案

有些企业销售计划只是一些口号、目标或笼统的文字，缺乏明确而具体的实施方案，所以执行起来会面临重重困难。当企业面临困境时，缺乏具体的补救和应急措施，企业只能坐以待毙。

4. 各部门缺乏有效的协调与合作

设计了组织结构，只是一种形式，各组织能否发挥其作用，关键在于各组织内部及各组织之间能否具有良好的沟通及协调合作能力。

第三节　食品营销的控制

由于内外环境因素的变化，企业在营销计划实施过程中不可避免地会出现一些意外状况，营销部门必须对各项营销活动进行连续有效的监督与控制，发现问题应及时采取行动，或调整营销计划。市场营销控制就是企业的管理者对营销执行情况和效果进行检查与评估，了解计划与实施是否一致，找出偏差，并采取修正措施以确保营销计划的有效执行。营销控制是市场营销管理的基本环节和基本功能之一。企业对营销活动的控制，是一个调节过程，是实现企业总目标的过程。

企业的营销控制主要有年度计划控制、盈利能力控制、效率控制和战略控制四种方法。

一、年度计划控制

年度计划控制是对公司在年度计划中制订的销售、利润和其他目标的实现情况加以控制，检查实际业绩效益与计划的偏差，并采取必要措施，予以纠正。年度计划控制的中心是目标管理。目标管理分为4个基本步骤，首先设定一年的销售目标和利润目标，然后将其逐层分解，落实到每个销售部门，并且定期检查绩效，最后分析偏差原因，采取改进措施。因为公司组织每一层次都有具体目标，年度计划控制适用于组织的每一个层次。在年度计划中一般建立月份或季度目标。最高管理者建立一年的销售目标和利润目标，分解成较低层次管理部门的具体目标，并定期检查、考核和分析。年度计划控制的目的在于保证实现年度计划规定的指标，因此需要随时检查年度计划的执行情况。年度计划控制包括如下5项主要内容。

1. 销售分析

销售分析是根据计划销售目标与实际销售情况进行对比分析，用于分析造成销售差距的不同因素的影响程度。首先将实际销售额与销售计划进行对比分析，以分析销售计划的完成情况，找出是否未实现销售量而导致的偏差。其次进行销售差异分析，即各个因素对销售额影响程度分析，直接对销售目标执行中形成的实际销售缺口进行归属因素分析。公司应用销售差异分析并不能真正了解造成差异的具体原因。

微观销售分析则能解决这些问题。微观销售分析即将总销售计划指标分解为各地区具体指标，然后逐一分析，通过分析，弄清各食品或各地区销售的差异。微观销售分析可分别从食品、地区、渠道等分析未能完成销售目标的原因。这项分析是销售偏差分析的深入，为销售差距找出具体原因。比如，分别计算不同类食品的实际销售量与计划销售量的偏差，找出究竟哪种食品销售最差，原因是什么，是销售人员工作方式方法的问题还是食品本身的质量问题，是该地区居民的饮食习惯、偏好问题，还是同类食品的竞争问题，抢走了部分的市场份额。

2. 市场占有率分析

静态的公司销售额并不能表明该公司在市场竞争中的地位和作为。因此，市场占有率分析尤显重要。有3种分析指标以供选择。

(1) 总体市场占有率 指本企业销售额占整个行业销售额的比例。使用该指标需要考虑两个因素：一是使用销售量还是销售金额来表示市场份额；二是恰当地界定企业所在行业范围，范围界定不同，市场份额差别也会较大。

(2) 区域市场占有率 该指标是企业在某一区域内的销售额占全行业该地区销售额的百分比。公司的首要任务是尽力在区域市场处于领先地位，然后再不断地增加食品线和销售地区，扩大市场范围。

(3) 相对市场占有率 相对市场占有率指公司市场占有率与最强竞争者市场占有率的比值。企业可以将其销售额与市场领先者销售额进行对比分析，相对市场占有率与最强竞争者相等，表明与竞争对手已经抗衡；相对市场占有率上升，则意味其增长速度高于竞争对手。此外，企业还可以选择几个主要的竞争者作为比较对象。

3. 营销费用分析

营销费用分析主要是用来确定营销费用的各项开支是否合理，以克服企业不合理超出计划的支出，主要用营销费用与销售额之比作为分析指标。营销费用分析可以按不同地区或不同食品在销售额与相应的费用支出方面进行比较，以确定各地区或各食品营销费用支出的差异。管理者监控各型营销费用支出率，设定一个正常的波动控制区间，对每个比率在各个时期的波动进行追踪。当波动超出正常范围时，应及时寻找原因。

4. 顾客满意度分析

除以上定量控制措施外，公司还应对顾客满意度进行追踪分析。通过各种增加顾客反馈意见的途径，可使企业对自己的食品、服务在客户心目中的地位有全面的了解。定期的用户意见调查，是一种通过随机抽样了解顾客对公司服务质量满意程度的调查。顾客满意与否最终决定企业能不能实现长期盈利和持续发展。

5. 利益相关者满意度分析

公司还有必要对公司业绩产生重要影响的相关人员的满意度进行追踪分析。这些群体包括公司员工、供应商、银行、分销商、股东等。公司要了解对公司业绩有重要利益和影响的各类人员的满意度，当某一或某些群体的不满增加时，就应当采取相关措施。

二、盈利能力控制

盈利能力控制就是企业衡量各种食品、地区、顾客群、分销渠道和订单规模等方面的获利能力。通过对这些企业的盈利能力数据分析发现，有的食品、销售渠道或地区根本不盈利。这方面的情报将帮助管理者决定哪些食品、销售渠道或地区应该扩大或减少，哪些食品、销售渠道或地区应该保持或取消。盈利能力控制一般由企业内部负责监控营销支出和活动的营销人员负责。进行盈利能力控制，首先确定功能性费用，如销售食品、广告、包装和食品运输等各项营销功能的费用；然后将功能性费用分配给各个营销实体，衡量每一个渠道的销售所发生的功能性费用支出；最后为每一个营销渠道编制损益表，根据损益表来确定调整的对象，对出现亏损的分销渠道要通过分析找出原因，并采取措施解决。

三、效率控制

效率控制是指在营销过程中采用系列指标对销售人员的销售效率、广告效率、分销效率等进行监测与控制的方法，是企业寻求更有效的方法来管理销售队伍的营销实体活动。主要包括四个方面活动效率的控制。

1. 销售队伍效率

评价指标具体包括：每位销售人员平均每天推销访问的次数；每次销售访问的平均销售额；每次销售访问的平均成本；每百次销售访问获得订单百分比；每期新增顾客和每期丧失的顾客数目；销售队伍成本占总成本的百分比。

2. 广告效率控制

评价指标具体包括：每一个媒体覆盖 1000 人的广告成本，收看广告的人占整个受众的百分比；消费者对于广告内容和有效性的意见；对于食品态度在广告前后的变化衡量；由于广告影响对食品询问次数的增加；每次咨询成本等。

3. 促销效率控制

评价指标具体包括：按优惠方法售出的销售额百分比；赠券的回收率；一定销售额中所包含的商品陈列成本；各种激发买主购买兴趣和试用食品的方法所产生的效果。

4. 分销效率控制

管理部门应该调查研究分销渠道，跟踪评价分销效率。主要通过存货控制、仓库位置和运输方式的效率这几种模式来提高分销效率。

四、战略控制

企业必须经常对其整体营销效益做出科学评价。由于营销环境的快速变化，营销计划方案极易变得不切实际，因此，每一个企业应该定期对其进入市场的总体方式进行诊断。战略控制也称市场营销审计，是企业的最高等级控制，是一种整体地、系统地、独立地和定期地对营销环境、目标等进行定期检查，提高营销效益的方法。它对企业营销环境、经营战略、目标、计划、组织和整体营销效果等进行全面、系统、定期的审查和评价，目的在于发现营销机会，找出营销问题，提出正确的短期和长期行动方案，以确保企业战略、目标、政策和策略与企业外部环境和内部资源变化相匹配。营销审计是一系列有秩序地进行检查诊断的过程，一般而言，营销审计应独立地定期进行，最好是借助外部力量来进行，以保证营销审计结果的客观性。

1. 营销审计的特征

(1) 全面性　市场营销审计涉及一个企业所有重大的营销活动，所以必须进行全面的审计。

(2) 系统性　市场营销审计包括一系列有次序的审查步骤，包括审查企业的内部营销制度、经营战略、营销环境、营销渠道、营销效果和各种具体营销活动。

(3) 独立性　市场营销审计最好由来自企业外部专业的审计师审计，以保证营销审计结果的客观性和准确性。审计人员依法行使独立审计权时受法律保护，审计机关有权做出处理、处罚的决定或建议，这更加体现了我国审计的独立性和权威性。

(4) 定期性　市场营销审计不是在企业营销出现问题时才去审计，企业审计应定期进行。定期审计有利于企业的正常运作。

(5) 公正性　审计人员应站在第三者的立场上，进行实事求是的检查，做出客观的判断以及公正的评价，客观、准确地确定被审计组织的经济责任。不偏不倚，实事求是，是对审计人员的职业道德要求。

2. 营销审计的内容

营销审计的内容主要包括六大部分。

(1) 营销环境审计　主要包括人口环境、经济环境、生态环境、技术环境、政治环境、文化环境、市场、顾客、竞争者、分销与经销商、运输服务、仓储设施、供应商和其他影响因素的检查分析，以发现环境变化给企业带来的机会和威胁。

(2) 营销战略审计　主要是分析考察企业使命、营销目标与目的、战略以及当前与预期的营销环境相似程度的分析审查。企业是否能按照市场导向明确自己的任务，企业目标和营销目标是否非常清晰地表达出来，企业管理层能否选择与企业使命相一致的竞争地位，能否清楚地说明用来达成营销目标的营销战略，是否能用一定的数据进行科学的市场分析，并能选择自己的目标市场，能否合理地配置市场营销资源并确定合适的市场营销组合，预定用于完成这些营销目标的资源是否足够，企业在目标市场、营销战略、企业形象等方面的战略是否有效等。

(3) 营销组织审计　主要是评价企业的营销组织在执行市场营销战略时的组织保证程度和对市场营销环境的适应能力。主要是检查营销组织在预测环境中，选择和控制决策的能力，包括对企业组织的正式结构、功能效率和相互关系进行审计。企业是否有坚强有力的市场营销主管人员及其明确的职责与权利，是否有一支高素质的销售队伍，企业是否按职能、食品、细分市场、最终用户和地区对营销活动进行有效的组织；市场营销部门与销售部门、采购部门、生产部门、研究开发部门、财务部门以及其他部门能否保持良好的沟通和协作关系，是否有一个有效运行的管理系统等。

(4) 营销系统审计　企业市场营销系统包括市场营销信息系统、市场营销计划系统、市场营销控制系统、新食品开发系统、营销能力系统和营销功能系统。

对市场营销信息系统的审计，主要是审计企业是否有足够的有关市场变化的信息来源，是否有畅通的信息渠道，是否进行了足够的市场营销分析调研，是否恰当地运用市场营销信息和调研结果进行科学的市场预测和销售预测等。营销情报信息系统能否提供有关顾客、潜在顾客、分销商和经销商、竞争对手、供应商等方面的准确、及时的信息。

对市场营销计划系统的审计，主要是审计企业是否建设了构思缜密、使用有效的市场营销计划，计划的可行性、有效性以及执行情况如何；营销规划系统能否给企业带来一定的销售目标和销售额；市场营销计划系统能否预测销售目标和销售潜力；是否有长期的市场占有率增长计划等。

对市场营销控制系统的审计，主要是审计市场营销控制程序是否能保证年度计划目标的实现，企业管理层是否定期分析食品、市场、地区、分销渠道的盈利能力，市场营销成本等是否有准确的考核和有效的控制。

对新食品开发系统的审计，主要是审计企业开发新食品项目的系统是否健全，是否组织了搜集、形成和创意新食品构思的工作，新食品开发前是否进行了充分的调查研究及业务分析，开发过程中是否进行了测试、市场预测以及投放市场的准备等。

（5）营销能力审计　主要审计营销组织的获利能力和各项营销活动的成本效率。是在企业盈利能力分析和成本效益分析的基础上，主要对营销组合因素和策略进行审查，审核企业的不同食品、定价、不同市场、不同地区以及不同分销渠道和促销等策略的盈利能力，公司是否应该扩展、收缩或退出某些细分业务。审核市场营销费用支出情况及其效益，通过分析销售利润率、资产收益率、净资产收益率、资产管理效率等来确定某些市场营销活动是否费用超支。

（6）营销功能审计　包括营销组织的每个因素，如食品、定价、渠道和促销等策略的审查。

① 食品　企业的食品线的目标是否确定；现有食品线能否支持食品目标；食品组合是否合理，食品质量是否稳定，食品发展方向是否明确；食品线应该延伸或收缩，哪些食品应该逐步淘汰，哪些食品应该增加；顾客对本企业和竞争对手食品的质量、特点和品牌等方面的支持和态度如何；哪些地区的食品、品牌和策略需要改进。

② 价格　明确定价的目标、战略和程序，在制定食品价格时，计算食品成本不仅要考虑生产原料成本，还要考虑销售费用、售后服务费用等相关费用。应熟悉有关需求的价格弹性、经验曲线效应以及竞争对手的价格和定价政策等。价格的合理性、价格竞争力如何，顾客是否认为本公司所定的价格及其所供应之物的价值相符。企业的价格政策与分销商、经销商和供应商的要求是否一致。

③ 分销　明确企业的分销目标和分销战略，企业是否有足够的市场覆盖面和服务，分销商、经销商、制造商代表、代理商等渠道成员的效率如何，企业是否考虑过改变其分销渠道。零售终端的陈列水准是否应进一步提高，分销的目标与分销战略的制定以及渠道选择是否合理。各分销渠道是否存在竞争问题，各分销渠道的服务如何。

④ 广告　目标是否合理，广告支出是否合理，广告预算如何确定。广告主题及其内容是否卓有成效，公众对本企业的广告有何见解，广告效果如何。广告媒体是否经过精心挑选，广告人员是否充足并有一定经验和创造性。促销计划制定过程是否合理，是否充分而有效地利用了各种销售促进工具，如赠品、展销和折扣等。促销与竞争品牌比较如何，促销活动与宣传活动配合是否及时，对于促销宣传品管理是否得当。人员的总体水平如何，对食品特点的理解、掌握和描述，与公众的沟通能力是否令人满意。

⑤ 销售队伍　销售队伍的营销目标如何，销售队伍能否圆满完成企业目标，销售队伍是否按适当的专业原则组织，如地区、市场等。销售经理是否亲自指导现场销售代表。薪酬体系是否合理，销售报酬是否提供了足够的激励。销售队伍是否表现出很高的信念、能力和努力等。

[拓展阅读]　　食品营销策略造就品牌效益

洽洽瓜子，将一小小瓜子从安徽卖向全球，小小瓜子能够卖出十几亿的销售。洽洽通过几年时间的默默耕耘，目前已经成为炒货行业的第一品牌。洽洽，是一个在不被人看好的传统炒货行业里成功崛起的成功品牌。一个成功的品牌背后总是有其独特的核心能力，洽洽瓜子真正获得成功的原因有以下几点。

一、工艺创新，开创煮制香瓜子

当众多炒货企业还热衷于传统的炒制工艺时，洽洽却在默默地研究如何既能保持香瓜子香脆的特性，又能让消费者吃了不上火甚至不脏手的方法，发现了"煮"的功效，煮制瓜子由此应运而生。这不单是一个技术上的创新，也是整个炒货行业在瓜子工艺上的一大突破。洽洽对行业进行了整合，由炒改为煮，不仅扩大了市场，而且改变了消费行为，使之演变成了休闲食品，而且吃了不会上火。差异化的定位不仅锁定了消费者，而且形成了独特的卖点。

二、创意突破，推出纸质包装袋

在推出煮制瓜子不久，洽洽又推出了颇具浓郁的传统色彩的纸袋包装，成为国内首家采用纸袋包装的炒货企业。再配上一段"洽洽"诞生的传奇故事，与休闲食品的特性完美融合，同时纸质包装也符合了环保的要求，将现代流行新趋势与传统文化进行了完美结合，从而紧紧地抓住了消费者的眼球。

三、渠道精耕，传统市场与大卖场（大型连锁超市）两手抓

有了产品，有了包装，还要有销售渠道。洽洽把终端突破放在了经销商身上。只有让经销商主动要求卖货，产品才能在终端有突出表现。洽洽的原则是：一定要让经销商赚钱。他们在箱子的封口处，印上"慰劳金"几个字，每个箱里放2元现金，这些方法大大满足了经销商"快速赚钱"的心理，经销商乐意配合企业，让消费者能以最快的速度接近它。洽洽向经销商保证"每箱都设奖，箱箱不落空"，奖项大小不限，完全满足了经销商的获利要求，大大刺激经销商的销售欲望。

四、品牌定位，广告策略，塑造快乐品牌

在缺乏品位的瓜子行业，洽洽将品牌定位于"快乐"。

2001年，洽洽在著名电视娱乐节目《欢乐总动员》中插播了半年广告，原因就在于该节目有众多的观众，而且大多是青少年，正是洽洽的目标消费群体；同时，欢乐总动员的欢乐概念与洽洽的快乐品牌内涵一致。这一策略再次使洽洽获得了很好的市场效果。

五、企业文化，营造家庭的氛围

在洽洽，员工们都把公司当成自己的家，大家在一个大家庭里工作。洽洽也把每一个员工当成是企业的一分子。所以洽洽的员工流失率很低，即便营销人员有跳槽，也很少会到洽洽的竞争对手那里去。而且无论你离开多久，洽洽给所有员工发放的礼品你都会有一份，与正规员工待遇一样。企业标榜以人为本，企业上下一心，企业把员工当成家庭一员而为你提供帮助，使员工真正有归属感。

摘自：浅析营销案例洽洽瓜子的成功之道，
中国食品科技网，http://www.tech-food.com

第十三章　食品营销风险管理

近年来食品市场营销风险与日俱增，严重制约着食品企业的经营活动，也困扰着食品企业的改革与发展。这虽然有多方面外部原因的影响，但更重要的是食品企业缺乏一套行之有效的风险管理机制。因此，研究和实践食品营销风险管理具有较强的现实意义。

第一节　食品营销风险管理概述

一、食品营销风险管理的概念、特征与划分

（一）风险的定义

风险是一种不确定性，不确定性对目标的影响。这种不确定性表现在它可能给面临风险的人带来损失。风险表现为损失不确定性这个特性后面，还隐藏着获得巨大利益的可能性。即目前普遍认为的，风险不仅是指损失的不确定性，而且还包括盈利的不确定性。风险的大小本质上决定于不幸事件发生的概率（损失概率）及其发生后果的严重性（损失程度）。

风险综合的定义为：风险是由于环境的不确定性、客体的复杂性、主体的能力与实力的有限性，而导致对某一事项或活动偏离预期目标可能性的影响。

（二）风险的内涵

1. 风险的未来属性

"不确定性"和"目标"这两个关键词都具有未来的属性。即风险直接与未来有关，风险直接与未来有联系，谈论风险，就是谈论未来；发现风险，就是发现未来；面对风险，就是面对未来；应对风险，就是应对未来；赢得风险，就是赢得未来。

2. 风险的两重性

"偏离预期目标"有正面的和（或）负面的，将具有正面影响的风险称为"机会"，将具有负面影响的风险称为"威胁"，同样，"影响"也有好有坏，有机会也有威胁。

3. 风险的不确定性

风险的唯一确定性就是其所具有的不确定性。"对目标的影响"是指风险的结果，而"不确定性"才是"风险"一词的"核心"。

4. 风险的事件性

"风险常具有潜在事件和后果或这二者结合的特征"。显然，对风险而言，具有潜在事件的特征是最为根本的，没有潜在事件就没有潜在的后果。"潜在事件"是风险最具有的突出特征。因此，关注风险，就应该牢牢把握风险的潜在事件特征。

5. 风险的二维表示

"经常用一个事件的后果和对应的发生可能性这二者的结合来表示风险。"这明确了对风险的二维表示：一维是事件的后果，另一维是发生的可能性。

6. 风险的信息性

"不确定性是指缺乏甚至部分缺乏一个事件，其后果或可能性的有关信息，以及认知和了解。"可以说，不确定性的根源在于缺乏信息。言风险，必言不确定性，也就必言信息。就是因为人们今天对未来可能发生的事件还缺乏足够的信息而存在风险，今天人们就必须面对未来的风险。

（三）食品营销风险的含义

所谓食品营销风险就是：指在食品企业营销过程中，由于各种不确定因素带来的影响，使食品企业营销活动与预期目标发生一定偏离的可能性。

当今世界是一个充满风险的世界。其表现为：世界政治经济环境的变化剧烈，全球经济金融一体化促使各种不确定性因素不断出现，政治经济力量对比在失衡和寻求新的平衡中不断发展。而利率的不稳定、国际金融市场的波动与危机、文明的冲突、一体化的世界都导致了当今世界经济的不稳定。这些必然严重影响企业的营销环境，导致不确定性因素的增多和营销风险的增加。

对于国内，随着与国际市场的接轨，国内市场短缺经济时代的结束，微利时代的到来，新技术、新工艺的不断应用，食品质量安全性及现代信息传递机制，市场竞争的白热化，使得食品企业外部环境更加不稳定，风险概率不断提高，导致食品企业既面临发展机遇，又面临诸多营销风险陡增。

（四）食品营销风险的特征

① 食品营销风险是市场经济条件下的必然产物，是价值规律运行的必然所在，不是主观的设计和产物。食品营销风险还表现在具有不可避免性，食品企业只能将其控制在一定的程度内而无法将其降为零。

② 食品营销风险形成于食品营销主体无意识的行为，食品营销主体在未意识到的情况下发生失误，又在无意识的情况下承担了这些失误及其所产生的后果。

③ 食品营销风险的成因是复杂的，有内部的和外部的，有可预测的和不可预测的，有自然的和社会的，有直接的和间接的等；而且食品营销风险形成的过程是复杂的，人们对其产生的过程不能完全了解和全面掌握。再者，食品营销风险的承受度是复杂的，也就是说其结果对食品营销主体的影响和损坏程度是各异的。

④ 食品营销风险的潜在性表现在：食品企业在市场营销过程中所面临的风险是必然的，但风险发生的具体时间、空间和形式是偶然性；食品营销风险发生的概率是难以准确计算的，实际工作中对食品营销风险大小的评价，在一定程度上要依赖于食品企业管理者的估计与判断，但它又与实际发生的风险有出入；食品营销风险的后果是潜在的。

⑤ 食品营销风险不是一个常数，而是一个变数，或强或弱，是相对于不同的食品营销者及其抗衡风险的能力而言。

（五）食品风险对食品企业营销的影响

① 食品风险发生不确定性的，增加了决策难度和准确预测难度。

② 为了避免风险对食品企业营销产生的不利影响，企业不得不投入人力、物力、财力，以做好规避风险工作。

③ 风险因素不确定增加，潜在损失的可能性也增加。

④ 风险是波动的，营销收益的增加与损失可能性也是波动的，如果能及时预防风险，则可能防范和利用风险，从而获益。

（六）食品营销风险的划分

① 以损失发生的类别为标志分为：自然风险、社会风险、经济风险、政治风险和技术风险。

② 以风险的可控程度为标志分为：可控风险和不可控风险。

③ 以风险涉及的层次和范围为标志分为：宏观风险和微观风险。

④ 以风险的对象为标志分为：财产风险、人身风险和责任风险。

⑤ 以风险的性质为标志分为：动态风险和静态风险。

⑥ 以风险的原因为标志分为：主观风险和客观风险。

⑦ 以风险的来源为标志分为：外部风险和内部风险。

⑧ 按照风险的大小、强弱程度分为：致命性营销风险、一般性营销风险和轻微性营销风险。

二、食品营销风险管理的必要性

① 食品营销风险管理是一种指导营销行为的科学而系统的方法。它用科学、系统的方法，对各种风险对策的成本及效益加以比较，从而得到各种对策的最佳组合。

② 食品风险管理克服了那种传统的以单一手段处置风险的局限性，而且由于风险管理的综合协调，也利于降低成本、减少费用。

③ 由于信息化的飞速发展，世界经济和政治环境的不断变化带来了很多不确定因素，给食品营销实践留下了潜在的风险。食品营销风险管理科学理论可以为营销决策提供依据，减少食品企业营销过程中的障碍。

④ 食品营销风险管理也是对风险管理理论的一种扩展，可以将风险管理理论引入到食品营销管理中，从而实现两种理论的相互补充，共同指导食品营销实践。

三、食品营销风险管理的特征

① 管理风险本身就意味着管理未来，获取未来的更多信息、发现未来、了解未来、认识未来，最终成就未来、赢得未来。管理者必须决定是否用现在的时间和金钱等资源来换取未来。

② 食品营销风险管理具有明确的目的——实现目标。"管理风险的最终目的是确保风险完全聚焦于目标的实现"、"风险管理向目标聚焦是必不可少的"。

③ 由于不确定性的广泛存在以及食品营销风险管理的目标性，已将食品营销风险管理嵌入组织的其他运营过程中。"风险管理是嵌入到而不是附加于组织现存的实践或业务过程中。"食品营销风险管理必须通过对组织过程的嵌入而实现其功能。如不确定性对目标的影响是负面的，通过食品营销风险管理使影响最小化、组织的损失最小化；如不确定性对目标的影响是正面的，通过风险管理使影响最大化，最终实现或超过目标。

④ 风险具有两重性。将具有正面影响的风险称为"机会"，将具有负面影响的风险称为"威胁"。当面对食品营销管理风险中的"机会"时，组织一定是主动的，期望创造更大的价值；当面对食品营销管理风险中的"威胁"时，组织也一定是主动的，期望通过主动、积极的管理而使其对目标的影响最小、损失最小。

⑤ 风险的信息性必然导致风险管理的信息性。既然不确定性主要是由于对未来事件缺乏足够的信息，这使得食品营销风险管理必须以管理信息为前提。对不确定性的正确判断应以当前所掌握的信息为基础，对不确定性在多大程度上的改变取决于进一步所能掌握的信息，进而实施应对策略，改变不确定性对目标的影响，这便是以信息为驱动的食品营销风险管理。没有对信息的管理，就谈不上对不确定性的正确认识，更谈不上改变不确定性。不确定性对目标的影响得不到识别和改进，食品营销风险管理也就成为了一句空话。"风险管理以可获得的信息为基础"。

四、食品营销风险管理对食品企业的意义

① 食品营销风险管理能够为食品企业提供安全的经营环境，消除了食品企业及职工的后顾之忧，保证了生产活动的正常进行。

② 食品营销风险管理的实施能够促使食品企业在营销过程中增加收入和减少支出。可以使食品企业面临的风险损失减少到最低限度，并能在损失发生后及时合理地得到经济补偿，这就直接或间接地减少了食品企业的费用支出。实施风险管理可以实现食品经营目标，

企业获取稳定的经济利益。

③ 食品营销风险管理能够促进企业决策的科学化、合理化，减少营销决策的风险性，有助于食品企业减少和消除经营风险、决策风险等，有效地保障了食品企业科学决策、正常营销。

④ 食品营销风险管理是一种以最小营销成本达到最大安全保障的管理方法，要求食品企业各职能部门均要提高经营管理效率，减少风险损失，促进食品企业经营效益的提高。

五、食品营销风险管理的社会意义

① 食品营销风险管理是积极地防止和控制风险，它能够消除或减少风险所带来的社会资源浪费，有利于提高社会资源的利用效率。

② 食品营销风险管理的实施有助于消除营销风险给经济、社会带来的灾害及由此而产生的各种不良后果，有助于社会生产的顺利进行，可对整个经济、社会的正常运转和发展起到稳定作用。

③ 食品营销风险管理通过风险的避免、消除、转移等方式，提供良好的安全保障，消除人们对风险的忧虑，使人们生活在一个安定和谐的经济社会环境中，保障经济的发展和人民生活水平的提高。

第二节　食品营销环境风险

一、宏观营销环境风险

宏观营销环境风险包括人口风险、自然环境和自然灾害风险、政治法律风险、经济风险、技术风险、社会文化风险。

（一）人口风险

人口风险可分为人口数量风险、人口结构风险、人口质量风险。

① 人口数量风险是指食品企业所在的市场人口数量太少或太多给企业造成的风险。人口太少，市场规模小；人口太多，食品企业因无法满足人们的旺盛需求而导致众多竞争者的进入，盈利机会受损，甚至成为市场竞争中的牺牲者。

② 人口结构风险主要指食品企业所在市场人口年龄结构、性别结构所造成的风险。如有些国家人口出生率很低，儿童减少，人口趋于老龄化，给经营儿童食品的企业带来风险。

③ 人口的综合素质差别形成人口质量风险。教育水平是人口质量最重要的指标，教育水平高的消费者，容易更快地接受新技术、新产品；而教育水平低的消费者，会因对新产品不理解等原因而不愿购买，并给企业开展营销活动带来困难。

（二）自然环境和自然灾害风险

① 自然资源的分布具有地理的偶然性和不均衡性。自然资源十分紧张的地区，会给食品企业营销带来众多困难和风险。资源紧张往往使一些食品企业陷入困境。

② 一个国家或地区的地形、地貌和气候等地理特征能给企业食品营销带来风险。如在海拔低的平原地区运转良好的减压膨化设备到了海拔高的高原地区其工作性能会发生较大的变化，生产与营销成本会增加，增加了企业营销风险。

③ 环境污染已经成为举世瞩目的问题。面对环境污染，企业不得不购买和运行昂贵的控制污染的设备，从而影响企业经营效益。

④ 自然灾害是指由大气、地理、水文等原因造成的灾变，包括火山爆发、泥石流、海啸、洪水、干旱和冻雨等，可分为地质灾害与生态灾害。我国是世界上大陆地震最多和地质灾害严重的地区；随着全球气候温暖化与环境污染加重，生物灾害也相当严重。食品企业的损失程度因自然灾害风险发生的类型、强度、发生地区甚至发生的时间不同而受灾害程度不

一。如在 2003 年"非典"期，去餐馆的人锐减一半以上；据某地有关部门统计，"非典"期间，餐饮业上座率降到平时的 20%～30%。

（三）政治法律风险

主要包括所有制风险、政策风险、法律风险。

① 现阶段我国的各类食品企业有国家所有、集体所有和私人所有、股份所有、外资所有等几种形式。不同所有制食品企业所负担的责任、义务以及享有的权利是不同的，所面临的风险也是不同的。例如，外资、合资企业可享受若干税收减免，其他企业相对就增加了成本，从而增加了竞争风险。

② 各个国家在不同时期，根据需要颁布或修订了一些经济政策，直接影响着食品企业市场的进入与资源的分配。例如，国家对香烟、酒等征收较重的税收就给这些企业带来风险。而在国际市场营销中，企业在目标市场所面临的政治风险，除所有制风险、政策风险以外，还可能面临被东道国歧视、政治骚乱，甚至政变等风险。无疑这给食品企业营销带来极大风险，甚至是灭顶之灾。

③ 在我国涉及食品企业营销的法律法规，是以《中华人民共和国食品安全法》为主的一系列法律法规，如广告法、产品质量法、消费者保护法、反不正当竞争法、包装法、专利法、合同法、商标法、环境保护法等。食品企业的行为谁违反法律法规，风险就会降临谁头上。此外，还有执法风险，主要体现在企业的知名产品或品牌被不法厂家假冒，假货的存在，假货的质量无法保障，一旦发生质量问题，消费者就会归罪于企业，影响企业声誉和产品的销售收入。在国际营销中食品企业还应考虑要面对不同的法律制度风险，我国法律体系是成文法系，美国、英国等用的是惯例法系。食品营销目标国家不同，其法律制度不同，对同一事物的解释也会不同。专利（商标）所有权取得方式也有差异。食品企业同样需要做好应对不同的法律制度所带来的风险防范。

（四）经济风险

经济风险包括经济发展水平风险、经济波动风险、金融风险等。

① 主要指食品企业产品的价格与目标市场的购买力水平相比显得太高，消费者无力长期承担或支付，导致企业收益不断下降，最终导致营销失败。如在 20 世纪末，具有补血保健作用的产品"红桃 K"补血口服液，经营策略是走农村包围城市的营销路线，但刚刚脱贫的广大农村消费者，经济水平还不够高，企业的营销与当时当地的经济发展水平不相适应，这是营销行动失败的重要原因。

② 经济的发展具有周期，有低潮有高潮。在经济高潮期，消费者购买力上升，产品销售量大，营销风险小。相反，在经济低落期，企业营销风险加大。2008 年第 29 届奥林匹克运动会在我国的成功举办，刺激了民间资本和国际资本的投入，收入增加，增加了餐饮食品企业的营销收入。

③ 金融风险主要包括通货变动风险和外汇风险。通货变动有两种情况，一种是通货膨胀，一种是通货紧缩。无论通货膨胀还是通货紧缩，都会使食品企业营销发生困难，加大营销风险。从事国际营销业务的食品企业，外汇风险主要包括外汇管制和外汇汇率风险。外汇汇率风险主要是汇率变化风险。例如，自 2008 年以来，人民币兑美元的比率不断上涨，就导致我国食品企业参与国际竞争的产品成本上涨，影响部分产品营销竞争能力，这对我国食品企业是一种考验。

（五）技术风险

技术风险包括新技术风险、产品生命周期缩短的风险、市场竞争加剧的风险和消费者需求更趋个性化风险。

① 每一项新技术的出现都会给某些行业的企业造成威胁和风险。新技术被称作"创造性的毁灭力量"。如许多保健食品生产企业采用精密、准确的分离技术，如色谱新技术，分子生物技术，分子结构改造技术，光谱、核磁共振谱定量分析等新技术以及组合技术的有效运用，提升了以功效成分为核心的保健食品的产品质量功能。无疑，这给技术落后的保健食品生产企业带来一定的压力和风险。

② 过去某种食品产品从进入市场到退出市场，周期有很长的时间，食品企业能有足够的时间完成新产品的设计、设备、生产与管理的安排和调整。但随着技术的进步和发展，产品生命周期越来越短。产品每一次换代，都是对经营被替代产品企业的一次考验，若不能适时实现产品换代，则要承受被竞争者淘汰的风险。

③ 知识经济时代的技术革命，如电子商务与互联网技术的结合，冲破了时空界限。在商品的买卖中，极大地缩小了地区、时间的差价，价格竞争将成为争取订单有力的武器。食品企业面对的将是全世界企业的竞争，食品营销风险增大是必然的。

④ 随着消费者受到的教育程度和食品文化知识水平的提高，消费者的需求和购买行为个性化特征增强，食品企业的营销活动就要适应消费者这种个性化转变，这必然会给企业营销带来挑战和风险。

（六）社会文化风险

社会文化风险主要包括：物质文化风险、语言使用风险、审美风险、宗教风险、社会组织风险。

1. 物质文化风险

物质文化风险主要体现在：①营销的食品产品可能不适合当地物质文化环境的需求；②食品企业营销方式可能不适合当地物质文化环境。例如，开展广告促销，在城市可选用报纸做广告媒体，但在农村选用报纸做广告可能就不是好的抉择。

2. 语言使用风险

语言使用风险是企业在与当地人发生营销关系时，因语言使用不当所形成的风险。①语种选择不当。在我国，语种的选择主要涉及普通话与方言及各民族语言的问题。食品企业在向目标市场宣传介绍产品时，广告用语选择错了，营销效果自然不好。②语意使用不当。企业与顾客进行语言交流，顾客所理解的意思和企业想表达的意思相差甚远，使信息沟通出现障碍或引起误解，引发风险。例如，"金鸡"在国内有"吉祥如意"的意思，但翻译成"golden cock"向英国、美国等国家出口时却出了问题，因为"cock"在英语俚语中是下流话，是一个禁忌词。

3. 审美风险

如果把某一目标市场认为不受欢迎的设计却运用到了向该市场销售的产品上，风险就一定会降临。例如关于颜色的禁忌：绿色在许多国家象征吉祥和希望，日本人则认为绿色象征不祥；巴西人忌黄色和棕色；蓝色在比利时人眼里是不吉利的标志；摩洛哥人认为白色为贫穷色；西方新娘要穿白色婚纱，东方人却以红色作为喜庆的主色调。我国北部与南部、城市与农村也有差异，北方人更多偏向于较厚重的颜色，而南方人更偏好浅色；城市消费者多喜欢浅素色，而农村消费者喜欢鲜亮、浓厚的颜色。

4. 宗教风险

宗教对食品企业营销的风险主要来自于：①宗教冲突可能引起社会动乱，使企业经营面临风险；②不同宗教派别往往存在着对市场的不同要求，这会给企业经营增加更多的成本；③宗教的要求与禁忌可能带给企业营销风险。例如，我国某食品企业向阿拉伯等国出口"竹笋"罐头食品，包装采用了大熊猫吃竹子的画面，结果引起进口国的不满，因为在他们看来大熊猫与猪没有多大的区别，而猪在信仰伊斯兰教的阿拉伯国家是被忌讳的。曾有一个"少林寺"品牌的火腿肠，因冒犯了佛教的教义，遭到佛教寺院"少林寺"的高额索赔诉讼后，该品牌即刻消失。

5. 社会组织风险

社会组织形式有亲属关系、特殊利益集团、社会阶层、相关群体等。例如，特殊利益集团有自己特殊的需要，如果食品企业不能满足或食品企业利益与其利益发生冲突，食品企业将面临风险和损失。春都牌火腿肠曾经是火腿肠市场的龙头老大，在鼎盛时期的 1991-1992 年销售额达到 20 多亿元。但 2001 年这个曾风光无限的上市公司陷入绝境，亏损达 617 亿元，欠下 21 亿元的巨额债务。最主要的原因是：在当地政府领导要求春都尽快"做大做强"的干预下，春都兼并了当地制革厂、饮料厂、药厂、木材厂等一大批负债累累的企业，这些被兼并的企业造成了春都的噩梦。

二、微观营销环境风险

（一）竞争对手风险

竞争对于风险可分为：竞争者风险、新加入者风险、替代产品生产者风险以及其他风险。

1. 竞争者风险

影响竞争风险的因素如下。①行业增长率。如果某行业增长迅速，现有企业不必为自身发展而相互争夺市场份额。②竞争者集中度。行业中企业的数量及规模决定了该行业的集中程度。集中程度影响着企业调整定价和竞争措施的力度。③差异度。同一行业中的食品企业能提供差异度显著的产品和服务，则该企业可有效地避免行业内的正面竞争。④超额能力。如果食品业内的某一类产品生产能力严重大于消费者的需求，企业面临大的风险。⑤转换障碍。如果食品企业资产设备专业化程度高，则其转换障碍比较大，导致竞争风险加大。

2. 新加入者风险

新加入企业的竞争风险程度取决于该行业进入的容易程度。影响进入该行业的难易度大小因素有：①规模经济，如果已存在大型的规模经济，新加入者就较难进入；②进入分销渠道和关系网的难易度，现有分销渠道的有限能力和开发新渠道的高成本成为新加入者进入的一个巨大障碍；③法律障碍，如专利权、版权和许可证等，制约着新企业的加入。

3. 替代产品生产者风险

相关的替代产品是指那些具有同样效用的产品。替代产品生产者的根本威胁是利用科技使消费者不消费或少消费现有产品。而受威胁程度则取决于参与竞争的产品或服务的相对价格和效用，以及消费者消费替代品的嗜好。

4. 其他风险

竞争对手风险还有：①价格竞争风险，价格对于食品企业、竞争对手和消费者都很重要，价格是一把双刃剑，操作不当既损害了竞争者，也损害了自己；②非价格竞争风险，如食品质量竞争、食品数量竞争、广告竞争、技术竞争、服务竞争等，这些竞争风险配合了价格竞争的进行，是价格竞争的延续和扩展，是价格竞争所不能取代的。

（二）供应商风险

供应商风险是指来源于供应者带给企业的各种风险。

1. 市场风险

（1）供应价格风险　　供应价格是抗击营销风险的前沿屏障。

（2）洽谈风险　　是指企业在采购业务中供应商为了达到自己的目的，设下陷阱所导致的供应业务风险和企业蒙受损失的可能。

（3）误导计划风险　　是指由于市场的变化，误导食品企业物资原料采购行为，使食品企业采购业务产生各种失误和偏差，发生造成经济损失的可能。

2. 信用风险

(1) 合同风险 包括遭受合同欺诈、空头合同、合同陷阱，供应商无故中止合同、更改合同条款、违反合同规定等带来的可能损失。

(2) 结算风险 是指食品企业与供应商在采购货款结算过程中发生的各种风险，这是供应商与企业交往中经常遇到的。

3. 物流风险

物流风险是营销业务中的不可控风险，主要指已成为食品企业所有权的物资存货，在运输途中可能发生的各种损失。例如国际贸易海上货物存在风险，在已属于成交的进口或出口业务中，海上运输常会遇到自然灾害和意外事故以及运输欺诈等风险。

(三) 消费者风险

谁能赢得消费者，谁就赢得了市场。消费者是食品企业营销环境中最重要的环境因素。消费者风险包括营销产品组合风险、行销风险、合同风险、收款风险以及丢失顾客的风险。

① 食品企业的营销活动是一系列规格、品种的产品组合推销，这就存在着向市场提供食品的产品组合风险。产品的完整概念，包含着食品产品的质量、外观、特色、包装、商标及与食品销售有关的食品质量安全准入、质量信息传递、送货等方面的服务，其中任一要素存在缺陷、出现问题都可能给销售带来困难。

② 有好的食品产品还要有好的销售途径和行销方法，才能取得好的效益。行销风险的管理一定要处理好食品企业与食品营销中介的关系，以降低行销风险。

③ 在与顾客签订合同时，遭受合同欺诈、空头合同、合同陷阱、顾客无故中止合同、更改合同条款、违反合同规定等带来可能性及其损失的各种风险。

④ 造成出现外欠货款及坏账损失的主要原因是市场经营主体为了扩大销售而赊销。当然，还存在着目前我国市场经济体系发育尚不成熟，有关法律、法规建设尚不到位等原因。

⑤ 在很多情况下，食品企业失去客户不仅仅是由于价格或产品质量的原因，还由于食品企业对客户不关心。因为客户在消费食品中所获得的满意程度是客户决定购买某食品企业产品的主要决定因素。

(四) 第三方风险

所谓的第三方是指：①融资机构，如银行、投资公司、保险公司等；②媒介，指报社、电视台等大众传播媒体；③政府机构；④社区组织，指食品企业所在地附近的居民和社区组织；⑤社会公众。

第三方，无论是团体还是个人，他们对食品企业的营销活动有重要影响，有时他们对企业和产品的态度，能决定企业营销活动的成败。因此，食品企业的营销过程中必须树立良好的公共关系形象。

第三方风险主要有：①形象风险，是指食品企业在营销活动中企业形象所面临的风险，如顾客投诉、企业信誉度或知名度；②信誉风险，影响食品企业营销信誉风险因素主要是食品企业资信等级和企业履约合同率；③综合风险。

第三节 营销渠道风险管理

一、营销渠道风险概述

(一) 食品营销渠道风险的概念、特征

食品营销渠道风险是指配合食品企业生产、分销和消费货物或劳务的渠道成员不能履行各自分销责任和不能满足分销目标，以及由此造成一系列不良后果的可能性。

食品营销渠道风险特征主要有：①两面性，即危险和机会同在，损失和收益并存；②不可避免性，当前食品企业的经营环境瞬息万变，受社会发展、社会理念和人们行为模式影响的食品企业营销活动，其风险发生的不可避免性日益凸现；③不确定性，现代社会的快速发展，使风险的出现成为伴随社会发展的一大特征，出现的风险表现形式是多种多样的。

食品营销渠道风险产生的根本所在是由于营销渠道中食品企业与渠道成员之间、渠道各成员之间、渠道成员与客户之间，分属不同的利益群体，其利益取向不同，不可避免要产生利益冲突，这些冲突就是食品营销渠道风险产生的根本。

（二）营销渠道风险的分类

① 按照食品营销渠道风险所致的后果分为纯粹食品营销渠道风险和投机性食品营销渠道风险。前者是指只有损失机会而无获利机会的不确定状态的可能性，如坏账、死账，只有损失，毫无利益。后者是指既可能存在损失，也可能有获利机会的不确定状态的可能性。

② 按照食品营销渠道风险的对象分为渠道信用风险、渠道公关风险、渠道物流风险、客户流失风险等。食品渠道信用风险是指渠道成员不按约定内容履行职责带来的风险。食品渠道物流风险是指食品企业的商品运输活动、流通加工、包装、储存、保管以及与之相联系的物流信息等功能要素出现不合理，或使系统整体的优化遭到破坏，而给食品企业带来损失的可能性。食品客户流失风险是指食品企业管理不善或对客户关系认识不足，导致客户关系的背离或客户的流失而产生的风险。有客户就有市场，有市场才有利润；反之亦然。

③ 按照食品渠道管理流程分为渠道选择风险、渠道设计风险、渠道控制风险和渠道创新风险。

④ 按照食品渠道流经环节分为供应商风险、分销商风险、服务商风险等。

在实践中较关注的主要是渠道信用风险、渠道物流风险、客户流失风险。渠道信用风险是引起其他损失的风险源。渠道物流风险是渠道风险管理的重要内容。客户流失风险为企业风险管理的核心内容。

二、营销渠道的风险因素

（一）营销渠道的风险因素分析

1. 内部风险因素

内部风险因素是由于食品制造商自身原因引起的。内部风险因素又分为渠道结构风险要素、渠道策略风险要素、渠道人员风险要素等。①渠道结构风险要素，指渠道设定的长度和宽度等设计要素的适应性引发的风险，包括渠道长度风险要素和渠道宽度风险要素。②渠道策略风险要素，指营销渠道的营销组合策略要素，包括产品策略、价格策略、促销策略等引起的渠道风险。③渠道人员风险要素，是指进行渠道管理的决策人员、执行人员等，由于决策失误、执行不力等带来的渠道风险，可以分为决策人员风险要素和执行人员风险要素。

2. 外部风险因素

营销渠道外部风险因素是指营销渠道主体外引发渠道风险的各种因素。外部风险因素包括宏观和微观两方面：①宏观环境风险要素包括国家的经济环境、技术环境、政策法律环境、社会文化环境等；②微观环境风险要素包括竞争环境（竞争者风险）、渠道合作环境（供应商风险、分销商风险、服务商风险）等。

三、营销渠道风险防范措施

营销渠道风险可以概括为客户流失风险、信用风险和物流风险。

（一）营销渠道客户流失风险的防范措施

客户影响渠道的稳定与通畅，客户的流失会引起渠道的断裂和崩溃，采取客户流失风险防范措施是必需的。如：进行信用调查，挑选合适的经销商；与客户建立长期、稳定、互信和互利的合作机制；对新客户，采取逐渐做大合作，先从低业务量做起，当对该客户的情况了解透后，再开展大业务；要严格控制尚不了解商业信用的新客户，避免风险发生；规范与客户的业务关系，一切业务都要签合同；制定赊销政策。

应收账款的顺利回收是当前营销渠道最需迫切解决的问题，要认真采取切实可行的防范措施。如：建立健全的应收账款内部管理机制；加强销售财务人员与销售业务人员交流合作；规范应收账款日常管理，对应收账款进行动态分析；开展应收账款的各项融资业务；利用现代化的技术手段进行管理。

提高合同履行率。例如在合同缔约时，注意防范缔约过失；合同签订时，防范合同欺诈；合同签订后，防范合同违约。

（二）营销渠道信用风险的防范措施

信用的受损会直接破坏企业的形象，破坏企业的信任度，导致渠道的连接不畅，因此，做好营销渠道信用风险的防范极为重要。

食品企业形象提高，有益于建立渠道客户与食品企业的良好合作关系。①协调理顺食品企业与内外部公众的关系，提升食品企业形象。②开展具有建设性的公共关系管理。要保持食品企业与社会的协调关系，不断提高食品企业及食品产品形象。③重视广告宣传。树立食品企业讲求信誉的良好形象，提高企业整体信用度。④加强食品企业文化建设，塑造企业内在精神形象。创造条件不断地满足员工的多元化需求，提高员工的素质。

渠道人员能力的提升，是食品企业营销渠道强有力的信用保证，有助于抵御营销渠道信用风险。具体措施有：①科学甄选渠道人员，要选择德才兼备的人才；②加强渠道人员信用调查技巧、客户识别技巧、经济合同法以及财务结算的能力培训，防范营销渠道信用风险的发生；③创建有效的渠道人员激励机制。一要努力创造公平竞争环境。二要把握最佳的激励时机。三要有足够的激励力度。四要公平准确地激励。五要物质奖励与精神奖励相结合，奖与罚相结合，注重感化教育。六要在有条件的前提下，推行职工持股计划。七要适当拉开员工分配差距，使员工在对比中不断有追求。

建立完善的合作信用机制，加强合作双方的信用管理。①合作双方要重视合作共识的达成，树立正确的合作观念。②要树立双赢的目标。合作双方共享信息、共御风险，增强竞争力，双方都获得更多利益。③实行规范的客户信用管理制度。建立专业化的营销渠道客户资讯管理制度，从源头上控制信用风险的产生。

渠道销售人员能够担负起食品企业形象代言、食品企业产品推广、企业理念传播的使命。采取适宜措施，控制渠道销售人员的信用风险。①实行第二方担保制度。采取第三人对渠道人员担保的办法，一旦渠道销售人员携款、携物潜逃风险发生时，担保人承担连带责任。②实行买卖制。渠道销售人员与营销渠道部门之间采取买卖关系，营销渠道部门按照100％的回款标准向渠道销售人员收取货款，客户的货款由渠道销售人员负责收取。③实行收支两条线。渠道销售人员的销售收入，应先交到渠道部门或汇入指定的账户；支出则由渠道部门返还给渠道销售人员，减少渠道销售人员掌握大笔现金的机会，避免资金损失风险发生。④实行各权分立的制衡管理机制。对财、物、事实行分人管理，管钱的不花钱，花钱的不管钱，避免风险的发生。⑤实行全过程管理机制。对渠道食品销售全过程进行全方位监控，渠道管理既要管过程又要管结果。⑥实行渠道巡视检查制度。渠道管理人员必须亲自掌握第一手信息，强化对各个目标市场的食品销售状况进行巡视、检查，做到防微杜渐。

（三）营销渠道物流风险的防范措施

营销渠道在选择物流服务商时，要严格按照物流服务商的服务标准和甄选程序进行。要考虑分类或分区域选择不同的食品物流合作伙伴，避免选择独家物流服务商；选择的食品物流服务商，应在该区域内具有区域优势。

营销渠道与第三方物流在分工基础上进行合作，明确合作中各自的责任分工。根据合作目标制定完成各项任务的规则和分工要求具体执行。对合作过程中出现的问题，应及时进行协商改进，积极防范食品物流风险的发生。

建立开放式交流机制，使合作双方在一种制度化的、轻松的环境下坦诚交流，及时发现并有效解决合作中出现的问题，避免合作陷阱。

随着环境的变化和市场竞争的加剧，渠道物流合作的终止和变更是常见的现实。为了避免双方终止合作时出现问题，渠道物流协议中应明确合作终止条款。

保险是分散风险的常用方式，物流投保具有良好转嫁物流风险的作用。①常规物流业务必须进行投保。另外，对物流企业员工的工作环境易发生人身伤亡事故，营销渠道应主动投保，一方面保证物流工作的顺利进行，另一方面也是对员工精神、物质上的保障。②应及时主动地做好临时性服务项目的投保工作，防范渠道物流风险。③保险只是解决事故发生后的经济责任问题，不能保证物流服务过程中的安全。减少事故、降低风险的关键在于加强员工的职业操作规程教育，自觉认真、规范操作，杜绝各种事故的发生。

第四节　促销风险及其管理

促销风险管理是食品企业生存和发展的一个核心保障措施，是现代食品企业管理的一项重要内容。

一、促销的概念及作用

1. 促销的概念

促销是指企业把产品或劳务向目标顾客进行宣传、说服，使顾客采取购买行为的活动。促销的对象是目标顾客。

促销的任务是传递信息，其核心是"信息的传递和理解"。

信息的传递和有效的沟通不仅在于把信息传递给目标顾客，还在于信息被目标顾客正确地理解、接受、信任、需求，最终实现购买与消费。

2. 促销的作用

① 通过促销把食品企业的产品、服务、价格等信息传递给目标公众，从而引起顾客注意，为实现和扩大销售做好舆论准备。

② 食品企业通过促销宣传本企业产品的特点，解除目标客户对产品或服务的疑虑，提高产品和企业的知名度，强化目标客户购买决心。

③ 促销能够通过网络及时地收集和汇总顾客的需求和意见，迅速反馈给管理层。这对食品企业经营决策有较大的参考价值。

④ 通过促销沟通，不仅能够诱导需求，还可以创造新的需求，发掘潜在的顾客。

⑤ 通过促销活动树立良好的食品企业形象和食品产品形象，培养和提高顾客对食品企业和食品产品"品牌忠诚度"，巩固和扩大市场。

二、促销风险与促销风险因素

（一）促销风险概述

1. 促销风险概念

主要是指食品企业在开展促销活动过程中，由于促销行为不当或干扰促销活动的不利因素的出现，而导致食品企业促销活动受阻、受损甚至失败的状态。

2. 促销风险的分类

(1) 按照风险大小和影响程度分　①致命性促销风险，指损失较大、后果较为严重的营销风险。②中度促销风险，指损失程度为中等、后果明显但不构成致命性威胁的风险，例如应收账款未能收回，发生了坏账损失。③轻微促销风险，指损失小、后果不严重，对营销主体的促销活动不构成重要影响风险，例如由于促销人为原因造成发货晚到，引起客户的投诉。

(2) 以促销风险的来源为标志分　①客观型风险，指来自于促销主体以外的风险因素导致的风险，主要包括广告风险、市场风险、政策风险、经销商风险、媒体风险、法律风险等。②主观型风险，指来自于促销主体自身因素的风险，主要包括运营风险、机构风险、促售人员风险等。

(3) 按风险的成因分　①促销实质风险，指有形的实质性风险因素引起实际损失的促销风险，例如保管不当造成货品损坏等。②促销道德风险，指由于促销人员的恶意行为或其他不良道德行为等原因引起的促销风险。③促销失误风险，指促销人员主观上的疏忽与过失带来损失的风险，例如由于合同审核不严，造成客户拖欠货款。

(4) 按促销风险损害的对象分　①促销人员风险，指营销人员因疾病、跳槽或年老而可能使所供职的企业蒙受损失的风险。如优秀销售人员离职导致客户流失。②促销责任风险，指因营销人员或产品的过失等行为造成他人财物损毁或人身伤亡，导致企业蒙受损失。例如产品由于质量问题发生伤人事件。③促销财产风险，指货物财产发生毁损、丢失和贬值的风险，例如货物财产遭遇火灾等天灾。

(5) 按促销类型分类　①广告风险，主要是指企业利用广告进行促销而没有达到预期效果。②人员推销风险，是指由于主客观因素造成推销人员推销产品不成功的状态。人员推销虽然是一种传统有效的促销方式，但如果使用不当，同样会给企业带来损失。③营销推广风险，营销推广是指企业为在短期内招徕顾客、刺激购买而采取的一种促销措施。企业营销推广的内容、方式及时间若选择不当，难以达到预期的效果。④公共关系风险，开展公共关系需要，支出的费用达不到预期的效果，甚至无效果或负效果，则形成公共关系风险。

(二) 促销风险因素

1. 从促销风险的来源看

(1) 促销风险的主观因素　①传统的营销观念。现代市场营销是按需生产、以销定产原则，依据市场需求组织生产经营活动。计划经济的营销观念，必然导致营销行为错误，会产生营销风险。②缺乏对市场规则、规范或法规的了解。在市场经济体制下，市场经济的运行有内在的规律和机制，企业营销行为若违背了市场经济规律，或不能合理有效地运用这些规律，就会产生营销风险。③缺乏风险管理意识和经验。由于缺乏处理营销风险的经验和知识，当企业产生营销风险时，不能被及时控制并化解。

(2) 促销风险的客观因素　①食品市场需求变化的客观性。这是导致市场食品营销风险客观存在的首要因素。市场需求由低层次向高层次、由数量型向质量型、由群体共同性向个体独特性变化，是一种客观存在的趋势，要积极调整市场营销活动，避免产生营销风险。②经济形势与经济政策的变化。世界各国经济之间的相互联系度和影响度逐步提升。如20世纪末和21世纪初所发生的一些重大经济事件，如东南亚的金融危机、美国的新经济浪潮、欧洲经济一体化、中国加入世界贸易组织 (WTO)、2008年发生的金融危机等，都已经或正在直接或间接地影响并决定我国食品企业的市场营销活动。当变化呈现不利因素时，就会产生营销风险。同时，各国政府为了适应经济形势的变化，其指导经济的政策发生变化，也会给企业的市场营销活动带来风险。③科技进步。面对每一次新技术的变革，就意味着原有技术的淘汰，也会给企业的市场营销活动带来威胁。例如网络营销对传统营销带来的猛烈冲击，导致营销变革，变革既意味着新的机遇，也意味着风险。④外部的其他因素，如政治因素、军事因素等都会间接产生国内外市场营销风险。

2. 从促销策划要素看

（1）食品的性质　营销人员要根据食品的各种特点将产品分成不同的类型，不同的食品在促销地点、时间、频率的选择上是不同的，它直接影响到促销策划的制定。

（2）市场的特点　促销工具不同，其在市场上的功效是不一样的。对于食品产品，公司一般应把大量的资金分配到广告，其次才是人员推销，最后才是公共关系。

（3）食品产品生命周期　在产品导入期，最能起到作用的是广告和公共关系。在产品成长期，广告和公共关系的方式同样适用。产品成熟期，竞争加剧，营业推广的作用就尤为突出，甚至追上广告和公共关系，其次才是人员推广。产品衰退期，营业推广达到最佳效果，而广告、公共关系和人员推销的效果则急剧下降。

（4）促销工具的特点　这是企业制订促销计划时必须考虑的因素，也是制订促销计划的依据。

三、人员推销风险及管理

（一）人员推销定义、特点

1. 定义

人员推销是企业通过推销人员直接向顾客进行推广，说服顾客购买的一种促销方式。

2. 特点

① 能有效地发现并接近顾客，针对性强，灵活机动。②信息双向沟通，市场信息反馈迅速。③能直接提供咨询和其他技术服务。④易于与顾客联络感情，建立友谊，争取长期合作。

（二）人员推销风险的类型

1. 素质风险

销售人员的素质往往是人员推销的一个主要风险来源。销售人员的素质主要包括：①知识素质；②身体素质；③心理素质。

2. 道德风险

"道德风险"是指对于从事经济活动的机构（或个人）在最大限度地增进自身效用的同时做出不利于其他机构或个人的不道德行为。道德风险源于信息的非对称性。例如，销售人员把自己所掌握的顾客信息卖给竞争对手等。

3. 信用风险

业务人员在争取客户订单时，面对某些客户要求采取先货后款的方式进行交易要求时，有些业务人员规则执行不严谨，这便导致相当一部分客户不守信、不履行付款承诺，造成贷款拖欠和呆坏账的风险损失。

4. 成本风险

人员推销的费用开支较大，增加了销售成本，导致食品产品价格上升，增加了消费者的负担，不利于产品在市场上的竞争。美国许多公司，人员推销费用通常要占公司纯销售额的 $8\% \sim 15\%$，而广告费用平均仅占销售额的 $1\% \sim 3\%$。

（三）人员推销风险的控制

1. 通过详细的市场调查，确定目标市场，制定科学的策略

如收集、整理、分析顾客对本食品企业产品信息的接收情况及市场需求情况的信息，为企业发展的整体战略和促销成本预算制定科学合理的人员推销制度。

2. 推销人员的管理

① "优秀推销员是企业的生命线"。食品企业要制定合格的推销人员的标准，按标准甄选。

② 采用理论讲授与实践模拟相结合的方法培训，提高推销人员的能力。

③ 一般采用将物质激励和精神激励相结合激励推销人员。

④ 对推销人员考核，有利于及时总结经验，发现问题、处理问题；关系到对推销人员的报酬、奖励、调动、工作量的增减。既要对定额指标实行量的考核，又要对能力、思想、工作态度、各种非定额任务完成情况实行质方面的考核。

四、广告促销风险及其管理

（一）广告概述

广告是由明确的发起者以付费的方式对观念、商品或服务进行的非人员形式的展示和促销。广告促销策略包括馈赠、文娱、服务、折价等促销手段的运用。

广告的种类包括：①以传播媒介为标准分类，如报纸、电视广播、网络广告等；②以广告目的为标准分类，如产品广告、企业广告等；③以广告传播范围为标准分类。如国际性广告、全国性广告等；④以广告传播对象为标准分类：如消费者广告、企业广告；⑤以广告主为标准分类，如一般广告、零售广告。

（二）广告促销风险

广告风险存在于广告活动所涉及的一切领域。

1. 基本形式

（1）广告的社会风险 即广告主所推出的广告违背消费者的风俗习惯、价值观念、社会道德标准等而造成的风险。

（2）广告的经济风险 是指广告预算、广告投资决策、广告媒体选择等方面的失误以及市场变化而造成的风险。如山东秦池酒厂，1995 年 11 月 8 日，在第二届央视广告标王竞标会上以 6666 万元抢摘"王冠"，1996 年收入高达 9 亿多元。1996 年 11 月 8 日，秦池又以 3.2 亿元天价卫冕"标王"成功。但秦池老板"每天开进央视一辆桑塔纳，开出一辆豪华奥迪"的梦想并没有随着广告投入的大幅度增长而变成现实。由于没有及时将经济效益转化为发展后劲，1997 年初"勾兑事件"曝光后，秦池销售一落千丈。

（3）广告的战略风险 指广告主的广告战略决策失误或广告战略实施中的偏差而造成的风险。例如，拉动式广告的风险主要来自"广告先行"，即广告宣传先于产品销售，广告形象产品与销售实物产品相分离的广告策略，显然，广告主至少要承担来自未来市场、产品、形象等多方面的风险。

2. 广告风险形成原因

（1）广告创意 广告若过分追求创意的新、奇、特，往往会给广告主带来市场认同风险。如肯德基咕咾鸡肉卷的电视广告因影射粤菜不如其新产品受欢迎而停播。

（2）媒介误选 媒介误选的风险指不了解产品目标市场的消费者所关注、所喜爱的媒介，盲目选择媒介，不能达到信息传递目标的风险。

（3）名人误选 名人广告成功地基础是广大受众对名人的喜爱，企业须做到把目标顾客对名人的好感成功地转移到产品上来。名人的知名度越大越容易出新闻，被选中的明星卷入丑闻而瞬间失宠后，其代言的品牌风险是必然的。

（4）广告决策 食品企业面临着从广告的前期市场调查，到媒体评估、形式的选择、广告投放、后期广告效果反馈、评估等一系列决策。这一过程中的任何一个环节操作失误都会给企业带来风险。

（5）外部环境

① 市场环境。广告宣传与产品销售之间必定存在一定的时间间隔或时间的滞后，这可能为竞争对手所利用，构成对广告主企业的风险。

② 法律环境。例如，比较广告宣传，作为一种比较特殊的商业性广告，具有一般广告所不能达到的广告效应。但比较广告如果宣传实施不当，会误导消费者或损害竞争对手，构成不正当竞争。片面宣传还要承担潜在的法律风险。

（三）广告促销风险控制

① 翔实市场调查是任何商业活动的前奏，没有调查就没有发言权。

如果采用明星代言广告方式，要详尽地调查该名人在目标消费群中的可信度、认知度、形象力、亲和力、现代感、权威感及受欢迎程度；还要做好名人自身的外形、气质、脾气及名气生命周期调查。

② 科学确定广告预算，在此基础上制订适合的广告促销计划。企业在确定广告目标之后，科学的广告预算还是非常有必要的。

③ 慎选名人。要认真筛选出适当的人选，一般来说，名人知名度、诚信度的高低同广告效果的大小是成正比的。

④ 慎选媒介。食品企业应综合考虑产品特性、目标市场、顾客喜好及成本等因素，选择合适的广告媒介。可以采取多媒协同作战、互为补充，以较低的广告投入实现高的传播效应。

⑤ 讲求创意。任何广告始终应该把传递商品的信息放在首位，使受众记住该食品产品是广告首要目的。只有好的广告创意才能真正发挥广告借蝶扬花的效果。

五、营业推广风险及其管理

（一）营业推广概述

营业推广是指企业在特定目标市场上，为迅速起到刺激需求作用而采取的促销措施的总称（广告、人员推销和公共关系除外）。

1. 营业推广的方式

营业推广方式可分为三类：①面向消费者的营业推广方式；②面向经销商的营业推广方式；③面对内部员工的营业推广方式。

2. 营业推广的作用

①可以吸引消费者购买。②可以奖励品牌忠实者。③可以实现企业营销目标。

（二）营业推广风险

1. 面向消费者营业推广风险

主要有：①企业品牌形象风险；②利润风险；③报复型竞争风险；④抵触风险。

2. 面向经销商的营业推广风险

主要有：①经销商信用风险；②窜货风险，只要总经销商下面存在两个或以上不同的二级经销商和批发商，就有窜货的可能；③财务风险；④退出风险。指在经营过程中，经销商因各种原因退出对企业产品经销，或经营跟不上企业发展而被撤；⑤赠品风险，食品企业在激烈市场竞争中，也常利用赠品打起竞争战，来自于赠品的最大风险就是浪费。

（三）营业推广风险控制

1. 明确营业推广的对象

营业推广的对象要准确，明确谁是营业推广的对象，是中间商还是消费者及消费者的性别等，明确对象是老主顾还是新用户，以便确定是鼓励继续购买还是争取试用等。

2. 营业推广的方式选择

针对不同特点的对象，营业推广的措施应对特点不同的方法经过比较后选择确定。注意增强营业推广活动中的针对性。

3. 与消费者的信息沟通

营业推广是一种促销行为，食品企业在进行营业推广的过程中要向市场发送有关企业和与食品产品相关的信息，使消费者掌握和理解企业的有关信息，规避风险，实现双赢。

4. 营业推广的时机选择

营业推广的规模应结合实际，规模要与目标顾客状况相结合；注意选择高效率低费用的营业推广方法；做好适宜的营业推广所需时间、范围、途径、参加者的条件、费用预算以及其他有关问题等内容的规划等预案。

5. 营业推广的使用频率

着眼于长期利益，食品企业对长期消费者应当减少营业推广方式的使用；针对长期消费者使用的营业推广方式最好限定为一种；防止营业推广的多重使用，影响食品企业的长期利益。食品企业一定要注意防止因采用营业推广方式后而导致竞争对手采用竞争性报复行为，给企业造成更大的利益损失。

食品企业应努力做到做好，如何把营业推广方式和广告方式、人员推销方式有机结合起来，保证消费者长期消费；食品企业还要做到灵活实施营业推广计划，短促出击，吸引竞争者原有的消费者和创造新的消费者。这样，方能发挥营业推广特有的促销作用。

六、公共关系风险及其控制

（一）公共关系概述

1. 公共关系促销的定义、特点

公共关系促销，是指综合运用企业影响范围内的空间和时间因素，向消费者传递理念性和情感性的企业形象和产品信息，从而激发起消费者的需求欲望，使其尽早采取购买行为的手段。公共关系促销的显著特点是用塑造良好的食品企业形象来促进食品企业经济效益的发展。

2. 公共关系促销的作用

①树立企业信誉，建立良好的企业形象；②搜集信息，为企业决策提供科学依据；③协调纠纷，化解企业信任危机。

食品企业与公众存在着具体利益的差别，食品企业在生产经营运行过程中，会有因自身的过失、错误而与消费者发生冲突。这必然会导致消费者对企业的不满，处理不当，就产生公共关系纠纷，还可能导致严重的公共信任危机，对企业、对公众、对社会都会带来极大的危害。建立良好的公共关系机制体系，促进食品企业与公众之间的相互了解，就可能避免企业与公众的纠纷，还能通过公关手段将发生的信任危机成功地"化危为机"，坏事可变成好事。这是广告、人员推销、营业推广所不具有的。

（二）公共关系促销风险

1. 成本风险

开展公共关系促销需要支付成本，在操作过程中可能会出现非预期的问题，造成费用支出达不到预期的效果，甚至无效果或产生负效果的风险。

2. 法律风险

由于公众对食品产品质量、安全、营养、健康和环保问题的日益关注；企业员工对性别歧视、工作时间、工作场所、薪酬结构、员工隐私和损害员工名誉等法律和规定的关注；媒体的严格审视；电子、通信技术的发展，互联网的提升与普及；企业不得进行违法违规的公共关系活动。这一切对企业公共关系既是挑战也是机遇，增加了食品企业经营中的法律责任风险。

3. 扼杀其他促销工具效果

有人提出：公关势必取代广告成为企业首选的营销策略。面对这种趋势，公关公司的业务边界逐渐扩张。公关效果可能压倒广告。

4. 不可控风险

公共关系促销主要是通过新闻媒体进行，即使食品企业创造宣传报道的机会和条件，但大众传媒是否报道，怎么报道，报道的程度，都不是食品企业所能控制的。况且，媒体也还会对一些未加证实的信息予以报道。

（三）公共关系风险控制

1. 强化公共关系风险意识

目前，我国多数食品企业的公关意识薄弱，使企业意识不到因缺乏处理风险的经验和知识，不能及时控制风险、化险为夷，因此给企业带来诸多潜在风险。

2. 建立健全的公共关系风险预警机制

"凡事预则立，不预则废"。风险的发生具有偶然性和突发性。但只要食品企业重视建立风险预警机制，通过对有关公众对象和组织环境的监察，及时发现隐患，帮助决策层迅速采取措施，则能够减少危机可能对组织造成的损害。

3. 与其他促销方式相融合

与广告传播方式相比，公共关系促销在与公众沟通显得有些浅显，信息暴露的广度、深度也可能不如广告及营业推广等方式。显然，公共关系活动应与其他促销方式融汇为一体进行，效果会更好。

4. 战略性公共关系建设

公众只有反复收到食品企业发出的同一商品和服务信息，才能对食品企业和产品有所了解，从而自愿地加入到用户行列中来。公共关系建设要具有"润物细无声"的艺术和透入人心的宣传技巧。

5. 树立法律意识

有时，因过分地依赖法律裁定，企业即使在法庭上赢得了胜利，却失去了声誉，良好食品企业和食品产品可能被负面的新闻宣传损毁。因此，对于企业公共关系和公共关系的从业人员来说，一定要树立法律意识，运用法律知识去维护公共关系促销的有效性和可操作性，合法地保护食品企业利益；又要正确行使公共关系的职能，处理好公共关系行为与法律行为之间的关系。

第五节　国际市场食品营销风险管理

有效管理控制食品企业在国际市场营销中的风险，促使国际市场成为我国食品企业利润增长、战略扩张的大市场。

一、国际市场食品营销发展概况

（一）经济全球化下国际市场食品营销的新特点

1. 国际市场营销观念由一般市场营销逐步推广至社会营销

社会营销将社会利益、品牌形象、企业文化、服务内容、利润目标等融为一体；注重消费者和社会的长远利益；使企业的发展与消费者以及社会发展目标高度协同，促进市场和社会的良性可持续发展。

2. 国际市场食品营销对象由群体化逐步转为个性化

在新的国际竞争环境之下，市场营销逐步细分化，根据消费者的特殊需求进行产品的设计开发，制定相应的市场营销组合策略，食品企业能否依据具体消费者设计制造个性化的产品、进行个性化的营销等，是 21 世纪国际市场营销个性化的集中体现。

3. 国际市场食品营销方式由实体化转向虚拟化

具有信息时代特征虚拟化的网络营销模式。其特点：①准确、及时；②方便、快捷、节约成本；③主动性和公平性更高。虚拟化的网络营销，全新的营销方式必将给食品企业带来更多的机遇和挑战。

（二）经济全球化下食品企业营销既充满机遇又面临挑战

1. 经济全球化使国内经济波动的可能性大大增加

经济全球化使我国经济同世界经济的联系越来越紧密，中国在影响着世界，世界也在影响着中国，真可谓"世界经济如果发烧，中国经济可能感冒"。

2. 经济全球化对我国食品市场将造成一定的冲击

经济全球化促使我国的国内食品市场和国际市场融为一体，我国的国内食品产业将面临国内外竞争者的双重冲击。

3. 经济全球化可能诱发国内金融风险

金融全球化是经济全球化的重要方面，在金融全球化的过程中，流动的国际资本中的"游资"投机性很强，在给各国带来巨大的资金供给的同时，也给各国的金融和经济造成巨大冲击。资本市场的开放，不可避免地会受到国际"游资"的冲击。

4. 食品企业营销技术环境的变化

互联网企业营销的环境影响主要有如下几点。①互联网的普及正在使经济活动的三大环节——生产、流通、消费的运行模式发生深刻的变革。许多批发商和零售商将退出企业营销的渠道，而实物配送业将得到迅猛发展。商流、资金流、信息流和物流的整合将显得特别重要。②以互联网作舞台的食品企业营销活动超越时空的限制而展开。买方足不出户，卖方则不用大兴土木，只要在网上开办自己的虚拟"商厦"，陈列尽可能多的产品让顾客选购。③互联网省略中间环节的作用正在引起流通革命、引起食品企业组织的革命，企业营销组织的再造已成为历史的必然。④互联网的互动性使生产者和消费者之间的联系更加密切，食品企业可以做到按消费者的需求组织生产。⑤互联网的普及，具有互联网特征的网络文化将成长、壮大、极速传播。网络文化会逐渐改变人们价值观。

总之，经济全球化已经将所有国家机构和个人都联系在了一起。这种联系必将更加紧密。为了利用国际贸易和国际市场给食品企业营销所带来的机会和风险，各国企业都必须时刻把握机会，规避风险，参与到全球市场竞争中，培养适应国际市场环境的能力。

二、国际市场食品营销风险及管理

（一）国际市场食品营销风险管理的步骤

1. 国际营销调研

所谓市场营销调研是指企业以科学的方法有计划、系统、客观地识别、搜集、分析和传播信息，了解国外市场相应商品的供求变化，找出发展规律，更好解决营销问题，改进决策，开拓市场。国际市场调查的任务包括：为预测市场未来的变化，提供科学依据；了解主要竞争对手战略部署，为企业确定国外市场营销目标和经营决策提供科学依据；为解决国外市场营销的供需矛盾提供科学依据；为占有国外市场、战胜竞争对手提供科学依据。

2. 目标市场的确定

作为食品企业国际市场营销的目标市场，应具备下列条件。

① 政治局势稳定。能为食品企业开展市场营销活动制造正常的市场秩序。

②　市场需求量大，并有良好的发展前景，有助于食品企业销售量目标、利润目标的实现。

③　政府限制较少，法律要健全，能依法解决各种经济纠纷。

④　在该市场上，食品企业所经营的食品及其各种营销手段竞争力强，能使企业获得最佳的经济效益。

⑤　有可靠的资源供应。

（二）国际市场食品营销风险分类

主观风险指企业经营理念上的主观限制；客观风险指进入他国市场时的现实风险。

1. 主观风险

①　在采用贸易进入方式时，许多企业为获得客户的订单而竞相展开价格战，产品价格被越压越低。在这种观念指导下，会导致企业不计成本的价格战。

②　现在的市场竞争可以说是品牌的竞争。拥有市场比拥有工厂更重要，拥有市场的最佳途径就是先拥有具有市场优势的品牌。我国有许多食品企业没有自己的品牌，企业将受制于人，其利润也会越来越微薄。

③　许多企业在进入他国市场时，由于忽略了营销组合对他国政府和公众适应性的变化，导致营销效果不理想，甚至由于与当地政府和公众的关系恶化而被迫退出。1978 年，可口可乐公司因与印度政府产生冲突而撤出了印度市场，百事可乐公司抓住机会趁势打入。

2. 客观风险

食品企业在进入国际市场时所面对的客观风险除了关税壁垒、非关税贸易壁垒、反倾销法等风险外，还有消费者风险。消费者的风险包括文化差异、原产地形象等。

（1）原产地形象　所谓原产地形象是国际市场消费者"对一个国家的一般化感知，这种感知会影响人们对该国产品和品牌的评价"。我国原产地形象在国际上向来被视为工业落后的农业国家，这给我国食品企业的国际营销带来不利影响。

（2）文化差异　各个国家文化的不同导致了市场需求的不同。忽视文化差异将导致食品企业看不到目标市场的真实需求而最终失败。

①　国际市场营销中尤其要努力克服语言文字风险。一位美国商人在德国推销可作为礼品的商品，在包装上突出"gift"一词，而该词在德语中有"有毒物"之意，失败自在不言中。一位国际贸易专家说过："你可以用任何语言来买东西，但你卖东西时必须使用买者的语言"。

②　审美观念具有特别重要的意义。色彩的偏好和禁忌是各国文化和审美历史积淀的结果。例如，在西方文化中，白色代表纯洁、坦率；远东某些地区把白色看成是丧事的象征；摩洛哥人认为白色象征贫困。使用这些颜色于商业活动中必须尊重消费对象的文化背景。不合适的产品色彩或包装色调，可能会失去许多买主，仅仅是变换一下色彩，就能大大地打开销路。

③　价值观不同，表现为人们的消费倾向有区别。价值观念不同还表现在人们时间观念的差异。例如在一些发达国家，人们生活节奏快，因此速溶咖啡、快餐、一分钟米饭等快速食品很受欢迎。但在生活节奏缓慢的国家里，他们宁愿买普通的咖啡慢煮。在国际市场营销活动中，明智的做法是预先了解当地购买者的态度和价值观，并据此设计产品和组织推销。

④　从国际营销的角度来看，宗教禁忌限制了教徒的消费行为，如印度教对牛肉的禁忌，伊斯兰教和犹太教对猪肉的禁忌。伊斯兰教对含有酒精饮料的禁忌，却使可口可乐和水果饮料成了畅销品。天主教徒在每星期五要大量买鱼和鱼制品，据此，销售商有计划地安排市场的供应量。印度教徒是素食主义者，经营果品和蔬菜则会在印度获得很好的销路。了解当地

的教规，尊重当地的宗教信仰，才有利于营销活动的顺利进行。

⑤ 我国有句古话：入门问禁，入国问俗，入境问讳。到异国开展营销活动，要充分了解对方国内的风俗习惯，即包括商务方面的传统习惯，也包括礼仪、信仰等。风俗习惯经过千百年来的传承，它带有强烈的地域、乡土特征和浓厚的民族色彩。风俗习惯有高度的稳定性、广泛的影响力、敏感的自我肯定机制和防范机制。食品企业经营者从事国际营销活动时，必须了解它、尊重它、遵循它，必要的场合还要回避它。

（三）应对国际市场营销风险的策略组合

运用恰当的营销组合，可以克服国际市场营销的诸多风险，避免营销风险的产生。

1. 树立合作的竞争观，组建战略联盟

基于我国食品企业目前整体实力较弱，各个食品企业宜组成战略联盟企业集团，共同开拓某个国际市场，则会产生规模经济效应和协同效应，分摊到每一家企业的市场开拓成本会降低。组成战略联盟还会增强每一家企业的讨价还价能力，能整体提升食品行业反倾销的能力和实力。

2. 进行品牌营销

① 需要进行品牌设计，树立良好的品牌视觉形象，如可口可乐的红色魅力。

② 要进行品牌定位，研究目标消费群的消费特点、消费习惯，使品牌与之相吻合。

③ 运用多种手段进行品牌宣传，包括精心设计的广告、公关活动、社会公益活动。

④ 要不断进行品牌的创新。

⑤ 最为重要的是，要在品牌中注入文化内涵，在国际市场营销时，要注意品牌的文化融合，能包容不同国家的不同文化，使之成为全球性品牌。

3. 采用国际市场营销组合

国际市场营销组合有政治权力营销、社会公众营销等。食品企业进行政治权力营销，不仅要重视与当地政府的良好关系，而且还要注意利用本国政治力量进行营销，如参加政府组织的贸易代表团。食品企业为了获得当地公众的支持和信任，需对其开展国际公关活动。食品企业通过政府和公众的营销可以使自己融入当地的社会中，而不是被视为一个外来者，从而为食品企业经营创造一个良好的氛围。

4. 进行本土化营销

我国是发展中国家，原产地形象不佳，产品信誉不良，为了摆脱这种不利的原产地形象，第一，企业首先应使自己的产品质量过硬，通过有关 ISO 9000 质量认证和 ISO 14000 环境认证，提升企业自身形象；第二，企业应重视进行本土化营销，尽可能像所在国当地企业一样开展营销。

5. 进行合作营销和跨文化营销

跨文化营销很大程度上强调了重视文化的差异性，切实做到文化适应，跟上文化变迁的脚步，使"销"与"费"有效地结合。同时，还应把握求同存异的原则，在不同的文化背景下寻求各国文化的契合点。食品企业可以在所在国当地寻找一个信誉良好的合作伙伴组成战略联盟，跨越各国的文化色彩，切入到各国文化的契合点上，开展合作营销，成功化解食品企业营销风险。

第六节　网络营销风险管理

消费者轻点鼠标就可以完成网上购物，电子商务的诞生改变了工业化社会传统的、物化的营销模式。食品企业要与时俱进，调整营销思路，树立新的观念，重新审视和研究网络营销这个虚拟市场。

一、网络营销的内涵

网络营销就是利用互联网为手段开展营销活动。网络营销是一种以消费者为导向，强调个性化的营销方式，满足消费者个性化需求，提高消费者的购物效率，为企业节约巨额的促销和流通费用。

1. 网络营销的特征

网络营销具有公平性、虚拟性、对称性、模糊性、复杂性、垄断性、多重性、快捷性、正反馈性、全球性等营销特性。

2. 网络营销的优势与劣势

（1）优势　网络营销可最大限度实现企业成本费用控制；可以创造更多新的市场机会；顾客可以随时随地根据自己个性需求有选择性地购物。

（2）劣势　目前，市场调研和营销尚存在着偏差，信息来源有限；网络是虚拟的，各种因素可能会使信息的真实性下降；安全性保障技术支撑需要加强。

3. 网络营销的职能

包括网上市场调查、网上消费者行为分析、网络营销战略的制定、网上营销组合策略的制定、网络服务营销、网络营销管理与控制等六方面。

网络营销活动中会遇到许多新问题，如网络营销网站点的运作与管理、网络营销风险管理、网络营销效果评价等，这些都是网络营销成败的关键问题。

二、网络营销的环境

（一）宏观环境

1. 政府与法律环境

政府的作用：一是促进商品的生产；二是制约规范企业的营销行为。法律、法规的作用：一是保护食品企业间的公平竞争，制止不公平竞争；二是保护消费者的权益，制止食品企业非法牟利；三是保护全社会的整体利益、长远利益，防止对环境的污染和破坏。

2. 经济环境

经济环境包括经济体制、经济增长、经济周期与发展阶段，经济政策体系，收入水平、市场价格、利率、汇率、税收等经济参数和政府调节对象等内容。

3. 科技环境

科学技术作为重要的营销环境因素，以 Internet 为代表的网络技术的诞生、发展和成熟，为食品营销人员开辟了一个大显身手的崭新天地。

4. 社会文化环境

食品企业生存于一定的社会文化环境中，同时食品企业又是社会成员中的一个社会团体，不可避免地受到社会环境的影响和制约。注重对国内外目标市场所在地文化背景的研究，开发顺应当地消费者消费习惯的食品产品，往往决定国内外市场营销的成败。

5. 其他

营销环境还受自然环境、地理条件等多方面的影响。

（二）微观环境

微观环境包括企业内部环境、供应商、营销中介、顾客或用户、竞争者等因素。其中，供应商是影响企业营销微观环境的重要因素之一。食品企业与供应商之间既有合作又有竞争，这种关系可制约食品企业的营销活动。再者，顾客（或用户）是食品企业产品销售的终端市场，是食品企业直接或最终的营销对象，是食品企业最重要的环境因素。食品企业的一切营销活动都是以满足顾客的需要为中心的，顾客就是食品企业的目标市场。

三、网络营销风险

探析网络营销风险产生的原因有助于强化社会和食品企业对网络营销风险的认识，并为规避风险提供依据。

网络营销风险的类型

1. 市场风险

市场风险的产生主要源于网络市场的复杂性。一方面企业对网络消费者需求特征的把握更加困难，另一方面竞争对手更多且更加强大。同时，由于网络市场中产品的生命周期缩短，企业还面临新产品的开发和盈利的难度，这都加大了市场风险。

2. 管理风险

人员管理的不健全常常是造成网络营销企业管理风险的主要因素。另外，食品企业内部管理制度的缺失加剧了管理风险。

3. 制度风险

网络营销制度风险主要指宏观经济管理制度，其中最主要的是系统的法律制度和市场监管制度。在制度不健全的市场体系中从事网络营销活动，必然会遇到市场秩序紊乱带来的制度风险，并引发信用风险、资金风险等潜在风险。

4. 技术风险

主要指网络软硬件安全、网络运行安全、数据传输安全等方面的问题，其中计算机病毒和网络犯罪是造成技术风险的主要原因。技术风险的危害主要有：服务器遭受攻击后无法正常运行，网络软件被破坏，网络中存储或传递的数据被未经授权者篡改、增删、复制或使用等。网络技术风险造成的经济损失是巨大的。2004 年蠕虫和特洛伊木马等病毒给全球造成共 1690 亿美元的经济损失，相当于 2003 年的 2 倍之多。支付风险也是目前食品企业对网络营销最担心的问题之一。

5. 信用风险

网络营销是建立在交易双方相互信任、信守诺言的基础上，信用风险成为网络营销发展中的主要障碍。在缺乏信任的经营环境中，信用风险将在很大程度上制约网络营销的健康发展。

6. 法律风险

目前，我国相关法律法规的内容远远不能适应电子商务的发展。再者，由于网络营销可以在不同国家和地区的企业、个人之间交叉进行，而各国的法律、社会文化、风俗习惯又有很大的差异，可能会导致网络营销交易的失败或受到限制。

7. 物权转移风险

物权转移中的风险是一种买卖双方都应十分注意防范的风险。尤其是在网络营销中，物权转移过程中的风险更大。如款到无货或货到无款、无保障的定金交易等，都将加大买卖双方的风险。这主要是由于物流网络的不配套而引起，中小企业，物流能力不强，不能及时与网络用户实物交割，产生物权转移的风险，已经成为阻碍网络营销发展的主要原因。

四、网络营销风险的管理

（一）网络营销风险控制

1. 完善国家宏观管理体制

① 政府应致力于制度建设和法制建设，保证社会信用体系的建立健全。

② 政府应针对所有的网络营销风险制定恰当的政策，引导提升食品企业对风险防范和控制能力。

③ 政府应加强对风险防范的监督和协调，提供市场信息、产业动态，减少食品企业面临网络营销风险的可能性。

2. 加强食品企业制度建设

网络营销风险防范和控制的重点在企业，食品企业应加强相关的制度建设。一是人员管理制度。界定各类人员的行为权力，培训提高人员的风险防范意识和能力。二是风险控制制度。为企业提供规范的处理风险方法与机制。三是监督制度。通过监督监管，保证各项制度措施能顺利实施并发挥效用。

3. 建立有效的预防机制

风险防范应以预防为主。食品企业需要建立完善的风险预防体系，建立发达的信息处理系统，即时掌握行业信息、市场信息、产品信息，提升企业的数据库和网站软件技术支撑。

4. 加强信息安全技术研究

加强信息安全的自主研究。在法制控制范围内，自主研发采用国产先进的安全技术和产品，包括技术标准、关键技术、关键设备和安全技术管理等环节等；采购与采用国产装备信息安全产品。

5. 建立健全信用评估体系

① 建立健全科学的信用评级体系。做到国际惯例与中国国情相结合，传统研究方法与现代先进评级技术和互联网技术相结合。

② 建立独立、公正的评级机构。

③ 政府积极支持信用评级机构开展工作。

6. 完善网络交易的法律

强化网络交易安全管理，制定有关的网络交易技术标准和管理标准；规范买卖双方和中介方的交易行为规则；完善网络交易的法律法规；严打利用网络营销进行欺诈的行为。

（二）网络营销风险的消费者权益保护

应有针对网络营销特殊性的法律法规，以保护网络交易过程中的消费者在网络交易过程中的权益保护和对消费者个人资料、隐私的保护；采用技术手段保护顾客的个人隐私是不容置疑的。

（三）网络营销的信用管理

1. 网络营销信用管理的必要性

① 规范电子商务交易市场秩序，防范发生网上经营风险。

② 保障信息安全。

③ 保障网上销售和售后服务健康。

④ 市场强烈的需求。

2. 建立网络营销信用管理体系的意义

① 促进食品企业自身信用管理体系的建立。

② 有利于促进食品企业进行网上经营。建立完善的信用体系，有利于食品企业参与国际化的商务活动，有利于促进企业的网上经营而获取更多的商业机会。

3. 几种典型的信用模式

（1）中间人模式　　中间人模式是将电子上网网站作为交易中介人，依照交易协议，购货方和销售方分别将货款和货物交给网站设在双方地域上的办事机构，网站确认无误后再将货款及货物交给对方。这种信用模式能在一定程度上减少商业欺诈，规避商业信用风险，但增加了交易成本。

（2）担保人模式　　担保人模式是以网站或网站的经营企业为交易各方提供担保，通过这种担保来解决交易过程中的信用风险问题。该形式也会增加交易成本。

（3）网站经营模式　即由购买方将购买商品的货款支付到网站指定的账户上，网站收到购物款后给购买者发送货物。这种信用模式是以网站的信誉为基础的，主要适用从事零售业的网站。

（4）委托授权经营模式　该模式是网站通过建立交易规则，要求参与交易的当事人按预设条件在协议银行建立交易公共账户，网络计算机按预设的程序对交易资金进行管理。在这种信用模式中，交易双方的信用保证是以银行的公平监督为基础的。

4. 网络营销信用管理体系的建设

网络营销的信用体系是社会信用体系的重要组成部分。在食品企业进行网上经营的过程中每个环节以及网上从事经营的企业和个人，都有信用风险存在。电子商务信用管理体系的建设包括：研究和制定交易规则、企业内部风险管理控制机制、客户和供应商的信用分析与管理、构建网上信用销售评估模型、建立合理的应收账款回收机制等。要强化政府对企业电子商务的信用监管，探索电子商务信用体系的相关立法，制定和实施电子商务企业信用标识证制度等。

只有从根本上建立企业以及个人信用体系，将诚信的思想融于人们的生活和企业的经营之中，完善各级营销管理制度，不断进行技术改进，完善相关网络交易法律，建立风险预警系统，才能将网络营销的风险变为企业发展和社会进步的动力。

［拓展阅读］　　法国"碧绿液"矿泉公司如何面对苯危机事件的威胁

有近百年历史的法国"碧绿液"矿泉公司，产品已占美国矿泉水市场的85%，年销售额达5.5亿美元。1988年2月，美国食品及药物管理局宣布：经过对"碧绿液"抽样检查发现，一些矿泉水含有超过2～3倍的化学成分——苯，长期饮用可致癌。这无疑是对"碧绿液"的迎头一击，"碧绿液"面临灭顶之灾。产品声誉受到突如其来的威胁，怎么办？

在报纸刊登这则消息的第二天，该公司总裁在记者招待会上宣布：公司收回出厂销往世界各地的全部产品，就地予以销毁，同时还宣布了对滤水系统作新的技术处理的各项措施。据估计，被销毁的矿泉水达1.6亿瓶，直接经济损失达2亿多法郎。紧接着，公司用准确的数据公布发生事故的原因：这是一项人为的技术事故，在净水处理中由于油水装置没有定期更换，导致滤水能力下降而造成含苯量过高，这就排除了水源被污染的因素。

为恢复公司的声誉，巩固市场，该公司还进行了大规模的宣传攻势。"碧绿液"重新上市的那天，巴黎几乎所有的报刊都用了整整一个版面刊登广告，绿色玻璃瓶下端的商标上还印有"新产品"字样，并配有文字说明："出于对产品、质量的追求和消费者的尊重，我们改进了技术以保证其纯度，'新产品'这个标签就是这种纯洁度的标记。"在美国，该公司的广告宣传更是费尽心机。"碧绿液"矿泉水在美国上市那天，法国驻纽约总领事馆举行了"碧绿液"重新投放市场的招待会，美国分公司总经理仰首痛饮"碧绿液"的照片首先见于报端。

风险是一种不确定性，不确定性对目标的影响。这种不确定性表现在它可能给面临风险的人带来损失。风险表现为损失不确定性这个特性后面，还隐藏着获得巨大利益的可能性。当面对食品营销管理风险中的"威胁"时，组织也一定是主动的，期望通过主动、积极的管理而使其对目标的影响最小、损失最小。

"碧绿液"矿泉公司对苯危机事件的处理，具备了营销风险管理的意识，采取了营销管理和风险管理的手段，将危险消灭在初级阶段，扼制了事故的进一步蔓延，避免企业遭受更大损失的可能，是营销风险管理的范例。它运用营销管理中的公共关系、产品包装、广告促销等策略，对风险和危机进行了控制。

摘自：3158.cn资讯

第十四章　国际市场食品营销

随着全球化进程的加快，一个只满足于国内市场经营的企业在发展过程中会丧失不少机会，而开拓国际市场则会给企业的发展带来很多机会。从这个角度来看，一个瞄准国际市场的食品企业，了解国际营销环境、营销的方式，掌握国际市场营销策略是非常有必要的。

第一节　国际市场食品营销概述

国际市场营销是在市场营销学的基础上延伸和发展起来的，与国内市场营销在本质上并没有根本的区别，国际营销学是借鉴了市场营销学的原理，即同样需要制定战略、设计营销组合，同样需要进行市场调研、市场细分、目标市场选择以及市场定位等，但国际市场营销活动跨越了国界，这意味着不同的营销环境，不同的消费心理，因此国际市场营销需要针对更加广泛的国际市场营销环境，用以指导企业在更加复杂的环境中从事生产和经营活动。

由于国际市场环境的复杂性和特殊性，决定了国际营销学在与市场营销学的环境分析上，以及企业战略的制定方面都有着比较明显的特点。因此国际市场食品营销学也会呈现出不同的特点。

一、国际营销学的特点

（一）特别强调营销环境的分析

由于各国的地理位置、自然条件、经济发展水平、人口状况、文化、政治、法律制度等方面都有很大的差异，因而在进行国际营销过程中，会遇到各种问题和困难。比如说，各国语言文字差异很大，产品设计、促销等决策就要比在本国内营销复杂，要考虑更多的因素；企业在国外进行产品宣传时，要注意各个国家广告法对消费品电视广告的规定都不同，比如消费品广告在美国不受限制，而在荷兰则是完全不被允许的，瑞士则是规定做消费品广告只能选择某个特定的时间区段方可。也就是说各个国家的相关法律规定差别很大，作为企业市场营销人员进入某个国家开发市场时，要充分了解、熟悉对方的营销环境。

（二）营销策略组合更加复杂和多样化

国际营销和国内市场营销相比，不但要面临如何开发市场的问题，还要面临如何突破市场障碍成功进入市场的问题，因为企业不可能随意将产品打入任何一个国家的市场，而是需要详细的计划。选择可能的国外市场，进入某国市场之前，企业要考虑该国政府是否有相关规定和限制，消费者是否接纳，是否会有捷足先登的竞争者进行抵制策略。

研究市场营销时最基本的理论即4P组合策略，开发市场的时候，企业可以控制的最基本的因素也就是产品、价格、渠道和促销。而面临21世纪，国际贸易进入飞速发展阶段，经济全球化的出现，区域组织的形成以及区域贸易之间的联合，使得企业不仅需要考虑基本的4P策略，还要考虑很多问题。美国著名市场营销学家菲利普·科特勒先生在20世纪80年代就曾经提出了一个大市场营销战略，所谓大市场营销，指为了成功地进入特定市场，并在那里从事业务经营，在战略上协调使用经济的、心理的、政治的和公共关系等手段，以获得各有关方面如经销商、供应商、消费者、市场营销研究机构、有关政府人员、各利益集团及宣传媒介等合作及支持。大市场营销是对传统市场营销组合战略的不断发展，在一般市场营销基础上深化与发展，但大市场营销又具有与一般市场营销不同的特点和作用。大市场营销包括一般市场营销组合（4P）外，还包括另外两个 P：权力（power）和公共关系（publication）。

大市场营销面临的首要问题是如何打进市场，如果产品是新产品，企业还必须通过宣传教育来启发消费者新的需求和改变消费习惯。这与单纯地满足现有的需求相比，企业还要具备更多的技能，花费更多的时间。

再有，目前的国际贸易相比以前也呈现了很多新的特点，有一些国际营销业务是国内营销所没有的，或者比国内营销复杂。这些也都是企业在实施国际市场营销策略的过程中不得不考虑的。主要体现在如下几个方面。

1. 贸易壁垒

各个国家为了保证本国市场不受外来者的冲击，而采取的一些壁垒措施。传统的方式是通过高关税来防止他国产品进入本国市场，即关税壁垒。但现在世界贸易组织不允许大幅度提高关税，在关税税率不断下调、自由贸易区广泛建立的情况下，关税壁垒的实施受到限制，使得关税壁垒逐渐由主流壁垒退到很次要的地位，非关税壁垒日益占上风，并成为贸易保护的法宝。非关税壁垒具有很大的隐蔽性，也即隐形贸易壁垒，这种方式更能起到保护贸易的作用。

2. 海关手续复杂

各国的通关手续往往都十分复杂繁琐。各国海关对商品的税率、对来自不同国家的进口商品采取何种待遇都有详细规定，对进出口商品也都有严格的种类规定和数量规定。

3. 价格制定复杂

国际营销定价要考虑很多因素，包括国际流通费用、国际保险费及各种手续费等。也涉及许多价格术语，各种价格术语都表明买卖双方在商品交换过程有关费用、风险等责任的划分。另外，还会遇到所定价格被指责为倾销的问题。

4. 运输、保险手续复杂

国际营销涉及商品的运输时，也远比国内复杂，要考虑到运输合同的条款、运费、承运、承运人与托运人的责任，办理装运、提货的手续，运输纠纷的仲裁与违约的索赔等事项。另外，国际运输必须对货物加以保险。在洽谈保险、确定保险条件、签订保险合同、划分责任、计算保险费与货物受损时的索赔额等方面，都比国内复杂。

（三）对营销活动的管理要求更高

国际营销管理要求企业管理好每个目标市场的营销活动，同时企业还要从全球战略角度进行统一的规划和控制，以便发挥企业整体的经营优势和跨国经济效益。作为一个企业尤其是国际型企业，考虑问题时不能仅仅考虑一个国家，而是要考虑全球协调的问题。市场商机随时存在，对于企业经营者来说，如何捕捉商机、制定相应对策以及如何及时掌握和控制市场，这是一个随时都应该考虑和关注的问题。

此外，各个国家环境各有特点，比如关税、所得税、市场竞争的激烈程度、对产品需求的差异性等，企业都需要认真研究特定时期特定国家特定消费群体的需求变化，取长补短，制定最佳策略和手段，获得最佳的经济效益。

二、国际营销学与国际贸易的区别

国际营销学是从企业角度出发，研究如何在一个以上的国家内从事生产经营活动。其中主要涉及怎样准确分析目标市场国的环境因素，怎样充分发挥自身的优势。在满足国外消费者和客户需要的同时，求得企业长久生存和发展。

国际贸易学则是从一个国家角度出发，研究国与国之间或地区之间的商品和劳务的交换活动。两者之间的主要区别在于如下三点。

1. 着眼点不同

从学科特点角度，国际市场营销属于微观经济研究的范畴，因为国际市场营销学属于管理学的分支，研究的对象是在国际上从事生产经营活动的各种类型的企业。国际贸易是从国家角度，以经济学理论为指导的宏观经济学的研究。它的研究对象是国家与国家之间在生产领域和流通领域的商品和服务的交换活动。所以简单来说国际市场营销的着眼点是从企业出发，而国际贸易的着眼点是从国家出发。

2. 目标不同

国际市场营销主要是以分析国际市场消费者的特点，研究如何发挥企业自身的优势，如何最大限度地满足国外消费者和客户的需要，求得企业长期的生存和发展，获得企业的最佳经济效益为目标。而国际贸易所研究的课题则是怎样通过国家之间的商品和劳务的交换活动来实现两个国家的比较利益。也就是利用各国的经济互补性，来达到生产效率的提高，成本的降低，取得国际收支平衡的目的。

3. 涉及的范围不同

营销学所涉及的是商品和服务的交换，这种交换可以跨国界，也可以在某个国家内就地生产就地销售。国际贸易则必须是跨国界的交换，因为国际贸易额是一个国家的国际收支平衡表中重要的内容，而企业的国际营销成果只记录在企业一定时期的报表中，而不一定全部记入某国的进出口贸易额中，比如企业到某国就地生产就地销售，而没有经历产品从一个国家运输到另一个国家的过程。

国际营销学与国际贸易相比，不但具有国际贸易的产品购销、定价、分销的功能，还涉及在国外的市场调研、产品促销和产品创新等内容。

三、国际营销学的研究对象

概括起来，国际市场营销学的研究对象包括三个方面的内容。

1. 国际市场需求

国际市场需求是国际营销学研究的中心。原因如下。

第一，消费者需求是国际营销学研究的起点。任何一个企业开发国际市场，都是为了满足市场需求，也就是要发现需求主体，即谁想购买你的产品，以及需求的客体即市场需要什么，还包括需求的数量、时间和地点以及满足的方式和环境等。

第二，研究消费者需求贯穿国际市场营销活动的全过程。目前的市场有三种类型，即现实市场、潜在市场和未来市场。在整个市场营销过程中，企业要注意研究消费者现实需求的满足，还要特别关注市场需求的变化。

第三，国际营销活动的终点，仍然强调的是对消费者需求的研究。这里主要研究的是消费者对商品和服务的满意程度，以及企业对市场反馈意见的处理能力。在市场竞争激烈的买方市场，企业如何根据消费者的反馈意见做好售后服务，调整企业战略，产品如何创新等，都是营销学要研究的重要内容。

2. 国际市场营销活动

企业的国际市场营销活动，是国际市场营销学研究的重点。企业的国际市场营销活动，是为了获得最大限度的利润。为此，企业的经营活动必须是以满足消费者需求为目的。

3. 国际市场营销规律

国际市场营销规律是国际营销实践的总结，也是研究国际市场营销的归宿。国际市场营销是一门年轻的学科。该领域的规律研究才刚刚开始，但成熟的市场规律是企业实践过程的总结。

四、国际市场营销的发展过程

1. 出口营销阶段

一般至 20 世纪 60 年代前。企业经营市场导向以国内为主,在国际市场主要销售在国内市场上同类产品。

2. 跨国国际营销阶段

一般指 20 世纪 70 年代。出口导向的国际市场营销转向国际市场导向阶段。把世界市场作为活动的场所,侧重于发现国际市场机会,更重视在第三国市场当地生产、销售,并将产品返销国内。

3. 全球营销阶段

一般指 20 世纪 80 年代后期。市场营销活动在全球范围内,通过对技术、资源、资金、人才的比较,按照资源配置最优化的原则,采取投资、生产合作的方式,生产出满足世界市场各国消费者需要的产品。

第二节　国际市场食品营销环境分析

国际市场营销环境是指各种直接或间接影响和制约国际营销的外部因素的集合。

国际市场营销环境包括国际营销经济环境、国际营销人口环境、社会文化环境、政治法律环境、自然环境、科学技术环境。分析国际市场营销环境,有助于食品企业了解目标市场食品消费环境及其发展趋势,使其在此基础上确定相应的产品策略、价格策略、渠道策略及促销策略。

一、国际经济环境

经济环境是细分市场,是确定目标市场、制定营销战略和策略时要考虑的首要因素。通过分析一个国家的经济环境,可以发现机会、更好地确定目标市场及制定适宜的营销决策。

企业开拓海外市场时,首先必须考虑目标国所处的经济发展阶段。处于同一类型的国家有相似的特点,不同类型国家经济发展水平和消费水平有明显的差距,消费者对食品种类、质量、价格等的要求也不同,这为寻找目标市场提供了有利的条件。对此,企业的市场营销策略重点也应当有所不同。不同的经济发展水平往往伴随着不同的基础设施状况。世界上很多发达国家,在基础设施方面发展已经很完善,包括通信、运输、分销等设施,这意味着商品会很快地从生产地到达消费地。对食品来说,这关系到产品的物流成本、质量保证和分销渠道的效率。经济落后的国家往往伴随着较差的道路和冷藏设施,这对食品营销来说,意味着成本的提高、更多的风险和不确定性。

其次,收入及其分布是衡量一个国家消费品市场规模及确定进入产品种类的重要依据。同时,收入是产品是否被购买的决定因素。各个国家之间收入和人均收入差距很大,世界收入大多集中在美国、加拿大、日本和欧盟。高收入国家的居民倾向于追求满足高层次需要的产品,注重产品的质量,而低收入国家的居民则更注重的是基本需求的满足。对于食品来说,高收入国家更注重食品的安全、多样化及高质量。以欧盟为例,居民对于食品的生产、加工的安全特别关注。而低收入国家在食品的购买中,则对价格相当敏感。

二、国际人口环境

对于食品这一类价格相对低廉的产品来说,人口的规模及分布也是重要的决定市场潜量的因素。人口环境概括起来主要包括人口数量、人口增长率、人口的构成和人口的分布四个方面。

1. 人口数量

人口数量在任何国家跟市场有着直接或者间接的关系,因此在考察一个国家的市场时,要对这个国家的人口给予足够的关注。一般来说，在其他条件相似的情况下，一个国家的人口越多，那么市场就越大，特别是一些生活必需品的需求，往往是跟这个国家的人口数成正比。但是，如果国家人口越多，国家的人均国民收入就会下降，消费水平会受到影响，对高档商品的购买力就会下降。所以说人口的数量跟市场规模不一定成正比。对于类似日常消费品这些与生活密切相关的产品的需求可能会跟人口和市场有着直接关系，但不一定完全成正比。

2. 人口增长率

人口增长率直接影响到未来的市场潜力。如果一个国家的人口增长很快，对食品等消费品的需求就会迅速增加，那么这个国家的市场即为潜在大市场。人口增长过快的国家可能会影响到高档消费品的需求和消费，也即消费能力和消费水平会受到影响。对外经贸企业必须了解各个国家和地区人口的增长率，这样才能够准确地预测人口变化的趋势，以及预测市场容量。

3. 人口的构成

人口构成对企业营销来说，主要研究年龄结构和性别结构两个方面。许多市场需求与当地人的年龄结构有着密切关系。如，第二次世界大战结束后参战人员复原回家，很多国家的结婚率提升，美国和日本的很多企业科学预测到人口构成发生变化，及时开发产品、寻找市场，提供货源，满足了婴幼儿食品以及育婴设备的需求，获得了很大的成功。另外，性别也对市场有着越来越明显的影响。因此，从事国际营销的企业可以根据年龄结构和性别结构细分市场。

4. 人口的分布

人口分布与国际营销企业的营销方法，尤其是策划销售渠道策略密切相关。世界各个国家都有一个明显的趋势，人口越来越集中，向城市化发展。比如美国，大多数人口都集中在东西部，加拿大约三分之一的人口都集中在多伦多、渥太华、温哥华，人口的聚集地标志着主要市场的所在地。从事对外经销的企业适宜在主要城市派代理商和经销商，而在版图比较大、人口分散的国家适当建立推销盲点，所以说这些方面与销售渠道的选择和策划密切关系。

三、国际社会与文化环境

人们借助食品以满足生理上的需要。但选择哪种食品消费和以什么方式消费除了受到自然环境、收入和社会地位的影响之外，也受到所处的社会文化环境的影响。更进一步说，食品是最容易表现文化敏感性的产品类型。因此食品企业在进行国际营销时，需要对影响食品消费的社会文化环境有一定的了解。

各国的社会、文化之间的差异错综复杂，分析各国的社会文化背景，可以从以下几个方面进行。

1. 价值观念

价值观是指一个社会或其中一部分对于客观事物的评价标准，即一个社会里人们推崇或轻视、崇尚或鄙视事物的一些通行风气。生活在不同社会文化环境中的人在价值观念方面是有差异的，因而对同样的食品可能会表现出不同的态度，会采用不同的方式准备和消费食品。美国人喜欢方便食品，而意大利人则对方便食品有着强烈的抵触心理，因为在意大利人心目中，方便食品消费不符合他们的价值观念。

2. 宗教信仰和风俗习惯

由于各国的历史传统、地理环境、宗教信仰、经济发展水平的差异，形成了各国不同的风俗习惯。其中，宗教信仰往往为人们树立道义准则和禁忌。西方国家对人们影响力最大的一是法律，另一个就是宗教信仰。在食品的消费方面尤其如此。坎贝尔公司试图改变德国消费者食用汤的习惯，以罐装浓缩汤汁代替脱水汤料，结果造成逾千万美元的经济损失。因此，从事国际食品营销的人员对于企业所要进入的市场要深入了解，对当地人民的宗教影响要有一定的认识。

3. 语言文字

语言文字是开发国际市场中，沟通信息、洽谈生意、签订合同时必不可少的工具。英语是世界上最主要的商业语言。但即使是同样一种文字，在使用它的不同国家很可能有着不同的理解，这种理解上的差异有时会使企业陷入极为尴尬的境地或给企业带来很大的经济及品牌形象的损失。

4. 商业习惯

不同国家和地区由于受经济发展，商业实践的影响，也形成了有差异的商业习惯。在国际营销中，不了解商业习惯的不同会造成很多误解。在国外营销时，要充分了解、适应别国的商业习惯。

5. 物质文化水平和教育普及程度

物质文化水平指的是经济发展程度和人们的生活水平。分析一个国家和地区的物质文化水平，不能只看人均国民收入高低，还要分析财富分配状况。也就是说同一个国家不同地区不同层次的消费者会有不同的物质文化水平。企业对需要进入的市场，要准确定位该国市场的物质文化水平。

教育文化水平是构成一个社会生活方式的决定因素。企业销售商品的档次及营销方法应该适应当地的教育普及程度，一个国家的教育普及程度也是跟经济发展水平基本保持一致。调查表明不同文化素养、不同受教育背景，人们的审美观、价值观有着很大差异。因此，企业对商品能够准确定位很重要。

四、政治和法律环境

1. 政治环境

政治和经济实际是相互影响、相互作用的，如果两国关系融洽，相互之间的贸易量就很大。一般考虑政治因素时需注意以下三个问题。

第一，要考虑一个国家和地区的社会性质和政治体制如何，独立性或附属性如何，有没有和其他国家结成政治或经济联盟。从这些基本情况可以认识到该国和地区公布的经济贸易的法律条令和实施的具体政策。再有，在目前经济全球化和区域集团化的大背景下，还要对该国是否与其他国家结成联盟给予特别重视。比如欧洲联盟，对内减免关税，几乎所有的障碍都将按期消除，这将导致货物、人员、服务和资本的自由流动；对外则又有排他性，因此进入这些国家的市场进行贸易时需要对这些因素有充分考虑。

第二，要考虑一个国家或地区政府与民间企业的关系，不同政治体制下，情况有很大不同。比如我国没有加入 WTO 之前，国家对企业的对外贸易实施严格的管制。美国政府也会出台一些政策法令来干预企业的贸易方式。

第三，企业还应该调查和研究与本企业有业务关系的国家和地区的政治稳定性。首先要考虑的是政策的稳定性，如税收、企业扩张、利润等的政策是否保持相对不变。如果政策不稳，合同的履行、投资计划就很难实施，企业将面临更多的风险和不确定性。其次选举新的政府元首方面的秩序，也即元首的产生是否有一套正常的程序。这两个因素可以用来判断该国的政治稳定性如何。一个国际企业在政局不稳定的国家经营，要承受相当大的风险，包括没收、利润的取得限制等方面的风险。

从事国际营销的企业可以通过一些措施来减少来自政治方面的风险。首先，在进入国外市场之前，可以通过一些指标衡量该市场的不稳定程度，如有无暴乱、政党稳定性等。还可以通过保险的方式保护投资。其次，政局不稳定等风险还可以通过合资（joint investment）、许可证经营（license operation）等方式减少。

2. 法律环境

企业在业务活动中，要不可避免地涉及相关环节的法律问题。在发达国家和地区，在消费者对食品安全越来越关注的背景下，利用世界贸易组织《贸易技术壁垒协议》中关于"不得阻止任何国家采取必要的措施保护人类、保护环境"条款，设置技术性贸易壁垒（technical barrier to trade）。因此，对食品出口企业来说，有必要了解进口国在食品进口方面的相关法规。

美国是世界强国，它的商品法规是各先进工业国市场法规的典范。美国食品法规规定，从国外进口到美国的食品类商品，与美国国内产品一样，同样受到联邦政府有关食品法规的制约，同样受美国食品及药物管理局（FDA）的管辖。除此之外，美国又实行了 HACCP（危害分析与关键控制点）体系，是食品制造产业确认危害、对危害进行评估及建立控制方法的系统，旨在确保食品安全卫生，可用于由食品原料至最后消费这一食物链的整个过程。

欧盟也规定，进入欧盟的食品，其生产者必须通过 HACCP 认证。另外，欧盟的零售业也联合起来制定了一些食品生产、加工方面的标准，要求在这些零售业销售的食品必须达到这些标准，比如 EUREPGAP 标准，GAP 是 Good Agricultural Practice 的缩写，意为合格农业标准。英国零售业协会（BRC）制定了要求提供零售商品牌的供应商必须遵守的产品技术标准，即 BRC 标准。GAP 标准和 BRC 标准与 HACCP 是兼容的。

五、自然环境

近年来，随着经济全球化的发展和全球环境的不断恶化，在自由贸易和环境保护之间就出现了一种两难的选择。国际环境公约和 ISO 14000 国际环境惯例标准、绿色标志制度的制定和执行，使得企业在国际营销中的物质生态环境影响因素给予了足够的重视和关注。物质生态环境与国际营销、环境保护与国际营销、实施绿色国际营销战略等，都是国际营销企业特别是发达国家在开展国际销售业务中越来越重视的问题。

（一）物质生态环境与国际营销

物质生态资源主要是指世界各国的气候、地形、物质资源。这些物质资源的差异和变化，也会给企业造成一些环境威胁和市场机会。世界基本物质资源种类主要有三种，第一类被认为是取之不尽用之不竭的资源，如空气和水等。但实际并非如此。第二类是数量有限但可以更新的资源，如粮食、森林等。这部分资源分布不均对国与国之间的贸易及企业国际营销产生广泛的影响。不同国家资源分布会影响该国企业生产的产品具有较大的差异性。尤其是与物质资源密切相关的产品，会影响一个国家的进出口结构和主要品种。比如加拿大的森林资源丰富，生产出的纸张质量好、价格低，如果其他国家要想向加拿大进口纸张，无疑是没有竞争力的。第三类是数量有限但又不能更新的资源，如石油、煤、锡、铀、锌等矿物质。近些年来这些资源供不应求，有些国家已经面临着相应的威胁。此时企业应该考虑开发新的代替资源。

（二）可持续发展与绿色营销

1. 可持续发展战略的提出

可持续发展战略是社会经济发展必须同自然环境及社会环境相联系，使经济建设与资源环境相协调，使人口增长与社会生产力发展相适应，以保证社会实现良性循环发展。

2. 企业开展绿色营销势在必行

绿色营销是在绿色消费的驱动下产生的。绿色消费，也称可持续消费，是指一种以适度节制消费，避免或减少对环境的破坏，崇尚自然和保护生态等为特征的新型消费行为和过程。绿色营销是指企业以环境保护为经营指导思想，以绿色文化为价值观念，以消费者的绿色消费为中心和出发点的营销观念、营销方式和营销策略。它要求企业在经营中贯彻自身利益、消费者利益和环境利益相结合的原则。目前，西方发达国家对于绿色产品的需求非常广泛，而发展中国家由于资金和消费导向和消费质量等原因，还无法真正实现对所有消费需求的绿色。以我国为例，目前只能对部分食品、家电产品、通信产品等进行部分绿色；而发达国家已经通过各种途径和手段，包括立法等，来推行和实现全部产品的绿色消费，从而培养了极为广泛的市场需求基础，为绿色营销活动的开展打下了坚实的根基。以绿色食品为例，英国、德国绿色食品的需求完全不能自给，英国每年要进口该食品消费总量的80％，德国则高达98％。这表明，绿色产品的市场潜力非常巨大，市场需求非常广泛。

因此，在可持续发展日益成为今日世界主题的背景下，实施绿色国际营销战略，树立企业绿色和品牌形象，有助于企业顺利进入国际市场，成功地开展营销活动。

以上各种因素都是开展国际营销企业所必须加以注意的，它们是海外市场中重要的环境因素，熟悉这些情况，可以避免不利因素，取得开拓海外市场的成功。

第三节　国际市场食品营销策略

国际营销组合策略同国内市场营销组合的内容基本一样，也是包括：产品策略、价格策略、渠道策略、促销策略等。但是，企业被放置在国际市场中，情况要更加复杂和多变。因此，在制定营销组合策略时，企业必须在了解和尊重对象国的规矩和习惯的基础上，与目标市场的状况、企业的战略目标保持一致。

一、国际市场营销组合

营销组合是企业市场营销战略的一个重要组成部分，是指将企业可控的基本营销措施组成一个整体性活动。市场营销的主要目的是满足消费者的需要。这一概念是由美国哈佛大学教授尼尔·鲍顿（Neil Bowden）于1964年最早采用的。所谓市场营销组合是指企业针对目标市场的需要，综合考虑环境、能力、竞争状况，对自己可控制的各种营销因素（产品、价格、分销、促销等）进行优化组合和综合运用，使之协调配合，扬长避短，发挥优势，以取得更好的经济效益和社会效益。

在20世纪50年代初，根据需求中心论的营销观念，麦卡锡教授把企业开展营销活动的可控因素归纳为四类，即产品、价格、销售渠道和促销，因此，提出了市场营销的4P组合。

到20世纪80年代，随着大市场营销观念的提出，人们又提出了应把政治力量（political power）和公共关系（public relation）也作为企业开展营销活动的可控因素加以运用，为企业创造良好的国际市场营销环境，因此，就形成了市场营销的6P组合。

到20世纪90年代，又有人认为，包括产品、价格、销售渠道、促销、政治力量和公共关系的6P组合是战术性组合，企业要有效地开展营销活动，首先要有为人们（people）服务的正确的指导思想，又要有正确的战略性营销组合［市场调研（probing）、市场细分（partitioning）、市场择优（prioritizing）、市场定位（positioning）］的指导。战略的4P营销组合与正确的指导思想和战术性的6P组合就形成了市场营销的11P组合。

开展国际市场营销的企业可根据自己的产品特性采取两种不同的营销组合策略。

1. 采用标准化的营销组合策略

如今，国际市场愈加明显地呈现出全球化的特征，标准化战略是全球营销战略的重要构成内容，它借助于在全球化背景下对"全球顾客"进行扫描和定位，通过在策略层面实施标准化的营销组合策略来降低成本，提高在全球市场上的研发、生产和营销的柔性管理和运行效率。所谓标准化的营销组合策略就是在产品、价格、广告和渠道等方面实现标准化，积极谋求产品、形象、营销以及广告主题的同一性。在实践过程中，强调各市场间的共性。生产巧克力的戈黛娃欧洲公司（Godiva Europe）通过营销策略的重新调整，在全世界范围内保持了戈黛娃巧克力的品牌形象：精美、手工制作、华贵。

2. 采用适应性的营销组合策略

即根据不同的目标市场，采用不同的营销组合方案。因为对很多产品而言，营销环境的不同及目标对象的不同使得营销组合策略的实施很难做到标准化。早在 1989 年，国外学者 Michael E. Porter 就曾在其研究中提出诸如分销渠道、产品的定价、销售培训、媒体选择等方面的营销要素就很难实施标准化。在这样的情形下，强求一致可能会导致营销的失败，尤其是食品这样的文化敏感性很强的产品。即使是麦当劳的产品，虽然它在世界各地有一个一致的主菜单，但也根据各个国家食品消费习惯的不同，进行适应性的调整，如在德国，它有啤酒；在新加坡和马来西亚，它的奶昔具有当地水果味道；在荷兰，薯条的调味酱有当地特色；在巴西，提供一种亚马孙浆果所酿成的饮料。采取适应性的营销策略组合将意味着营销调研成本、产品设计成本、促销等成本的增加。

二、国际市场产品策略

国际企业经过市场调研和细分，确定了目标市场、选择了合适的进入方式后，就必须回答这样一个问题：向目标市场提供怎样的产品？答案虽然只有一个：向海外顾客提供满足其需求的产品。因此，产品策略是营销计划中最关键的要素。产品策略中首要的决策是要确定向国外市场营销何种产品，是和国内市场一致的产品还是有差别的产品。

1. 国际产品生命周期

在国内市场上，产品生命周期理论形象地描述了产品在市场上被引入随后成长、成熟直至衰退的过程。在国际市场上，国际产品生命周期理论主要描述一种新产品在一国出现后如何向其他国家转移的过程。它最先在 20 世纪 60 年代末由美国哈佛商学院的雷蒙德·弗农（Raymond·Vernon）教授提出。弗农认为，美国是一个高技术、高消费的国家，它首先发明并商业化生产一种新产品，这时时间为 t_0；经过一段国内生产和销售后，在时间 t_1，它开始将此产品出口至加拿大、欧洲、日本等发达国家；再隔一段时间至 t_2，世界上其他国家也开始进口这种产品；然而在美国出口产品的同时，它也逐步把技术和生产转移至资源条件明显比较优势的加拿大、欧洲、日本等国，因此美国出口逐步减少；至 t_4，它成为净进口国；同样，随着产品愈益标准化和成熟，加拿大、日本、欧洲等国家又将技术和生产向其他国家转移，它们的出口减少，本身对产品的消费逐步靠其他国家进口；至 t_5，其他国家成为净出口国而美国等国又开始发明与生产技术含量更高、更新的产品，从而不断形成一个个新的循环。

2. 国际产品标准化与差异化决策

国际产品标准化是指在世界各国市场上，都提供同一种产品；差异化则是指对不同国家或地区的市场，根据其需求差异，而提供经过改制的、略有不同的产品。前者，亦可称为产品延伸策略。即将本企业现有产品不作任何改变直接销往国外市场。这种策略适用于国外目标市场对该产品的需求与国内市场需求相同或类似，同时产品极易被市场所接受的情况。如快餐食品、饮料、化妆品及一些工业产品。是否采用这种策略，首先要分析国外的消费者是否需要这种产品，对有些产品，不同国家之间的需求并没有什么差别，如在全世界各地，人们可以喝到从包装、品牌、口味都相同的可口可乐，吃到肯德基炸鸡，也可以在各国买到一模一样的尼康照相机、柯达胶卷。但对于电视机来说，各个国家可能电视线路不同，电源电压不同，因此向不同国家供应的电视机就需略作修改而略有不同。这就是产品的适应策略。即根据国际市场和国内市场在需求方面的差异，对现有的产品组合进行部分调整，使之更符合进入国际市场消费者的需要。有时目标市场的需求、消费习惯和国内市场有着较大的差距，这时，就需要对产品作相应的调整以适应当地市场的需要。比如功能的调整、包装的改变、口味的改变和服务的改变等。如麦当劳在中国市场上，食用薯条的调料仅有番茄酱，而在欧洲市场上，为食用薯条所提供的酱的种类就要多一些。这也是和不同地区食品的消费习惯相一致的。当然，企业可以根据自身的情况，开发对于公司来说全新的产品以适应目标市场消费者的需求，这也称为产品的创新策略。

至于企业在做出最后的决策时，至少必须考虑这样一些方面：成本与利润的比较、产品的性质、市场需求特点、目标国家的强制因素等。

3. 国际产品包装与品种

国际企业在不同的海外市场销售产品，其包装是否需改变，这将取决于各方面的环境因素。从包装所具有的两个方面基本作用保护和促销来看，如果运输距离长、运输条件差、装卸次数多、气候过冷或过热或过于潮湿，则对包装质量要求就高，否则难以起到保护产品的作用。如果目标国家消费者由于文化、购买力、购买习惯的不同而可能对包装形状、图案、颜色、材料、质地有偏好，则从促销角度看，应予重视并予调整以起到吸引与刺激顾客的作用。当今一些发达国家的消费者出于保护生态环境的强烈意识，重新倾向使用纸包装；而在一些发展中国家，顾客仍普遍使用塑料袋包装，因为它较牢固且可重复使用。

就品牌而言，大多数国际企业当然喜欢采用统一的国际牌号，因为这可达到促销上的规模经济，因为一个国际名牌具有很强的号召力，本身就是一笔无形财富，当然在不同国家和地区，对同一种产品采用不同品牌，有时也是细分市场和研究市场需求状况的需要。

三、国际市场定价策略

价格是唯一能够直接给企业带来盈利的决策因素。价格制定的主要影响因素有三个：第一个因素是产品的成本，虽然一家公司有时能制定出低于产品成本的价格，但很少有公司能长久地这样下去；第二个因素是竞争，包括竞争产品和替代产品的价格；第三个因素是市场需求，即顾客愿意且有能力支付的价格。

企业进行国际营销所面临的定价策略除了受到以上几个因素的影响外，还要受到各个国家不同的法律法规、贸易限制等因素的影响。另外，汇率的波动也使得价格的制定变得更加复杂。

（一）国际市场价格的形成

在国际市场上，会发现这样一个事实，许多产品由产地卖到另外的国家和地区，其价格会上升很多，这就是所谓的国际价格的升降现象。这通常是由于该种产品在分销过程中渠道延长、被征收关税、需承担运输成本和保险费用以及汇率变动所致。

仔细分析，不难看到、影响国际定价的因素很多，除需求因素、成本因素、生产因素以外，还要考虑东道国关税税率、消费税税率、外汇汇率浮动、国外中间商毛利、国外信贷资金成本（即利率情况）、运输与保险费用、国外通货膨胀率、母国与东道国政府的干预以及国际协定的约束。

（二）定价基本方法

因受汇率影响，实际价格（realized price）与名义价格（nominal price）之间存在差异，在出口报价时要考虑货币折算后的差异。因此，定价时要根据汇率的变化趋势，选择适当的计价货币，并相应对价格做出必要的调整。为防范汇率变化所带来的风险，企业可选用硬通货币结算，对于大的企业，尤其是一些跨国公司同时可以采用一些金融交易方法抵补汇率风险。

企业在进行出口定价时，可以采用的定价方法主要有以下几种。

1. 完全成本定价

刚开始从事出口业务的企业，或一些小企业，出于对国际市场行情的陌生，往往采用完全成本定价法。具体的方法包括成本加成定价、盈亏平衡定价、目标报酬定价，这些方法简单易行，且能使企业的每一笔交易能保本并获得盈利，缺陷是当竞争激烈时，该方法不够灵活，往往不能应付竞争。

2. 竞争定价

这种定价方法充分反映竞争状况，根据竞争灵活定价。

3. 市场需求定价

该方法考虑市场需求，根据需求来确定价格。

4. 全球性公司的转移定价

转移价格是指跨国公司内部交易商品和服务的价格。全球性公司的许多分公司往往分设在不同的国家和地区，各个分公司之间相互提供产品和服务，这就产生了转移定价问题。全球性的公司在决定转移价格时，不仅要考虑纳税、关税和运输费，还必须考虑市场情况、潜在顾客的购买愿望及购买能力、政府管制等因素。转移定价的方法主要有：按成本转移，按成本加成定价转移，按最终市场价格转移，按"公平的"价格转移等。

5. 倾销定价

是将产品在国外市场以低于本国市场价或低于成本价格出售的做法。许多国家制定了他们自己的政策和程序来保护本国企业免受倾销的影响。对于倾销，常见的反倾销措施是征收反倾销税。

（三）国际企业定价策略

国际企业对其产品在国际市场上销售，是保持其统一价格，还是针对不同国家市场制定差别价格，这是一个非常值得研究的问题。统一价格显然有助于国际企业及其产品在世界市场上建立统一形象，便于企业总部控制企业全球的营销活动；然而除非是在一些经济共同区内，要做到标准价格是很困难的。如欧盟，在实现一体化之后，除少数国家外，在 2002 年 1 月 1 日实现货币统一，这为统一定价创造了条件。但对于绝大多数国家，税收、关税、汇率、运输成本、渠道结构等都构成了阻碍统一定价的影响因素。

在价格的水平方面，即高价、低价或中档价位，企业必须考虑到出口国的人均收入及所针对的细分市场的状况。很多公司针对发展中国家出口技术不复杂的简单产品，所定的价格也因此较低，易被接受。但是，不发达国家中贫富差别较大，一些高档的、奢侈的产品也有着较稳定的消费群。

无论如何，国际企业定价的最终目的还是为了寻求利润的最大化。国际企业为了使其整个企业集团利润最大化，还经常采用转移价格策略，这是一种在母公司与各国子公司之间以及子公司相互之间转移产品和劳务时所采用的价格。当然有些国家政府针对国际企业的这一策略，制定了相应的法律、法规，以要求国际企业制定内部转移价格时能遵守公平交易的原则，挽回或保护其正当的国家利益。

四、国际市场渠道策略

对国际市场上分销渠道的决策，首先是选择如何进入某国外市场方式的决策，其次再进行在该国外市场上选择何种渠道模式的决策。在进行渠道选择时，企业要从成本、顾客特性、产品特性、有无合适的代理商、市场的批发及零售结构、政府政策限制等方面综合考虑渠道决策。

1. 国外中间商

在某国外市场销售产品，即可采用最短的销售渠道，即由国际企业直接将产品卖给最终消费者，而不经过任何中间商；也可借助于中间商来实施分销，通常情况下，由于海外市场环境与国际企业母国环境不同，大多数产品的分销需要当地中间商的帮助。

国外中间商也主要包括代理商、经销商、批发商、零售商四大类。代理商对产品无所有权，与所有者只是委托与被委托关系，它主要有三种形式：经纪人、独家代理商、一般代理商。经销商对产品拥有所有权，自行负责售后服务工作，对顾客索赔需承担责任，最常见的有独家经销商、进口商和工业品经销商三种。批发商是指靠大批量进货、小批量出货，以赚取差价的中间商，它也有三种：综合批发商、专业批发商、单一种类商品批发商。零售商是向最终消费者提供产品的中间商，依据其经营品种不同，可分为专业商店、百货商店、超级市场、超超级市场等种类；依据其经营特色，有便利商店、折扣商店、连锁商店、样本售货商店、仓库商店、无店铺零售等形式。

不同国家的分销渠道结构差别很大。以日本为例，日本传统的食品分销渠道以环节远远多于其他国家为特点，存在很多小规模的中间商，即使是在目前的状况下，一个产品从厂家到达零售商，往往要经过三个批发环节。不同产品的分销渠道有着很大的区别。但从 20 世纪 80 年代中期以来，日本的传统渠道系统开始发生变化，主要表现在分销环节减少，分销路径缩短，批发商的数量减少且集中程度提高。

另外，各个国家的零售结构也有很大的区别。美国和西欧国家的零售业主要由大型的连锁零售店组成，而发展中国家以传统的独立零售店为特色。在食品的购买方面，西方发达国家，超级市场是食品（包括包装食品和生鲜食品）购买的主要场所。而在发展中国家，集贸市场、小的独立的杂货店依然是食品购买的主要地点，但这种状况已随着西方现代零售形式的引进在逐渐改变。

2. 传统渠道与新兴渠道模式

目前世界上流行的渠道模式大体上可分为两类：传统渠道模式和新兴渠道模式。

传统渠道模式就是指产品由生产企业经批发商或代理商至零售商最后到达最终消费者手中的系统。在这种系统中，每个成员都完全独立，相互缺乏紧密合作与支持。

新兴渠道模式是指渠道成员采取了不同程度的联合经营策略，具体有纵向联合和横向联合两种。纵向联合有三种系统：一是公司垂直一体化系统，主要为大制造商或大零售商牵头建立的控制批发、零售各个层次；直至控制整个销售渠道的系统，它往往集生产、批发、零售业务于一体；二是合同垂直一体化系统，它是由不同层次的相互关联的生产单位和销售单位，以契约形式联合起来的系统，它有特许经营系统、批发商自愿连锁系统和零售商合作社三种形式；三是管理一体化系统，制造企业通过与中间商协议，以控制其生产线产品在销售中的供应、促销、定价等工作。横向联合是指由中小批发商组成的自愿连锁，它较少涉及渠道结构中的其他层次，主要是中小批发商相互合作支持以抗衡大批发商的一种方式。

3. 国际分销模式的标准化与多样化

分销模式标准化是指国际企业在海外市场上采用与母国相同的分销模式；多样化则是指根据各个国家或地区的不同情况，分别采用不同的分销模式。

采用标准化的分销模式可以使营销人员易以经验为基础来提高营销效率，实现规模经济。然而事实上正如前所述，研究表明分销渠道做到标准化很难。这主要是因为各国分销结构由于历史原因而相异悬殊；各国消费者的特点不同，如购买数量、购买习惯、消费偏好、顾客地理分布等方面不可能完全相同；同时国际企业还要考虑自身实力、竞争对手的渠道策略以及其他营销组合因素。所以选择海外市场分销模式绝非国际企业一厢所愿而可为。国外企业在进入日本市场时，普遍对其高度集中与封闭的渠道结构感到无从入手，非得与综合商社、大的制造商或批发商合作，方可将产品推入其渠道系统。

对国际营销来说，物流是困难所在。特别是对于一些发展中国家而言，道路欠佳，辅助设施缺乏，电力供应不稳且电费高昂，现代零售系统远未形成。对一些依靠良好的道路设施、良好的冷藏设施营销的食品企业来说，在这些国家营销食品就意味着流通渠道的重构及调整。

五、国际促销策略

国际促销手段与国内相同，同样包括人员推销、广告、营业推广和公共关系。两者之不同主要是目标对象和环境的不同，这也是国际促销比国内促销要困难的原因。

1. 国际广告

国际企业的产品进入国际市场初期，通常广告是其先导和唯一代表，它可以帮助产品实现其预期定位，也有助于树立国际企业形象。

然而国际广告要受多方面因素制约，第一是语言问题。一国制作的广告要在另一国宣传，语言障碍较难逾越，因为广告语言本身简洁明快，喻义较深，同样含义要用另外一种语言以同样方式准确表达实在是一件困难的事。第二是广告媒介的限制，有些国家政府限制使用某种媒介，如规定电视台每天播放广告的时间，在法国允许每频道每小时12分钟，而在瑞士、德国和奥地利允许20分钟。而有些国家大众传媒的普及率太低，如许多非洲国家没有日报。第三是政府限制，除限制媒介外，政府还会限制一些产品做广告，比如新加坡和泰国等不允许做烟草广告。有的还对广告信息内容与广告开支进行限制，比如德国不允许做比较性的广告；沙特阿拉伯在广告方面有着非常多的法律限制，如不能做让儿童感到害怕的广告。第四是社会文化方面的限制，由于价值观与风俗习惯方面的差异，一些广告内容或形式不宜在有些国家传播。第五是广告代理商的限制，即可能在当地缺乏有资格的广告商的帮助。这些问题需要国际企业做出通盘考虑，而后才能做出国际广告是采用标准化策略还是当地化策略的选择。

一般来讲，广告标准化可以降低成本，使国际企业总部专业人员得以充分利用，也有助于国际企业及其产品在各国市场上建立统一形象。有利于整体促销目标的制定和实施、控制。在全球化的今天，有些产品的生产及消费已经趋同，采用这样的策略是完全可行的。利维兹牛仔裤的广告没做任何修改，针对欧洲、拉丁美洲及澳大利亚的消费者，取得了很大的成功。

然而由于上述各种因素的种种限制，对于另一些消费品来说，由于上市时间不一致，消费者所处环境不同，文化也有很大的差异，要做到完全的标准化是不现实的，特别是当地顾客的需求同母国顾客会有显著差异，因此采用当地的策略可以增强宣传说服的针对性。因此，对于消费心理、消费习惯差异大的产品，应实行差异化的广告策略。广告的差异化策略可以是主题一致，但具体的表达方式及语言根据目标市场的情况做相应的变化。

百事可乐公司的广告最基本的背景是一群年轻人在聚会或在沙滩上尽情欢乐，这个背景根据北美洲、南美洲、欧洲、亚洲、非洲的自然环境与种族的不同而分别做了修改，背景音乐也相应选择这五个地区的音乐。也可以在不同的目标市场实行不同的广告主题和不同的表达方式。如对于那些消费习惯差异大的汤料、酱类、调味品等家庭消费用的食品，适宜采用不同的广告主题和表达方式。

2. 人员推销

人员推销往往因其选择性强、灵活性高、能传递复杂信息、有效激发顾客购买欲望、及时获取市场反馈等优点而成为国际营销中不可或缺的促销手段。然而国际营销中使用人员推销往往面临费用高、培训难等问题，所以要有效利用这一促销方式，还需能招募到富有潜力的优秀人才，并加以严格培训。

3. 营业推广

营业推广手段非常丰富，在不同的国家运用有时会受到法律或文化习俗方面的限制。如法国的法律规定，禁止抽奖的做法，免费提供给顾客的商品价值不得高于其购买总价值的5％。当新产品准备上市时，向消费者免费赠送样品的做法在欧美各国非常流行，这一做法在中国登陆之初，却遭到不少消费者的拒绝。

在国际营销中，还有几种重要的营业推广形式往往对介绍一些企业产品进入海外市场颇多助益，如博览会、交易会、巡回展览、贸易代表团等。值得一提的是，这些活动往往因为有政府的参与而增加其促销力量，事实上，许多国家政府或半官方机构往往以此作为推动本国产品出口、开拓国际市场的重要方式。

4. 公共关系

公共关系是一项长期性的促销活动，其效果也只有在一个很长的时期内才能得以实际的反映，但不管怎样讲，在国际营销中，它仍是一个不可轻视的促销方式。由于在国际营销中，国际企业面临的海外市场环境会让其感到非常陌生，它不仅要与当地的顾客、供应商、中间商、竞争者打交道，还要与当地政府协调关系等。

在与东道国的所有公众关系中，与其政府关系可能是最首要的，因为没有其不同程度的支持，企业很难进入该国市场，它对海外投资、进口产品的态度，特别是对某一特定企业、特定产品的态度，往往直接决定着企业在该国市场的前途。所以企业要加强与东道国政府的联系与合作，利用各种媒介加强对企业有利的信息传播、扩大社会交往、不断调整企业行为，以获得当地政府和社会公众的信任与好感，以寻求不断壮大。

［拓展阅读］　　**"人头马"的中国营销策略**

"人头马"占有全世界高档白兰地销量的50％，其产品80％都销往国外。"人头马"是如何在中国高档白兰地市场上一直稳坐头把交椅并占据着20％市场份额的呢？洋酒"人头马"在中国市场上成功的营销策略也许会让市场业绩飘忽不定、持续扩张乏力的众多国内酒厂得到些启发。

一、市场定位与时机把握

（一）市场定位

没有对目标市场的正确定位，就不可能有正确的决策。人头马公司始终认为，中国市场将是世界最大的酒类消费市场，虽然中低档的酒暂时占绝对优势，但依据80：20原理中的20％比例的消费者计，2亿多人消费高档酒从概率上讲是行得通的，随着中国经济的突飞猛进和开放搞活，白兰地在中国的市场上也一定会有骄人的业绩，于是坚定不移地将中国市场定为"人头马"可持续性发展的战略市场。

（二）时机把握

对时机的把握不是随缘，而是市场定位下的信心、执著和寻找。20世纪80年代末，一场政治风波使很多跨国公司压缩了在中国的投资，可人头马公司却坚守着既定的目标和方向，他们认为，更多同行的退出和保守，恰好是自己前进和攻击的最佳时机，因为这时少了很多对手和努力，在这种弱竞争环境下的洋品牌市场，用常规的同质竞争就能取得营销的胜利。于是人头马毫不犹豫地投入大量的人力物力，在中国迅速组建了自己的营销渠道，很快占领了巨大的空白市场。迄今为止，人头马公司已在中国建立了12个经销分公司，产品进入了2000多个高档酒店、宾馆。2002年，"人头马"在中国市场的销售额达到了6000万元，2004年又以20％以上的增长鸣金。

二、产品策略：品牌固守与市场品牌组合

固守品牌个性是任何国际名牌永远信守的信条，但适应不同目标消费者也是任何国际名牌走红世界的法宝，就像一个优秀的人肯定是非常有品格个性的人，但同时肯定也是一位对更多的个体人类更能适应相亲和的人。所以品牌固守同时的因地制宜是占据更广阔市场的 21 世纪的共性产品策略。这一点人头马公司做得非常到位。

（一）固守品牌

1939 年，法国政府颁布法令，规定酿制"人头马"的原料必须是产自法国科涅克地区的优质葡萄。这是法国政府继 1909 年、1936 年来第三次为"人头马"颁布类似法令。该法令详细划分了"人头马"不同品牌的原料产地，即以科涅克地区 4 城为圆心，形成 6 个不规则的同心圆，称为 6 个葡萄区，越是靠近科涅克城的地区，所产葡萄的质量越好。于是高价位、高品质是"人头马"全世界统一的核心品牌价位。

（二）品牌组合与因地制宜

1996 年 8 月，法国人头马公司总裁在亲自考察中国酒类市场时发现，中国消费者在喝人头马这样高档的白兰地时，竟然像喝普通的白酒一样大杯豪饮，尽管这部分消费者出手阔绰，但站在消费者角度来考虑，喝几千元一瓶的酒着实不太划算，为了既能保全"豪饮"面子，同时又节约花费，人头马专门研制生产了一种可加冰的人头马投放到中国市场，果然这种产品一上市就大受欢迎。人头马公司没有为"豪饮"而欣喜，而是站在消费者的角度考虑问题。良好的口碑总是建立在诚信和为别人着想上的。然而，人头马在中国市场上的消费界面仍然很窄，人头马系列仍然属于富人的享受，如何抢占中低档白兰地市场呢？

三、品牌进入策略

在众多的外资跨国公司与中国本土企业的合资中，外资方往往以强势控股地方强势品牌的合作模式而形成所谓的"强强联合"策略，外资控股方的目的一般是让中国的品牌变成贴牌产品，在利用中方产品在本土的渠道及相应资源的过程中培养其产品在中国市场的可持续发展。如果成功，中方品牌将会逐渐消失，如果不成功，其可及时撤资，将衰败的烂摊子留下。这种品牌"阴谋"完全是一种以强制弱的品牌强权主义，中国不少三资企业吃尽了这样的苦头，然而人头马公司认为，这种合作是对自己信心的丧失和跨国品牌合作诚信的亵渎。跨国国际名牌就应该有特有的大度和与任何人任何品牌合作的诚信，不应该采用单赢的"阴谋"，而应该采用包容的能带来多赢的策略。

（一）放弃绝对控股经营管理主动权

谁控股谁主动，谁就拥有经营管理的决策权。人头马公司知道，在市场经济处于初级阶段的中国市场，中方控股除了拥有地缘优势、有利于企业更好地适应中国的政治经济环境、能制定出符合中国国情的发展战略外，还有利于企业获得包括政府在内的方方面面的支持，有利于开拓产品市场。于是，1980 年 5 月经双方友好协议，由天津葡萄酿酒厂、法国人头马远东有限公司和香港技术与贸易研究社共同组建了中法合营王朝葡萄酿酒有限公司。从此在双方互相包容、优势互补、强强融合的合资方针的指导下，随着天津王朝模式巨大的成功推广，人头马公司在默默无闻中已将文化、精神和产品渗透到其早已谋划的目标区域和中低价位产品市场。

（二）培育自主的民族品牌定位

直接打造和培育合资的"王朝"品牌。企业的商标能凝聚无形资产，增值有形资产。既然"王朝"属于合资方共有，就应该坚定不移地打造和培育它。面对"人头马"品牌的定位，"王朝"在相对于人头马高价位的基础上定位为更能适合多数中国消费者的中低档产品，但却是小国葡萄酒品牌中的中高档。确定"王朝"为商标，充分体现出合资方共同打造"一代王朝"的雄心壮志，通过其深厚的民族文化底蕴，可持续性地打造中国葡萄酒的良好形象，进而增强企业在国际市场上的竞争力。目前"王朝"公司已在国内及世界 60 多个国家和地区注册了"王朝"商标。

四、广告促销与公关策略

（一）广告词定位

通过大量的定性调查和研究，人头马公司发现：重亲情、节日合家团圆的喜庆气氛是中国最看重的社会文化，而且喜庆之日必备美酒助兴。于是人头马公司写出了迎合中国人心理的广告语："人头马一开，好运自然来"。用什么方式让这句经典广告词深入消费者人心呢，公司采取了两个阶段的不同策略。

①电视广告：20世纪90年代初，电视广告几乎是任何酒类企业制胜中国市场的法宝，"人头马"并没有标新立异。通过电视广告运动，"人头马"的品牌知名度扶摇直上，几乎成了洋酒的代名词。但人头马公司知道，无论怎样进行地毯式广告轰炸，有效消费群体还是那些有经济实力的富裕者，当建立起知名度后，人头马公司在中国市场上马上采用了新的策略。

②渠道推广：人头马公司将广告费用转移到渠道推广上，把大量的费用投入到酒吧、宾馆等终端，通过赞助大型酒会、聚会，定期举办商务休闲活动等大力倡导其高雅的品位，传播其优雅的文化内涵。

（二）人员公关

在目标酒吧等终端消费场合，分布着许多具有"绅士"风度的营销员，他们会不时地请目标消费者喝上一杯醇香的"人头马"，这时客人往往以为遇到了热爱白兰地的知己。这看起来好像和目前中国酒类终端市场上流行的促销小姐没有什么区别，而实际目的却相差甚远。促销小姐的目的就是直销，让消费者马上选喝自己促销品牌的酒，而"人头马"的绅士们的目的并不只是卖酒，主要是给那些有一定身份和一定影响力的目标消费者形成一种影响，同时融入到这个阶层圈子里，成为他们的朋友，这些消费者就会基于对朋友的认同而成为"人头马"的忠实顾主，而且他们的其他朋友往往成为跟进的消费者。所以人头马公司对市场人员有一条重要要求：必须表现得像"绅士"。公司支持营销员依据交朋友的需要，自主决定费用的开支，上下班没有具体约束。考核营销员的三个标准是：营销场所样品陈列的好坏、具体销售额、其所交朋友圈子的广度和深度。

摘自：中国营销传播网

第十五章　几类食品营销

第一节　水产品市场营销

一、水产品市场概况

水产品是指水生的具有经济价值的动植物及其各种加工制品的总称。在建设社会主义市场经济体制的过程中，水产品应以市场为导向组织生产，进行整体营销规划，适应和满足消费需求，扩大销售，树立水产品的良好市场形象和生产经营者的从业信心。在我国现阶段，水产品生产经营者包括各类养殖、捕捞、加工企业和联产承包的农户，是作为水产品出售者进入市场，形成市场的供给方；而作为水产品消费需求主体的城乡居民则是作为水产品的购买者进入市场，形成市场的需求方。随着我国加入 WTO 后国际贸易的日益繁荣，我国水产品市场主体结构正在发生变化。国内水产品的供给方增加了外国出口公司，国内的水产品也会进入国际市场，消费主体是外国居民，从而形成国际、国内水产品供给主体和消费需求主体共同参与市场竞争的局面。

目前我国市场上供应的水产品以生鲜初级产品为主，加工类产品仅占总产量的 30%，精深加工类产品所占比例更少。产量占我国水产品总产量 50% 以上的淡水水产品，加工比例不足 5%，鲜销的比例超过 95%。加工品技术含量低，高附加值产品少，废弃物综合加工利用水平不高。从产品品种结构看，海水和淡水产品品种比较丰富，能够适应不同消费层次的需求，但是名特优新品种产量有继续提高的需求。国内水产品消费市场主要集中在东部沿海地区和大中城市，出口的国际市场主要为日本、欧洲、美国和东南亚地区。国产水产品还是占据着国内市场的消费主流地位，进口水产品以大众型品种为主，一般来自东南亚地区，这类产品对国内的水产品市场，特别是在休渔期，起到了补充供应的作用。

水产品市场与其他行业市场相比较，具有以下特点。

(1) 品种丰富　与其他农产品相比，水产品是商品种类最多的产品。种类之多，产品品种之丰富，已经超过了所有农产品种类之和，可达数千种。其种类主要有鱼、虾、贝、蟹、藻五大类及其加工产品。每一种类又有数十、数百、数千不等。市场上又分为鲜活产品、冰鲜产品、冻品、干品、腌制品、精深加工品、模拟产品及其他产品，如水产保健品、水产药品等。

(2) 品种之间市场价格相差悬殊　同为水产品，执行同一功能，但由于品种、规格、产地等的不同，其市场价格相差悬殊。例如，同为鱼类，鲟鱼的市场价格为 600 元/千克，鲤鱼的市场价格是 6 元/千克，二者相差 100 倍。海参 200 元/千克，海湾扇贝 2 元/千克，大黄鱼 50 元/千克等，其价格之差一目了然。

(3) 价格变化最快。河鳗上市之初，其价格高达 25 万元/吨，之后一路下跌直落到 2～3 万元/吨。甲鱼从每千克 800 元降至 90 元，更有甚者，河蟹从 1000 元/千克降至 40 元/千克，也只是在短短的 7～8 年之内。由于水产品的季节性很强，一年四季的价格在不停地变化，但也有规律，正常年份大多数水产品市场价格以春秋为最低。例如，梭子蟹春秋两季（大连、青岛市场）的价格是 30～40 元/千克，而春节前后是 100～160 元/千克。

(4) 门槛最低　水产品市场的门槛是最低的。换句话说，水产品市场是初级竞争性市场，是较原始的市场形态。由于门槛低，市场竞争就更加激烈，其竞争方式也更多地表现为低层次的价格竞争。

（5）季节性强　除加工的水产品外，大多数水产品都在春秋两季上市。我国为了保护渔业资源，实行夏季休渔制度，加之人工养殖的品种也多在秋季起捕出塘。上市时间的集中，给水产品的市场营销带来一定的难度。

（6）风险性大　首先是生产风险，水产品的生产环境是一个特殊的环境，构成水产品的生产环境要素中有许多不确定因素，靠天吃饭的成分很大。水产品生产的设施、设备、技术、管理等方面存在的问题，更使风险系数增加。其次是质量风险，人类活动对水环境的污染；人工养殖生产区域布局过密和养殖水体负载过大加速了对养殖水体的污染等都使水产品的质量受到影响。第三是市场风险，水产品极易腐烂变质，且市场变幻莫测。

二、水产品市场营销策略

我国水产品市场化程度不断提高，正逐渐面临着国际国内两大市场机遇及两大市场挑战。目前水产品市场主要的营销策略有以下几个方面。

（1）善于创新，填补市场空白　创新策略是市场营销的基本策略，水产品市场创新策略就是用创新产品去填补市场的空白之处，以满足消费者的不同需求。水产品是"进口产品"，而人的"口味"是极不相同的，客观上需要"丰富多彩"的水产品。研制、开发、引进、生产、加工新的品种与产品，不仅能激活水产品市场，也为生产经营者带来可观的效益。澳洲龙虾、挪威三文鱼等在中国水产品市场上的成功行销就是很好的例证。

（2）制定低价策略　迈克尔·波特在《竞争战略》中指出，一个营销者要么降低成本，要么提供不同的产品，要么就离开这个市场。如果没有实力创新，又不舍得退出，就只有进行低价营销。水产品属于非必需消费品，如果其价格较高，不仅在同行业的竞争中丧失优势，而且在与其他食品行业竞争中也处于下风。低价策略是基于水产品及其水产品市场的特点提出来的，利用低价来获取市场份额，扩大销量，增强竞争力。低价的基础一是规范管理以降低成本，二是依靠科技以提高效率，从而确保经济效益。

（3）时刻保证产品优质　实行优质策略，首先是开发名特优新品种，走特色渔业之路，以满足水产品市场上不同消费者的需求。其次是保证水产品质量安全，让消费者放心，并且应对"绿色贸易壁垒"的限制，促进水产品国际营销。再次是开发绿色食品，以优质带来优效，使之畅销。最后是严格按照国际标准进行水产品的生产、加工、销售，确保水产品质量安全，在国际市场上畅通无阻。

（4）提供优质服务　服务是继质量、价格之后市场竞争的重要内容之一，搞好服务，就是提高市场的竞争力。为顾客提供周到、细致、全面的服务，让其购买方便、携带方便、食用方便。还可以向其介绍宣传水产品的种类（鱼、虾、贝、蟹、藻等）、主要营养成分（丰富的蛋白质和多种氨基酸、低脂肪、多种维生素等）、食用的好处（降血脂、降胆固醇、健脑等）以及食用的方法等，并为其提供新鲜、营养、方便、美味的水产品，以唤起他们的购买兴趣、引导消费。

（5）善于运用促销策略　成功的促销策略，常常会带来令人意想不到的成功，它是市场营销活动中最为丰富多彩的环节之一。要认真研究水产品的市场环境、水产品、水产品消费群体、广告受众等特点，精心策划。人员推销也是常用的促销手段，最具实效性。一批懂专业、训练有素的水产品推销人员，向消费者传递信息、提供服务或推销水产品，作用巨大。另外，将公共关系、营业推广等促销手段充分运用到水产品市场营销过程也是十分重要的。

（6）实行产品差异化战略　市场上产品多，要找准自己的产品与大众化产品的差异，进行定位。差异就是优势，就是卖点。水产品差异化策略可以理解为针对不同的顾客提供不同的水产品,这正是水产品市场成熟的标致。首先做到品种差异化,鱼、虾、贝、蟹、藻五大类及其加工产品,另外每个种类又含数十、数百、数千甚至更多品种。开发出形形色色的水产品,用来满足人们不同口味的需要。其次做到档次差异化,根据不同水产品的种类、质量、营养、产地等划分低、中、高价格在水产品市场上销售。第三做到功能差异化,依据种类、营养、来源、产地、部位、加工等不同划分水产品的不同功能,以吸引更多的消费者。比如食补、药补,吃深海鱼健脑,吃鲢鳙鱼软化血管,喝甲鱼血明目等。

(7) 注重产品品牌建设 要树立品牌意识,既要生产出品质好、适销对路的优质水产品,还要注重品牌树立,做大、做强渔业品牌,扩大市场份额。在激烈的水产品市场竞争中,品牌可以收到多方面的效果,例如"一只鼎"黄泥螺、"阳澄湖"大闸蟹、鄂州的"武昌鱼"等水产品的市场销路都不错。目前,绝大多数水产品实行的都是无品牌经营。所以,就目前水产生产经营企业的现状而言,品牌化决策是当务之急。在建立一个水产品品牌时,不但要充分考虑到品牌定位、品牌形象、品牌策略、品牌文化等内容,而且要谨慎从事,因为一个品牌的建立绝非一朝一夕,往往还要花费巨额的费用,导致成本的增加。

(8) 运用概念营销 目前,"概念"营销开始为市场所接受。可以先创造一个概念,然后让顾客接受它,这如同先画一张大饼,撩起大伙的食欲,然后再去生产它。在水产品市场营销中也可以进行"概念"营销。例如,在市场上提出"吃鱼健脑"、"海参是海中人参"等,从而唤起消费者的需求。当然,水产品消费概念的确立要紧密联系消费者的需求及其变化趋势,还要兼顾前瞻性与经济性。

(9) 注重产品包装 水产品的包装问题要重视起来。包装对保护、宣传水产品十分重要,完全可以通过科学、新颖的水产品包装吸引消费者的注意,刺激他们的购买欲望,又向其介绍消费的好处与方法,从而实现水产品促销的目的。

第二节 水果产品市场营销

一、水果产品市场概况

近年来,我国水果种植产业发展非常迅速,收获面积和总产量都已跃居世界第一位。但是水果总产量在急剧上升的同时,农民卖果难的现象却经常出现,而且在国际市场上,我国果品的交易量很少,有些品种的出口量甚至还在不断下滑,出口价格也大大低于其他发达国家的水平。目前,随着我国各地农业结构的调整,水果种植数量还在不断增加,提高我国果品的国际国内市场竞争力,改善果农水果销售困难的局面,已是一个不容忽视的问题。我国果品营销的现状,主要表现在以下几个方面。

(1) 水果果品消费呈现上升的趋势 水果果品消费结构出现新的变化,随着主食消费比重的缓慢下降和副食品消费比重的提高,中国水果果品的消费在整个食物消费中的比重不断上升。总体需求也在不断增长。而且,随着城乡居民生活水平的提高和健康、安全意识的进一步增强,人们对优质水果、果汁的消费需求日益高涨,尤其是对果汁的消费迅速增长。另外,名、优、特、新、高质量的水果品种也渐受消费者青睐,对水果的消费正由享受型消费、季节性消费和单一消费向必需型消费、常年性消费和多样化消费转变。总之,水果鲜果及其加工品消费在中国整个水果果品消费结构中所占的比重正在被进一步提高。

(2) 水果果品增产潜力和加工潜力巨大 中国目前约有 35% 的苹果幼龄果园和 45% 的柑橘幼龄果园尚未投产,有 25% 左右的低产、劣质果园需要改造,大面积荒山荒滩仍在开发,与发达国家相比,中国人均水果果品占有量也仅为其 1/7～1/5。伴随着对水果果品消费的增加,中国水果果品种植面积必将继续扩大。这样,通过提高栽培管理技术,加大资金投入，调整品种结构，提高单产水平，将会给中国水果果品增产带来巨大潜力，水果果品产量将会大幅度增长。此外，作为水果果品生产大国，中国水果果品加工产量尚不足10％，与发达国家的35％比例相比还有很大的差距。近年来，中国已先后引进多条浓缩汁生产线、半成品无菌大包装灌装线和产品无菌灌装线，这些具有国际先进水平的生产加工设备已形成一定规模的果汁加工能力，也必将进一步推动中国水果果品加工业的发展，丰富中国水果果品的市场供应。

（3）大量国外高价水果果品涌入，水果果品生产受到很大冲击和挑战　随着中国加入WTO后经济快速发展的步伐，市场竞争同样，将波及水果果品行业，大量国外洋水果正在不断涌入中国国内市场并占据一定的比例。

我国目前的果品营销取得了很大的成绩，与果树生产状况基本相适应，为果品的发展起到了很大的推动作用，但是果品营销还有一些不尽如人意的地方，表现在以下几个方面。

（1）果品采后处理技术落后　我国果品采后商品化处理水平低，这与国外果品采后同时进行预冷、分级、包装和冷藏储运形成了极大的差距，很难做到季产年销。由于产后处理技术的落后，生产的果品耗损率高，而且鲜果过于集中上市，导致地价销售，严重影响了果业的收益，难以实现优质优价，挫伤了果农的生产积极性。我国经过商品化处理的水果量仅占总产量的1％左右，冷藏量不足30％。而美国在农业总投入中，70％用于采后商品化处理，水果采收后要经过分级、包装等一系列技术处理，运输、储藏过程中的水果损失率不到5％，农产品产后产值和采收时自然产值比为3.7：1.0，日本是2.2：1.0，而我国只有0.58：1.0。可见我国的果品商品化处理技术与发达国家相比还有相当大的距离。

（2）没有形成品牌和规模，宣传力度小　我国的果品销售大多停留在销售地批发和产地市场两种形式，还没有形成正规的销售网络，信息网络不健全，市场信息不畅，包装、质量和标签不规范等问题的存在，导致大多数水果销售难、价格低、效益差。我国的水果大部分都没有形成品牌，市场竞争力弱，价格不稳定，利润低，另外我国对品牌保护的法律制度也不够完善，农民自身对品牌的保护意识淡薄，市场上假冒品牌的果品繁多，让消费者难以选择购买，影响了品牌的形象，逐渐失去了在市场竞争中的优势。

（3）销售体系松散，缺少有影响力的协会组织　现阶段，我国的果品生产经营大多数是一家一户的零散经营，自产自销，除了少数经营出口业务的企业把水果收购来，然后将果品进行必要的分级、包装等商品化处理外，一般都在下树后就直接上市销售了。即使是经营出口业务的企业，由于其与果农间是纯粹的买卖关系，不存在利益共存、风险共担的机制，因而收购的果品质量往往难以得到保证，果品的均匀性、标准化程度很低。现有的行业协会大多处于起步阶段，只有在资金、技术、领导能力等方面加大引导和管理力度，才能更好地起到联系生产和市场的桥梁作用。在现阶段，大多数行业协会在会员的果品销售中无法发挥优势，不能进行统一协调，难以形成整体效应和规模优势。

（4）连锁经营少，中间环节多　在我国绝大多数中小城市和农村，仍然存在着多级批发的现象，经层层加价后不得不抬高价格，消费者并没有得到真正的实惠，生产者得到的利润也并不多，多数利润被从事流通的经营者获得。交易规模偏小引起单位果品交易成本的攀升。另外，超市经营、连锁经营等新的销售模式在果品经营中还处于探索阶段。

（5）果品营销技能亟须提高　果品生产以商品交换为主要特征，只有通过市场买卖产品才能变成商品，最终实现其价值。市场反馈的信息又对果品产业的发展起到导向和带动作用，搞好果品营销成为果品生产中非常重要的问题。果品季节性生产很强，鲜果易烂、储运条件要求高，市场风险大、卖果难、种果盈利少等现象屡见不鲜，因此，广大生产经营者迫切需要掌握果品市场营销的知识和技能，以主动适应市场变化。

（6）国际市场竞争力不足 果品出口量的增长速度明显慢于产量的增长。在国际市场上，我国生产的大部分果品质量较差，尤其是在外观质量上根本不能与发达国家的同类产品竞争，这样使得果品出口量上升速度缓慢。我国果品在国际市场上竞争力低下的另一个表现是出口价格偏低，以相对的价格优势而不是高品质来占据部分国外市场。

二、水果产品市场营销策略

目前水果产品的市场营销策略主要在以下几点上须加以改进。

（1）建立健全果品质量标准化制度，极力提升优质果品产量 果品标准化制度的建立是一个整体，包括产前、产中、产后的各个步骤，缺一不可。目前我国为了建立果品标准化制度可以从以下几个方面努力。①要尽快制定完善的果品生产及加工方面的标准。有关部门应该参照国际和发达国家的标准，加快对我国果品生产及加工标准的补充修订，并使之能与国际接轨，这样使得各主体在生产、加工及运销过程中有标准可依。②应以"高产、优质、高效"果品生产及加工为目标，进一步搞好果品生产及加工标准化示范工作，广泛宣传和推广示范活动的经验，促进果品生产及加工标准的科学管理。③加强农业标准化队伍的建设。以农业科研、农技推广机构为基础，在农业战线上建立一支标准化工作队伍，加强对农业标准化人员的培训，提高其业务素质和标准化管理水平，抓好果品生产销售全过程质量管理体系，极力提高我国优质果品率。

（2）积极支持果品加工处理企业的发展 借鉴发达国家的经验，随着果品产业的发展，在果品产量增加的同时，大力提高果品的质量以提高市场竞争力。而果品质量的提高离不开果品加工企业的发展。根据我国的国情，为了促进果品的营销，解决农户销售难的情况，目前果品加工除了搞好果品浓缩汁等精细加工，还应加强采后商品化处理。政府应该从财政、税收等宏观环境方面对加工处理企业给予必要的支持，促进这些加工处理企业的发展壮大，然后才有能力与农户签订稳定的果品购销合同。果品经过大规模的商品化处理后再进入市场，既提高了质量，拓展了内外销路，也为农户解决了果品销售困难的难题。

（3）要加强果品商品生产基地的建设 商品生产基地具有多方面的优势，只有通过它才能使加工处理企业与分散的农户有机连接起来，并通过专业的社会化服务组织为农户提供各种服务，为加工处理企业提供稳定优质的果品。为了促进我国果品商品生产地的发展，首先要合理布局果品生产基地，逐步形成规模化、区域化、专业化的商品生产基地。其次，要进行集约化经营，围绕优势产品引导农户进行适度规模经营，以提高集约经营化程度，扩大商品批量和提高商品率。最后，还要进行系列化服务，围绕基地发展加强果品生产基地的服务和生产设施建设，把加工处理企业、经济技术部门以及各种农户中介组织的服务结合起来，为基地农户提供有效的服务。

（4）积极鼓励农户中介组织的发展 我国小农户生产的缺陷，限制了果农进入市场交易，需要通过中介组织来实现产品到商品的转变。中介组织不仅可以提高制度效率和经营效率、降低经营成本、帮助农户获利，同时也可有效地节约交易费用。

（5）提高果农的组织化程度 市场需求瞬息万变，果品市场生产要以市场为导向，以效益为重点，做好品种结构的调整和布局。品种选择上突出名优品种，积极引进国外的优良新品种作为储备，优良新品种是开展商品化生产的基础。品种的好坏决定了果品的品质和市场价格，应该根据实际条件和当地的消费水平，明确生产定位和销售市场，实现定向生产，如在大城市周围，应该进行高档次果品的生产，或是建立以观光旅游、采摘为目的的生产园。可以大幅度地提高果品的价值，根据市场需求，合理调整早中晚熟品种，延长上市时间，同时在技术和资金允许时，开发适宜栽培的优良品种，在选择品种的基础上，要加大研究制定与当地气候条件、土壤条件等相适应的配套栽培措施。在当地政府及有关技术部门的支持下，联合广大生产者建立果农协会等生产协会组织，实施统一技术、分散生产和集中走向市场的经营思路，以果农协会等生产协会组织为纽带，实现果品生产的标准化、优质化、商品化、基地化和规范化，提高果品生产者的市场竞争力和可持续发展的能力，促进果品市场健康地发展，从而保护各方面的利益。

(6) 制定和完善质量监督技术体系　目前，果品市场的营销竞争主要在于质量竞争，随着我国经济社会的快速发展和人民生活水平的大幅度提高，消费者对果品的外观、商品整齐度及内在质量和食品安全性提出了更高的要求，不仅要求营养、健康和风味，而且更重视品位和档次；另外，为了确保果品的无公害安全生产，应从建园、品种选择、土肥水管理、病虫害防治、采收、储运等方面入手，全面推广果品的优质、安全和标准化生产技术，从而提高果农的技术水平。同时，尽快建立果品生产全程质量控制技术体系和产品质量安全认证系统，推广农药残留快速检测技术和果品市场准入制度，以确保果品的食用安全。

(7) 强化品牌意识　一方面，要通过报纸、广播、电视和网络等媒体，加大宣传广告力度，使人们充分认识到果品的营养和保健作用；另一方面，注册品牌，培育市场名牌，利用一切有利时机宣传产品，利用各种媒体活动树立整体形象，塑造产地品牌，改被动销售为主动销售。此外，鼓励农民经纪人和果品营销公司参与营销工作，在销售过程中，要注意分级销售和优质优价，并挂上销售标牌，注明品种、产地、品牌和等级等，以供消费者认识和选择。

(8) 加强采后商品化处理　果品采后分级包装是商品化处理的重要环节，对产品进行包装，不仅可以保护商品，便于运输、储存和销售，而且能提升果品档次，满足消费者的特殊需要，为生产经营者创造额外的利润。包装除了要求小型化以外，还要向高档化、艺术化和实用化方向发展。制作民间特色的包装容器，可以起到美化商品、宣传商品、吸引顾客、提高兴趣、诱发购买欲望的作用，包装也要有创意，别具一格，引人注目。只有在品牌名称、商标、宣传词上体现地方特色，形成商品独特的附加文化和审美价值，才能提高果品的知名度，吸引消费者的注意力。

(9) 搭信息化快车，走网络营销之路　水果果品是一类特殊的产品，必须反应灵敏、信息反馈及时，提高营销渠道的效率，实行"渠道畅通工程"。而互联网所具有的全球性、互动性和实时性的特点，能够弥补水果果品传统流通模式低效的缺点，使水果果品经营者在互联网上开展营销。这样，利用互联网在网上发布水果果品供求信息、调节水果果品供需时间和空间矛盾，不但可以找到最好的交易对象，还可以大大节约成本，从而为水果果品面向全国、走向世界创造条件。

第三节　禽产品市场营销

一、禽产品市场概况

近十几年来，随着人民收入和生活水平的提高，我国的肉类生产和消费都有了显著提高。来自农业部数据显示，目前，我国禽类产品消费需求持续快速增长，我国禽肉产业虽然近年发展较快，但是禽肉人均消费量还是比较低，禽肉产量占肉类总产量的18.7%，远远低于发达国家。

在过去十年里，由于禽肉生产效率最高，禽肉在全球肉类生产和贸易中的比重逐渐增加，已经超过牛肉，在肉类消费中占第二位，并有赶超猪肉的趋势。

挑战与机遇是并存的。我国禽肉消费比例较低，产品结构单一，有较大的提高空间。由于历史原因，长期以来猪肉在中国人肉类消费中占有绝对优势。目前，我国人均每年消费

38 千克猪肉，然而，尽管禽产品人均消费量多年来有所增长，但还只有大约 11.5 千克。禽产品，特别是肉鸡的消费，还主要以分割肉的形式供应快餐店和餐饮业。由于禽肉产品消费以分割肉为主，附加值低而且结构单一，生产企业不仅利润率低，而且抗风险能力差。禽肉非常适合深加工，在发达国家，禽产品深加工的比例达到 30%，而在我国这一比例只有5.8%。据统计，低温肉制品将会成为肉制品未来发展的主要趋势，禽肉以其生产成本低、适合加工的特点，可以提高在低温肉制品市场中的比例。此外，发展熟制禽肉也是非常重要的战略。随着人们健康意识的提高和生活质量的改善以及餐饮行业的发展变化，熟制禽肉的发展呈明显的上升势头。即使在禽流感疫情期间，生产熟制禽肉的企业产量也没有受到太大的影响。虽然目前很多企业的熟食产品还是出口到国外市场，但是，随着人们生活水平的提高和对方便食品需求的增加，未来国内市场容量更加客观。正是因为禽肉在肉类消费中的比重比较低，也决定了禽肉在未来还有很大的增长空间。以下几个原因可以决定我国禽肉消费量将保持较快增长。①禽肉属于健康食品。随着西方国家肥胖人口的增加以及相关的心脑血管病等富贵病的比例增加，在欧美及日本等发达国家对高脂肪、高胆固醇含量的红肉消费加以节制，而禽肉以其高蛋白、低脂肪、低热量、低胆固醇的"一高三低"营养特点，越来越受到消费者青睐。例如，鸡肉由于其物美价廉、方便健康，成为世界上消费增长速度最快的肉类。另外，世界上没有任何一种宗教和民族对消费禽肉有所禁忌，使得禽肉拥有相对其他肉类的世界最大的消费群体。在我国随着安全、健康消费观念越来越深入人心，禽肉消费保持良好的发展势头。②肉禽生产效率高，成本低。在畜牧业生产成本结构中，占最大比重的是饲料成本。因此，饲料转化效率越高，越能够节省饲料，降低成本。肉禽的生产效率高就是由于其较高的饲料转化率，单位生产成本比猪、牛、羊等更低。③禽肉适合进行深加工、增值产品生产。大规模工厂化生产是禽肉产业发展的主要特点，其中大规模的屠宰加工既延长了产业链，也推动了禽肉增值产品的生产。目前国内的鸡肉加工企业可以将一只 2.5 千克的肉鸡精细分割并加工超过 300 个品种的产品，这些增值产品不仅提高了肉禽行业的竞争力，并且提高了产品的附加值和产业的经济效益。④居民收入的增长将促进禽产品的消费。根据世界银行和联合国粮农组织的研究报告，随着收入的增加，居民对动物蛋白的需求量相应增加。

二、禽产品市场营销策略

　　21 世纪的养禽企业将面临着一系列的挑战。首先是宏观环境的压力，诸如保护消费者利益运动和保护生态平衡运动的压力；其次是广大消费者对绿色健康消费的需求剧增，特别是餐饮行业对健康的禽产品的需求；最后是市场竞争优胜劣汰规律的作用，迫使企业改变经营观念，开展有效的营销，在禽产品的开发、生产、包装、促销等环节，用先进的技术和理念去开发创新能减少乃至防止污染、保护环境和生态的禽产品，才能赢得消费者的青睐，取得好的经济效益。

　　(1) 加速开发满足消费需求的健康绿色禽产品　绿色食品按其生产成本比一般食品价格高 20%～30%，有些甚至高达 50%。绿色食品的需求受收入因素的影响较大，随着我国经济的快速发展和人民生活水平的不断提高，消费绿色食品的人群比例正在逐年提高。我国家禽品种资源丰富，许多珍、奇、特禽的风味品质优良，开发绿色禽产品应充分考虑现代市场追求绿色新、奇、特的消费潮流，从这些资源宝库中筛选出让消费者耳目一新的品种。发达国家在蛋制品的深加工研究和开发上投入了大量的资金和技术，已开发深加工蛋制品 60 多种，如丹麦研制的发酵蛋白粉、速溶蛋粉；美国的浓缩蛋液、鱼油蛋等。营养学专家预言，功能食品将成为"21 世纪食品"，功能食品集营养、保健为一体，有的还具有特定的医疗功效，比普通食品更具优越性。21 世纪的餐饮食谱也将注重"三低一高"，即低热量、低胆固醇、低糖和高蛋白质。

（2）注重禽产品的品牌建设　一种产品的品牌体现的是产品的质量、优质的服务和经营管理水平，品牌是宝贵的无形资产。创建禽产品品牌有利于产品打开市场和销路，提高市场竞争能力，维护生产者和消费者的权益并提高养禽企业和餐饮企业的经济效益。禽产品绿色品牌的创立，首先要把握市场需求的脉搏，充分利用地域资源优势，选择适合当地条件和能形成资源特色的优良品种或产品。地域资源优势是创建禽产品绿色品牌的基础和保证。绿色生产与管理技术是树立禽产品绿色品牌的关键，只有运用绿色生产技术和创新绿色技术，才能不断提高禽产品的品质；只有运用现代化的经营管理方式，对品牌产品进行集约化管理，才能使产品质量标准化，有效地缩小产品质量差异，更能发挥群体规模营销优势、信息与技术优势以及资金优势等；还要具有强烈的市场促销意识，要舍得在广告促销上多投入，要让更多的绿色禽产品像工业品那样走上电视屏幕、报纸、电台，扩大知名度，提高其市场竞争力和市场占有率，从而不断提高绿色禽产品品牌的无形资产价值。

（3）开展禽产品的绿色包装策略　产品的包装，是塑造产品和企业形象的重要手段，可以有效地提高其附加值。对于绿色禽产品来说，用绿色标志和精巧的包装可有效地展示产品的绿色特性和品质档次，有利于赢得消费者的信任，也是一种极好的促销方式。活禽的包装是一个难题，但更重要的是养禽企业应该对包装引起高度的重视，应先选择简单易行的方式着手做起来，比如对优质名品加挂标牌、解决禽粪污染等，这可以立竿见影地看到成效。

（4）使用安全无残留的添加剂，建立生产全程可追溯体系，保障食品安全　近几年来"疯牛病"、"非典"、"禽流感"、"高热病"等事件，使大家意识到生物安全和食品安全与每个人息息相关。随着生活质量的提高，人们对健康和安全越来越重视，一旦出现食品安全问题，轻则危及消费者对产品的信任，严重者甚至影响整个行业的生存和发展。目前我国禽肉产品出口已经成为提高养殖企业产品附加值和增加农民收入的一项重要来源。而随着我国国民生活水平的提高，人们对食品安全越来越重视，国家立法监控动物产品中抗生素残留也将是大势所趋。如果家禽养殖企业能够从现在就规范和减少抗生素的使用，不仅可以提高我国家禽产品在国际上的竞争力，也可以增强国内消费者对家禽产品的消费信心和购买力，从而提高家禽养殖企业的经济效益。

第四节　蔬菜产品市场营销

一、蔬菜产品市场概况

20世纪80年代中期，我国结束了蔬菜产品供给长期短缺的历史。随着蔬菜卖方市场的逐步消失、买方市场的形成，蔬菜产品供应出现了地区性、季节性和结构性过剩，即"大路货"充斥市场、价格低廉但严重滞销。同时，优质安全的蔬菜产品供不应求。近10年来，我国蔬菜种植面积和产量快速增长，蔬菜产业快速发展，已成为农民增收的支柱产业和创汇农业的重要组成部分。

中国的蔬菜产业，已经取得了巨大成就，但与一些发达国家相比，在诸多方面仍然存在着相当大的差距。第一，我国蔬菜产品的结构比较单一。蔬菜主要以鲜销为主，速食及半成品品种较少。我国蔬菜产品加工品的市场未得到有效开发，一些便于储存、便于料理、便于食用的蔬菜产品加工品，如果蔬汁产品、速冻果蔬产品、脱水果蔬产品、冻干果蔬产品、果蔬脆片等，主要集中在出口市场，或还处于应用开发阶段。第二，蔬菜生产组织化程度低、产品质量的信誉与责任追溯难度大。目前，我国的蔬菜生产基本上是一家一户分散经营模式，规模小，组织化程度低。蔬菜种植的特点是品种多、种植面积小，每一个品种的种植面积相对粮、棉、油等主要农作物的种植面积要小得多。这种传统分散经营方式，一般呈现规模效益差、生产成本高、科技含量低、经营实力弱、管理难度大等缺点。此外，小规模经营也制约农业科技成果的推广应用。蔬菜产业中品种改良、模式化栽培、病虫害防治、产后加工等技术，都与国际先进水平有很大差距，特别是产后储藏、保鲜、深加工等方面技术差距更大，已经成为制约中国蔬菜产业快速发展的瓶颈。第三，化肥、农药残留和污染问题严重。这是因为我国蔬菜产品的生产部门主要以家庭生产为基本单位。很多农户缺乏先进的种植技术，缺乏生产安全蔬菜产品的常识等。

据有关专家预测，今后我国蔬菜产业将朝着环保、方便、外贸等方向发展，蔬菜消费将逐步走向多元化、国际化。

（1）蔬菜消费市场向营养保健型转化　当解决了温饱问题后人们开始注重预防疾病、强健身体的食品。从营养学的角度看，蔬菜是重要的功能性食品，因为人类需要的六大营养中的维生素、矿物质和纤维素主要来源于蔬菜，而且某些营养素还是蔬菜所特有的。因此不少消费者选购营养价值高和具有保健功能的蔬菜，例如营养价值高、风味也不错的豆类、瓜类、食用菌类和茄果类蔬菜颇受消费者的青睐；一些有利于健康的原产地在国外的蔬菜也开始引起了消费者的关注，如西兰花、生菜、紫甘蓝等；另一些具有保健和医疗功能的蔬菜和无污染的野生蔬菜更是身价倍增，成为菜中精品。

（2）向净菜方便型转化　由于城市生活和工作节奏的加快，净菜越来越受到人们的喜爱。所谓净菜就是把采收到的蔬菜通过以下加工程序：预冷、分选、清洗、干燥、切分、添加、包装、储藏和质检等。人们购买后只要稍加处理便可入锅烹饪。

（3）蔬菜食品加工业的兴起　蔬菜食品加工业包括原材料的储藏、半成品加工和营养成分分离、提纯、重组等。发达国家工业食品的消费中所占的比例很大，一般可达80%，而我国只占25%左右。目前我国蔬菜食品加工业除传统的腌渍、制干、制罐等加工产业外，已开发半成品加工、脱水蔬菜、速冻蔬菜、蔬菜脆片等，一些新开发的产品也陆续问世，主要有汁液蔬菜、粉末蔬菜、辣味蔬菜、美容蔬菜、方便蔬菜等。与此同时，蔬菜深加工迅速兴起并逐渐形成了三大种类：蔬菜面点、蔬菜蜜饯、蔬菜饮料。工业食品在品种、质量、营养、卫生、安全、方便、稳定供给等方面更适应人们对现代食品的高要求和快节奏生活的需求。

（4）蔬菜向"名"、"特"、"优"、"稀"型转化　出口对于国内蔬菜市场的扩充，为我国蔬菜市场增加更多的发展空间。由于我国各地生态条件不同，形成了不少具有地区特色的蔬菜产地。我国蔬菜出口贸易也在近年来得到快速增长。

以上蔬菜消费的变化特点标志着我国蔬菜供求格局已从数量型向质量型转变。而随着我国农村经济的发展，乡村居民的消费量必将进一步提高。

二、蔬菜产品市场营销策略

中国既是最大的蔬菜生产国，也是最大的蔬菜消费国，蔬菜是人民生活消费中最重要的农产品之一。目前，我国蔬菜产业主要处于发展农业阶段，部分大城市和区域主产区正在向现代化商品农业阶段迈进。蔬菜营销的方式和理念也随之发展，目前我国蔬菜产业的营销方式主要有以下几点。

1. 蔬菜的绿色营销

蔬菜绿色营销策略是随着严重的环境问题而产生的。所谓绿色营销是指以促进可持续发展为目标，为实现经济利益、消费者需求和环境利益的统一，市场主体通过制造和发现市场机遇，采取相应的市场营销方式以满足市场需求的一种管理过程。绿色农产品有利于增强人民体质、改善生存环境。安全、环保、天然及无公害的绿色食品已成为人类的消费共识。我国已全面启动"开辟绿色通道，培育绿色市场，倡导绿色消费"的"三绿工程"。西部地区则要利用其无公害、无污染农畜产品优势，大力发展绿色产品，把握蔬菜的绿色营销时机。

确立以可持续发展为目标的绿色营销观念，从蔬菜营销战略的制定到具体实施过程中都应始终贯彻"绿色"理念。及时收集蔬菜的绿色市场信息，发现和识别消费者"未满足的绿色需求"，结合企业的自身情况，制定和具体实施蔬菜绿色营销策略。

绿色包装策略即在产品包装设计时，尽量降低包装及其残余物对环境的影响，符合"可再循环"、"可生物分解"的要求。其包装材料必须易分解、无毒、无污染，使其名实相符、内外一致，树立绿色蔬菜良好的信誉和形象。

绿色商标策略即在给绿色蔬菜命名和选择商标时要符合绿色标志的要求，使人们在接触产品及其商标时，就会联想到葱郁的植被、茂密的森林、诱人的花草、优美清洁的环境和蓬勃的自然生机。

绿色技术策略在蔬菜营销活动中，以国内外市场需求为导向，以科研部门为依托，大力开发以农业资源永续利用和促进人类健康为核心的农产品开发、生产、加工及销售技术体系。

绿色价格策略建立起"环境有偿使用"的新观念，树立"污染者付费"的生产经营意识，将企业用于环保方面的支出计入成本，构成价格的一部分。同时绿色蔬菜的生产和流通有特殊的环境要求，其成本也较一般产品高。因此，绿色蔬菜价格应高于普通农产品。只有这样，才能增强农产品市场竞争能力，获得良好的经济效益和社会效益。

绿色营销理念是随应了时代和市场的需求，解决了人们对于蔬菜质量要求和自己所应承担的社会责任的有效途径。

2. 蔬菜的绿色网络营销

蔬菜生产的传统性、封闭性、分散化的状态，与市场流通的现代性、开放性、规模化相脱节，影响和制约着蔬菜产业的发展。身处其中的蔬菜经营企业要解决这一问题，最重要的一条在于"放活"蔬菜生产，加强与市场的平台搭建。随着农村土地制度的改革和蔬菜市场化的推进，掌握信息、了解市场、在蔬菜生产与市场流通间架起一座桥梁，而解决生产与市场脱节的关键便是搭建和充分利用信息平台，加强现代化网络信息的建设和利用也是必需的。

① 利用中心市场与二类市场之间的信息交流平台，掌握市场与市场之间信息适时、互动交流，分析三地市场的物流信息与物流分配，完成经营者需求与蔬菜种植的信息交流，生产者与经营者的资金交流过程，把握消费者市场动态需求，最大限度降低市场风险。

② 引进高科技管理工具和先进管理方式，为企业按时、按需找到优质高效的蔬菜产品找准道路。蔬菜的生产盲目性很大程度体现在生产者的盲目跟风，而种植信息的共享，既能降低生产者的风险也把蔬菜经营企业的品牌经营变成了现实。

③ 利用国家信息资源，搭建本地蔬菜与外界市场、外地蔬菜与本地市场交流的平台，加强信息检验检测系统建设；利用和发挥蔬菜批发市场为全国重点抽查蔬菜市场的定位，开拓企业自己的蔬菜物流领域。

3. 蔬菜的品牌营销

品牌在市场竞争中的作用并不仅仅表现在蔬菜的识别功能上，虽然蔬菜的质量性能和企业的市场信誉能够首先通过品牌传导给消费者，但品牌尤其是品牌的功能，更多的是它的市场影响力，是它带给消费者的信心，它在带给消费者物质享受的同时，还带给消费者一定的精神享受。品牌的这种特殊功能构成了品牌蔬菜所特有的市场竞争力。任何蔬菜经营企业都不能忽视品牌战略的重要性。创驰名品牌是解决蔬菜销售难和提高蔬菜经营企业收入的根本途径。驰名品牌会给企业带来高额利润，使企业具有强大的竞争力；品牌能够提高企业营销计划的执行效率，成为促进产品扩张、促进贸易的有力杠杆。

（1）以名创牌　对于一些特殊的产地和特殊的品种，为了保证人们对它的有效识别，对蔬菜市场竞争力强的优势产品实行商标注册。创品牌既是为了宣传、扩大影响，同时也是为了保护品牌。

（2）以质创牌　现代的种植技术不光可以保证蔬菜产量也同时能保证蔬菜的品质，特别在西南地区由于其气候的多样性、地理环境的特殊性，生长在大山大谷中的高品质蔬菜就是以质量取胜。蔬菜的生产经营严格按照质量标准生产，提高产品品位，绿色产品将是蔬菜品牌发展的顶峰。

（3）包装创牌　随着现代流通方式的发展，蔬菜包装将成为必然趋势。发达国家的蔬菜是一流的产品，一流的包装，一流的价格。而我国的蔬菜则是一流的产品，三流的包装，三流的价格。

（4）加大创牌宣传力度，树立良好品牌形象　除了企业和农民自身的宣传，地方政府也要积极做好特色蔬菜的宣传，扩大知名度，提高市场占有率。

（5）做好名牌保护工作，提高商标意识　蔬菜企业一方面应对自己的品牌进行商标注册，求得法律保护；另一方面应加强内部管理，提高产品信誉，提高产品质量，珍惜和维护品牌信誉。

[拓展阅读]　　**老蜂农蜂蜜　农业小产品品牌化**

蜂农品牌蜂蜜的创业者，在几乎没有任何自有资金、没有任何广告推广、没有自己建立销售网络的情况下，只是靠产品策划的创造力而产生内在原动力，纯靠自然销售而螺旋上升、自我滚动发展。创业者投入50万元银行贷款，5年来不仅获得了500万元纯利润的创业回报，而且创造了一个让竞争对手出价1000万收购的中国蜂业知名品牌。

老蜂农案例价值在于，由于它完全不同于充斥市面需要大量资金、以广告推广为第一推动力的产品成功案例，只是靠产品定位的品牌魅力作为产品销售的第一推动力，从而成为农业小产品领域的小型创业者可复制或可借鉴的案例。随着我国农业产业化、商品化的兴起，越来越多的农产品精品摆上了超市柜台，营销手法也开始越来越多应用于农业产品领域。国外先进农产品营销成功的典型案例有新西兰奇异果，其中营养成分与中国猕猴桃差异不大的水果被成功地营销包装，其他还有新奇士橙、美国提子（大葡萄）、泰国香米等。他们大多都是当地政府相关部门通过市场化运作，为农产品建立相应的品牌营销系统而使农产品增值。

老蜂农蜂蜜将市场准确定位于城市关注时尚健康的白领女性。迎合白领女性根本需求的背后因素是老蜂农蜂蜜是中国蜂蜜市场第一个将蜂蜜产品从功能物理层面提升到心理文化层面的品牌。在老蜂农没有出现以前，这部分挑剔的顾客对于蜂蜜消费的心理精神层面是完全没有满足的，她们一看那些土里土气的没有任何审美情趣的包装，就知道这不是她们想要的产品。而当老蜂农一出现，她们会惊喜地感觉到这才是她们需要的产品，这才是能够满足她们快乐情感与精神体验的品牌。所以老蜂农的成功看似轻松简单，其实是必然：因为它是中国蜂蜜市场第一个满足顾客高层次精神需求的产品，而且这个精神层面的感觉不是通过广告宣传体现，而是通过单一的传播形式体现，就是老蜂农产品本身精美的包装陈列。老蜂农虽然只是创造了一个新包装，但却是改变了整个蜂蜜产品的格局并确定了老蜂农的市场定位。

摘自：创业商机网

第十六章　食品营销模式创新

第一节　网络营销

一、网络营销的概念

网络营销（on-line marketing 或 E-marketing）就是以国际互联网络为基础，利用数字化的信息和网络媒体的交互性来辅助营销目标实现的一种新型的市场营销方式。简单地说，网络营销就是以互联网为主要手段进行的，为达到一定营销目的的营销活动。

二、网络营销的方法

网络营销职能的实现需要通过一种或多种网络营销手段，常用的网络营销方法除了搜索引擎注册之外还有：关键词搜索、网络广告、TMTW 来电付费广告、交换链接、信息发布、整合营销、博客营销、邮件列表、许可 E-mail 营销、个性化营销、会员制营销、病毒性营销等。

1. 搜索引擎营销

SEM 是 Search Engine Marketing 的缩写，中文意思是搜索引擎营销。SEM 是一种新的网络营销形式。SEM 所做的就是全面而有效地利用搜索引擎来进行网络营销和推广。SEM 追求最高的性价比，以最小的投入，获得最大的来自搜索引擎的访问量，并产生商业价值。

2. 交换链接

交换链接或称互换链接，它具有一定的互补优势，是两个网站之间简单的合作方式，即分别在自己的网站首页或者内页放上对方网站的 LOGO 或关键词并设置对方网站的超级链接，使得用户可以从对方合作的网站中看到自己的网站，达到互相推广的目的。交换链接主要有几个作用，即可以获得访问量、增加用户浏览时的印象、在搜索引擎排名中增加优势、通过合作网站的推荐增加访问者的可信度等。更值得一提的是，交换链接的意义已经超出了是否可以增加访问量，比直接效果更重要的在于业内的认知和认可。

3. 网络广告

几乎所有的网络营销活动都与品牌形象有关，在所有与品牌推广有关的网络营销手段中，网络广告的作用最为直接。标准标志广告（BANNER）曾经是网上广告的主流（虽然不是唯一形式），进入 2001 年之后，网络广告领域发起了一场轰轰烈烈的创新运动，新的广告形式不断出现，新型广告由于克服了标准条幅广告条承载信息量有限、交互性差等弱点，因此获得了相对比较高一些的点击率。

4. 信息发布

信息发布既是网络营销的基本职能，又是一种实用的操作手段，通过互联网，不仅可以浏览到大量商业信息，同时还可以自己发布信息。最重要的是将有价值的信息及时发布在自己的网站上，以充分发挥网站的功能，比如新产品信息、优惠促销信息等。

5. 博客营销

博客营销是通过博客网站或博客论坛接触博客作者和浏览者，利用博客作者个人的知识、兴趣和生活体验等传播商品信息的营销活动。博客营销不直接推销产品，而是通过影响消费者的思想来影响其购买行为。例如某相机厂商赞助某知名摄影博客，并向其灌输自己相关产品的内容，而后这些产品由该博客为源头传播开来，影响其他摄影爱好者和相机用户。专业博客往往是那个圈子中的意见领袖，他们的一举一动往往被其他人模仿和追逐。

6. 个性化营销

个性化营销的主要内容包括：用户定制自己感兴趣的信息内容、选择自己喜欢的网页设计形式、根据自己的需要设置信息的接收方式和接收时间等。个性化服务在改善顾客关系、培养顾客忠诚以及增加网上销售方面具有明显的效果。据研究，为了获得某些个性化服务，在个人信息可以得到保护的情况下，用户才愿意提供有限的个人信息，这正是开展个性化营销的前提保证。

7. 会员制营销

会员制营销已经被证实为电子商务网站的有效营销手段，国外许多网上零售型网站都实施了会员制计划，几乎已经覆盖了所有行业，国内的会员制营销还处在发展初期，不过已经看出电子商务企业对此表现出的浓厚兴趣和旺盛的发展势头。

8. 网上商店

建立在第三方提供的电子商务平台上、由商家自行经营网上商店，如同在大型商场中租用场地开设商家的专卖店一样，是一种比较简单的电子商务形式。网上商店除了通过网络直接销售产品这一基本功能之外，还是一种有效的网络营销手段。从企业整体营销策略和顾客的角度考虑，网上商店的作用主要表现在两个方面：一方面，网上商店为企业扩展网上销售渠道提供了便利的条件；另一方面，建立在知名电子商务平台上的网上商店增加了顾客的信任度，从功能上来说，对不具备电子商务功能的企业网站也是一种有效的补充，对提升企业形象并直接增加销售具有良好效果，尤其是将企业网站与网上商店相结合，效果更为明显。

9. 病毒性营销

病毒性营销并非真的以传播病毒的方式开展营销，而是通过用户的口碑宣传网络，信息像病毒一样传播和扩散，利用快速复制的方式传向数以千计、数以百万计的受众。现在几乎所有的免费电子邮件提供商都采取类似的推广方法。

10. 论坛营销

其实人们早就开始利用论坛进行各种各样的企业营销活动了，当论坛那时成为新鲜媒体的论坛出现时就有企业在论坛里发布企业产品的一些信息了，其实这也是论坛营销的一种简单的方法。在这里结合网络策划的实践经验简要地说一下什么是论坛营销，论坛营销"就是企业利用论坛这种网络交流的平台，通过文字、图片、视频等方式发布企业的产品和服务的信息，从而让目标客户更加深刻了解企业的产品和服务，最终达到企业宣传企业的品牌、加深市场认知度的网络营销活动。"

11. 网络营销联盟

营销联盟目前在我国还处于萌芽阶段，在国外已经很成熟了，1996年亚马逊通过这种新方式取得了成功。联盟包括三要素：广告主、网站主和广告联盟平台。广告主按照网络广告的实际效果（如销售额、引导数等）向网站主支付合理的广告费用，节约营销开支，提高企业知名度，扩大企业产品的影响，提高网络营销质量。

12. 竞价推广

竞价推广是把企业的产品、服务等通过以关键词的形式在搜索引擎平台上作推广，它是一种按效果付费的新型而成熟的搜索引擎广告。用少量的投入就可以给企业带来大量潜在客户，有效提升企业销售额。竞价排名是一种按效果付费的网络推广方式，由百度在国内率先推出。企业在购买该项服务后，通过注册一定数量的关键词，其推广信息就会率先出现在网民相应的搜索结果中。

13. 电子书营销

从理论上讲，电子书广告应用起来很简单：在制作电子书时，将广告信息合理地安排到电子书中，比如书的首页，内容中的页眉或者页脚，或者在正文中的合适位置插入一定量的广告信息，让读者在阅读免费电子书的同时，接受到一定量的广告信息。eBook 广告可以拥有网络广告的所有优点，比如，可以准确地测量每本书下载的次数，并可记录下载者来自哪个 IP 地址，同时比一般的网络广告具有更多的优势，如下载后可以通过各种阅读设备离线浏览，而一本好书往往会得到读者的重复阅读，并可能在多人之间传播，这样，同样数量的点击（对于 eBook 点击的表现形式为下载），明显会比普通的在线广告有更多的浏览数，读者对广告的印象自然也会加深。

14. 事件营销

策划具有新闻价值、社会影响以及名人效应的人物或事件，吸引媒体、社会团体和消费者的兴趣与关注，以对互联网现象的充分了解和丰富的网络策划经验为企业和产品提高知名度、美誉度，树立健康的品牌形象。

15. 视频营销

视频营销将"有趣、有用、有效"的"三有"原则与"快者为王"结合在一起。这正是越来越多企业选择网络视频作为自己营销手段的原因。中麒推广认为它具有电视短片的种种特征，例如感染力强、形式内容多样等，又具有互联网营销的优势，例如互动性、主动传播性、传播速度快、成本低廉等。可以说，网络视频营销，是将电视广告与互联网营销两者"宠爱"集于一身。

16. 品牌营销

企业的生存之道，要紧紧围绕企业品牌推广策略，无论何种营销方式，都是对自己企业品牌的植入传播，而网络时代为企业品牌的发展提供了更广阔的空间，同时也提供了全新的传播形式，尤其在 WEB2.0 时代，网络已经成为品牌口碑传播的阵地。品牌推广，塑造企业品牌形象，进行品牌营销。一个优秀品牌的建立不但要有较高的知名度，同时还要有较好的美誉度。信息化时代，搜索引擎的使用是网民每天上网必经的过程，要让您的品牌被大家所熟知，首先必须让自己的产品和服务在搜索引擎的展现上出类拔萃。

17. 整合营销

随着中小企业效率的提高及人们对网络营销的认识和运用，单一营销模式能带来的效果将会越来越小，而网络整合营销策划对中小企业将会显得越来越重要。它是基于互联网平台，整合互联网资源，全方位、全方面展示企业信息，树立品牌，宣传产品。

18. IM 工具营销

IM 工具营销一般是指通过 QQ、MSN、旺旺等即时通信软件来实现营销的目的，常用方法一般为群发消息，利用弹出窗口弹出信息，或者采用工具皮肤内嵌广告的形式。

三、网络营销的特点

随着互联网技术发展的成熟以及联网成本的低廉，互联网好比是一种"万能胶"将企业、团体、组织以及个人跨时空联结在一起，使得他们之间信息的交换变得"唾手可得"。市场营销中最重要也最本质的是组织和个人之间进行信息传播和交换。如果没有信息交换，那么交易也就是无本之源。正因如此，互联网具有营销所要求的某些特性，使得网络营销呈现出一些特点。目前对于网络营销的特点，学术上有两种比较主流的观点，事实上都大同小异。

1. 时域性

营销的最终目的是占有市场份额，由于互联网能够超越时间约束和空间限制进行信息交换，使得营销脱离时空限制进行交易变成可能，企业有了更多时间和更大的空间进行营销，可每周 7 天，每天 24 小时随时随地的提供全球性营销服务。

2. 富媒体

互联网被设计成可以传输多种媒体的信息，如文字、声音、图像等信息，使得为达成交易进行的信息交换能以多种形式存在和交换，可以充分发挥营销人员的创造性和能动性。

3. 交互式

互联网通过展示商品图像，商品信息资料库提供有关的查询，来实现供需互动与双向沟通。还可以进行产品测试与消费者满意调查等活动。互联网为产品联合设计、商品信息发布以及各项技术服务提供最佳工具。

4. 个性化

互联网上的促销是一对一的、理性的、消费者主导的、非强迫性的、循序渐进式的，而且是一种低成本与人性化的促销，避免推销员强势推销的干扰，并通过信息提供与交互式交谈，与消费者建立长期良好的关系。

5. 成长性

互联网使用者数量快速成长并遍及全球，使用者多属年轻、中产阶级、高教育水准，由于这部分群体购买力强而且具有很强市场影响力，因此是一项极具开发潜力的市场渠道。

6. 整合性

互联网上的营销可由商品信息至收款、售后服务一气呵成，因此也是一种全程的营销渠道。另外，企业可以借助互联网将不同的传播营销活动进行统一设计规划和协调实施，以统一的传播资讯向消费者传达信息，避免不同传播中不一致性产生的消极影响。

7. 超前性

互联网是一种功能最强大的营销工具，它同时兼具渠道、促销、电子交易、互动顾客服务以及市场信息分析与提供的多种功能。它所具备的一对一营销能力，正符合定制营销与直复营销的未来趋势。

8. 高效性

计算机可储存大量的信息，代消费者查询，可传送的信息数量与精确度远超过其他媒体，并能应市场需求，及时更新产品或调整价格，因此能及时有效了解并满足顾客的需求。

9. 经济性

通过互联网进行信息交换，代替以前的实物交换，一方面可以减少印刷与邮递成本，可以无店面销售，免交租金，节约水电与人工成本，另一方面可以减少由于迂回多次交换带来的损耗。

10. 技术性

网络营销大部分是通过网上工作者（威客等），通过他们的一系列宣传、推广，这其中的技术含量相对较低，对于客户来说是小成本大产出的经营活动。网络营销是建立在高技术作为支撑的互联网络的基础上的，企业实施网络营销必须有一定的技术投入和技术支持，改变传统的组织形态，提升信息管理部门的功能，引进懂营销与电脑技术的复合型人才，这样才能具备市场竞争优势。

第二节 文化营销

一、文化营销的概念

文化营销系一组合概念，简单地说，就是利用文化力进行营销，是指企业营销人员及相关人员在企业核心价值观念的影响下，所形成的营销理念，以及所塑造出的营销形象，两者在具体的市场运作过程中所形成的一种营销模式。

企业卖的是什么？麦当劳卖的仅是面包加火腿吗，答案是否定的，它卖的是快捷时尚个性化的饮食文化（QSCV 形象）。中秋节吃月饼吃的是什么，人们难道只吃的是它的味道吗？不是，人们吃的是中国民族传统文化——团圆喜庆。喝百事可乐喝的是它所蕴涵的阳光、活力、青春与健康；喝康师傅冰红茶喝的是它的激情、酷劲与时尚。

总之，通过以上例子可以看到在产品的深处包含着一种隐性的东西——文化。企业向消费者推销的不仅仅是单一的产品，产品在满足消费者物质需求的同时还满足消费者精神上的需求，给消费者以文化上的享受，满足他们高品位的消费。这就要求企业转变营销方式进行文化营销。

物质资源会枯竭的，唯有文化才能生生不息。文化是土壤，产品是种子，营销好比是在土壤里播种、耕耘，培育出品牌这棵幼苗。可口可乐只是一种特制饮料，和其他汽水饮料也没有太大的差别，但它之所以能够成为全球知名品牌，并有一百多年历史，是因为它与美国的文化有紧密的联系，可口可乐的每一次营销活动无不体现着美国文化，使其品牌成为美国文化的象征。

文化营销是指把商品作为文化的载体，通过市场交换进入消费者的意识，它在一定程度上反映了消费者对物质和精神追求的各种文化要素。文化营销既包括浅层次的构思、设计、造型、装潢、包装、商标、广告、款式，又包含对营销活动的价值评判、审美评价和道德评价。它包括如下三层含义。

① 企业需借助于或适应于不同特色的环境文化开展营销活动。

② 文化因素需渗透到市场营销组合中，综合运用文化因素，制定出有文化特色的市场营销组合。

③ 企业应充分利用 CI 战略与 CS 战略全面构筑企业文化。

二、文化营销的意义

从小的方面看，企业文化是企业全体员工衷心认同的和共有的核心价值观念，它规定了人们的基本思维模式和行为方式，这种优秀文化的吸引力可以吸引外部优秀的营销人员来为本企业效力，还可以使本企业内部员工紧密团结在一起，为一个共同的目标而努力，从而达到人力资源的优化配置，确保企业经营业绩的不断提高。就大的方面而言，知识经济这个时代，人们在消费物质形态产品的同时，更加注重消费文化形态的产品，从这个角度看，企业最大的效益是由文化创造的，利用文化力营销，从而优化资源配置，推动经济发展，由此看来，文化营销是实实在在的生产力。

三、文化营销应注意的问题

企业在文化营销时应注意以下几个方面。

1. 处理好内容与形式的关系

内容决定形式，形式是内容的体现，二者辩证统一。企业在文化营销时往往只重视形式忽略了内容。有的企业只注重产品的包装，不重视产品的质量；有的企业在文化建设中只提出一些口号，实际中并不执行；有的企业只知道做广告做宣传，只重视企业视觉识别系统

（VI 设计），不强调企业理念（MI）和企业行为（BI）建设，造成了"金玉其外，败絮其中"的结果。

2. 要用系统的观点对待文化营销

企业的文化营销是一个整体，一个有机的系统。它包括三个方面的含义，不能断章取义，只抓一点不及其余，而要把三者有机结合起来。企业文化建设是企业文化营销的前提和基础，企业没有良好的健康的全面的文化建设，文化营销就成了无源之水、无本之木；企业分析和识别不同环境的文化特点是文化营销的中间环节和纽带，在企业文化建设的基础上，只有对不同环境的文化进行分析才能制定出科学的文化营销组合策略；制定文化营销组合策略是前两者的必然结果。企业在进行文化营销时往往忽视了前两者，只重视了文化营销组合策略的运用，结果是收效甚微。

在实施文化营销过程中应该注意：第一，人性化，即符合、满足人的精神需求；第二，个性化，即要有企业自己的声音；第三，社会性，即充分挖掘社会文化资源并回归社会；第四，生动性，即营销技术要灵活、创新、形象、易传播；第五，公益性，即营销活动必须对社会公众有益。

第三节　期货营销

一、期货的概念

期货（futures）与现货相对。期货是现在进行买卖，但是在将来进行交收或交割的标的物，这个标的物可以是某种商品，例如黄金、原油、农产品，也可以是金融工具，还可以是金融指标。交收期货的日子可以是 1 周之后，一个月之后，三个月之后，甚至一年之后。买卖期货的合同或者协议叫做期货合约。买卖期货的场所叫做期货市场。投资者可以对期货进行投资或投机。期货合约是一种将来必须履行的合约，而不是具体的货物。合约的内容是统一的、标准化的，唯有合约的价格，会因各种市场因素的变化而发生大小不同的波动。

这个合约对应的"货物"称为标的物，通俗地讲，期货要炒的那个"货物"就是标的物，它是以合约符号来体现的。例如，C1102，是一个期货合约符号，表示 2011 年 2 月交割的合约，标的物是玉米。

二、期货交易

期货交易是市场经济发展到一定阶段的必然产物，它与现货交易在交易方式和交易目的上截然不同。现货交易是根据合同商定的付款方式买卖商品，在一定时期内进行实物交割，从而实现商品所有权的转移。而商品期货交易只需交纳少量保证金，通过在商品交易所公开竞价买卖期货合约，并在合约到期前通过对冲，即先买进后卖出或先卖出后买进，以及进行实物交割来完成交易。期货交易的主要目的在于转移现货交易中的风险，包括价格风险、利润风险和汇率风险等，或猎取风险利润，因此在交易中进行实物交割的数量很少，通常仅占交易量的 1％～2％。

期货交易是从现货交易中的远期合同交易发展而来的。在远期合同交易中，交易者集中到商品交易所交流市场行情，寻找交易伙伴，通过拍卖或双方协商的方式来签订远期合同，等合同到期时，交易双方以实物交割来了结义务。交易者在频繁的远期合同交易中发现，由于价格、利率或汇率的波动，合同本身就具有价差或利益差，因此完全可以通过买卖合同来获利，而不必等到实物交割时再获利。为适合这种业务的发展，期货交易应运而生。期货交易虽然是从现货交易中发展而来，但它已脱胎换骨，形成了自己独特的风格。

三、期货交易的基本特征

期货交易建立在现货交易的基础上，是一般契约交易的发展。为了使期货合约这种特殊的商品便于在市场中流通，保证期货交易的顺利进行和健康发展，所有交易都是在有组织的期货市场中进行的。因此，期货交易便具有以下一些基本特征。

（1）合约标准化　期货交易是通过买卖期货合约进行的，而期货合约除价格外，所有条款都是预先规定好的，是标准化的。

（2）场所固定化　期货交易具有组织化和规范化的特征。期货交易是在依法建立的期货交易所内进行的，一般不允许进行场外交易，因此期货交易是高度组织化的。期货交易所是买卖双方汇聚并进行期货交易的场所，是非营利组织，旨在提供期货交易的场所与交易设施，制定交易规则，充当交易的组织者，本身并不介入期货交易活动，也不干预期货价格的形成。

（3）结算统一化　为了有效地控制期货市场的风险，现代期货市场普遍建立了一套完整的风险保障体系，其中最重要的就是以保证金制度为基础的每日无负债结算制度。

（4）交割定点化　实物交割只占一定比例，多以对冲了结。期货交易的"对冲"机制免除了交易者必须进行实物交割的责任。由于在期货市场进行实物交割的成本往往要高于直接进行现货交易成本，包括套期保值者在内的交易者多以对冲了结手中的持仓，最终进行实物交割的只占很小的比例。期货交割必须在指定的交割仓库进行。

（5）交易经纪化　期货交易具有集中性和高效性的特征。这种集中性是指，期货交易不是由实际需要买进和卖出期货合约的买方和卖方在交易所内直接见面进行交易，而是由场内经纪人即出市代表代表所有买方和卖方在期货交易场内进行，交易者通过下达指令的方式进行交易，所有的交易指令最后都由场内出市代表负责执行。交易简便，寻找成交对象十分容易，交易效率高，表现出高效性的特征。集中性还表现为一般不允许进行场外私下交易。

（6）保证金制度化　期货交易具有高信用的特征。这种高信用特征是集中表现为期货交易的保证金制度。期货交易需要交纳一定的保证金。交易者在进入期货市场开始交易前，必须按照交易所的有关规定交纳一定的履约保证金，并应在交易过程中维持一个最低保证金水平，以便为所买卖的期货合约提供一种保证。保证金制度的实施，不仅使期货交易具有"以小博大"的杠杆原理，吸引众多交易者参与，而且使得结算所为交易所内达成并经结算后的交易提供履约担保，确保交易者能够履约。

（7）商品特殊化　期货交易对期货商品具有选择性。期货商品具有特殊性。许多适宜于用现货交易方式进行交易的商品，并不一定适宜于期货交易。这就是期货交易对于期货商品所表现出的选择性特征。一般而言，商品是否能进行期货交易，取决于四个条件：一是商品是否具有价格风险，即价格是否波动频繁；二是商品的拥有者和需求者是否渴求避险保护；三是商品能否耐储藏并运输；四是商品的等级、规格、质量等是否比较容易划分。这是四个最基本条件，只有符合这些条件的商品，才有可能作为期货商品进行期货交易。

四、期货交易的特点

（1）以小博大　期货交易只需交纳比率很低的履约保证金，通常占交易额的5%～10%，从而使交易者可以用少量资金进行大宗买卖，节省大量的流动资金，资金回报率高。

（2）交易便利　期货市场中买卖的是标准化的合同，只有价格是可变因素。这种标准合同既作为"抽象商品"代表实物商品，又作为一种交易单位，商品本身并不进入市场。合同的标准化提高了合同的互换性和流通性，使采用对冲方式了结义务十分方便，因此交易者可以频繁地进行交易，创造了许多盈利机会。

（3）履约问题　所有期货交易都通过期货结算所进行结算，且结算所成为任何一个买者或卖者的交易对方，为每笔交易担保。因为结算所会员都是大证券商、大银行和大公司，所以交易者不必担心交易履约问题。

（4）市场透明　交易信息完全公开，且交易采取公开竞价方式进行，使交易者可在平等的条件下公开竞争。

（5）组织严密　期货交易是一种规范化的交易，有固定的交易程序和规则，一环扣一环，环环高效运作，一笔交易不论在交易所当地或异地均可以很快完成。

[拓展阅读]　　可口可乐的网络战争

可口可乐算是快速消费品品牌中应用网络最深、最丰富的品牌，而年轻人一直是可口可乐在市场定位和推广中很重要的一个部分，这个群体也是百事可乐与可口可乐在定位上差异化的核心目标群体，因此如何利用互联网的力量影响这部分年轻群体，自然成为了可口可乐网络营销创新的重点。

然而对可口可乐这一百年老牌子而言并不是一件很容易的事情，因为其产品单一，口味一贯，在传统媒体上又有着铺天盖地的广告宣传，人们闭上眼睛都能想出它的样子和味道。针对现状，可口可乐做了以下部署。

① 品牌的消费者属性定位清晰，并且与选择的营销媒介的受众属性高度吻合。

可口可乐的三个营销活动的主要目标族群都锁定在 16～24 岁的中国年轻人，以高中生、大学生及年轻上班族为主，而这个族群不仅是当前碳酸饮料的主要消费者，同时也是网络的重要使用者，并且这部分群体乐于接受新鲜事物并愿意和朋友分享他们的体验，使得互联网信息可以非常有效地被他们接受。

② 网络营销创新的营销创意和活动主题引起了目标群体的心理共鸣。

"新年第一瓶可口可乐，你想与谁分享？"抓住了 2008 年结束到 2009 年开始这样的一个交界时间点，鼓励人们跨越过去，冀望未来，而将可口可乐作为一个关键词穿插起来，引发了年轻人在情感上的共鸣；在线"宴遇"飞轮海活动，则是让年轻消费者与自己喜欢的偶像可以互动，还可以带来体验；零度可口可乐的案例则是号召中国青年人发挥创意，展现自我，体现"没有不可能"及"中国制造"的精神，这三个案例都体现了在叩击年轻消费者的心灵，激发参与上有着独特的创意。互联网作为一个时尚生活和娱乐的平台，网络营销创新一定要创意独特，要能够洞悉年轻消费者心理才能引发他们的参与。

③ 网络营销创新要突破广告本身，而是强调参与、互动，传播品牌文化。

很多企业在采取网络营销的时候，都想直接推动对于产品的销售，更多在强调产品本身，实际上这在互联网上是不可取的，因为互联网本身是一个文化圈，过于强调产品本身反而会让消费者失去兴趣。可口可乐的网络营销活动，就巧妙地将年轻人欢迎的网络内容进行嫁接，而不仅仅局限在单纯的产品的广告投放上，并塑造了轻松愉快的环境下，来与消费者达成互动的沟通，在传递流行的、快乐的内容同时实现品牌推广的目的，可口可乐的品牌性格在整个营销过程中都表现得非常鲜明而不落俗套。

摘自：中国酒业新闻网

参 考 文 献

[1] 安玉发. 食品营销学. 北京：中国农业出版社，2009.
[2] 菲利普·科特勒，凯文·莱恩·凯勒著. 营销管理. 第12版. 上海：格致出版社，上海人民出版社，2001.
[3] 迈克尔 R 津科特，伊尔卡 A 朗凯恩著. 国际市场营销学. 北京：电子工业出版社，2007.
[4] 林岳. 快消品的网络营销创新. 销售与市场：管理版，2010，11：64-65.
[5] 林岳. 海底捞：捞金如土的秘诀. 销售与市场：评论版，2011，8：55-57.
[6] 黄林. 海底捞的顾客体验与服务利润链. 销售与市场：管理版，2010，3：86-88.
[7] 史贤龙. 2011年中国食品行业的机遇与挑战：中国产业风云. 企业研究，2011，4：9.
[8] 吴长顺. 营销学教程. 北京：清华大学出版社，2011.
[9] 郝渊晓，张鸿. 市场营销学. 西安：西安交通大学出版社，2009.
[10] 卢万强. 食品营销学. 北京：化学工业出版社，2010.
[11] 薛璐，刘爱国. 食品商品学. 北京：化学工业出版社，2009.
[12] [美] 理查德·库尔斯，约瑟夫·乌尔. 农产品市场营销学. 孔雁译. 北京：清华大学出版社，2006.
[13] 闫丽霞，张振江. 现代市场营销学教程. 北京：中国电力出版社，2011.
[14] 高中玖，赵欣然. 市场营销学. 北京：北京大学出版社，2009.
[15] 闫秀荣. 市场调查与预测. 上海：上海财经大学出版社，2009.
[16] 杨凤荣. 市场调查方法与实务. 北京：科学出版社，2009.
[17] 高云龙，邰启扬. 营销谋略与经典案例. 北京：社会科学文献出版社，2005.
[18] 李崇光. 农产品营销学. 第2版. 北京：高等教育出版社，2010.
[19] 王培志. 市场营销学案例教程. 北京：经济科学出版社，2002.
[20] 苗月新. 市场营销学：理论与实务. 北京：清华大学出版社，2004.
[21] 吴建安. 市场营销学. 第3版. 北京：高等教育出版社，2007.
[22] 吕一林. 现代市场营销学. 第4版. 北京：清华大学出版社，2007.
[23] 郭成，John Brown. 企业战略管理. 郑州：郑州大学出版社，2004.
[24] 王方华，陈继祥. 战略管理. 上海：上海交通大学出版社，2003.
[25] 高红岩. 战略管理学. 北京：清华大学出版社，2007.
[26] 孟菲，段玉峰. 食品市场分析. 北京：化学工业出版社，2008.
[27] 陈方，马鸿. 食品营销. 北京：蓝天出版社，2005.
[28] 张可成. 市场营销学. 北京：中国农业出版社，2007.
[29] 霍雪喜. 市场营销学. 北京：中国农业出版社，2010.
[30] 李怀斌. 市场营销学. 北京：清华大学出版社，2007.
[31] 刘北林，孙婷. 食品商品学. 北京：中国物资出版社，2005.
[32] 梁东，刘建堤. 市场营销学. 北京：清华大学出版社，2006.
[33] 张光辉. 市场营销学. 北京：中国农业出版社，2009.
[34] 王钊. 管理学原理. 北京：中国农业出版社，2009.
[35] 菲利浦·科特勒. 营销管理. 上海：上海人民出版社，2006.
[36] 王燕茹. 食品市场营销. 北京：化学工业出版社，2007.
[37] 迈克尔·埃特泽尔. 市场营销. 南京：南京大学出版社，2009.
[38] 杨洪涛. 现代市场营销学. 北京：机械工业出版社，2009.
[39] 多伊尔著. 价值营销. 屈云波，郑宏，邵晶晶译. 北京：企业管理出版社，2008.
[40] [美] 菲利普·科特勒著. 市场营销管理：亚洲版上、下. 洪瑞云，梁绍明，陈振忠译. 北京：中国人民大学出版社，1998.
[41] [美] 威拉德 N 安德，尼尔 Z 斯特恩. 零售商的定位策略. 庞瑞芝译. 北京：电子工业出版社，2005.
[42] [美] 达娜-尼科莱栽塔·拉斯库. 国际市场营销学. 北京：机械工业出版社，2010.
[43] 肖祥鸿，卢长利等. 国际市场营销学. 广州：中山大学出版社，2009.
[44] 侯胜田. 保健品营销管理. 北京：清华大学出版社，2003.
[45] 赵林度. 保健品营销管理. 北京：中国轻工业出版社，2006.
[46] 吴建安. 营销管理. 北京：高等教育出版社，2010.
[47] 张大亮，范晓屏，戚泽. 营销管理——理论、应用与案例. 北京：科学出版社，2002.

[48] 张欣锐，尚会英，刘莉，张立章. 市场营销管理. 北京：清华大学出版社，2005.

[49] 何文炯. 风险管理. 大连：东北财经大学出版社，1999.

[50] 周慧玲. 风险管理学. 武汉：武汉测绘科技大学出版社，1999.

[51] 杨梅英. 风险管理与保险管理. 北京：北京航空航天大学出版社，1999.

[52] 宋明哲. 现代风险管理. 北京：中国纺织出版社，2003.

[53] 赵文明，何嘉华. 百年管理失败名案. 北京：中华工商联合出版社，2003.

[54] 张云起. 营销风险预警与防范. 北京：商务印书馆，2001.

[55] 张云起. 营销风险管理. 北京：高等教育出版社，2001.

[56] 喻敬明，林钧跃，孙杰. 国家信用管理体系. 北京：社会科学文献出版社，2000.

[57] 薛澜，张强，钟开斌. 危机管理. 北京：清华大学出版社，2003.

[58] ［美］罗伯特·科尔，朗·米施勒. 消费者与商业信用管理. 北京：清华大学出版社，2003.

[59] ［美］罗伯特·弗兰克著. 牛奶可乐经济学. 闾佳译. 北京：中国人民大学出版社，2008.

[60] 安泰环球技术委员会. 管理风险创造价值. 北京：人民邮电出版社，2010.

[61] GB/T 24353—2009 风险管理原则与实施指南.

[62] 易果平. 新形势下我国蔬菜营销渠道优化研究. 中南林业科技大学学报，2011，3：63-65.

[63] 陈善晓，王卫华. 中国蔬菜绿色营销的现状分析. 农业与技术，2004，(1)：9-11.

[64] 黄静. 蔬菜经营企业的营销策略研究. 贵阳：贵州大学，2008.

[65] 曹峰. 优质果蔬产品的营销策略分析. 厦门：厦门大学，2007.

[66] 张蓓. 广东水果营销策略探析. 营销策略，2005，(12).

[67] 门红军. 我国果品营销的现状和发展建议. 现代农业科技，2011，(4)：393-395.

[68] 邓军蓉，郭兵. 我国果品营销现状及应对措施. 果农之友，2006，(7) 10-13.

[69] 颜伟. 中国水果产业国际竞争力研究. 青岛：中国海洋大学，2006.

[70] 刘勇. 河北省禽肉产品市场营销战略研究. 保定：河北农业大学，2008.

[71] 吕海平. 河北省禽肉品牌竞争力研究. 保定：河北农业大学，2006.

[72] 陈德超. 绿色禽产品餐饮消费市场特点及营销对策. 中国家禽，2001，(24)：37-40.

[73] 郭勇，杜若谦. 浅析水产品市场结构与营销策略. 齐鲁渔业，2003，(7)：48-49.

[74] 胡月英. 试析水产品绿色营销. 特区经济，2007，(7)：253-257.

[75] 朱文英. 水产品市场开发的管理方法与营销策略. 水产科学，2002，(2)：11-12.

[76] 孙建富. 水产品市场营销策略的研究. 中国渔业经济，2003，(z1)：21-25.

[77] 靳医兵. 新型整合市场营销渠道对传统营销渠道的挑战. 北京商学院学报：社会科学版，2008，(1).

[78] 郭国庆. 市场营销学通论. 第3版. 北京：中国人民大学出版社，2008.

[79] 张唐槟. 市场营销学. 成都：西南财经大学出版社，2010.

[80] 邵一明. 品牌延伸战略研究. 北京：经济管理出版社，2008.

[81] 劳伦斯 G 弗里德曼，蒂莫西 R 弗瑞著. 创建销售渠道优势. 何剑云等译. 北京：中国标准出版社，2008.

[82] 苏兰君. 现代市场营销. 北京：北京邮电大学出版社，2005.